도시계획의 사회학

도시계획의 사회학

초판 1쇄 발행 2023년 2월 20일
초판 3쇄 발행 2026년 2월 13일

지은이 전상인

펴낸곳 서울대학교출판문화원
주소 08826 서울 관악구 관악로 1
도서주문 02-889-4424, 02-880-7995
홈페이지 www.snupress.com
페이스북 @snupress1947
인스타그램 @snupress
이메일 snubook@snu.ac.kr
출판등록 제15-3호

ISBN 978-89-521-3199-7 93330

이 연구는 2021년 서울대학교 미래기초학문분야 기반조성사업으로
지원되는 연구비에 의하여 수행되었음.

도시계획의 사회학

전상인 지음

서울대학교출판문화원

머리말

오래전 유학 시절, 도시사회학 영역을 기웃거려 보기는 했다. 하지만 그때만 해도 막연한 호기심의 발로(發露)였을 뿐, 한국으로 돌아와 사회학자 시늉을 할 수 있게 된 다음에 도시가 내 밥그릇이 될 거라는 생각은 눈꼽만큼도 하지 못했다. 그랬던 내가 이런저런 인연으로 지난 20년 가까이 서울대학교 환경대학원에서 도시계획 분야를 가르치고 연구해 왔다.

그러는 동안 사회학자로서 더러는 '이방인'이었고 가끔은 '경계인'이었다. 물론 도시 공부의 가방끈이 짧은 게 결정적 이유였다. 하지만 공학·기술 분야가 우리나라 도시계획을 압도하는 모양새에서, 부동산 전문가가 우리나라 도시계획의 전면을 장식하는 분위기에서, 사회학자가 주인의식을 갖기란 결코 쉽지 않았다는 말도 언젠가는 꼭 하고 싶었다. 국내 도시계획 관련 교육기관 가운데 서울대학교 환경대학원이 거의 유일하게 나 같은 사회학자에게 일거리를 주었다는 사실은, 그래서 참으로 기쁘고 감사할 따름이다.

이제 곧 정년을 맞이하여 학교를 떠난다. 지금까지 내가 차지해 왔던 이 자리의 운명이 어떻게 될지 전혀 알 수 없다. 솔직히 모르고 떠나는 게 나을지도 모르겠다. 나는 공학이나 기술, 그리고 부동산 연구만으로는 우리나라 도시계획학에 미래가 없다고 감히 장담한다. 선진국들에 비해 우리나라 도시계획학 분야에 너무나 부족한 것이 인문학이고 사회과학이라고 생각하기 때문이다. 이 책은 이와 같은 개인적 노파심의 결과물이다.

이 책을 준비하는 과정에서 많은 분의 도움을 받았다. 초고를 꼼꼼히 읽은 다음 서울대학교출판문화원에 날카로운 비판 의견을 제시해 준 익명의 심사자들께 가장 먼저 감사의 말씀을 드린다. 초고를 대충 마칠 무렵 이 책의 대체적인 구상과 방향, 내용과 메시지를 살펴 준 학과 동료 교수들께도 사의(謝意)를 표한다. 특히 지난 1-2년간 원고 작성에 직접 도움을 준 김신혁, 김병희 두 조교의 수고는 오래오래 기억될 것이다. 가제본한 상태의 초고를 2022년 봄학기 '계획이론' 및 가을학기 '도시사회론' 수업시간에 교재로 사용했는데, 수강생들의 발제 및 토론 과정은 실로 많은 것을 고치고 보태는 기회가 되었다. 담담한 심정으로 학교를 떠나지만, 사랑하는 제자들의 총기(聰氣)만은 두고두고 그리울 것 같다.

2023년 2월
관악산 연구실을 떠나
북한산 자락 집으로 가는 길에

전상인(全相仁)

차례

4 도시계획의 정치사회학

5 도시계획의 이론사회학

6 나가며: 도시계획의 사회학적 새 출발

"사람을 빼면 대체 무엇이 도시란 말인가?"
(What is the city but the people?)

윌리엄 셰익스피어, 김종환(옮김), 《코리올라누스》, 지만지드라마, 2019

1 들어가며: 왜 도시계획의 사회학인가?

지식이나 학문은 사회 혹은 세상과 부단히 상호작용한다. 지식이 등장하는 과정은 사회적 조건이나 맥락에 따라 다르며, 한번 정립된 학문은 자신의 눈과 잣대로 세상에 영향을 미치는 경향이 있다. 문제제기에 해당하는 이 장에서는 먼저 도시계획학의 일반적 탄생 및 역사적 발전 경과와 비교하여 한국의 도시계획학이 어떤 차이와 특성을 드러내는지 비판적으로 개괄한다. 또한 지난날 우리나라 도시계획학이 한국 사회에 미친 공과를 성찰한 다음, 도시계획학의 사회학적 뿌리 찾기를 강조하고 그것의 사회학적 새 출발을 촉구하고자 한다. 사회학은 도시계획학의 기초공사이자 하부구조라는 것이 핵심 주장이다.

어떤 학문이든 목표로 삼아야 하는 것은 두 가지다.
명확해야 한다는 것(to be clear)과 뻔한 소리가 아니어야 한다는 것(to be nonobvious).
사회학은 확실히 세상이 돌아가는 중요한 원칙들을 몇 가지 알고 있다.

랜들 콜린스, 김승욱(옮김), 《사회학 본능》, 알마, 2014

1. 도시와 계획, 한국의 도시계획학

우리나라에서 도시계획은 보통사람들에게 그다지 친근한 개념이 아니다. 서구와 비교해도 그렇고 가까운 일본과 견주어도 그렇다. 여기에는 몇 가지 이유가 있다. 첫째, 우리나라 역사에서는 개별 도시 차원의 공간적 단위가 중요했던 적이 별로 없다. 중앙집권적 통치 전통하에서 도시나 지역은 독자적 정체성이나 성장동력을 갖기 어려웠다(전상인, 2017: 30-31). 오랫동안 우리는 분권이나 자치와 거리가 한참 먼 민족과 국가 단위의 운명공동체로 살아왔고, 그러한 사정은 지금도 크게 다르지 않다. 이에 반해 서구의 경우에는 일찍이 자치도시나 지방분권을 경험해 왔던 터라, 도시의 각종 현안에 대한 일반 시민의 관심과 참여가 처음부터 뜨겁고 활발할 수밖에 없었다. 도시계획이 자신의 삶에 끼치는 크고 작은 영향을 사람들이 평소에 피부로 느끼고 있다는 의미다.[1]

1 유럽에서는 시장과 시민의 관계가 편하고 가까운 편이다. "신부님, 신부님, 우리 신부님" 하듯이 "시장님, 시장님, 우리 시장님"이라는 호칭에 익숙한 것은 이 때문이다. 선출직 연임제한도 없고 중앙정치 요직과의 겸직도 가능한 프랑스의 경우, 50년 이상 연임 중인 시장이 수두룩하다. 정치 노선을 보고 투표하는 것이 아니라 철저히 동네 일꾼을 염두에 두고 시장을 뽑는 관행 탓이다(손진석, "55년 이상 연속 재임 중인 시장만 11명 … 프랑스 이제야 '연임제한' 움직임", 《조선일보》, 2020. 3. 9).

둘째, 우리의 경우 도시계획을 공학·기술 분야가 주도해 왔기 때문이다. 보통사람들에게 도시계획이란 측량이나 통계, 도면(圖面)의 영역으로 인식되는 경우가 많아, 쉽게 이해하거나 편하게 접근하지 못한다. 문과(文科)와 이과(理科)의 구분이 준엄한 편인 우리나라에서 도시계획은 압도적으로 후자 쪽이다. 도시와 관련된 교육과 연구를 '도시공학과'가 지배하는 나라는 일본과 더불어 대한민국이 가장 대표적이다. 우리나라에서 도시는 흔히 '건·도·조'라 하여 건축이나 조경 등과 같은 그룹으로 묶인다. 일반적으로 건축은 공대, 그리고 조경은 농대의 몫이다. 건축과 조경, 둘 다 이른바 이과에 속하는 학문이다.

이러한 현실 자체가 크게 잘못되었다는 의미는 아니다. 과학과 기술이 없는 도시의 존재는 상상조차 하기 어렵다.[2] 게다가 우리나라 도시계획의 역사를 공학·기술 분야가 주도한 것에는 다 그만한 사정이 있다. 우리나라에서 도시에 대한 정책적 및 학문적 관심이 본격적으로 태동한 것은 1960년대 이후 급속한 국가 주도 경제성장 과정에서의 일이었고, 도시계획학이 성립·성장하게 된 보다 결정적인 배경은 1970년대 시작된 서울 강남 신도시개발이었다. 압축성장과 공간개발이 초미의 국가적 과제였던 시절, 도시계획에 인문학적 사유나 사회과학적 성찰이 개입될 여유는 애당초 기대하기 어려웠을 것이다.

우리나라에서 사람들이 도시계획을 제대로 이해하지 못하는 세 번째 이유는 그것이 부동산 문제로 치환되는 경우가 많기 때문이다. 도시계획은 기본적으로 토지나 주택 문제와 불가분의 관계를 맺고 있다. 또

---

2 도시가 작동하는 데 엔지니어링과 테크놀로지, 그리고 과학이 차지하는 비중이 얼마나 큰지 말하는 대중서로서 윙클리스(2017) 참고. 2007년 영국의학저널(British Medical Journal)은 의사와 전문가들을 대상으로 인류의 건강에 가장 획기적으로 이바지한 기술이 무엇인가 설문조사한 적이 있다. 이때 가장 많은 응답을 받은 것은 상하수도 기술이었다. 백신이나 항생제, 마취제 등 의학기술이 아니라 상하수도 기술이 인간의 수명을 30년 이상 연장시켰다는 주장이다(홍석원, "인류 건강에 기여한 'No. 1'은 상하수도 기술", 《조선일보》, 2022. 10. 20).

한 개인의 재산권에 이래저래 개입할 수밖에 없는 공적 행위다. 그런 만큼 도시계획은 각자의 경제적 이해관계에 민감한 영향을 미칠 수밖에 없다. 따라서 도시계획이라는 개념은 싫든 좋든 이른바 '재(財)테크'와 실천적 친화력을 가지며, 특히 우리나라에는 이와 관련된 개발 시대의 관행이 현재도 진행 중이다. 최근 우리나라 대학에서 도시계획 관련 학과 가운데 상당수가 부동산 관련 학과로 변신하거나 학과 명칭에 '부동산학'을 병기하는 추세가 이를 말해 준다. 물론 부동산학을 무조건 비판하는 것은 결코 아니다. 하지만 부동산학이 도시계획 분야를 이끄는 듯한 우리나라 상황이 크게 정상은 아니다.[3]

이처럼 우리나라에서 도시계획에 대한 세간의 이해는 피상적이고 일면적일 뿐만 아니라 왜곡된 측면이 크다. 하지만 도시계획이 원래 그런 것은 아니다. 도시계획은 인류문명과 사회발전의 핵심적 일부다. 도시화가 세계사적 대세인 오늘날, 도시계획과 무관한 삶은 거의 없다고 해도 과언이 아니다. 그런 만큼 도시계획을 다루는 학문, 곧 도시계획학의 비중이나 지위 또한 결코 가볍지 않다. 도시계획학은 한 사회의 발전

---

3 이른바 '부동산학'은 출발이 매우 늦은 편이다. 부동산이 워낙 학문보다는 실무 영역인 데다가 학계 전반의 '보수적' 혹은 '점잖은' 분위기도 부동산학의 태동을 환영하는 분위기가 아니었다. 국내에서 '부동산학'이라는 용어가 처음 등장한 것은 1970년대 초 김영진 교수(1929-1980)에 의해서였다. 1970년에 그는 건국대 행정대학원에 부동산학 전공을 설치했고 한국부동산학회를 발족시켰으며, 1972년에 《부동산학원론》을 출간했다. 그는 부동산학을 "부동산 활동의 능률화의 원리 및 그 응용기술을 개척하는 종합응용과학"으로 정의했다(김영진, 1980: 26, 446-449). 이 책에서 그는 미국의 링(Alfred A. Ring) 교수를 부동산학의 학문적 창시자로 꼽았는데, 정확히 말해 링 자신은 '부동산학(Real Estate Science)'이라는 말을 쓰지 않았다. 대신 그는 '부동산 연구(Real Estate Study)'라고 표현했다(Ring and Dasso, 1977 참고). 부동산학의 입지나 인기는 우리나라에서 독특한 측면이 분명히 있다. 선진국에서는 토지경제학, 도시경제학, 도시계획학 분야 등에서 부동산 문제를 부차적 혹은 부분적으로 취급하는 게 일반적이다. 일본에서도 부동산 전공이 학과나 학부 단위로 존재하는 경우는 매우 드물다. 우리나라 대학의 부동산학 분야가 부동산 시장이나 부동산 업무 관련 자격 취득에 초점을 맞추고 있다면, 일본의 경우는 도시계획이나 공공정책 등과 훨씬 긴밀히 연결되어 있다.

수준이나 지적 역량을 가감 없이 반영한다. 선진국일수록 도시계획학의 위상은 높고 입지는 탄탄하다. 그곳의 도시계획학은 주류 학문 가운데 하나다. 도시계획 관련 학과의 인기도 높고 입학 성적도 상위권에 속한다. 요컨대 도시계획의 의미와 가치에 대한 사회적 이해가 깊은 것이다.

도시계획학은 도시의 계획에 관련된 학문이다. 도시가 무엇인가에 대해 답하기란 결코 만만치 않다. 일반 사전에 의하면 도시는 '많은 인구'와 '일정 지역' 그리고 '정치, 경제, 문화의 중심' 등을 핵심 요소로 하고 있다. 하지만 이들 하나하나는 매우 신중히 따져봐야 할 사안이다.[4] 이

---

4 이 책은 도시에 대한 개념적 정의를 미리 제시하지 않는다. 한편으로는 과학적 정의를 내리기가 어렵기 때문이고 다른 한편으로는 어떤 정의라도 편견의 혐의를 안고 있기 때문이다. 대부분 도시 관련 교과서에 의하면 도시는 물적·공간적 측면과 인적·사회적 차원의 합이다. 전자의 경우는 자연환경과 건조(建造)환경으로 대별되는데, 단순한 인구 밀집만으로 도시가 탄생하는 것이 아니라 인공시설에 의한 일정한 시가화(市街化, urbanization)를 전제로 한다는 점을 강조하기 위해서다. 하지만 어느 정도의 시가화가 도시의 기준인지는 분명하지 않다. 후자의 경우는 다시 사람 및 사람들의 활동으로 구분된다. 여기서는 도시에 대한 정의에서 인구가 핵심이라는 사실을 분명히 제시한다. 그럼에도 도시로 인정되는 인구요건은 나라별로 상이하다. 면적이 넓고 인구가 적은 나라와, 면적은 좁고 인구가 많은 나라의 도시 자격이 서로 다른 것이다. 도시인구 혹은 시민이라는 개념에도 논란의 여지가 있다. 납세 등 공적 의무를 부담하는 법률적 차원의 인구를 말하는지, 아니면 그것과 상관없이 현실적으로 거주하는 모든 인구를 말하는지에 대해 입장이 갈리기 때문이다. 이른바 '시민권 대 도시권' 논쟁이 그것이다. 사람들의 활동이라는 시각에서 도시를 바라볼 경우에도 애매하긴 마찬가지다. 어떤 활동이 도시적이고 어떤 활동이 비(非)도시적인지 구분하는 일은 결코 쉽지 않다. 예컨대 도시에서의 농업활동은 도시적인 것인지 아닌지, 혹은 시민의 자유를 보장하는 도시만 도시인지 등은 준비된 정답을 갖고 있지 않다. 아닌 게 아니라 사회과학 분야 대표적 '정의(定義)의 대가' 막스 베버의 도시 개념에도 객관적이고 보편적인 측면보다, 서유럽 특유의 역사적 배경과 맥락이 진하게 배어 있다. 가령 그는 도시의 핵심적 구성요소로서 성벽, 시장, 상업활동, 자치권 및 시민참여 등을 주장하는데(베버, 2017: 88-94), 이는 비서구 지역 도시들을 '가짜 도시'로 치부하는 결과를 초래한다. 베버가 이런 식으로 도시를 정의한 것은 사회구조를 설명하는 데 '이념형(ideal types)'을 상정하기 때문이다. 마르크스의 목적론적 역사관과 대조적으로 베버의 그것은 경로의존적이다. 곧, 역사의 진행은 이념형들의 결합 방식에 따라 달라진다. 베버의 이념형 도시는 서구의 자본주의 발생을 설명하는 하나의 방법론적 변수에 해당한다. 중세 이후 유

책은 도시에 대한 포괄적 정의 대신 바늘과 실처럼 함께 움직이는 도시와 계획의 관계에 집중한다. 도시는 본질적으로 인위적 산물이다. 도시라는 단어에 설계나 재생, 개발, 건설, 수출 등과 같은 말이 결합하여 도시설계, 도시재생, 도시개발, 도시건설, 도시수출과 같은 합성어가 계속 만들어진 것은 이런 연유다. 그리고 이들에 대한 가장 대표적이고도 가장 포괄적인 개념이 바로 도시계획이다. 도시를 만들고, 고치고, 키우고, 넓히고, 옮기는 등의 모든 작위적 노력을 '광의의 도시계획'이라 부를 수 있다. 요컨대 도시의 역사는 궁극적으로 도시계획의 역사이며, 도시에 대한 연구 또한 최종적으로는 도시계획학이다.

도시계획학이 제도적으로 공인된 역사는 다른 학문에 비해 그다지 길지 않다. 도시에 대한 계획적 사고는 물론 도시의 등장과 더불어 시작되었지만, 도시계획이 본격적으로 필요해진 것은 근대 이후 눈에 띄게 심각해진 '도시문제' 때문이다. 도시가 처음부터 '골치'였던 것은 아니다. 언제부턴가 도시는 성장 과정에서 각종 사회적 문제를 드러내기 시작했으며, 이에 대한 대처로서 도시계획에 대한 학문적 수요가 생겼을 뿐이다. '필요는 발명의 어머니'라는 속담은 여기서도 진리다.[5] 만약 도시에 문제가 없었다면 도시계획이 발전하지 않았을 것이고, 도시계획이 일반화되지 않았다면 도시계획학도 현재와 같은 모습을 갖추지 못했을 것이다.

럽발 근대화 및 '근대화의 세계화' 과정을 고려할 때 이와 같은 베버식 도시 정의의 개념적 가치와 유용성은 아무리 강조해도 지나치지 않다. 도시보다는 도시계획에 집중하는 이 책이 '유럽 중심주의'라는 비판을 감수하고 베버의 도시 정의를 부지불식간 따라가는 것도 이 때문이다.

5 한 사회가 아직 충족되지 않은 어떤 필요를 느낄 때 발명이 이루어진다는 상식이 절대 진리인 것은 물론 아니다. 과학이나 기술상의 발명은 그렇지 않은 경우가 많다. 다이아몬드에 의하면 모든 발명품이 필요의 소산은 아니다. "대부분의 발명품은 호기심에 사로잡히거나 이것저것 주물럭거리는 일을 좋아하는 사람들이 개발했고 그들이 염두에 둔 제품에 대한 수요 따위는 처음부터 있지도 않았다"(다이아몬드, 2005: 35). 하지만 적어도 도시계획학이 단순히 한두 사람의 호기심이나 궁금증에서 출발하지 않았다는 점은 확실하다.

한편, 근대 사회에 들어와 계획에 대한 관심은 도시를 넘어 보다 넓은 의미에서의 '계획학(Planning Studies)'으로 이어졌다. 말하자면 도시계획학은 계획학 일반의 모태이자 원조가 된 것이다. 영미권에서 도시계획학 분야가 대개 '계획 대학(Planning School)'에 소속되어 있는 것은 이런 이유다.[6] 도시계획은 공간적 차원에서 지역계획, 마을계획, 농촌계획, 국토계획, 글로벌계획 등으로 확산되었다. 어떤 면에서 도시계획 개념은 모든 범주의 공간계획을 포괄하거나 통칭할 수 있는 범용성을 갖고 있다. '중앙'도시계획위원회나 '군(郡)'도시계획처럼 말이다. 또한 내용적 측면에서도 도시계획은 물리계획, 경제계획, 사회계획, 메타계획(곧, 계획에 대한 계획) 등으로 폭이 점차 확대되었다. 계획학이 미래에 대비하고 미래를 준비하는 '미래학(Future Studies)'과 불가분의 관계를 맺고 있는 것은 이런 맥락에서다.

인류문명은 근대사회 진입과 더불어 도시의 폭발적 성장을 경험했고, 그것은 인구나 주택, 교통, 위생, 환경 등에 걸쳐 전대미문의 도시문제를 양산했다. 도시계획은 일차적으로 이와 같은 도시문제에 대한 사회적 대응이었으며, 도시문제의 다양성과 복잡성을 반영하여 도시계획학은 시작부터 다학제적(多學際的)일 수밖에 없었다. 도시계획학이 제도권 학문세계에서 나름 시민권을 획득한 것은 세기말 전후다. 1899년 영국에서 도시·농촌계획협회(The Town and Country Planning Association, TCPA)가 결성되었고, 1909년 리버풀대학에서 세계 최초 도시계획 관련 강좌가 개설되었다. 미국에서 도시계획학 강좌가 처음 등장한 것은 1924년 하버드대학에서다.

우리나라의 도시계획학도 양적 성장 차원에서는 괄목할 만하다. 대

---

6 우리나라에서는 '계획 대학'이라는 간판을 거의 사용하지 않는다. 도시계획 관련 국내 대표적 교육·연구 기관 가운데 하나인 서울대학교 환경대학원도 '계획'대학원이 아니라 '환경'대학원이다. 물론 서울대학교 환경대학원에서 말하는 환경의 의미는 기후 위기가 에너지 문제 등을 다루는 협의의 환경이 아니라 보다 인문·사회과학적 차원의 인간정주 환경이긴 하다. 하지만 남북분단 상황에서 계획이라는 용어에 내포된 사회주의 분위기도 우리나라 대학에서 '계획 대학'이라는 간판을 기피하게 된 부분적 이유가 아닐까 짐작한다.

표적 유관 학회에 해당하는 대한국토·도시계획학회가 1959년에 창립되었고, 현재 회원 수는 8,000명 내외에 이른다. 그런데 우리나라의 도시계획학은 서구의 혹은 선진국에 비해 전통과 분위기가 사뭇 다르다. 독보적인 스칼러십(scholarship)을 확보하기보다 정책연구나 용역 학문으로 경도되고, 내용적 측면에서도 공학·기술 분야가 압도하는 이면에서 부동산학의 강세가 두드러진다. 흥미로운 것은 바로 이러한 한국의 도시계획학이 막상 도시계획의 가치에 대해서는 너무나 '순진하고(naive)' '거룩한(holy)' 목소리를 내세운다는 점이다. 예컨대 대한국토·도시계획학회가 말하는 도시계획의 목적은 "도시의 여러 기능을 원활하게 영위하고 주민을 위해 안전하고 양호한 생활환경을 확보하여, 미래의 도시발전을 도모하기 위한" 것이다(대한국토·도시계획학회, 2009: 80). 최근 어떤 도시계획 관련 저서는 "도시계획이란 개인과 집단 모두에게 더 나은 삶을 가능하게 해주는 공공자산으로서의 터전을 만들고 가꾸고 보호하며 발전시키는 사회적 기제"라고 주장한다(강명구, 2021: 19). 도시계획이란 본질적으로 '무언가 소중하고 좋은 것'이라 가정하는 셈이다.

과연 그럴까? 우리나라 도시계획학이 이처럼 다분히 선언적이고 규범적인 도시계획의 목표를 제시하는 것에 비해, 도시계획학의 종주(宗主)라 할 수 있는 구미 선진국에서는 도시계획의 존재 이유를 이런 위대하고 거창한 표현에 담지 않는다. 서구의 도시계획 정의는 매우 '쿨(cool)'하고 '드라이(dry)'하다. 계획은 "권력과 예산이 투입되는 정부 활동의 일종"이라는 간명한 설명이 대표적이다(레비, 2004: 91). 계획행위의 본질은 "정부에 부여된 권력의 집행과 공공기금의 지출"이며, 그것의 구체적 목적과 용도, 범위, 주체, 대상, 수준은 어디까지나 시대와 장소에 따라 다양하고 가변적일 따름이다. 작금의 우리나라 도시계획학은 객관적이고 보편적인 학문의 본령(本令)에서 저만큼 벗어나 있다. 도시계획학의 자성과 새로운 출발을 위해 사회학이 필요한 이유는 바로 여기에 있다.

2. 사회학과 도시계획 연구

우리나라에서는 도시계획이 공학·기술 분야나 부동산 영역에 속한다는 오해와 편견, 착각이 만연해 있다. 도시계획의 주무 부서는 당연한 듯 국토교통부다. 그리고 국토교통부는 공학·기술 분야 관료가 거의 완전히 장악하고 있는 정부기관이다. 도시계획학 또한 도시적 삶에 대한 질적 사유나 성찰 대신, 건설과 개발 위주의 양적 가치에 몰두해 온 측면이 강하다. 이에 반해 프랑스를 위시한 구미 선진국에서는 도시나 건축이 문화부 소속인 경우가 많다(이상헌, 2013: 122). 그곳의 도시계획학은 뿌리가 깊고 가지도 무성하다. 철학, 문학, 사학, 지리학, 법학, 심리학, 사회학, 교육학, 사회복지학, 인류학 등 인문사회학과 예술 분야에 걸쳐 있는 것이 바로 도시계획학이다. 계획과 관련된 이론적 논의의 모태도 윤리나 인식론을 중심으로 하는 철학, 그리고 사회변동과 시대정신에 주목하는 사회학이다(Taylor, 1980).

사실은 계획이나 계획가라는 용어의 사용법부터 다르다. 우리나라에서 '계획'은 'plan'의 번역어다. 'plan'은 라틴어 'planus'에서 나온 말인데, '평면' 혹은 '바닥'이라는 뜻이다. 말하자면 공간의 물리적 외형을 지칭하는 표현이다. 우리처럼 'plan'의 연장선에서 계획을 말한다면 당연히 건물이나 가로, 개발 등 주로 공간적 차원의 계획을 연상하기 쉽다. 하지만 근대 도시계획의 원산지에서는 계획이라는 개념이 'plan'이 아닌 'urbanism'에서 출발했다. 1867년 에스파냐의 도시계획가 세르다(Ildefonso Cerdà)는 바르셀로나의 도시계획을 주도하면서 '어바니즘' 혹은 '우르바니사시온(urbanización)'이라는 용어를 창안했는데, 그것은 전인미답의 '새로운' 활동을 의미하기 위해서였다. 그 활동이란 다름 아닌 삶의 질 향상을 위한 공간 혁신과 문화공동체 건설이었다(Choay, 1969: 7, 31). 세르다는 단순한 토목기술자가 아니라 미래지향적 도시계획관의 소유자였던 것이다.

세르다의 어바니즘은 머지않아 도시계획의 사실상 모국에 해당하는 프랑스에 전파되었다. 오늘날 프랑스어 사전 《라루스(Larousse)》에서 정의하는 어바니즘(urbanism)은 "인류가 공존하기 위한 공간을 조정하는 사회 전반의 예술, 과학 그리고 기술의 총체"다. 영어 'plan'에 필적하는 프랑스어 단어는 'aménagement'인데, 영어로는 'arrangement'에 해당한다. 조정, 정비, 수정이라는 뜻의 'aménagement'는 'plan'보다 훨씬 섬세하고 복잡한 인문사회적 함의를 지니고 있다. 영미권에서는 도시계획가를 'urban planner' 혹은 'city planner'라 부르지만 프랑스에서는 '어바니스트(urbaniste)'라 칭한다(최호순, 2022: 35-36).[7] 이에 반해 우리나라의 도시계획 개념은 'urbanism'보다 'planning'에 훨씬 더 가깝다. 가까울 뿐 아니라 당연하게 여긴다.

인류의 문명은 도시와 더불어 시작되었다. 문명 간의 경주(競走)에서 서구가 지구상 다른 지역을 앞서는 비결도 도시에서 나왔다. 서구 문명은 곧 도시문명이었다. 물론 사람이 많이 모여 산다는 의미에서 도시는 중국이나 인도 등 동양권에도 많았다. 인구 측면에서 보면 대도시는 오히려 비서구 지역에 더 흔했다. 하지만 중요한 것은 도시의 양이 아니라 질이다. 비서구 문명은 도시와 관련하여 '자유시민'도 몰랐고 '자치도시'도 생소했으며, '시민사회'도 낯설었다. 근대적 사회변동이 미증유의 '도시문제'를 동반하고 이에 대한 대응으로 '도시계획'이 등장한 것 역시 서구의 경험이었다. 비서구권에서 도시계획은 자생적이거나 자발적인 개념이 아니라, 싫든 좋든 이른바 '근대화의 세계화' 과정에서 들어온 '수입품'이었다.[8] 그런 만큼 도시 자체에 대한 진지한 정책적 고민이나 학문적

---

7 어바니스트가 사전에서는 '도시계획 전문가'로 설명되기도 하지만, 물리공간적 차원을 뛰어넘어 인문사회적 내지 예술미학적 경지까지 포함한다고 보는 것이 보다 정확하다.

8 비서구지역에서도 도시'건설'과 도시'설계'는 있었다. 하지만 도시'문제'에 대응하는 의미로서 도시'계획'은 없었다. 동양의 오래된 간판급 도시들은 '(보통)사람의 도시'

성찰이 생겨날 이유나 여유가 없었다.

서구 문명에서는 일찍부터 '좋은 도시'를 만드는 일에 대한 깊은 인문학적 성찰이 시작되었다. 이미 기원전에 그리스의 철학자 아리스토텔레스는《정치학》에서 도시계획을 설파했으며, 근대철학의 아버지 데카르트 또한《방법서설》에서 도시계획과 이성의 발달을 함께 논의했다. 서구에서는 철학과 건축 이론, 도시계획이 한자리에서 만나는 것이 오래된 전통이다. 삶의 문제를 고뇌하는 철학이 건축이나 도시와 결코 무관할 수 없다고 믿기 때문이다. 아닌 게 아니라 서구에서는 도시를 무엇보다 살아 있는 삶의 무대로 인식한다. "사람을 빼면 도시란 대체 무엇인가"라는 17세기 초 셰익스피어의 도시관(都市觀)이 이를 극명하게 보여 준다.[9]

특히 근대 이후 도시계획에 사회학의 참여가 두드러졌다. 하긴 18세기 사회학의 태동 자체가 인류사회의 본격적인 도시화 및 도시문제 등장과 시기적으로 겹친다. 만약 근대적 사회변동의 핵심무대인 도시가 없었다면 오늘날의 사회학도 존재하지 않았을 것이다. 어떤 면에서 사회학은 태생적으로 도시학이다. 때문에 도시계획에 대한 사회학 분야의 관심과 참여는 우연한 부업이 아니라 당연한 본업이다. 도시계획에 관련된 개념과 이론의 원류는 많은 부분 사회학에 닿아 있다. 범주를 사회학에서 사회과학으로, 사회과학에서 다시 인문·사회과학으로 넓히면 더욱더 그렇다. 도시계획학 분야 저명 학자 가운데 스승이 사회학자인 경우도 부지기수다. 서구의 도시계획학이 단순한 정책적 처방이나 용역형 연구를 넘어 제도권 주류 학문 가운데 하나로서 위상을 확보하고 저력을 과시하는 것은 바로 이런 배경에서다.

가 아니라 특권세력 중심의 황도(皇都)나 왕도(王都), 아니면 일본의 에도(江戶)와 같은 무도(武都)였다.

9 셰익스피어의 역사극 〈코리올라누스(Coriolanus)〉에 나오는 말. 비범한 인물이 오만함 때문에 비극적 운명을 맞이한다는 설정은 그리스 비극의 전형으로서, 민중과 민중 대표인 호민관에 의해 코리올라누스가 탄핵당하는 이야기다.

도시계획학은 결코 하루아침에 만들어지거나 만들어질 수 있는 게 아니다. 20세기 후반 급속한 산업화 및 도시화 과정에서 '압축성장'을 경험한 우리나라의 도시계획 연구가 한층 더 업그레이드하려면 도시계획학의 사회학적 기원과 맥락에 대한 보다 깊은 이해와 성찰을 더 이상 미룰 수 없다. 도시계획학에서 사회학은 일종의 하부구조이자 기초공사다. 게다가 현재와 같은 공학·기술 중심의 학문적 대세는 알게 모르게 환경결정론이나 공간결정론으로 귀결될 가능성을 내포한다(Harvey, 1985: 165 참고). 셰익스피어의 언명(言明)을 거슬러 "사람을 빼고" 도시를 보게 되는 경향 때문이다. 하지만 도시적 환경이나 공간은 삶의 배경일 뿐, 삶의 궁극적 주연은 사람이다. 언제, 어디서, 어떻게 튈지 모르는 불가사의한 존재로서 '인간' 말이다. 사람을 다루는 사회학이 도시계획학의 핵심이 되어야 할 이유는 바로 여기에 있다.

2 도시계획의 인문사회학

인문사회학은 사회학의 인문학적 기초나 배경, 맥락을 중시한다. 이 장의 핵심 메시지는 인류의 힘은 문화의 힘이고, 문화의 힘은 도시의 힘이라는 점이다. 도시의 탄생과 더불어 인류는 문화를 창조, 축적, 전파하기 시작했고, 이를 기반으로 오늘날과 같은 인류문명이 만들어졌다. 이와 더불어 지구상의 다른 동물과 차별되는 결정적 지점으로서, 인간이 '계획하는 존재(Homo Planus)'라는 사실에 주목한다. 도시계획을 비롯한 각종 공공계획의 탄생은 미래를 선취하고자 하는 시간관의 변화와 긴밀히 연계되어 있으며, 이 또한 17세기 이후 서구 문명이 세계를 선도하는 이유 가운데 하나였다.

도시는 기억으로 넘쳐흐르는 이러한 파도에 스펀지처럼 흠뻑 젖었다가 팽창합니다.
자이라의 현재를 묘사할 때는 그 속에 과거를 포함시켜야 할 것입니다.
그러나 도시는 자신의 과거를 말하지 않습니다.
도시의 과거는 마치 손에 그어진 손금들처럼 거리 모퉁이에, 창살에,
계단 난간에, 피뢰침 안테나에, 깃대에 쓰여 있으며
그 자체로 긁히고 잘리고 조각나고 소용돌이치는 모든 단편들에 담겨 있습니다.

이탈로 칼비노, 이현경(옮김), 《보이지 않는 도시들》, 민음사, 2007

1. 도시와 인류

인류사와 도시세(都市世)

오늘날에는 인류의 절반 이상이 도시에 산다. 2007년 5월 23일부로 지구의 도시화 비율은 50%를 넘었다(*Science Daily*, 2007. 5. 25). 하지만 원래 인간은 도시 없이 살았다. 300만 년에 가까운 인류 역사에서 도시의 역사는 고작 6,000년 정도다. 지구 역사 46억 년을 1년으로 압축한 지구 달력[1]에 의하면 도시의 탄생은 12월 31일 밤 11시 59분 58초 무렵이었다. 그랬던 지구가 바야흐로 도시로 번성하고 인류 대부분이 도시인으로 살아가는 시대를 맞이한 것이다. 이와 관련하여 현 단계 지구 역사를 아예 도시세(都市世, Urbanocene)로 명명하기도 한다(웨스트, 2017: 298-300). 도시를 빼고는 세상을 논할 수 없는 시대가 되었기에 '도시처럼 보기(seeing like a city)'가 모든 학문의 필수라는 주장도 있다(Amin and Thrift, 2017). 곧, 오늘날 "도시는 더 이상 다른 사회적 힘이 작동하는 수동적 배경이나 무대가 아니라 (…) 이 세상이 어떻게 구성되어 있는지, 또 어떻게 구성되어야 하는지, 자신의 존재 방식과 존재 이유를 스스로 말한다"는 것이다.

---

1 헬리오 콤파스(helio compass) 혹은 태양계 시공간지도(太陽系 時空間地図)라 불린다(스미스, 2015: 10-11).

도시는 자연 현상도 아니고 이른바 '신의 한 수(the divine move)'도 아니었다. 도시는 인류 역사 특정 시기에 인간의 의지와 노력으로 만든 새로운 삶의 터전이며, 일단 등장한 이후에는 줄곧 성장과 확산을 거듭해 왔다. 사실 "인류는 세상에서 도시를 만든 유일한 생명체"다(제이콥스, 2010: 13). 인간에 의한 도시의 발명이 잘한 일인지, 잘못된 일인지는 가치관이 개입된 문제다. 반(反)도시론의 끈질긴 생명력에도 나름의 이유가 있을 것이다.[2] 그럼에도 인류의 지속적인 도시화 과정을 '비자연적'이라는 이유로 마냥 거부하거나 부정할 수는 없다. 그것은 흰개미가 열심히 지은 개미탑을 우리가 비자연적이라고 말하지 않는 것과 마찬가지다(리더, 2006: 24-25).

싫든 좋든 인류의 역사는 크게 도시 이전과 도시 이후로 나뉠 수 있다. 전자가 도시의 출현과 더불어 인류문명이 탄생했다는 의미라면, 후자는 도시의 발전과 더불어 근대문명이 시작되었다는 뜻에서다. 말하자면 도시는 인류 역사에 두 개의 결정적 변곡점을 제공한 셈이다. 도시는 농업혁명과 더불어 등장했고, 산업혁명과 함께 대세가 되었다. 일반적으로 농업혁명을 제1차 도시혁명으로, 산업혁명을 제2차 도시혁명으로 부르는 것은 이 때문이다. 지구 달력에서 보면 도시의 탄생, 농사의 출현,

---

2 서양 문화에 원천적으로 반(反)도시주의 성향이 존재한다는 것이 월슨(2021)의 주장이다. 그것은 구약성서에 나오는 '사탄의 도시' 바빌론의 어두운 유산이다. 한편, 초대 그리스도교 교회가 낳은 위대한 철학자이자 사상가인 성 아우구스티누스는 《신국(神國)》에서 속세의 영광으로 가득한 로마를 염두에 두고 반도시적 관점을 견지했다. 5세기 무렵 로마제국의 멸망을 앞두고 메트로폴리스 로마를 개혁하려는 움직임이 있자 그는 전혀 다른 종류의 메트로폴리스, 곧 "인간의 지혜는 없고 오로지 믿음만이 있는" 하느님의 도시 건설을 제안했다(아우구스티누스, 1992; 코트킨, 2013: 74). '지상의 도시'가 죄를 지은 악한 인간이 사는 공간이라면, '천상의 도시'는 신의 사랑을 기반으로 하고 있다는 것이다. 그가 천상의 도시 원형으로 생각한 것은 구약성서에서 (인간이 만든 바빌론이 아니라) 신이 만들었다고 하는 예루살렘이었다. 한편, 18세기 영국의 복음주의 시인 쿠퍼(William Cowper)는 "신은 시골을 창조하고 인간은 도시를 만들었다"고 썼는데, 이 또한 인간의 도시창조를 자부하는 의미가 아니라, 도시적 삶이 결코 하느님의 섭리는 아니라는 메시지다.

그리고 문명의 발생은 대체로 거의 같은 시각에 일어난 일로, 모두 자정 직전에 벌어졌다.

인류는 오랫동안 이리저리 떠돌아다니는 삶을 살아왔다. 동물을 상대로 하던 수렵사회와 식물을 대상으로 하던 채집사회는 기본적으로 이동사회였다. 말하자면 먹거리를 찾아 계속 옮겨 다니며 생계를 유지한 것이다. 일부 동물의 가축화(家畜化) 및 일부 식물의 곡물화(穀物化)를 통해 수렵사회는 유목사회로, 그리고 채집사회는 원예사회로 각각 진화했다. 하지만 그 후에도 인류의 삶은 불안정했다. 여전히 생산력은 낮았고 이동성에 크게 의존했다. 대규모 인구가 한곳에 오랫동안 정착하기에는 역부족이었던 것이다. 그러다가 일련의 농업혁명이 성공을 거둬 같은 장소에 오랫동안 터를 잡고 살아가는 집단생활이 가능해졌다. 그 시작이 바로 도시다.

일련의 농업혁명이란 쟁기의 발명과 그로 인한 심경(深耕) 혹은 깊이갈이, 우마(牛馬)와 같은 축력(畜力)의 사용, 물레의 창안과 이를 통한 토기의 대량생산이 핵심이다. 쟁기는 토양의 상층을 갈아엎어 이전에 재배한 작물의 남은 부분을 토양과 섞고, 땅을 다공성(多孔性)으로 만드는 농기구다. 처음에는 나무나 돌로 만들어 사람이 잡고 끌었지만 쇠로 제작한 다음에는 소나 말이 견인함으로써 작업 능력이 획기적으로 향상되었다. 한편, 윤대(輪臺)라고도 불리는 물레는 도자기 생산의 다양화와 대량화 및 질적 향상에 이바지했다. 식수나 식량의 위생 상태를 개선하고 보존 기간을 크게 늘린 것이다. 요컨대 깊이갈이는 동일한 토지의 지속가능한 이용을, 토기 문화는 농업 생산물의 장기적 및 위생적 보관을 가능하게 만들었다.

농업혁명과 도시 탄생의 인과관계에 대해서는 다소 논란이 있다. 일반적으로 농업혁명 이후 획기적으로 증대된 경제적 잉여가 도시를 만들었다는 설(說)이 있는데, '농업우위론'이 바로 그것이다. 먹고 남는 식량이 많아져 농사와 무관한 도시가 안정적으로 지속할 수 있었다는 설명이다.

하지만 최근에는 비농업 지배계급의 출현이 농촌으로부터 도시를 독립·분화시켰다는 주장이 설득력을 얻고 있는데, 말하자면 '도시발명설'이다. 도시는 잉여 생산물의 증가에 의한 자연스러운 결과가 아니라, 누군가가 의도적으로 기획한 농업혁명의 예정된 산물이었다는 것이다.

도시발명설에 의하면 쟁기나 가축, 물레 등 농업혁명을 촉발한 새로운 생산수단을 고안하고 소유한 사람들은 대부분 지배층에 속했다. 농업혁명 자체는 직접 생산자인 농민이 원하던 바가 아니었다. 농민은 농업혁명의 주체가 아니었을 뿐 아니라, 농업혁명이 농민에게 반드시 축복도 아니었다(Fuzita, 1995: 40-49). 가령 농업혁명 덕분에 생산량이 두세 배 증가하더라도 농민의 연평균 식량 소비가 그만큼 증가하지는 않는다.[3] 농업혁명의 최대 이익은 직접 생산 과정에 종사하지 않는 일련의 비(非)생산자, 가령 정치인, 행정가, 성직자, 기술직, 장인, 상인의 수중에 들어갔다. 요컨대 생산자 농민은 농업혁명 이후 새로운 생산수단을 소유한 이들의 지배를 받은 처지가 되었고, 이들이 거주하는 도시가 농촌을 지배하게 된 것이다.[4]

도시의 힘, 문화의 힘

이런 식으로 출현한 도시는 성장과 확산을 멈추지 않았다. 도시는 농촌을 지속적으로 지배하기 시작했고, 도시와 주변 지역 사이에는 권력 관계가 공고해졌다. 도시는 식량이나 자원 등의 측면에서 스스로 생존하거

3 우리가 생일날이나 잔칫날에 평소보다 밥을 훨씬 많이 먹을 수는 있지만 1년 내내 전년도 대비 밥을 두세 배 먹지는 못한다.

4 농업혁명을 농민이 주도하지 않았다는 점은 훗날 산업혁명을 노동자가 주도하지 않은 것과 같은 이치다. 분업화에 따른 효율성의 증가가 사회의 총체적 이익에 부합한다는 기능주의적 설명은 이런 면에서 약점이 있다. 분업을 권력의 문제로 이해하면 경제적 생산성 제고에 따른 이익은 지배계급이 훨씬 더 많이 차지한다(Rueschemeyer, 1986: 46-53). 이런 점에서 작금의 정보화혁명 역시 일반시민 혹은 소비자가 주도하지 않는다는 점에 유념할 필요가 있다.

나 자립할 수 없는 조건임에도 불구하고 정치, 경제, 군사, 문화, 기술, 종교 등의 측면에서 차지하는 절대적 힘의 우위를 바탕으로 농촌을 통제하게 된 것이다. '도시·농촌 패러독스'는 이를 두고 하는 말이다. 말하자면 농촌에서는 배를 곯아도 도시에서 굶는 일은 거의 없는데, 이는 도시와 농촌의 비대칭적 권력 관계 때문이다. 북한 전역이 기아 상태에 빠져도 평양 주민은 먹고사는 데 아무 문제가 없다는 사실이 이를 웅변한다. 오늘날 세계적으로 벌어지고 있는 이촌향도(離村向都), 곧 '글로벌 엑소더스(global exodus)'의 이유도 여기에 있다.[5]

물론 농업혁명 이후 도시가 주도하기 시작한 인류 역사를 반드시 부정적으로 인식할 필요는 없다. 왜냐하면 또 다른 측면에서 볼 때 도시는 문명의 견인차 내지 원동력 역할을 수행해 온 것이 분명하기 때문이다. 지구상 다른 생명체들과 달리 인류는 '누적적으로(accumulatively)' 발전해 왔다. 1만 년 전의 인류, 5천 년 전의 인류, 1천 년 전의 인류, 100년 전의 인류, 10년 전의 인류, 그리고 지금의 인류가 살아가는 방식이 서로 다른 것은 인류 특유의 진화 능력 때문이다. 가령 밀림의 왕자 사자나 하늘의 왕자 독수리가 사는 모습은 야생의 경우 언제나 똑같다. 이들이 생존하는 방식 자체에 변화가 없기 때문이다. 그들이 살아가는 모습은 인류가 지금까지 진화에 진화를 거듭하면서 살아온 방식과 천양지차(天壤之差)가 아닐 수 없다.

인간은 지식이나 제도, 기술 등 삶에 필요한 유무형의 노하우를 창조, 기록, 보존, 전파, 혁신할 줄 아는 지구상 유일한 생명체다. 바로 이것이 인류만이 갖고 있는 문화의 힘이다. 그런데 이러한 문화의 힘이 발휘되는 대표적 공간이 바로 '도시'다. 요컨대 인류의 힘은 문화의 힘이

---

5 2019년 2월 이탈리아 로마에서 열린 유엔 국제농업개발기금(IFAD) 회의에 참석한 프란치스코 교황은 기아에 시달리는 전 세계 8억 2,000만 명 가운데 상당수가 도시가 아닌 농촌에 살고 있다면서, 농산물을 직접 생산하는 이들이 그런 상황에 처한 것이 역설적이라고 안타까워했다(NEWS1, 2019. 2. 15).

요, 문화의 힘은 곧 도시의 힘이다. 이런 점에서 멈퍼드(Mumford, 1961: 117, 640)는 도시를 '누적적' 사회과정이 발생하는 용기(容器) 혹은 박물관에 비유했다. 도시는 단순히 인구의 집결지가 아니라 소통과 교류, 협력을 진작하는 다양성과 포용성의 공간이라는 의미다. 홀(Hall, 1998) 역시 인류가 도시로부터 창조와 진화의 원동력을 공급받았다는 점에서 도시를 "문화적 도가니(Cultural Crucible)" 및 "혁신의 요람(Innovative Milieu)"으로 정의했다. 도시는 "인류 최고의 발명품"이라든가(글레이저, 2011: 22), "인류가 하나의 종(種)으로서 상상력을 발휘하여 만들어 낸 최고의 세공품"이라는 평가도 같은 맥락이다(코트킨, 2013: 16).

2. 고대 문명과 도시계획

그리스 문명과 도시설계

이른바 세계 4대 문명의 발상지는 모두 큰 강 유역의 비옥한 토지와 온화한 기후를 배경으로 농업이 발전한 지역이었다. 이집트 문명은 나일강, 메소포타미아 문명은 유프라테스-티그리스강, 인더스 문명은 인더스강, 그리고 중국 문명은 황하를 끼고 발달했다. 하지만 4대 고대 문명은 역사적으로 영속하지 못했다. 서구 문명을 거쳐 오늘날까지 이어지는 인류문명사의 계보는 이들 강변의 농업 문명이 아닌, 그리스·로마 해양 문명이 기점이자 기원이다. 그리스·로마 문명의 기반은 지중해 일대의 도시국가였고, 그들은 무엇보다 도시계획의 중요성에도 일찍이 눈을 떴다. 요컨대 도시계획이 현재까지 이어지는 서구 문명의 발판을 만들어 준 것이다.[6]

6 이 책에서는 아메리카 대륙의 고대 문명이나 도시에 대해 언급하지 않는다. 완전히 다른 차원의 이야기이기 때문이다. 사실 콜럼버스가 '신대륙을 발견'하기 전 그곳에

고대 그리스 문명이 본격적으로 태동한 것은 기원전 8세기 무렵 그리스반도 일대의 작은 도시국가들, 곧 폴리스(polis)였다. 인구 증가와 농경지 부족으로 폴리스는 지중해 연안 그리스반도 이외 지역으로 점차 확장되었고, 이탈리아 남부, 소아시아 지역, 흑해 부근, 에스파냐와 프랑스 남부, 아프리카 북부 등에 식민도시를 건설했다. 그리스인들이 세운 도시국가의 숫자는 300에서 500개 정도로 추정된다. 폴리스는 대개 5천 명 내외 시민으로 구성되었으나, 시민에 딸린 가족과 노예, 외국인 체류자를 감안하면 실제 거주 인구는 10배 정도 많았을 것으로 짐작된다. 거대한 폴리스로는 각각 인구 30만 명과 40만 명 규모의 아테네와 스파르타가 있었다(김용규, 2020: 71). 그리스 문명은 단일 국가라기보다 일종의 국제사회였다.[7] 지리적으로 넓게 흩어진 그리스인들은 개별 폴리스에 대한 각자의 충성심을 견지하면서도 언어와 신화, 올림피아 제전 등을 통해 인종적 및 문화적 동질감을 공유할 수 있었다.

그리스 도시국가에서 부의 원천은 교역과 수공업이었다. 말하자면 그리스인들은 농업이 아닌 시장경제의 역동성을 간파한 것이다. 소규모 정치공동체로서 폴리스가 취한 정치 형태는 매우 다양했다. 그 가운데 일부는 민주주의였는데, 아테네가 대표적이다. 아테네 시민들은 아고라 광장에 민회(民會)를 구성하고 폴리스의 주요 현안을 투표로 결정했다.

서는 잉카를 중심으로 위대한 고대 문명이 발달했다. 그것은 이집트 문명의 피라미드 건설보다 훨씬 앞섰다. 콜럼버스 이전 인디언들이 (사실은 인디언(Indian)이 아닌 아메리칸(American)이라 불러야 합당하다) 일군 14세기 전후 아즈텍(Aztec) 왕국의 수도 테노치티틀란(Tenochtitlan)은 오늘날 어떤 유럽 도시보다 인구가 많았다. 또한 당대 어떤 유럽 수도보다 상수도 시설이 뛰어났고, 식물정원이 아름다웠으며 가로 또한 깨끗했다. 다만 이들이 이룩한 인디언 문명 혹은 도시발전은 서구 문명에 정복당한 이후 현대사회와 연결되지 못했다(Mann, 2005 참고).

7 고대 그리스 문명에서 '그리스'라는 말 자체는 사용되지 않았다. 고대 그리스인들은 스스로를 '헬레네스(Hellenes)'로 부르고 자신들이 사는 지역을 '헬라스(Hellas)'라 칭했다. '그리스'라는 말은 고대 로마인들이 나중에 지어 준 것이다(김용규, 2020: 60). 고대 그리스에 이어 나타난 문명을 '헬레니즘'이라 부르는 것도 같은 맥락이다.

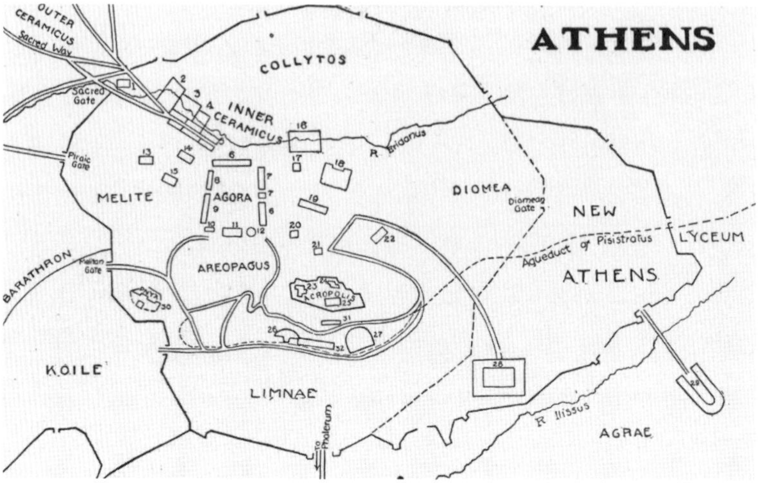

ATHENS

1. Pompeum. 2. Gymnasium. 3. House of Pulytion. 4. House. 5. Porticoes. 6. Stoa Poikile. 7. Stoa of Attalus. 8. Stoa Basileios. 9. Stoa. 10. Temple of Apollo. 11. Senate House. 12. Tholus. 13. Temple of Aphrodite. 14. Theseum. 15. Temple of Hephæstus. 16. Gymnasium of Ptolemy. 17. Theseum. 18. Stoa of Hadrian. 19. Market. 20. Sanct. of Dioscuri. 21. Prytaneum. 22. Diogeneion. 23. Propylea. 24. Erectheum. 25. Parthenon. 26. Odeum. 27. Theater. 28. Temple of Zeus. 29. Stadium. 30. Place of Assembly. 31. Precinct of Asclepius. 32. Portico of Attalus.

고대 아테네의 공간 구조와 주요 건축물 배치(출처: Sue Clark, flickr.com)

물론 여성과 노예 및 외국인을 제외했다는 점에서 '제한적' 민주주의였다. 그럼에도 절대자에게 무조건 복종하는 것이 아니라 납세자 시민이라면 누구라도 자유롭고 평등하게 참정권을 행사할 수 있는 정치제도였다. 이 자체는 파라오가 지배하던 이집트나, 황제가 군림하던 중국 등 다른 고대사회에서는 상상조차 할 수 없던 인류문명의 위대한 진보였다.

문제는 이와 같은 민주주의의 원리와 이상을 지속가능하게 만드는 방법이었다. 이를 위한 지적 분위기로 강조된 것이 자연과 인간 및 사회에 대한 합리적 이해와 논리적 토론이었고, 그 결과가 바로 철학과 과학의 발달이었다. 그리고 이와 같은 정치적 이상향에 대한 철학적 고민에

'좋은 도시' 만들기가 포함되었다. 아리스토텔레스(384 B.C.-322 B.C.)가《정치학》에서 일단의 도시관을 피력한 것은 바로 이런 맥락에서다(Aristotle, 1984: 205-207). 도시의 중요성에 대한 아리스토텔레스의 언급은 "도시는 육지와 해양뿐 아니라 가급적 영토 전체를 향해 접근성을 확보하고 있어야 한다"는 전제에서 시작된다. '좋은 도시'에 대한 그의 생각은 구체적으로 다음과 같은 네 가지 측면으로 정리된다.

첫째는 공기, 바람, 햇볕 등에 따른 건강적 요소다. 말하자면 기원전 지중해 지역에서 이미 오늘날의 '환경도시'가 논의된 것이다. 둘째는 전시 상황에서 방어나 피난에 유리한 조건을 갖춰야 한다는 것이다. 이는 '안전도시'의 개념에 해당한다. 아리스토텔레스가 세 번째로 강조한 것은 풍부한 용수(湧水)와 수원 확보 및 그것이 여의치 않을 경우를 대비한 대규모 저수지 설치다. 이는 말하자면 오늘날의 '친수(親水)도시' 개념이다. 이처럼 아리스토텔레스가 환경도시, 안전도시, 친수도시를 좋은 도시의 기본 요건으로 거론한 것도 흥미롭지만, 특히 우리의 주목을 끄는 것은 그가 '민주도시'를 말하고 있다는 점이다. 그는 전략적 거점을 의미하는 요새(要塞)의 보편적 가치를 인정하지 않는다. 고지에 자리 잡은 요새는 과두제나 군주제에나 적합하다는 이유에서다. 그는 귀족정치가 그들만의 '철벽장소(strong place)'에 어울린다면, 민주주의는 탁 트인 평지와 공간적 친화력이 높다고 주장했다.[8]

살기 좋은 도시와 관련하여 아리스토텔레스는 고대 그리스 시대의 대표적 도시계획가 한 명을 구체적으로 거론하기도 했다. 바로 소아시아에 있던 그리스 식민도시 밀레투스(Miletus)에서 활동한 히포다모스

8 경복궁보다 해발이 높은 청와대를 평지로 옮겨야 한다는 일부 주장은 이런 맥락에서 이해해도 좋을 것이다. 윤석열 정부의 용산 대통령실은 일단 요새나 고지 이미지에서 탈피한 것이 사실이다. 한편, '철벽장소'로 번역한 'strong place'는 오늘날 개념으로는 폐쇄적 '빗장공동체(gated community)'쯤에 해당한다.

(Hippodamos, 498 B.C.-408 B.C.)다.[9] 아리스토텔레스에 의하면 히포다모스는 "정치에 개입하지 않으면서도 최선의 정치체제를 탐구한 최초의 인물"이다(Aristotle, 1984: 42). 페르시아 정복 이후 그리스 문명 전성기로 불리는 페리클레스 시대에 식민도시가 새로 대거 건설되던 무렵, 철학자이자 기상학자, 물리학자, 수학자이던 그는 도시국가의 이상형을 설계하고 이를 실천에 옮겼다. 그는 장인과 농부, 군인으로 구성된 10만여 명의 시민이 공적 공간, 사적 공간, 신성(神性) 공간으로 명확히 구분된 구역에서 각자 역할에 충실하게 거주할 수 있는 도시가 가장 이상적이라고 생각했다(Aristotle, 1984: 42-44).[10]

도시계획사에서 히포다모스가 남긴 유산 가운데 오늘날까지 영향력을 행사하는 것은 격자형 패턴이다. 아테네가 자연순응적 도시 형태였다면, 그가 살았던 도시 밀레투스는 기하학적 규칙성과 체계성에 기반했다. 히포다모스는 격자가 문명화된 삶의 합리성을 표현한다고 믿었다. 사실 대부분의 문명에서 직각 형태를 문화적 우수성의 징표로 이해했다. 바빌론 사람들과 이집트 사람들도 그랬으며, 특히 로마 시대 이후 도시계획에서는 직각 형태가 하나의 전통으로 자리 잡았다. 로마인들은 군사 정복지에서 격자형 정착지를 건설했는데, 야만인 부대의 무질서 및 무정형

---

9 아리스토텔레스가 아는 한 히포다모스가 최초의 도시계획가였을 뿐이다. 그로부터 2,000년 전 인더스강 유력의 고대 도시들, 가령 모헨조다로, 돌라비라, 하라파 등이 이미 설계에 따라 지어졌다는 고고학적 조사가 있다. 하지만 이러한 사실은 아리스토텔레스도 몰랐고 히포다모스도 몰랐을 것이다(리더, 2006: 388).

10 그리스-로마 시대의 도시계획이 명실상부한 도시계획이라는 이름에 값하는지는 논란의 여지가 있다. 엄밀히 말해 그것은 도시계획보다 도시설계(urban design)에 가깝다. 설계는 계획의 하위개념으로 보아야 할 것이다. 아리스토텔레스 역시 히포다모스를 '도시계획 기술을 창안'한 인물로 평가했다(Aristotle, 1984: 75). "고대 도시들은 전통이니 신화 혹은 운명에 따라 '설계'된 것이지 예측 등의 방법을 통해 알 수 있는 미래에 기초하여 '계획'된 것이 아니다"라는 주장도 이래서 나온다(Connell, 2009: 92). 일반적으로 도시설계는 계획 분야와 건축 분야 '사이'에 위치하는 것으로 간주된다(레비, 2004: 187). 도시설계란 규모와 기간 측면에서 건축보다는 크고 길며, 계획보다는 작고 짧다.

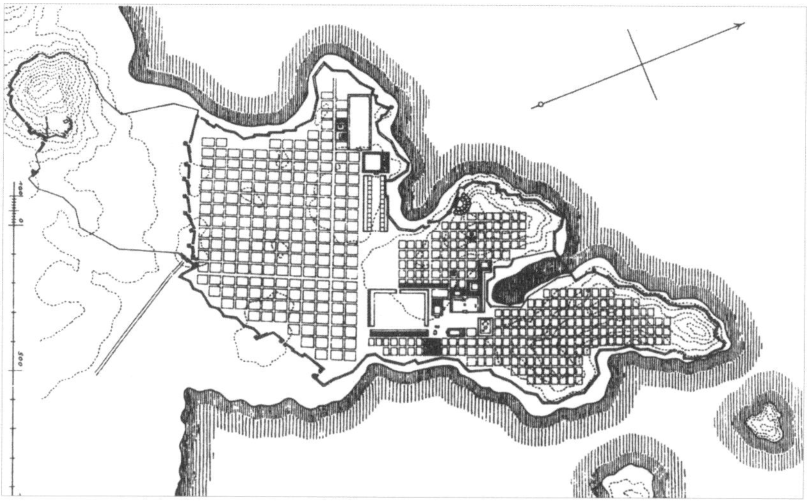

히포다모스의 격자형 도시계획이 적용된 밀레투스(출처: wellcomeimages.org)

을 자신들의 병영 캠프, 곧 카스트라(Castra)와 비교했다(Sennett, 1992: 47). 격자형 도시계획의 강점은 지형적 특성을 불문하고 공간에 일정한 질서를 부여한다는 점이다. "2000년 이상의 역사를 지닌 도시계획에서 편의주의야말로 가장 강력하고 끈질긴 원동력"이었다(리더, 2006: 389-391).[11]

11 히포다모스와 달리 아리스토텔레스는 격자형 도시를 무조건 찬미하지는 않았다. 가로가 규칙적으로 만들어지면 기분도 좋고 생활에 편리할지 모르나, 전시(戰時)의 안전을 고려한다면 내부자들끼리는 익숙하나 외부 침입자는 길을 찾기 어려운 옛날 방식이 더 낫다는 이유에서였다. 일부 구역이나 지역은 직선화하되 나머지는 농부들이 '포도송이'라 부르는 불규칙적 모습으로 배치해야 도시의 안전과 미관이 합성된다는 것이 아리스토텔레스의 도시계획관이었다(Aristotle, 1984: 206). 한편, 근대에서도 직선의 격자형을 무조건, 그리고 모두가 찬미한 것은 결코 아니다. 대표적으로 에스파냐 건축가 안토니 가우디(Antoni Gaudí, 1852-1926)는 "직선은 인간의 선이고 곡선은 신(神)의 선이다"라고 주장했다. 이는 "곡선은 동물의 선, 직선은 인간의 선"이라고 주장한 근대 모더니즘 건축의 대부 르코르뷔지에의 언명(言明)을 패러디한 것이다. 여담이지만 이른바 '곡선의 미학자' 가우디와 관련하여 개인사도

로마 문명과 도시건설

폴리스들의 양분(兩分)에 따른 펠로폰네소스 전쟁과 마케도니아의 침입 등에 따라 그리스 문명은 기원전 3-4세기부터 쇠퇴의 길을 걸었다. 그리스 문명을 승계한 것은 이탈리아반도를 거점으로 한 로마 문명이었다. 로마 문명 역시 기원전 753년에 농사짓고 양 치는 사람들이 세운 도시국가에서 출발했다. 도시국가 로마가 대제국을 천년에 걸쳐 유지할 수 있었던 원동력은 이성에 기반한 합리적 사고방식이었다. 문화적으로 로마는 그리스의 후예였던 것이다. 로마 문명은 여러 사람의 뜻을 모아 구성원 모두의 이익을 공유하는 '공화정' 개념을 창안했을 뿐 아니라, 사람이나 폭력의 지배가 아닌 '법치주의' 전통을 확립했다.[12] 물론 그리스 문명과 마찬가지로 노예제를 병행했다는 약점이 있긴 하지만, 노예제 자체가 고대사회에서는 범세계적 현상이었다.

도시국가로 출발한 로마가 로마제국이 되면서 로마 시대 도시는 더 이상 그리스 시대의 폴리스와 같은 독립적 자치체가 아니었다. 그럼에도 로마 시대는 도시의 성장과 도시계획의 발달이 눈부셨는데, 로마 문명은 기본적으로 그리스 문명처럼 도시문명이었다. 우선 로마가 제국으로 성장하는 동안 로마시는 인구 100만의 대도시가 되었다. 확장과 재개발을 거듭한 로마는 오늘날 메가시티의 원형이었다(코트킨, 2013: 64-68). 로마인들은 상수도나 도로망, 공공시설 등 대도시에 필요한 건축 및 도시계획에 발군의 역량을 과시했다.[13] 르네상스 도시계획이든, 바로크 도시계획

거론된다. 그는 평생 관절 통증으로 고생했는데, 몸을 움직여 놀거나 운동을 하기보다 나무나 숲 등 자연을 조용히 관찰하는 버릇이 많았다고 한다. 곡선에 대한 가우디의 애정은 그 결과물이라는 것이다(김철중, "바르셀로나 가우디 성당은 왜 뼈 모양을 닮았을까", 《조선일보》, 2022. 8. 25).

12 공화정 개념은 1789년 프랑스대혁명의 정치적 이상이었고, 로마법은 1804년 나폴레옹 법전의 뿌리가 되었다.

13 그리스의 도시국가는 기본적으로 규모가 작았다. 그리스인들은 물 부족을 극복할 만큼 충분히 거대한 수도를 만들 줄 몰랐다. 폴리스의 크기는 제한되었고 시민들

이든, 나폴레옹 3세 시절 파리대개조사업이든, 후대 유럽의 모든 도시계획은 로마 시대를 그리워했다.

당시 로마인들의 건축기술 가운데는 대제국을 건설하는 과정에서 적국으로부터 배운 것도 많았다. 후기에 들어와 빈부 격차 등 도시문제가 심화되자 이를 무마하려는 시민 복지적 내지 도시 문화적 접근까지 등장했다.[14] 로마제국에서 도시계획이 중요했던 또 다른 이유는 유럽, 아시아, 아프리카 3개 대륙에 걸친 제국주의의 공간적 거점이 바로 도시였기 때문이다. "로마화는 많은 점에서 도시화와 같은 뜻"이었다(코트킨, 2013: 67-68). 로마는 유럽 곳곳에 식민 신도시를 건설했고, 이 '작은 로마'들은 훗날 근대 유럽 문명의 모태가 되었다. 또한 이곳에서도 격자형 도시계획 원칙이 똑같이 적용되었다.

그리스 문명이 히포다모스라는 세계 최초 도시계획가를 탄생시켰다면 로마 문명은 비트루비우스(Marcus Vitruvius Pollio)라는 세계 최초 건축이론가를 낳았다. 로마제국의 초대 황제 아우구스투스 시대에 활약한 고대 로마 기술자이자 건축가로서 그는 건축을 도시계획과 결합했다는 점

이 서로 얼굴을 알아볼 정도의 인구가 적정하다고 생각했다. 이에 비해 로마인들은 물의 제약을 극복하면서 민주주의를 위해 대도시를 만들었다. 이는 국가의 발전을 위해서는 도시 내 인구집적이 필수적이라는 판단에 따른 것이다(요시타카, 2019: 49-50). 그렇다고 해서 로마의 도시계획을 현대 도시와 비교할 수준으로 과장해서는 안 된다. 로마는 기본적으로 고대 도시였다. 로마에서는 도로 폭이 4.8미터에서 6.5미터 정도인 넓은 거리에만 '길(via)'이라는 이름을 붙였는데, 두 대의 마차가 서로 닿지 않고 지나갈 수 있는 넓이의 길은 로마 한복판에 두 곳뿐이었다. 나머지 대부분은 훨씬 좁은 길과 샛길, 언덕길이었다. 비유컨대 이는 마치 재래시장 바자가 있는 중동의 비좁고 구불구불한 골목길에 질서정연한 대도시 뉴욕을 붙여놓은 꼴이었다(안젤라, 2012: 105-109).

14 로마가 공화정에서 제정으로 변하면서 시민들은 도시에 대한 주인 행세 기회, 곧 투표권을 상실했다. 이제 사람들이 기다리는 것은 권력자로부터 무상으로 제공받는 빵과 오락 및 휴식뿐이었다. 음식과 구경거리, 대중의 불만 · 분노를 달래기 위한 임시방편의 이른바 '브래드 앤 서커스(Bread and Circus)'에 대해서는 요시타카(2019)를 볼 것.

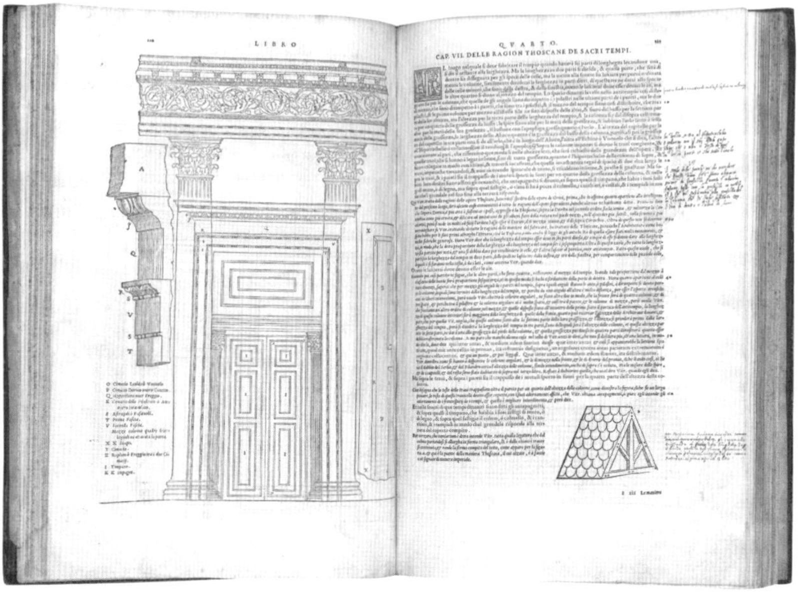

비트루비우스의 《건축술에 대하여》 이탈리아어 판본. 베네치아 공화국 출신 다니엘레 바르바로 (Daniele Barbaro, 1514-1570)가 번역하고 주해했다.

에서 실로 걸출한 선각자였다. 비트루비우스는 건축의 3대 본질을 견고함(strength), 유용성(usefulness), 심미성(beauty)으로 규정한 다음, 건축 행위를 '문명의 시작', 그리고 건축가를 '문명의 수호자'로 인식했다(골드버거, 2011: 43-44). 그가 《건축술에 대하여》라는 제목의 10권짜리 건축 관련 책자를 발간한 이후 1,500년 동안 서구에서는 구체적 실물이 아닌 추상적 언어로 건축이나 도시계획을 표현할 수 있다는 관념 자체가 존재하지 않았다.[15] 로마 시대의 위대한 도시계획 배후에는 이처럼 위대한 건축 혹은 도시계획 이론가가 존재했던 것이다.

15 피렌체에서 비트루비우스의 저술을 발견하여 새로운 건축이론을 글의 형태로 개진한 인물은 르네상스 시대 알베르티(Leon Battista Alberti, 1404-1472)였다.

3. 호모 플라누스(Homo Planus)

계획하는 인간, 계획하는 사회

'계획'이라는 말은 일상에서 흔히 사용된다. 계획의 사전적 정의는 "앞으로 할 일의 절차, 방법, 규모 따위를 미리 헤아려 작정하는 일 혹은 그 내용"이다(《표준국어대사전》). 계획은 하나의 과정일 수도 있고 결과일 수도 있다.[16] 계획을 뜻하는 영어 'plan'은 라틴어 형용사 'plānus'에서 파생된 것인데, '평평한' 혹은 '바닥의'라는 뜻이다. 울퉁불퉁하지 않고 평평하다는 것은 분명하고 명료하다는 함의를 담고 있기도 하다. 'plānus'는 프랑스어를 거치면서 '건물의 바닥 설계'라는 의미로 변했고, 나중에 영어로 넘어오면서 현재와 같은 '계획'의 의미로 발전했다. 영어 단어 'plan'에서 건물이나 공간을 대상으로 하는 물리적 어감이 강하게 풍기는 것은 이런 맥락에서다.

일반적으로 우리는 계획이 있는 삶을 좋게 보는 경향이 있다. 《명심보감(明心寶鑑)》 입교(立教) 편에는 이른바 '공자 삼계도(孔子 三計圖)'가 실려 있는데, 일생의 계획은 어릴 때 세우고, 일 년의 계획은 봄에 세우며, 하루의 계획은 이른 새벽에 세워야 한다(一生之計在於幼, 一年之計在於春, 一日之計在於寅)고 가르친다. 그렇게 해야 하는 이유는 어려서 배우지 않으면 늙어서 아는 바가 없고, 봄에 씨를 뿌리지 않으면 가을에 거둘 것이 없으며, 아침 일찍 일어나지 않으면 하루 동안 힘써 이루는 바가 없기 때문이다. 이와 대조적인 삶은 '케 세라 세라(Qué será será)'다. "될 대로 되라" 혹은 "어떻게든 되겠지"라는 부정적 의미로 번역되어 흔히 목표 없이 사는 인생, 의지 없이 사는 인생을 일컫는다.[17] 인간을 정의하는 다양한 방식 가

---

16 이런 이유에서 계획과 기획을 구분하기도 한다. 곧 계획(plan)은 계획 과정을 거쳐 나온 문서나 도면 형태의 최종 결과물이며, 기획(planning)은 계획 과정을 포함하는 광범위한 계획 활동을 뜻한다는 것이다(권원용, 2005: 20).

17 케 세라 세라의 본래 뜻은 자포자기의 부정적인 것이 아니라 '무엇이든 될 것은 결

운데 이 책에서는 인간을 '계획하는 존재'로 인식한다. 이름하여 '호모 플라누스(Homo Planus)'다.[18]

사전식으로 정의하면 계획은 "의사결정의 질을 개선하기 위해 문제를 심사숙고하고 체계적으로 정의하려는 의식적인 노력"이다(레비, 2004: 8). 그렇다면 모든 사람이 이런 식의 계획적인 삶을 영위하는가? 또한 그렇게 하는 것이 그렇지 않은 경우에 비해 반드시 더 바람직한 삶이라고 단정할 수 있을까? 이 문제에 대해서는 정답이 없다.[19] 계획적으로 사는 사람, 그렇게 사는 것이 중요하다고 여기는 사회나 문화도 있고, 반대 사례도 얼마든지 있을 수 있기 때문이다. 계획이란 인간의 삶에서 본질적 당위라기보다 개인과 사회, 시대에 따라 가변적이고 신축적인 그 무엇으로 볼 필요가 있다. 요컨대 계획 그 자체에 어떤 절대적 가치를 부여할 필요는 없다.

계획은 언제, 어디서, 누구나 하거나 할 수 있는 것이 아니다. 운명론이 지배하는 문화, 자유의지가 불가능한 조건에서는 계획 그 자체가 성

국 되기 마련이다'라는 낙천적인 의미다. 철두철미한 기계적 계획에 의존하는 인생이 아니라 여유를 가지고 인간미 넘치게 살자는 뜻이다.

18 'Homo Planus'는 사전에 없는 말이다. '계획하는 인간'의 의미로 이 말을 처음 쓴 이는 임길진(2001: 7, 19)인 듯하다. 한편, 최근 '호모 프로스펙투스(Homo Prospectus)'라는 말이 주목을 끌고 있다. 일단의 심리학자들이 만든 용어인데, 이는 '호모 사피엔스' 곧 '지혜로운 존재 인간'이라는 개념을 의식한 작명이다. 이들은 호모 사피엔스가 "우리를 있는 그대로 설명하는 것이 아니라 우리의 염원을 담았을 뿐"이라고 생각한다. 이들은 '호모 사피엔스'를 만드는 것은 궁극적으로 인간만이 갖고 있는 미래 전망 능력이라고 주장한다(셀리그먼·바우마이스터·레일턴·스리파다, 2021 참고).

19 심리학적으로 볼 때 계획은 실천을 유발하는 경향이 있다고 한다. 소위 '종이 위의 기적'이라는 명제에 따르면 무언가 간절히 바라는 바를 종이에 글씨로 적으면 '기록이 갖고 있는 나비효과(butterfly effect)'에 의해 소원이 이루어진다고 한다(Klauser, 2001 참고). 일찍이 사회학자 머튼(Merton, 1936) 역시 희망은 스스로를 성취한다는 '자기충족적 예언(Self-fulfilling prophecy)' 개념을 제시한 적이 있다. 앞에서 언급한 '호모 프로스펙투스'도 같은 맥락이다.

립되기 어렵다. 계획이 개인적 수준을 넘어 사회적 차원에서 가능해지는 것은 더욱더 간단한 문제가 아니다. 왜냐하면 사회 전반적으로 계획에 우호적인 역사관이나 세계관이 필요하기 때문이다. 사적으로나 공적으로나 계획의 관념이 본격적으로 자리 잡은 것은 아무래도 근대 이후라고 보아야 한다. 그것은 계획과 관련하여 인간의 본성이 달라졌기 때문이 아니라 근대의 태동과 더불어 사회적 환경과 조건이 달라졌기 때문이다. 이런 의미에서 계획정신은 어디까지나 사회적이고 역사적인 산물이며, 그 발상지는 16세기 이후 유럽이다.

시간관과 계획문화

계획의 탄생에서 일등공신은 무엇보다 시간 개념의 변화다. 시간 개념은 '사회적 구성물(social construct)'로서, 사회와 시대에 따라 시간을 인식하고 경험하는 방식이 각기 다르다(Connell, 2009: 86-87). 계획이라는 개념은 미래 지향적 사회에서만 존재하며, 미래의식은 순환적 시간관이 붕괴하면서 나타난 새로운 현상이다. 전통 사회에서 시간 경험은 주로 태양, 달, 계절 등의 자연적 법칙에 순응하는 것이었다. 이때 시간은 기본적으로 순환적이어서, 미래는 본질적으로 다른 세상을 만들지 않는다. 미래는 다시 과거로 돌아가는 것일 뿐이다. 공자 삼계도 역시 이러한 전근대적 계획관의 산물이다.

순환적 시간관이 직선적 시간관으로 바뀌면서 과거와 미래는 현재에 의해 분절되었고, '미래'라는 새로운 시간이 등장했다(Koselleck, 2004). 곧, "지나간 경험과 앞으로의 기대 사이의 분리가 열림으로써, 과거와 현재의 차이가 증대할 뿐 아니라, 그 결과 현재 살아가는 시간을 새로운 것이나 예상 밖의 일이 지속적으로 발생할 수 있는 하나의 파열 내지 일종의 전환기로 인식"하게 되었다(Koselleck, 2004: 246). 시간의 흐름에서 '지속성의 균열(rupture of continuity)'이 사람들로 하여금 미래를 생각하고 지향하게 만든 계기로 작용한 것이다(Lowenthal, 1992). 근대의 시간성은 미래를 선취하는 것이며, 계획이란 근대의 시간의식이 제도화된 것이다(이마무라 히토시, 1999). 요컨대 계획은 인류 역사상 어느 특정 시점에서 시작된 '발현적(emergent)' 사회현상이다(Connell, 2009: 90).

지난 200년간 서구 사회가 계획 혹은 계획문화에 심취한 것은 그 이전에 비해 시간관이 획기적으로 달라졌기 때문이다. 이와 같은 시간의 새로운 구성은 개인적 차원이 아니라 정치, 경제, 문화, 종교 등 사회 전반적으로 확산되었다. 미래를 적극적으로 구성한다는 의미의 계획이라는 단어 자체도 이 시기에 만들어졌다.[20] 이제 '미래를 적극적으로 구성한다'는 의미의 계획은 예언자나 초능력자의 몫도 아니며, 미래를 더 이상 예견이나 상상 혹은 은총과 운명에 맡기지도 않게 되었다(Connell, 2009: 90). 대신 계획이란 '열린 미래에 대한 의사결정'으로서 '미래의 정상화(normalizing the future)'를 의미했다(Connell, 2009: 86). 그리고 미래와 계획의 최대 동반자는 다름 아닌 시계다. 이와 관련하여 멈퍼드는 "근대의 핵심 기계는 증기기관이 아니라 시계"라고 주장했다(멈퍼드, 2013: 39).

물론 근대적 시간관과 그것에 기반한 근대주의적 계획관에 절대적인 가치가 있다는 의미는 아니다(마키 유스케, 2004: 216-219). 우선 시계로 대표되는 기계시간은 '자연시간'과 달리 모든 시간을 양화(量化)함으로써 시간의 질적 차이와 특성을 무시한다. 곧, 시계가 삶의 주인공이 된 것이다. 둘째는 직선적 시간관에 입각하여 미래를 선취하는 계획행위의 궁극적인 의미다. 개인적 차원에서도 진학이나 자격취득, 노후준비 등 아직 '오지 않은' 미래의 삶이 "생활적인 절실성을 갖고 현재를 규정"할 개연성이 높을 뿐 아니라, 사회적 차원에서도 미래 지향적 공공계획이 사회 구성원 전체를 대상으로 이익을 공평하게 배분할 것이라는 보장도 없다.

20 행동강령(scheme of action)을 의미하는 명사로서 영어 단어 'plan'은 1706년에 처음 등장했고, 동사로서 'plan'은 그로부터 20년 뒤에 등장했다고 한다(Connell, 2009: 90). 1670년대까지도 'plan'은 투시도에 관련된 기술용어에 불과했다.

계획의 주체가 대개 정치권력이나 지배계급인 만큼, 계획이 만들어 내는 미래도 그들의 이익에 봉사할 가능성이 크기 때문이다.

그러므로 만일 근대적 미래지향성이 역사적으로 등장한 것이라면 마찬가지로 그것은 역사적으로 소멸할 개연성도 충분히 존재한다(Carvounas and Ireland, 2008: 157). 전통적 시간과 근대적 시간을 이분법적으로 구분하고, 전자가 아닌 후자에 더 큰 가치를 두는 것에 모종의 필연성이 존재하는 것은 결코 아니다(안주영, 2013). 시간의 근대적 구성이 있었다면 시간의 탈근대적 재구성 또한 얼마든지 가능하다. 계획이론이 다양성을 확보하는 출발 지점 가운데 하나는 이와 같은 시간 관념의 차이다. 기계적·단선적·표준적·획일적 시간 관념을 넘어 '다양하고 유연하고 다채로운 시간'을 회복할 때 계획의 가치와 목표는 달라질 수밖에 없다.

셰익스피어가 "숲에는 시계가 없다"고 말했듯, 천지만물 속, 그리고 사람의 마음속에 "하나가 아니라 수천의 시간이 존재"한다고 믿을 경우(그리피스, 2002: 39), 계획 또한 결코 한 종류로 한정될 수 없다. "시간은 늘 권력과 손잡고 있어서 (…) 어떤 하나의 시간이 바로 시간이라고 말하는 것은 비진리이며 고도로 정치적"이라는 말도 유념할 필요가 있다(그리피스, 2002: 32, 283). 생각해 보면 계획을 당연시하는 미래라는 관념 자체가 인류의 우연한 발명품이었을 뿐, 미래를 상상한 이후 인류는 오히려 계획이라는 새로운 부담과 걱정을 안고 살게 되었는지도 모른다.[21] 도시계획 분야에 알게 모르게 만연해 있는 '계획강박증' 같은 것이다. 요컨대 근대적 시간 관념은 단지 근대적 계획의 탄생을 촉발했을 뿐, 그것을 비판

21 프랑스의 역사학자이자 진화생물학자 밀로(2017)는 약 5만 8,000만 년 전 아프리카 대륙 북동부에서 "내일 보자"라는 말이 처음 사용되었다고 주장한다. 계획을 제2의 천성으로 삼으며, 호모 사피엔스가 인류의 고향 아프리카를 떠나 전 세계로 퍼지기 시작한 것이다. 이는 지구의 탄생, 곧 빅뱅(big bang)에 버금가는 '스몰뱅(small bang)'으로서 인류가 미래를 실재하는 것으로 상상하게 된 혁명적 발명이었다고 한다. 한편으로는 미래가 인류를 번영으로 이끈 원동력이기도 하지만, 다른 한편으로는 인류를 미래에 대한 걱정과 두려움에 찌들게 만들기도 했다.

하거나 극복하려는 대안적 계획 사조의 길은 다양한 종류의 시간관에 따라 항상 새롭게 열려 있다고 보아야 한다.

3 도시계획의 역사사회학

역사사회학은 역사적 사건이나 현상을 사회학적 개념이나 이론을 통해 설명하거나 역사적 변동 사례에 대한 비교분석을 통해 거시인과적 법칙성을 발견하고자 하는 사회학 분야다. 이 장에서는 먼저 로마제국 멸망 이후 사라진 도시문명이 중세 봉건제하에서 부활하는 모습, 그리고 당대 유럽 도시들만이 가진 일련의 특성이 서구 사회의 근대적 이행을 도모하는 과정을 살펴본다. 이어서 절대왕정의 등장을 계기로 근대국가가 정치적 대세가 되면서 중세 자치도시들이 맞게 된 새로운 운명을 고찰한다. 산업혁명과 프랑스대혁명 이후 도시화 및 도시문제가 본격적으로 대두하면서 이에 대한 대응으로 전개된 근대적 도시계획의 대표 사례를 개괄한 다음, 대서양 건너 신대륙 미국의 도시계획을 구대륙 유럽과 대비되는 측면을 중심으로 검토한다. 끝으로, 20세기 근대국가 및 도시계획의 전 세계적 전파와 그로 인한 공공계획의 전성시대를 논의한다.

다만 서유럽만이 도시 쪽으로 완전히 몸을 틀었다.
도시들은 유럽을 앞으로 밀었다.

페르낭 브로델, 주경철(옮김),
《물질문명과 자본주의 I-2: 일상생활의 구조(하)》, 까치, 1995

1. 도시문명의 모태, 유럽

로마제국과 도시문명의 명멸

유럽 대륙의 역사와 유럽 도시의 역사는 대부분 같다(Benevolo, 1993: xv). 물론 중국이나 인도, 중동, 남미 같은 비유럽 지역에서도 도시는 일찍이 존재했고 도시의 양적 성장 또한 괄목할 만했다. 하지만 비서구 지역의 경우 도시가 유럽에서처럼 오늘날의 근대문명을 선도하지는 못했다. 유럽에서는 고대의 도시문명 전통이 근대문명에 접목되고 연계된 데 비해, 나머지 지역에서는 대체로 분리되고 단절되었다. 인류문명의 모태가 고대 도시라는 점에서는 동서양이 유사하지만, 근대문명의 기점이라는 점에서는 동양의 도시와 서양의 도시가 서로 달랐다. 근대문명의 출현은 유럽에서 이루어졌고, 근대 유럽은 다름 아닌 도시가 주도했다.

고대 그리스·로마에서 비롯된 도시문명의 전통이 유럽에서 역사적으로 곧장 직진한 것은 아니었다. 전성기 로마는 대제국으로 확장되면서 유럽 전역에 도시의 씨앗을 뿌렸다. 로마제국은 요지마다 식민도시를 건설했는데, 로만 타운(Roman town)이 바로 그것이다. 로만 타운은 로마 가도를 통해 로마제국의 수도인 로마로 연결되었으며, "모든 길은 로마로 통한다(All roads lead to Rome)"라는 말도 여기서 나왔다. 로만 타운의 정확한 의미는 식민지 내 교통상 요지에 신도시를 만드는 하나의 '계획 양식'

벨기에 브뤼셀의 예술 및 역사 박물관(Musée Art & Histoire)에 전시된 고대 로마 모형(출처: Pascal Radigue, Wikimedia Commons)

인데, 이는 수도 로마의 도시계획을 벤치마킹한 것이었다. 그 핵심은 직각으로 교차하는 두 개의 간선 대로를 통해 정방형 내지 직사각형 도시 형태를 만들고, 그 안에 각종 도시 인프라를 구축하는 한편 도시의 기념비적 상징성도 강조하는 방식이었다.

"로마화는 많은 점에서 선진적인 도시화와 같은 뜻"이었고, 로마제국 자체가 수많은 "도시 세포들의 연합으로 기능"했다(코트킨, 2013: 67-68). 도시가 제국주의의 공간적 거점으로 기능한다는 사실은 로마제국의 경우뿐만 아니라 역사적으로 일반화된 패턴이었다. 로마제국 치하 당시 유럽 내 로만 타운들은 로마군단이 지배하는 군사적 전초기지이면서 동시에 격자형 포장도로와 상하수도 시스템, 공중목욕탕, 스타디움, 극장 등을 갖춘 문명화의 무대였다. 하지만 서기 476년 서로마제국 붕괴 이후 로마제국이 유럽에 뿌린 도시문명의 종자(種子)는 역사의 무대에서 일순간 사라졌다. 로마제국의 멸망으로 유럽 전역에서 탈(脫)도시화가 진행되었고, 유럽은 다시 어둠과 야만의 시대로 회귀했다. 로마의 몰락은 곧 도시의 몰락이었다. 유럽의 도시들이 과거 로마제국 시대 수준의 활기를 되찾은 것은 19세기 이후였다.

흔히 내인론(內因論)과 외인론(外因論)으로 나뉘어 설명되는 로마제국의 붕괴는 고대 도시문명의 향배에 대해서도 시사하는 바가 적지 않다. 먼저 내인론의 경우는 로마제국의 멸망 이유를 안에서 찾는 것인데, 이 때 자주 거론되는 대목이 이른바 공화정 정신의 퇴조다. 작은 도시국가에서 출발하여 3개 대륙에 걸친 대제국으로 성장하는 동안 로마는 점차 '정복자'로 바뀌어 갔는데, 특히 2차 포에니 전쟁 이후 로마의 농토가 황폐화되면서 이민족 노예를 노동력으로 삼는 노예 농장, 이른바 '라티푼디움(latifundium)'이 크게 늘어났다. 노예 농장은 로마 사회를 소수의 거부(巨富)와 대다수 빈자로 양극화시켰고, 이는 건강한 농민이자 강건한 병사였던 로마 시민의 축소를 의미했다. 로마는 시민이 주도하고 시민에 의존하던 공화정에서 점차 멀어졌다.

왕정에서 시작하여 기원전 6세기부터 1세기까지 공화정 체제를 유지했던 로마는 기원전 27년 아우구스투스(Augustus, B.C. 63-A.D. 14) 이후 절대 황제국가 혹은 다민족 패권국가로 변신했다. 제국이 너무 커지고 반란과 야만족들의 침략이 지속되는 상황에서 통치의 효율성을 위해 고안된 것은 동로마제국과 서로마제국의 인위적 분리였다. 306년 서로마 황제에 즉위한 콘스탄티누스 대제 1세(Constantinus I, 274-337)가 분열된 로마를 재통합하려고 시도했지만, 최종적으로는 스스로 서로마 지역을 버리고 수도를 동로마제국의 비잔티움으로 옮겼다. 바로 이것이 동로마제국의 시작인데, 395년 로마는 두 개의 제국으로 완전히 갈라졌다. 동로마제국은 비잔티움에서 '천년의 제국'을 유지한 반면, 서로마제국은 반란과 분열을 거듭하면서 결국 자멸했다.

한편, 외인론은 로마제국의 붕괴 원인을 바깥에서 찾는다. 일찍이

로마인들은 국경 밖 알프스산맥 너머 유럽 북부의 넓은 땅을 '게르마니아(Germania)'로 통칭해 왔다. 그곳에는 게르만족을 위시하여 수에비족, 반달족, 부르군트족, 앵글족, 색슨족, 동고트족, 프랑크족 등이 부족사회 형태로 흩어져 살고 있었는데, 문명 세계를 자처하던 로마 사람들 눈에 이들은 '야만족'으로 비쳤다. 숲을 옮겨 다니면서 정착농업을 외면하는, 그저 거칠고 힘센 단순 무식꾼으로 생각되었던 것이다. 게다가 기독교를 받아들인 로마제국 입장에서 이들 게르만족은 '하느님의 백성'도 아니었다. 말하자면 이방인이었다.

그런데 로마제국이 힘을 잃어 갈 무렵 바로 이들이 로마 영토로 밀고 내려오기 시작했고, 그 결정판이 4세기 말에 본격화된 이른바 '게르만족의 대이동(Migration Period)'이다. 게르만족이 대이동을 감행한 직접적 이유로는 게르만족 자체의 인구 증가 및 기온 하강에 따른 식량 부족, 그리고 중앙아시아에 거주하던 훈족의 유럽 진출이 지적된다.[1] 서로마제국을 붕괴시킨 게르만족은 기본적으로 반(反)도시적이었다. 도시문명의 기반인 문자와 건축, 문화와 예술 및 학문을 초토화시켰기 때문이다. 게르만족의 침략에 따라 수도 로마의 인구는 100만 명에서 불과 3,000여 명으로 줄어들었고, 대형 경기장은 농지로 바뀌었으며, 수로는 방치되고 공중목욕탕은 영원히 폐쇄되었다.

프랑크 왕국과 도시문명의 불씨

로마제국 붕괴 이후 유럽은 오랫동안 극심한 혼란에 빠졌다. 중세가 '암

1 게르만족의 대이동이 한민족과 무관하지 않다는 흥미로운 논의도 있다. 게르만족의 대이동을 촉발한 훈족이 한민족과 친연성이 있다는 주장이다(기번, 2011: 36-44, 역자 "해설"; 요시미즈 츠네오, 2002 등 참고). 훈족은 세계사에서 혜성처럼 나타났다가 바람과 같이 사라진 제국으로 유명하다. 독일 ZDF-TV에서는 경주 금령총에서 출토된 기마인물형 토기(국보 91호)를 근거로 훈족의 원류가 한민족일 개연성이 있다고 보도한 적이 있다.

흑기(Dark Age)'로 불리는 것은 이런 이유에서다. 유럽인들은 고대 로마 시대와 전혀 다른 세상을 맞이했다. 유럽의 새로운 주인으로 등장한 게르만족은 다른 지역을 무력으로 정복할 힘은 있었지만 안정적으로 통치할 능력은 갖고 있지 않았다. 야성에 익숙했던 게르만족은 도시를 닥치는 대로 약탈하고 농촌을 폐허로 만들면서 유럽을 일시에 죽음과 공포의 땅으로 만들었다. 게르만족 가운데 그나마 나라를 세우는 것에 성공한 인물은 동고트족의 테오도리쿠스왕(Theodoricus, 454-526)[2]과 프랑크족의 클로비스왕(Clovis, 466-511)뿐이었는데, 이 가운데 유럽사에 보다 의미 있는 족적을 남긴 인물은 후자였다. 프랑크족은 지금의 프랑스 땅 거의 전부를 지배했고, '프랑스'라는 국가 이름 역시 여기서 연유한다. 클로비스는 프랑크족의 우두머리로서 이교도에서 가톨릭으로 개종한 유럽 최초의 왕이었다.[3]

프랑크 왕국이 역사적으로 중요한 이유는 로마제국 붕괴 이후 유럽의 형태가 지도상에 그나마 유지되는 데, 그리고 고대 로마 문명이 근대 사회로 연결되는 데 나름 기여했기 때문이다. 게르만족의 침입으로 초토화된 유럽은 7세기 말과 8세기 초에 걸쳐 이슬람 세력의 공격이라는 새로운 위기에 직면했다. 아라비아 지역에 있던 이슬람 세력은 아프리카와 이베리아반도를 거쳐 유럽 진출을 시도했는데, 대국으로 성장한 프랑크 왕국이 피레네산맥을 사이에 두고 이들을 격퇴한 것이다. 또한 클로비

2 동고트족의 테오도리쿠스는 야만족 가운데 드물게 도시문명 생활을 경험한 적이 있었다. 어린 시절 동로마제국의 수도 콘스탄티노플에 인질로 잡혀가 궁정에 머물렀기 때문이다. 그는 로마 문명을 본받고 싶어 했는데, 30년간 동고트 왕국을 통치할 수 있었던 것은 그 덕분이었다. 하지만 동고트 왕국은 테오도리쿠스 사후 1년 만에 멸망했다.

3 프랑스 제5공화국 대통령 샤를 드골(Charles De Gaulle, 1890-1970)은 클로비스 세례 1500주년 기념식에서 "나는 프랑스라는 이름의 기원이 되는 프랑크 민족에 의해 왕으로 선택된 클로비스야말로 프랑스 역사의 시작이라고 생각한다"라고 추모했다.

스왕은 게르만족의 문명화를 통한 프랑크 왕국의 건설을 추진했다. 이때 그가 활용한 것은 기독교였다. 곧, 게르만족이 '하느님의 백성'으로 재탄생함으로써 다른 부족과의 평화 공존이 가능해진 것이다. 게다가 기독교는 게르만족이 야만적인 생활 관습을 버리고 로마 문명의 유산에 적응하는 데 일조했다. 요컨대 프랑크 왕국이 안정과 번영을 이룩할 수 있었던 것은 교회가 사회의 중심으로 자리 잡았기 때문이다.

기독교의 유럽 전파에는 로마제국의 역할이 상당히 컸다. 만약 로마제국이 기독교를 끝내 거부했더라면 오늘날과 같은 모습의 기독교는 존재하기 어려웠을 것이다. 기독교 성직자들은 로마제국의 붕괴 이후 공포와 혼란, 기아로부터 사람들을 위로하고 보호하는 일에 앞장섰다. 게르만의 왕들이나 귀족들에게 교양과 지식을 가르치는 일 또한 교회의 몫이었다. 한편, 교황이나 각지 교회 지도자들 입장에서는 기독교 정신의 재건과 기독교 문명의 부흥을 위해 과거 로마제국처럼 유럽 전체를 아우르는 통일된 왕국이 절실했다. 이에 부합한 인물이 프랑크 왕국의 샤를마뉴 대제(Charlemagne, 742-814)였다. 8세기 무렵, 프랑크 왕국 역사상 가장 넓은 영토를 확보했던 그는 기독교가 자신의 통치에 필요한 정신적 원리가 되기를 기대했고, 교황은 이를 기화로 유럽을 다시 '하느님의 왕국'으로 만들고자 했다. 800년 성탄절, 교황 레오 3세가 샤를마뉴를 서로마제국의 황제로 인정하는 대관식이 거행됨으로써, 유럽은 한편으로는 가톨릭 교황, 다른 한편으로는 신성로마제국 황제 양자의 공치(共治)를 통해 새로운 출발을 기약하는 듯 보였다.

게르만족 출신 샤를마뉴 대제는 도시의 가치도 잘 알고 있었다. 문명의 거점은 결코 숲속이나 들판이 아니라고 생각한 것이다. 774년 로마를 방문했을 때, 그는 이미 쇠락할 대로 쇠락한 도시에서 과거 로마제국의 위엄과 문화를 간파하고 감탄했다. 또한 연이은 전쟁 와중에도 그는 프랑크 왕국의 수도를 새로 공들여 건설할 정도가 되었다. 그는 파리를 떠나 오늘날 독일의 아헨(Aachen)에 해당하는 엑스라샤펠(Aix-la-Chapelle)

카롤링거 르네상스의 대표 건축물 아헨 대성당. 카롤루스 대제의 유해가 안장되어 있다(출처: José Luiz Bernardes Ribeiro, Wikimedia Commons).

을 신수도로 키웠다. 특히 그곳에서 그는 당시 유럽에서 가장 고명한 학자이자 사제였던 영국의 앨퀸(Alcuin)을 초빙하여 궁정학교(宮庭學校, court school)를 열었다. 이는 왕실의 권위와 국가의 격조를 높이면서도 무엇보다 관료들의 수준과 역량을 높이려는 노력의 일환이었다. 서구 역사에서 세속적 통치자가 기독교 교화 운동의 조력자가 되어 교육사업에 힘쓴 것은 이때가 처음이다. 프랑크 왕국의 엑스라샤펠은 중세 암흑기 시대의 반짝이는 등불, 이른바 '카롤링거 르네상스(Carolingian Renaissance)'의 상징 도시였다.[4] 이는 우리가 익히 잘 아는 '중세 르네상스(Middle-Age

4 샤를마뉴는 흔히 '중세 유럽의 초석' 혹은 '유럽의 아버지'라고 불린다. 그만큼 중세 초기에 유럽의 지속 및 통합에 미친 영향이 막대하기 때문이다. 그의 세력권은 프랑스 지역을 넘어 유럽 전역으로 퍼졌다. 이 때문에 그는 독일어권에서는 '카알', 에스파냐어권에서는 '카를로스', 그리고 영어권에서는 '찰스' 등으로 다양하게 불린다.

Renaissance)'가 꽃을 피우기 훨씬 전의 일이다.

2. 봉건제와 도시의 몰락

봉건제의 성립

문제는 샤를마뉴가 죽고 난 다음이었다. 강력한 황제가 사망하면서 서·동·중 프랑크 왕국으로 분리된 제국은 사실상 껍데기만 남았고,[5] 그 결과 유럽의 정치적 질서는 다시 와해되었다. 설상가상으로 9-10세기 무렵 각지의 이민족들이 유럽을 일제히 침략했다. 남쪽의 이슬람족, 동쪽의 마자르족도 위세가 대단했지만, 북쪽의 노르만족이 특히 위협적이었다. '바이킹'으로 알려진 노르만족은 150여 년 동안이나 유럽 전역을 속수무책으로 휘젓고 다녔다. 일종의 통치공백 내지 무정부 상태를 맞이한 유럽은 일순간 약육강식과 각자도생의 무대로 변했다.[6] 이런 상황에서 수

프랑스 파리 노트르담 성당 앞, 독일의 아헨 시청사 앞, 그리고 벨기에 리에주에도 그의 청동상이 있다. 또한 유럽 도처에 그의 석상이나 비석이 지금도 남아 있다.

5 서프랑크 왕국, 동프랑크 왕국, 그리고 중프랑크 왕국은 각각 오늘날 프랑스, 독일, 이탈리아 영토의 원류라고 할 수 있다.

6 바이킹은 오늘날 노르웨이, 스웨덴, 덴마크 지역에 살던 북게르만족의 통칭이다. 바이킹이 '약탈'로 유명해진 것은 척박한 토양과 기후에 따른 만성적 식량 부족, 토지의 장남상속제도에 따른 나머지 아들들의 독립심과 모험심 등이 중요 원인이었다. 약탈을 목적으로 한 이들의 선박 건조기술과 항해술은 매우 뛰어났는데, 배의 앞과 뒤를 극단적으로 치켜세운 가늘고 긴 배, 곧 '롱십(longship)'이 이를 잘 말해 준다. 참고로, 오늘날 전자기기를 무선으로 연결하는 '블루투스(Bluetooth)'라는 말이 바이킹으로부터 나왔다. 10세기 덴마크와 노르웨이를 최초로 통일한 바이킹 하랄 블로탄(Harald Blåtand Gormsen)왕은 블루베리를 너무 좋아해 치아가 늘 파랬다고 한다. 스웨덴의 전자회사는 하랄 블로탄이 북유럽을 통합했듯이 모든 전자기기를 하나로 연결하자는 뜻에서 '블루투스'라는 이름을 붙였다고 한다. 블루투스의 로고 'ᚼ, ᛒ' 역시 하랄 블로탄의 이니셜(H, B)을 룬 문자(Runic alphabet)로 표기한 것이다. 뷔페(buffet) 또한 바이킹족의 식사법이 어원이다. 약탈을 위해 항해에 나서 최소한의 식량과 식수로 선상에서 연명하던 선원들이 하선하자마자 해안가에서 식사

백 년에 걸쳐 만들고 다듬어진 사회적 제도가 다름 아닌 중세 유럽의 대명사인 봉건제다. 유럽의 봉건제는 세계적 기준에 의하면 오히려 예외적이었고, 역사의 필연적 법칙이라기보다 당시 유럽에서 필요에 따라 등장한 사회적 발명품이었다.[7]

외적을 막아 줄 강력한 중앙집권형 왕권이 부재한 당시 상황에서 유럽인들에게 무엇보다 가장 절실했던 것은 자신의 생명과 재산을 지켜 줄 보호자였다. 중세의 주인공으로 전사(戰士)가 부상한 것은 이 때문이다. 전투가 생업이자 천직인 그들은 주로 말을 타고 다녔기에 기사(騎士)로 불리기도 한다.[8] 전사계급은 갑자기 등장한 것이 아니라 중세 초기부터 존재했다. 하지만 프랑크 왕국의 몰락 이후 대혼란과 무질서로 인해 마침내 이들의 전성시대가 도래한 것이다. 전사라고 모두가 동급은 아니었다. 세력이 큰 전사부터 약한 전사까지 서열이 매겨지는 가운데 이들은

를 할 수 있도록 긴 탁자 위에 여러 가지 음식물을 늘어놓는 형식이 뷔페의 기원이라고 한다. 일본에서는 뷔페를 아예 '바이킹구(バイキング) 요리'라고 부른다.

7 하늘 아래 새로운 것이 없듯이 봉건제 역시 완전한 창작품은 아니다. 그것의 기원은 후기 로마제국의 은대지(恩貸地, beneficium) 제도까지 소급된다. 그것은 게르만족 출신 군인이 국경을 수비하는 대가로 먹고살 수 있는 토지를 로마제국이 직접 제공하던 제도다. 프랑크 왕국의 종사제(從士制, commitatus) 역시 주군에 대한 충성을 전제로 전사나 종자(從者)에게 무기나 가축, 식량 따위를 제공하는 것이었는데, 이것이 본격적인 봉건제의 길라잡이가 되었다.

8 기사는 중세 유럽에서 최고의 선망 직업 가운데 하나였다. 사제 서품 못지않게 기사서임은 가문의 영광이었고, 이들의 권한 남용이 심해짐에 따라 '기사도'라는 규율 장치가 만들어질 정도였다. 기사도는 매너, 명예, 약자 배려 등과 같은 사회적 가치로서, '높은 신분에 따른 도덕적 의무'를 뜻하는 이른바 '노블리스 오블리제(noblesse oblige)' 전통의 문화적 기원이 되었다. 참고로, 중세 유럽의 결투 재판(Trial by Combat)에서 피고를 대신해 싸우는 사람을 '흑기사(Black knight)'라고 불렀다. 결투 재판이란 증인이나 증거가 부족한 사건을 해결하기 위해 당사자들이 결투하여 시비를 가리던 방법이다. 흑기사는 검은색 갑옷을 입고 흑마를 탔다. 이에 반해 원고를 대신해 싸우는 사람은 백기사였다. 흑기사라는 말에는 자신의 정체를 숨기고 어려운 사람을 위해 희생한다는 의미가 담겨 있다. 여담이지만, 우리나라 술자리에서 폭탄주를 대신 마셔 주는 사람을 흑기사로 칭하는 것도 이런 연유에서다.

하나의 조직을 이루었으며, 그 정점에 군주가 있었다. 하지만 왕이라고 해도 순전히 자신의 힘만으로는 전쟁수행 능력을 갖추지 못했다. 왕은 자신을 따르는 전사들에게 충성의 대가로 땅을 지급했고, 전사들은 왕에 대한 복종의 대가로 자신의 신변 안전을 보장받았다. 그 땅이 바로 봉토(封土)다. 여기서 봉건제라는 말이 비롯되었다.

봉토 안에서 전사들은 왕권의 간섭을 배제하는 독자적 통치권을 행사했고, 귀족이 된 그들은 군주와 더불어 중세의 지배권력으로 군림했다. 주군과 가신 사이 주종 관계는 상급 전사와 하급 전사 사이에 연쇄적으로 퍼져 나갔다. 곧, 왕으로부터 봉토를 하사받은 이들은 자신의 땅 일부를 다시 떼어 주면서 자신을 따르는 전사의 무리를 거느린 것이다. 전사들이 여러 명의 주군이나 가신에게 충성을 맹세하는 경우도 적지 않았다. 요컨대 중세 유럽의 정치구조는 혈연적 권력 관계가 존재하지도 않고 성립될 수도 없는 상시적 전쟁 모드 상황에서, 크고 작은 전사들이 군사적 필요에 따라 다양하게 이합집산한 계약적 주종 관계였다. 전반적으로 그것은 오늘날 조직폭력배나 마피아의 모습에 가까웠다.

중세 유럽은 과거 로마제국이나 당대 중국과 비교해 절대강자가 존재하지 않는 전형적인 분권사회였다. 왕의 직접 통치는 자신의 직할지에 한정되었고, 나머지 지역은 봉토를 차지한 영주들이 실질적으로 지배했다. 당시 사람들의 관념 속에 오늘날과 같은 국가라든가 민족이라는 개념은 거의 존재하지 않았다. 중세 유럽에서 나름 거대한 통일체가 하나 있었다면 그것은 교회 권력이었다. 중세 유럽에서 종교는 선택이 아닌 의무였고, 교황을 정점으로 한 막강한 교회 피라미드 조직은 사람들의 정신세계를 장악하면서 십일조(十一條)라는 이름의 사실상 세금을 거두기도 했다. 말하자면 가톨릭교회는 '보이지 않는 국가', '군대 없는 권력' 혹은 '정신적 정부'였다. 교회는 봉건제와 더불어 중세 유럽에 안정과 질서를 제공하던 핵심적 두 기둥이었다. 물론 여기에는 과거 프랑크 왕국 시절에 경험한 교황과 황제의 공치도 적잖이 도움을 주었을 것이다.

비(非)도시 농촌문명

중세 유럽은 기본적으로 비도시 농촌사회였다. 중세 유럽의 정치적 차원이 봉건제라면, 그것의 경제적 측면은 장원제였다. 장원(莊園, manor)은 영주가 지배하는 토지, 곧 영지(領地)에 기반한 경제 단위를 일컫는다. 장원은 자급자족을 지향하는 하나의 독립된 세계로서, 외부의 간섭을 거부하고 주변과의 교류를 제한했다. 이른바 불수불입권(不輸不入權)은 과세나 재판에 있어서 배타적 자치권을 의미한다. 바깥에서 안으로 아무것도 들여오지 말고, 안에서 바깥으로 아무것도 내보내면 안 되는 공간적 자폐성이 중세식 삶의 기본 특징이었다. 오늘날과 반대로 중세 유럽에서 보통사람들의 외국어 실력이란 오히려 정치적으로 '위험한' 스펙이었다.

장원의 형태는 대개 비슷했다. 우선 높은 지대에 영주의 저택이 들어서고 그 밑에 농민들의 오두막이 자리 잡았으며, 그 아래쪽으로 농경지가 펼쳐졌다. 농경지는 삼포식(三圃式) 농업에 따라 춘경지, 추경지, 휴한지로 나뉘어 있었으며,[9] 그 외곽에는 울창한 숲이 마을을 외부 세계로부터 격리하고 있었다. 개울 옆에는 방앗간이나 대장간, 창고 등이 위치했다. 그리고 장원마다 사제관이 딸린 교회가 하나씩 있어 교권(教權)과 속권(俗權)의 공존을 공간적으로 상징했다. 여러 개의 장원을 소유하고 있던 영주들은 어느 특정 장원에 상주하는 대신, 성을 여러 개 짓고 살면서 자신의 소유 영지를 때맞춰 챙기러 다녔다. 성이 있는 곳이 당연히 그 지역의 중심지였다. 물론 왕들도 성에 거주했는데, 지금도 남아 있는 유럽의 수많은 성은 봉건제 시대의 분권과 자치를 웅변하는 대표적 건축 유산이다.[10]

9 삼포제는 이포제가 발전된 형태다. 중세 유럽의 토지경작에서 고질적 문제는 시비(施肥)에 관한 것이었다. 주로 동물의 분뇨에 의존했던 중세의 농민들은 항상 비료 부족에 시달렸다. 이를 타개하기 위해 나온 것이 땅을 주기적으로 쉬게 만들어 지력(地力)을 회복시키는 휴경(休耕) 제도였다. 초기에는 경작지의 절반만 경작하는 이포제가 실시되다가 나중에는 삼포제로 진화했다.

목가적인 모습의 농업사회 자체는 중세 유럽의 전유물이 아니다. 전원풍의 농촌사회라면 세계 다른 여러 곳에서도 어렵잖게 관찰되기 때문이다. 또한 중세 이전에도 유럽은 오랫동안 농업 중심이었다. 만약 중세 유럽에 유별나게 특이한 점이 하나 있다면 그것은 농업 방식과 일상생활 측면이었다.[11] 당시 유럽의 농촌마을은 토지의 개별 소유나 경작이 허용되지 않는 운명 공동체였다. 경제생활 단위가 개인이나 가족이 아니라 마을 전체였다는 의미다. 말하자면 자영농 위주가 아닌 집단농업 체제였던 것이다.

농업사회라고 해도 영주는 전사로서 무예 단련을 중시할 뿐, 땅을 직접 경작하지 않았다. 일반 농민들의 지위는 다소 복잡했다. 토지의 소유권 대신 경작권을 확보한 상층 농민들은 상대적으로 자유를 누리는 대신 영주에게 군역의 부담을 졌다. 영주가 봉토를 받을 때 딸려 온 농노들은 하층 농민으로서 비록 군역은 면제되었지만 영주를 대상으로 부역노동과 현물공납을 강제로 제공해야만 했다. 중세 농노가 과거 노예와 다

---

10 봉건제 유럽은 기본적으로 농촌사회였지만 도시 자체가 전무했던 것은 아니다. 중세 초기에는 로마 교황청에서 파견한 주교가 머무는 곳을 중심으로 도시가 발전했는데, 주교는 종교적 업무만이 아니라 일반 행정 업무도 처리함으로써, "주교가 있는 곳이 곧 도시"라는 인식이 생겨났다. 우리에게 가장 잘 알려진 주교도시는 '알프스의 북로마'라는 별명을 가진 오스트리아의 잘츠부르크(Salzburg)다. 다만 주교도시는 교황청 직할도시여서 앞으로 살펴볼 중세 유럽의 전형적인 자치도시는 아니다.

11 실제 중세 유럽 농촌의 삶이 어땠는지 정확히 알기는 어렵다. 자료가 없기 때문이다. 다만 프랑스의 아날학파 역사학자 라뒤리(2006)에 의해 대체적 윤곽이 그려졌다. 1290년대 이후 남프랑스 지방 피레네산 1,300미터 고원 지대에 위치한 몽타유 마을에 '카타르파'라고 불리는 이단 기독교가 널리 보급되었다. 이에 로마 가톨릭교회는 주교 자크 푸르니에를 이단 재판관으로 파견하여 마을 전체 주민을 대상으로 샅샅이 취조한 다음, 이를 기록으로 남겼다. 라뒤리가 쓴《몽타이유》는 주거, 심성, 감성, 섹스, 일상생활 등에 걸쳐 중세 역사를 가장 생생하게 복원한 것으로 평가받고 있다. 마을 주민들은 군주, 영주, 교회 등으로부터 복합적인 지배를 받고 있었지만, 개인에게 가해지는 통제는 철저하지 않은 편이었다. 주민들은 물물교환과 대부·상호 증여를 통해 나름 경제생활을 영위한 것으로 알려졌다.

른 점은 물건처럼 사고파는 대상이 아니라는 정도였다. 중세 유럽 농촌의 실질적 노동력은 대부분 농노에서 나왔는데, 후기로 갈수록 더 그랬다. 철저한 신분제 사회에서 이들이 영위한 생활수준은 매우 낮았다. 평생 일만 하다 죽는다는 의미에서 농노는 흔히 '뿔 없는 소'로 묘사되었다.

장원은 인구재생산이 가능한 400-500명 규모의 전원공동체로서 중세 유럽인들의 지리적 및 정신적 경계였다. 물론 완전한 자급자족은 불가능하여 생필품인 소금이라든가 주요 농기구들은 외부와의 교류를 통해 조달되었다. 이러한 초보적 상업거래가 여러 장원의 연결을 통해 형성한 경제 단위는 인구 규모로 따져 대략 3,000명 정도였다. 그 위에 비슷한 문화를 나름 공유하는 고장이 존재했다. 프랑스에서는 고장을 빼히(pays)라 불렀다. 그리고 그 상층에는 그것의 열 배 정도 크기를 가진 주(州)가 자리 잡았는데, 우리가 흔히 아는 유럽의 로컬 지명, 플랑드르, 부르고뉴, 프로방스, 브르타뉴, 작센, 토스카나 등이 이에 해당한다. 여기가 생활단위의 조직화가 '자연스럽게' 이루어지는 범위로서는 마지막이었다. 왕령지(王令地, Domain Royal), 국가, 국토 등의 개념은 당시 보통 유럽인들의 뇌리에 아직 존재하지 않았다(이영림·주경철, 2011: 63-65).

3. 자치도시의 발달

도시의 부활

중세 유럽은 군주와 영주가 공유하는 세속권력, 그리고 교황을 정점으로 하는 가톨릭 교권이 이중으로 지배하는 전형적인 농촌사회였다. 그러나 바로 이러한 농업사회의 이면에 유럽 문명을 독특하게 만든 요소가 조용히 성장하고 있었다. 그것은 도시였다. 도시문명으로부터 농촌문명으로 유턴한 중세 초기, 도시는 존재감을 대거 상실했다. 빈곤한 자급자족형 농촌이라 바깥에 내다 팔 물건도 없었고, 그런 만큼 시장이 생길 이유나 여유도 없었다. 하지만 점차 곡물 생산량이 늘고 농사 기술이 발달하면서 농산품의 매매가 가능해졌고, 농사를 짓지 않고 생활할 수 있는 비농업인구, 곧 상인들의 숫자도 증가했다. 또한 외지 물건에 대한 귀족들의 구매 욕구와 소비 역량도 높아졌다. 주전소(鑄錢所)의 출현과 시장의 등장은 필연적 귀결이었다.

말하자면 11세기경부터 농업 일색의 봉건제 유럽에 도시의 맹아가 출현한 것이다. 물론 이들이 백지상태에서 출발한 것은 아니다. 그것은 과거 로마제국이 남긴 식민도시들, 곧 로만 타운의 부활을 의미했다. 로마제국이 처음부터 접근성이나 안전성, 이동성 등의 측면에서 유리한 지점에 자신의 식민도시를 건설했기에 이들이 자연스럽게 중세 도시로 재탄생할 수 있었던 것이다. 순서는 남쪽의 항구도시가 먼저였다. 이 가운데서도 이탈리아 북부 지역이 도시발전을 주도했다. 이탈리아는 지중해를 끼고 있었을 뿐 아니라 로마 시대부터 배를 만들고 바닷길을 개척한 경험이 풍부했다. 베네치아나 피레네, 제노바는 이렇게 성장한 이탈리아의 대표적 중세 도시다.

이어서 대서양 난류를 타고 런던이나 브루게 등 유럽 북쪽의 항구도시들이 꿈틀거리기 시작했다. 과거 식민도시의 잔재가 남아 있던 북부 독일이나 발트 연안에서는 물론, 특히 도버해협 쪽에는 해안선을 따라 새로운 경제 거점이 만들어졌다. 서유럽과 북유럽의 교차 지점인 뤼베크(Lübeck) 인근에는 독일어 사용 상인들의 특권적 집단 거주지가 로타르(Lothar) 3세나 아돌프(Adolf) 2세 등 역내 통치자들에 의해 의도적으로 조성되었고, 이들은 곧 70-130개 정도의 도시연합으로 성장했다. 편력상인(遍歷商人) 단체를 의미하는 한자동맹(Hanseatic League)이 바로 그것인데, 대략 17세기 후반까지 지속되었다. 한자동맹의 맹주는 뤼베크였고, 브레멘, 함부르크, 쾰른 등이 핵심 멤버였다. 북서유럽과 남유럽 상인들이 만나 국제 무역도시를 만들어 낸 것이 '북부의 베네치아'로 불린 브루게(Brugge)였다.

한자동맹의 해외 무역 거점이었던 벨기에 브루게의 구시가지 광경(출처: Wolfgang Staudt, Wikimedia Commons)

12세기에 들어서면서 바닷가가 아닌 내륙 지방에도 도시가 등장했다. 육로의 발전이 해로에 비해 상대적으로 늦은 이유는 험준한 알프스 산세에다가 산적의 위협이 많았기 때문이었다. 하지만 중세 상인들은 로마 시대의 옛길을 다시 활용하거나 유럽 전역에 퍼져 있는 수많은 강줄기를 수로로 적극 개발했다. 오늘날 유럽에서 내륙 운하가 일상화되어 있는 것은 결코 우연이 아니다. 사실 유럽의 자연은 교점마다 상업도시가 발전하기에 유리한 환경이었다. 이로써 12세기 후반에 이르러 유럽 전역에는 수천 개의 작은 도시가 형성되었다. 당시 개별 도시들의 인구는 5,000명을 넘는 경우가 드물었고 대개 1,000명 내외였다(Hohenberg and Lees, 1985: 22).

도시 간 상업적 교류는 역내 거래와 국제 무역의 두 가지 형태로 이루어졌다. 지역 특산품, 예컨대 영국산 양모나 플랑드르산 모직물, 스칸

디나비아산 모피, 러시아산 밀랍, 발틱해 인근의 생선,[12] 프랑스산 포도주, 에스파냐산 가죽, 독일산 맥주나 은잔, 치즈, 소금 등을 이 도시 저 도시 옮겨 다니며 사고파는 것이 전자의 경우였다. 그리고 이집트나 인도, 중국으로부터 유럽에서 생산되지 않는 물건들, 예컨대 설탕, 쌀, 오렌지, 레몬 같은 식품, 후추나 계피 같은 향료, 면이나 비단 같은 귀한 옷감을 들여와 비싼 값에 파는 것이 후자의 경우였다. 시장 주변에는 수공업자가 모여들었고 그들의 작업장도 자리를 잡았다. 시장이 가까우면 원재료 구하기도 쉽고 판매에도 용이했기 때문이다. 말안장과 고삐를 만드는 사람, 금이나 은을 녹여 잔과 쟁반을 만드는 사람, 와인 통을 만드는 사람, 수레바퀴를 만드는 사람, 옷감을 염색하는 사람, 구두를 만드는 사람들이 바로 그들이었다. 12세기 말부터 유럽의 중심인 프랑스 북동부 샹파뉴 지역에는 연중 내내 상품을 바꿔 가며 문을 여는 정기시장이 등장했다. 이처럼 중세 도시는 상인들의 발자국 위에서 발전했다.[13]

브로델(Fernand Braudel)만큼 이 시기 유럽이 경험한 도시의 출현에 역사적 의미를 부여한 이도 드물다.[14] 그는 "11세기에 유럽에서 도시가

---

12 대표적인 것이 청어다. 가톨릭 교리에 따라 육식을 금지했던 중세 유럽에서는 대체 단백질원으로서 생선에 대한 수요가 많았는데, 한자동맹 소속 도시들은 이를 노렸다. 특히 암스테르담은 청어잡이와 청어절임으로 도시가 성장했다. 암스테르담의 별명이 '청어 뼈 위에 세운 도시'다(도시유키, 2020).

13 세계사적 관점에서 볼 때 이 무렵 유럽이 경험한 경제도시의 성장은 상대적으로 독특했다. 예컨대 이슬람은 나름 세련된 도시문화를 키워 내긴 했지만 일상생활에 깊숙이 침투한 종교적 실천이 상업적 도시의 성장을 억제했다. 인도는 카스트 제도가 교역 행위를 비난하고 힌두교의 자긍심이 외부세계에 대한 호기심을 억제함에 따라 도시의 약진이 멈췄다. 보다 흥미로운 경우는 인구 측면에서 유럽 도시 이상으로 도시발전을 경험한 중국이었다. 중국의 도시들은 규모는 컸지만 "그저 거대한 농업지역일 따름"이었다. 중국의 도시를 발전시킨 원동력은 통상이 아니라 정치였기 때문이다. 중국의 어바니즘은 대개 거대한 수도를 중심으로 이뤄졌으며 왕조에 따라 흥망성쇠를 거듭했을 뿐이다(코트킨, 2013: 81, 91-92, 96-97, 106).

14 브로델은 아날학파(Annales School)를 대표하는 프랑스의 역사학자 혹은 사회사가(社會史家). 기존 역사가 주로 정치사나 전쟁사, 국제관계사 중심이라면 아날학파

부활했을 때 작은 대륙 유럽의 흥기가 시작되었다"고 썼다(브로델, 1995: 695). 비유럽 지역의 도시들도 일정한 도시의 성장을 경험하긴 했지만 오직 "서유럽만이 도시 쪽으로 완전히 몸을 틀었"고, 그 결과 유럽의 도시는 "우리가 역사라고 부르는 것에 문을 열었다"고 말하기도 했다(브로델, 1995: 695, 767). 그에 의하면 도시란 "긴장(즉 전압)을 증대시키고 교환을 가속화시켜 주며 사람들의 삶을 끊임없이 섞는"다는 점에서 일종의 '변압기'다(브로델, 1995: 695). 이는 유독 유럽에서 나타난 현상으로서 그곳에서 "도시는 전환점이며, 단절이며, 세계의 운명"이 되었다.

도시는 무엇보다 분업과 교환의 무대였다. 도시는 자신이 "필요로 하는 만큼 시골을 만들어" 냈고, 역할 분업을 통해 시골과 연결되었듯이 대도시는 "심한 경쟁관계에 있는" 중소도시들을 없애지 않고 거느렸다. 도시는 "그 중심에서 움직임을 받아들이고 움직임을 다시 만들어 내며, 상품과 사람을 흩어내고는 다시 새로이 모아들이는, 곧 '교환이 이루어지는 시장'을 만들어 냈다"(브로델, 1995: 707, 730). 비록 "도시가 사람들을 잘 받아들이도록 만들어지지 못하고 잘못 지어진 것인데도 불구하고" 사람들은 도시로 지속해서 모여들었다. 각종 도시문제를 상쇄할 만큼 자본주의가 건네는 기회와 행운이 매혹적이었기 때문이다. 그리고 자본주의는 도시문제의 극복을 위해 도시 무대를 부단히 재구조화했다. 다름 아닌 도시계획의 이름으로 말이다(브로델, 1995: 815). 이처럼 서유럽의 도시들은 변화로 가득 찬 반면, 중국 같은 다른 지역 도시들은 시간이 지나도 별다른 굴곡이 없었다. 전자는 '증기 기관' 같았고, 후자는 '시계' 같았다(브로델, 1995: 743).[15]

는 그것들 아래의 사회문화적 조건들, 곧 기후나 지리, 인구, 통신, 교통 등에 관심을 기울이면서 보통사람의 일상생활에 초점을 맞추는 학풍을 갖고 있다. 살아생전 브로델은 '역사학의 교황'으로 불렸으며, 그의 사망 소식을 접한 프랑스 주요 일간지들은 '노벨 역사학상'이라는 명예를 그에게 경쟁적으로 추서했다.

15 앞서 언급했듯이 멈퍼드는 "근대의 핵심기계는 증기 기관이 아니라 시계"라고 말했

길드도시

중세 유럽의 도시는 상업도시이자 경제도시이면서 보다 결정적으로 중요하게는 '자치도시(Stadtgemeinde, Corporate town)'였다.[16] 상업도시가 자치도시로 발전하는 경우는 전 세계에서 유럽이 거의 유일했는데, 그만큼 어렵다는 사실의 방증이다. 중세 유럽에서도 처음 시장이 세워지고 도시가 생겨날 때는 사정이 만만치 않았다. 상인들은 군주나 귀족의 허락을 얻거나 보호를 받아야 했고, 이를 위해 그들에게 뇌물을 갖다 바치거나 투쟁을 벌이는 일이 빈번했다. 또한 상업활동이 상인들만의 이익이 아니라 궁극적으로 사회 전체에 도움을 준다는 논리를 제시하면서, 이탈리아 도시들의 경우 공공병원을 건립하기도 했다. 한편, 군주나 귀족들도 시장의 발달과 도시의 성장이 자신들에게 제공하는 혜택을 점차 깨달았다. 이를 통해 자신들이 원하는 상품을 적기에 공급받을 뿐 아니라 상업활동의 대가로 영업세나 통행세, 자릿세 등을 요구할 수 있었기 때문이다.

막스 베버는 유럽의 자치도시가 근대 자본주의의 출발을 알리는 "하나의 역사적 막간극(幕間劇)"이었다고 평가한다(베버, 2017: 291).[17] 그에 따르면 중세 유럽의 도시는 다음 다섯 가지 특징을 구비하고 있었다(베버, 2017: 88-94). 1) 방어시설, 2) 시장, 3) 독자적인 사법기구 및 적어도 부분적으로나마 독자적인 법률체계, 4) 조합체적(corporate) 성격 및 이와 연관

는데, 브로델은 유럽이 증기 기관처럼 앞으로 나아갔다면 중국은 시곗바늘처럼 제자리를 돌았다는 의미로 이 표현을 썼다.

16 여기서 자치도시의 의미를 오늘날의 기준으로 평가해서는 안 된다. 중세 유럽의 도시 혹은 도시민의 자유란 절대적인 그 무엇이 아니라 영주의 '자의적인 지배'로부터 벗어난 정도였다. 또한 시민 주도의 자치라기보다 일부 유력가문의 자치가 일반적이었다(김응종, 2007). 그럼에도 중세 유럽 자치도시의 세계사적 의미가 훼손되는 것은 아니다.

17 베버가 굳이 '역사적 막간극'이라는 표현을 사용한 이유는 근대 자본주의 발전의 궁극적인 주역은 개별 도시 단위의 중세 '시민계층'이 아니라 훗날 국민국가 단위의 '부르주아 계급'이라고 보았기 때문이다(베버, 2017: 328).

되어 5) 적어도 부분적인 자치권과 자주관리권이 바로 그것이다. 이러한 "독립된 시민 신분계층" 혹은 "경제적 이해관계로 조직화된 '시민연합체'"는 다른 시대, 다른 대륙에서 유례를 찾아볼 수 없었다(베버, 2017: 130-131). 이들 중세 도시의 시민은 영리추구 과정의 합리성을 추구하는 '경제인간(homo economicus)'이었으며, 직업적으로는 상공인이었다.[18]

이것이 가능했던 이유는 중세 유럽의 도시민들이 신분적으로 자유인이었기 때문이다. 시민들은 서로 대등한 '법적 동지'였던 것이다(베버, 2017: 113). 이를 가장 정확하게 표현하는 격언이 바로 "도시의 공기는 인간에게 자유를 준다(Stadtluft macht frei)"다.[19] 요컨대 서구 중세의 도시는 자유인들이 조직화한 자율적이고 자치적인 코뮌 내지 직인조합이었다. 이것이 바로 길드(guild)다. 베버에 의하면 "도시는 '길드에서 태어난 것'이 아니고 (대부분) 정반대로 길드가 도시 내에서 태어났다"(베버, 2017: 144). 그리고 그것이 만들어지는 과정은 자연스럽다기보다 인위적이었다. 비록 신분적으로는 모든 시민이 자유인이었지만, 길드의 초기 결성 과정은 베버가 문벌 혹은 명망가라고 부른, 상대적으로 보다 유력한 지위의 시민들이 주도했기 때문이다(베버, 2017: 144-210).

중세 도시에는 골목을 중심으로 물건을 파는 상인들의 가게와 물건을 만드는 장인들의 작업장이 즐비했다.[20] 물건을 파는 곳과 만드는 곳

---

18 예컨대 고대 그리스 도시국가에도 시민은 존재했지만 그들은 토지소유와 군사력에 기반한 지배계급이었고, 그런 만큼 '경제인간'이 아닌 '정치인간(homo politicus)'이었을 뿐 아니라 대외적으로도 식민지 팽창주의자였다(베버, 2017: 294-295, 309-310). 아리스토텔레스가 인간을 '경제적 동물'이 아닌 '정치적 동물'이라고 말한 것 또한 사실은 도시국가의 정치적 현안을 함께 논의하는 '폴리스적 인간'이라는 의미에서였다.

19 도시는 봉건영주의 지배에서 벗어난 일종의 해방구 내지 기회의 땅이라는 의미다. 농노들은 도시로 이주한 지 1년 1일이 지나면 설령 죄인이라도 자유인이 될 수 있었다. 이 말은 중세 당시 실제 통용되었다기보다 훗날 19세기 독일 역사학자들이 당시 상황을 압축적으로 표현하기 위해 사용했다고 한다(베버, 2017: 110).

20 중세 유럽의 도시 골목은 기본적으로 '상권'을 형성하고 있었다. 이에 반해 우리나

이 공간적으로 분리되지 않은 것이다. 당시에는 수공업 방식의 주문생산이 일반적이었다. 그 이유는 구매력을 갖춘 인구가 많지 않았고, 제품을 만드는 데 필요한 재료도 넉넉하지 않았을 뿐 아니라 사람 손으로 일일이 물건을 만들어야 했기 때문이다. 작업장 겸 점포는 거리별로 구분되었다. 어떤 거리에는 주로 가죽 제품을, 다른 거리에는 갑옷이나 투구를, 또 어떤 거리는 의류 제품을, 또 다른 거리에는 금은 제품을 만들어 파는 식이었다. 중요한 점은 이들이 서로를 경쟁자로 여기기보다 동업자로 간주했다는 점이다. 정확히 말해 동업자가 되기로 서약하고 길드에 가입하지 않으면 그 도시에서 아예 경제활동을 할 수 없었다.[21] 길드는 직업에 따라 크게 상인 길드와 수공업자 길드로 대별되었지만, 직종에 따라 목수 길드, 대장장이 길드, 구두장이 길드 등으로 다시 세분화되었다. 비록 소속은 다르지만 누구나 길드로부터 자유로울 수 없었다.

길드는 기본적으로 중세 도시 상공인들의 이익을 보호하고 증진하는 '동업자조합'이었다. 외부에서 경쟁자가 자신들의 도시에 들어와 물건을 파는 것을 집단적으로 방지하고자 했을 뿐 아니라, 군주나 귀족을 상대로 도시의 자치권을 구가하기 위해서도 그들은 단결했다. 특히 장인들의 경우는 상호 간에 신뢰와 협력이 절실한 사업 파트너 관계였다. 모든

라의 전통 골목은 거주지 아니면 '뒷골목'에 가까웠다. 조선 시대 한양의 골목길은 서민들의 생활공간이자 점쟁이, 미장이, 무당, 거지, 바보 등이 살던 음지 공간이었다(이승수, 2010). 그런 만큼 최근 우리나라의 도시재생과 관련하여 화제를 모으고 있는 이른바 '골목길 자본론'은 적어도 비교역사적 맥락에서 보자면 뜬금없다(모종린, 2017 참고).

21 중세도시에서 기독교 상공인들이 길드를 형성하면서 유대인들은 자연히 이방인이라는 이유로 배제되었다. 그렇다고 농노를 소유하고 있지도 않아서 유대인들이 농업에 종사할 수 있는 상황도 아니었다. 바로 이것이 유대인들이 대부업에 종사할 수밖에 없던 이유다. 상업활동에서 대부업이 필요한 현실과 고리대금을 죄악시하는 기독교 윤리가 유대인을 대부업으로 몰아간 것이다(홍익희, 2014). 사실 고리대금업과 금융업 사이에는 본질적인 차이가 없다. 준 것보다 더 많이 되돌려받는다면 예외 없이 모두가 죄악시되던 것이 중세 하느님의 경제학이었다.

물건이 수작업을 거쳐야 했을 뿐 아니라 하나의 상품을 혼자 완성할 수 없어 근처 다른 작업장의 장인이 제공하는 도움과 전문성에 의존할 수밖에 없었기 때문이다. 말하자면 모든 작업장이 서로 유기적으로 연계된 생산 공동체였다. 상인들의 경우에도 판매 공동체의 일원이 되었다. 가격 등의 측면에서 내부적 경쟁이 너무 치열해지면 도시 전체의 경제적 이익이 감소할 우려가 컸기 때문이다. 중세 도시는 (정치적 혹은 수직적) 충성(fealty)의 개념을 (사회적 혹은 수평적) 연대(association)의 관념으로 대체한 셈이다(Hohenberg and Lees, 1985: 41).

요컨대 길드는 함께 생산하고 함께 판매하는 이익공동체이자 운명공동체였다. 군주나 영주, 사제 등 상품의 주요 고객들은 어느 수공업자 한 명의 솜씨를 보고 주문하는 것이 아니라 그 도시의 전반적인 기술 수준이나 품질관리, 판매활동을 보고 일을 맡겼기 때문이다. 길드는 자체 회원들의 자질이나 처신, 행동을 엄밀히 관리하고 규제했다(긴야, 2007). 장인(master)-직공(journeyman)-도제(apprentice) 세 단계를 거쳐 확실한 기술을 확보한 장인들에게만 영업을 허가했고, 길드 소속 회원들끼리만 나름의 전통적인 기술과 디자인을 전승하고 공유했다. 장인이 되기 전에는 여러 도시를 돌며 수련을 쌓는 전통이 있었는데, 이를 '편력직인(遍歷職人)'이라고 부른다. 길드마다 회원 자격이 까다롭게 정해지고, 지켜야 할 규칙 또한 매우 복잡했다. 중세 도시는 시명(市名) 자체가 하나의 브랜드인 경우가 많았다. 또한 각 도시는 자신들의 도시 신(神)이나[22] 수호성인을 모셨는데, 이를 통해 전쟁이나 화재, 역병 등의 예방 및 경제적 번영을 기원했다(기로워드, 2009: 74-76).[23] 도시들은 각기 '도시헌장(municipal charter)'을 (오늘날 서울에도 있는 '도시계획헌장'이 아니라) 갖고 있었고, 정례적으

22 도시 신은 숭배 대상으로 존경받는 해당 도시의 전직 고위관료인 경우가 많았다(베버, 2017: 114).

23 예컨대 시에나의 수호성인은 성모마리아였고, 성모승천 대성당이 시에나의 스카이라인을 지배했다.

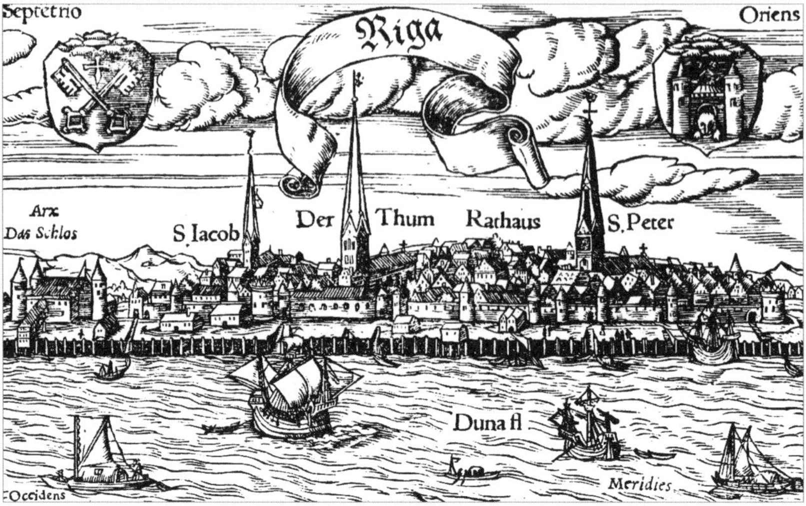

1547년경 서쪽에서 바라본 중세 도시 리가의 모습. 핵심 건축물로서 성과 3개의 성당, 그리고 시청이 보인다(출처: medievalheritage.eu). 리가는 발트 해안의 항구도시로서 현재 라트비아의 수도.

로 축제를 열어 도시민 전체의 친목과 단합을 과시했다. 지금까지도 유럽에 전통축제가 많이 남아 있는 것은 이런 연유에서다.

성곽도시

중세 유럽의 경우 "모든 도시는 독립적인 세계를 지향"했다(브로델, 1995: 714). 도시들 간에 특별한 의존 관계나 위계 관계가 없이 제각각 살아갔다는 뜻이다. 한편, 도시와 농촌은 분리되기도 하고 공존하기도 했다. 식량이라든가 하급 서비스 노동력 등의 측면에서 도시는 자신이 "필요로 하는 만큼 시골을 만들어 내야 했다"(브로델, 1995: 704-707). 그 과정에서 도시와 농촌의 경계가 흐트러지기도 했지만, 도시와 농촌은 대등한 분업 관계가 아니라 농촌에 대한 도시의 일방적 지배 관계로 일관했다. 이를 상징하는 유럽 중세 도시의 대표적인 구조물이 바로 성벽이었다. 베네치아처럼 바다로 둘러싸인 도시가 아니면 중세 도시는 대부분 성곽도시(Fortified Cities)였다.[24] 대학, 병원, 요양소, 고아원 등 교육기관이나 복지시설은 성벽 안에서 오로지 도시민을 위해서 존재했다. 요컨대 도시를 둘러싼 성벽은 "보호물이요 동시에 한계이자 경계"였다(브로델, 1995: 720).[25]

중세 도시 내부에는 상공업자만 거주한 것이 아니었다. 성벽 안에서 크거나 작게 농사를 짓는 사람도 있었고 행정이나 교회 관련 업무에 종사하는 사람도 없지 않았다. 농번기에는 도시를 떠나 농촌으로 가는 사람도 있었다. 시골이나 외지에서 무작정 도시로 나와 각종 막노동을 담당하는 사람도 많았다. 당시 "고(高)전압 상태의 활발한 도시경제 상황에서 (…) 시골의 거품 찌꺼기는 도시의 거품 찌꺼기가 되"었다(브로델, 1995: 713). 말하자면 중세 도시에는 하급 프롤레타리아가 다수 존재했다. 성곽도시의 주인은 어디까지나 부르주아였던 것이다. 부르주아의 어원 자체가 성(城)을 의미하는 독일어 '부르크(Burg)'였는데, 그때만 해도 '부르주아'라는 말에 오늘날 산업자본가의 의미는 없었다. 부르주아라는 말에는 농촌 사람과 구분되는 도시 사람이라는 의미가 더 강했다.[26]

도시 부르주아는 성곽도시의 공간계획 문제에 특별한 관심을 보이

---

24 성벽 혹은 성채도시에 대한 개설서로는 가이하쓰야(2019) 참고.

25 물론 중국이나 우리나라의 도시들도 기본적으로 성곽도시였다. 중국에서는 도시 자체를 아예 '성시(城市)'라 부를 정도였다. 하지만 비유럽 지역의 도시에서 성의 일차적 용도는 국방, 정치 및 행정상 수요에 부응하는 것이었다.

26 이 무렵 부르주아는 주로 교역에 종사하면서 경제적 지불능력을 갖추고 도시 지역에 비교적 오랫동안 거주하는 비귀족 보통사람을 의미했다. 일종의 중간계급(middle class)이었던 셈인데, 오늘날 마르크스 이론에서 말하는 중간계급 개념과는 물론 다르다(Williams, 1983a). 참고로 프롤레타리아라는 말도 부르주아에 대응하는 개념으로 마르크스가 사용하기 시작했지만, 원래부터 무산노동자나 무산계급이라는 뜻을 담고 있지는 않았다. 프롤레타리아의 본래 의미는 고대 로마 시대의 하층시민이었다. 로마제국은 정기 인구조사를 통해 시민들의 병역의무와 참정권을 판정했는데, 일정한 재산 없이 오직 자녀만 갖고 있는 사람을 '자녀 생산자(producer of offspring)', 곧 '프롤레타리아'라 불렀다. 다른 능력 없이 오직 자녀 생산으로 나라에 기여하는 사람이라는 의미다(브로델, 1995: 700).

지 않았다. 원래의 자연환경을 최대한 활용하여 방어체제를 구축했고 바퀴 달린 내연기관 교통수단이 본격적으로 등장하기 전이라 도로 인프라의 발전이 크게 필요하지 않았다. 또한 인구도 많지 않아 굳이 원거리 상하수도 시설을 구축하지 않아도 무방했다.[27] 도시 경계를 성벽이 둘러싸고 있는 가운데 광장을 중심으로 시청, 성당, 여러 길드회관 등이 배치되었고 시가지는 시장 곁에 업종별로 구분되었다. 시민들은 직주일치 및 주상복합 원칙에 따라 집단적으로 조밀하게 거주했다. 사회적 신분의 차이가 별로 없었기에 주거지역이 특별히 구분되지도 않았다. 도시 외부인에 대한 경계는 많았지만, 내부 거주민들 사이의 공간적 차별은 적은 것이 중세 도시의 주요 특징이었다(Hohenberg and Lees, 1985: 34).

중세 도시는 중심으로부터 반(半) 마일 범위 내에서 거의 모든 것을 해결할 수 있는 '보행도시'의 전형이었다. 이런 점에서 중세 도시에 대해 흔히 '유기적 계획(organic planning)'이라는 개념을 적용하는데, 실상은 계획 마인드가 거의 없는 무(無)계획에 가까웠다는 의미다.[28] 중세 도시는 자연스러움과 비정형의 바탕 위에 필요할 때마다 조금씩 고쳐졌을 뿐이다(Morris, 1994; 브로델, 1995: 720). 다만 성벽 자체는 고정불변이 아니었다. 도시의 부가 증가하면 성을 넓히는 경우가 있긴 했다(Hohenberg and Lees,

27 인구 규모로 볼 때 중세 유럽의 도시에는 도시보다 '타운'이라는 명칭이 더 적절하다. 인구가 가장 많던 피렌체나 밀라노의 경우에도 전성기에 15만 명을 넘지 않았고 브루게의 3만 5천 명 정도가 평균 혹은 약간 평균 이상이었다(기로워드, 2009: 32). 영어에서 'city'라는 단어가 처음 나타난 것은 13세기경이었지만 농촌이나 시골과 뚜렷이 구분되는 '대타운' 혹은 '거대타운'으로서 도시 개념은 16세기 이후 널리 쓰이기 시작했다. 어쨌든 13세기 이후 city가 town에 비해 보다 세련된 개념이 되었다(Williams, 1983b).

28 사실 '유기적' 계획은 모호한 개념이다. 코스토프(2009: 43-47)에 의하면 도시 형태에는 기본적으로 '계획된' 도시와 '자연 발생적인' 도시가 있다. 전자의 경우가 어느 정도 기하학적 형태를 띤다면, 후자는 지형 친화적이거나 불규칙한 형태로서 이를 '유기적'이라고 말하는 경향이 있다. 하지만 엄밀히 말해 완전히 계획되지 않은 도시는 없다. 최근에는 도시계획이라는 이름으로 비기하학적 형태의 자연스러움을 의도적으로 추구하기도 한다.

1985: 32-33). 하지만 도시계획의 관점에서 볼 때 중세 유럽 도시는 전반적으로 고대 그리스·로마 시대로부터 후퇴했다. 중세 유럽을 압도하던 농촌 문명의 그늘에 가려져, 도시는 비록 새로운 시대의 개막을 잠재적으로 준비하기는 했지만 스스로 역사의 주도권을 가지지는 못한 상태였다.

4. 근대국가의 형성과 중세 도시의 재편

흔들리는 봉건제

대혼란에서 출발한 서양의 중세는 봉건제 도입 이후 서서히 안정과 질서를 되찾았다. 또한 12-13세기에 이르러 도시의 약진도 두드러졌다. 경제도시와 자치도시는 사실상 중세 유럽의 특산품이자 명물이었다. 그러나 군주와 영주, 교회, 그리고 도시 간의 4파전 세력균형에 기반해 있던 유럽 사회는 14세기 무렵부터 새로운 위기를 맞이했다. 그것에는 한편으로 도시의 약진이 자초한 측면이 있었고, 다른 한편으로는 새로운 시대변화가 도시의 존재 이유나 존재 방식을 동요시킨 측면도 있었다. 전반적으로 세계사는 중세를 넘어 근대로 이행하는 중이었다. 그리고 이는 유럽 문명이 중국 문명을 앞서기 시작하는 시점이기도 했다.[29] 그 신호탄은 르네상스 운동이었다.

14세기에 시작된 르네상스 운동은 다름 아닌 도시를 무대로 삼았다. 이탈리아 북부 도시들, 그 가운데 특히 피렌체에서 시작되어 유럽 전

29 이에 대한 반론은 포메란츠(2016) 참고. 서구 학계의 유럽 중심론을 비판하는 이른바 '수정주의' 해석에 의하면 1750년까지도 유럽은 결코 동아시아를 앞서지 못했다. 유럽의 산업화는 1860년대까지도 영국 바깥에서는 상당히 제한적이었다. 이른바 '유럽의 기적'을 서유럽의 보편적 특징 덕분이라고 보는 것은 위험하다는 것이다. 18세기 이후 유럽, 그 가운데서도 특히 영국이 세계사의 주도권을 차지한 것은 두 가지 우연한 역사적 행운, 곧 목재를 대체하는 석탄 매장지의 발견과 아메리카와의 교역 때문이라는 것이 포메란츠의 주장이다.

체로 확산된 르네상스 운동은 고대 그리스·로마 문화의 부활을 도모했다.[30] 만약 자유와 개성, 창의와 재능, 그리고 경쟁의 산실인 도시의 사회·문화적 귀결이 르네상스였다면, 그것이 중세 유럽에서 상대적으로 봉건적 속박이 가장 느슨했던 이탈리아 북부에서 발원한 사실은 결코 놀라운 일이 아니다. 르네상스는 신 중심의 세계관이 아닌 인간 중심의 인식체계를 발현시켰고, 이성과 합리성 및 과학적 사고를 중시했다.[31] 또한 미래의 구원이 아니라 현재의 성공을 실현할 수 있는 개인의 능력과 의지가 강조되었다. 르네상스 운동은 권력이나 정치의 의미까지 바꾸기 시작했다. 대표적으로 피렌체의 외교관이자 역사가였던 마키아벨리(Niccolò Machiavelli, 1469-1527)는 왕권이 신으로부터 부여되는 것이 아니라 사람들의 안전과 이익을 지켜 주기 위한 세속적 필요의 산물이라 생각했다.[32]

30 르네상스 시대에는 당시 유럽이 고대 그리스·로마 문명을 회복했다고 진심으로 믿는 경향이 있었다. 르네상스라는 개념을 통해 그리스·로마를 중심으로 하는 유럽의 고대 문명이 중세 유럽을 거쳐 서구의 근대로 이어지는 세계사적 계보가 학계의 통설로 자리 잡은 것도 이 때문이다. 말하자면 중세 '암흑기'에 대한 반론이다. 물론 이는 어디까지나 서구 중심적 역사관이다. 르네상스에 대한 과대평가는 오리엔트나 이슬람 등 비서구 지역의 역사를 함부로 생략할 뿐 아니라 유럽 내에서도 지리적으로 전혀 다른 장소에서 일어난 현상을 오직 하나의 줄기로 관통시킴으로써, 좋은 것은 모두 서구로 연결시킨다는 비판으로부터 자유롭지 않다(田中明彦, 2000: 187 참고). 이는 르네상스라는 말이 르네상스 시대부터 널리 사용된 것은 아니라는 사실과 무관하지 않다. 이탈리아에서 '재생', '부활' 등의 개념으로 시작된 일련의 사회변동이 '르네상스(Renaissance)'라는 프랑스 이름을 얻은 것은 1855년 프랑스의 민족주의 역사학자 미슐레(Jules Michelet, 1798-1874)가 쓴 《프랑스의 역사》를 통해서였다.

31 이는 궁극적으로 사유의 무게중심을 신의 섭리에서 인간의 이성, 그중에서도 개인의 자아로 옮긴 '근대 철학의 아버지' 데카르트(René Descartes, 1596-1650)로 귀결되었다. 고대 그리스·로마 시대의 철학도 인간 중심적이긴 했다. 그러나 그때의 인간이란 어디까지나 공동체의 구성원일 뿐, 개인 그 자체는 아니었다. 데카르트가 처음으로 근대의 인간성을 확보한 것이다(홍대선, 2018: 46 참고). 데카르트의 《방법서설》이 사후 교황청에 의해 금서로 지정된 것은 이 때문이다.

32 1532년에 나온 《군주론》의 핵심 내용이다(마키아벨리, 2011 참고). 데카르트가 근대 철학의 문을 열었다면 마키아벨리는 근대 정치학을 창도했다.

자신의 도시에 대한 자부심이 대단히 컸던 만큼 르네상스인들은 도시애호가, 도시주의자 혹은 '도시 민족주의자'였다(코트킨, 2013: 114). 따라서 거대한 건축과 도시미화 및 도시경관에 대한 관심도 덩달아 늘어났다. 물론 그 배후에는 메디치 가문(Medici family)으로 상징되는 막대한 경제력과 더불어 미켈란젤로(Michelangelo Buonarroti, 1475-1564)와 레오나르도 다빈치(Leonardo da Vinci, 1452-1519)로 대표되는 위대한 예술가들이 있었다. 인류 역사상 "의식적인 도시계획"이 처음으로 나타난 것은 바로 르네상스 시대였다(브로델, 1995: 722). 데카르트 역시 '르네상스 도시계획'을 적극 옹호했다. 그는 "한 명의 이성적인 건축기술자가 의지를 갖고 설계한 도시가 오랜 세월에 걸쳐 여러 사람에 의해 만들어진 도시에 비해 미적 측면에서나 질서 차원에서 더 낫다"고 주장했다(Descartes, 1968: 35).

15세기 중반 이른바 르네상스 도시계획은 당대의 새로운 과학기술과 고대 로마 문명의 예술 및 건축 전통을 적절히 연계시켰다. 직선대로를 늘리고 장대한 성채나 운하를 건설하면서도 도시 인프라의 상징성이나 미학적 측면을 결코 간과하지 않았다. 르네상스 도시계획은 '유기적 계획'이라는 명분 속에 사실상 도시계획다운 도시계획을 찾아보기 어려웠던 중세 성곽도시의 경우와 크게 대조적이었다. 르네상스 도시계획은 '마스터플랜'이라는 개념을 도입했을 뿐 아니라 도시 전체를 하나의 '예술 작품'으로 생각했다. 그 배후에는 알베르티(Leon Battista Alberti, 1404-1472)라는 피렌체의 위대한 건축가 혹은 도시계획 이론가가 있었다. 로마 시대의 세계 최초 건축 이론가 비트루비우스를 재발견했던 바로 그 알베르티 말이다.[33]

---

33 알베르티 이전 르네상스 도시계획의 시조로는 피사 출신의 브루넬레스키(Brunelleschi)가 손꼽히지만 영향력에서는 알베르티가 압도적이다. 하지만 알베르티는 동료들에게 새로운 건축 개념이나 이론을 설파하는 데 힘을 소진한 나머지 정작 본인의 작품은 별로 생산하지 못했다. 참고로, 르네상스 도시계획의 백미는 1593년 베네치아 북부에 건설된 신도시 팔마노바(Palmanova)다. 원래 이는 보스

15세기 독일의 인문학자 하르트만 셰델(Hartmann Schedel)의 《뉘른베르크 연대기》에 실린 피렌체 전경 목판화(출처: Bas van Hout, Wikimedia Commons)

과학과 이성의 득세, 그리고 내세가 아닌 현세의 중시는 기독교의 영향력을 점차 약화시켰다. 속권과 교권이 대립하며 공존하던 중세 초기만 해도 로마 가톨릭교회의 권세는 대단히 막강했다. 황제의 주교직 서임 관행을 둘러싸고 로마 교황 그레고리우스 7세가 신성로마제국의 하인리히 4세를 완전히 무릎 꿇린 일도 있었다.[34] 하지만 십자군 전쟁의 잇

니아의 오토만제국으로부터 공격을 염두에 둔 요새도시로 설계되었다. 팔마노바는 무엇보다 '이상도시(ideal city)'를 지향했다. 별 모양으로 설계된 이 도시는 그 무렵 이탈리아 전역에서 유행하던 토머스 모어(Thomas More, 1478-1535)의 유토피아 사상을 대변하고 반영했다. 팔마노바 도시계획의 핵심 주어는 '평등'이었다. 모든 시민이 똑같은 재산, 똑같은 명예, 똑같은 수명을 갖도록 구상되었고, 성곽으로 둘러싸인 기하학적 공간에 함께 거주해야만 했다. 팔마노바는 자립적인 상인, 장인, 그리고 농민들을 시민으로 염두에 두었지만, 실제로 사람들은 그곳에 거주하기를 거부했다. 이에 1622년 베네치아공화국은 팔마노바 거주를 조건으로 범죄자들을 사면 조처하기도 했다. 무릇 인간이란 인위적 유토피아를 거부한다는 실증적 사례이지 싶다.

34 이른바 '카노사의 굴욕'(1077). "카노사로 가다"라는 말은 원치 않는 일을 할 때 사용되는 굴욕적인 관용구로 독일어권에서 오랫동안 사용되었다.

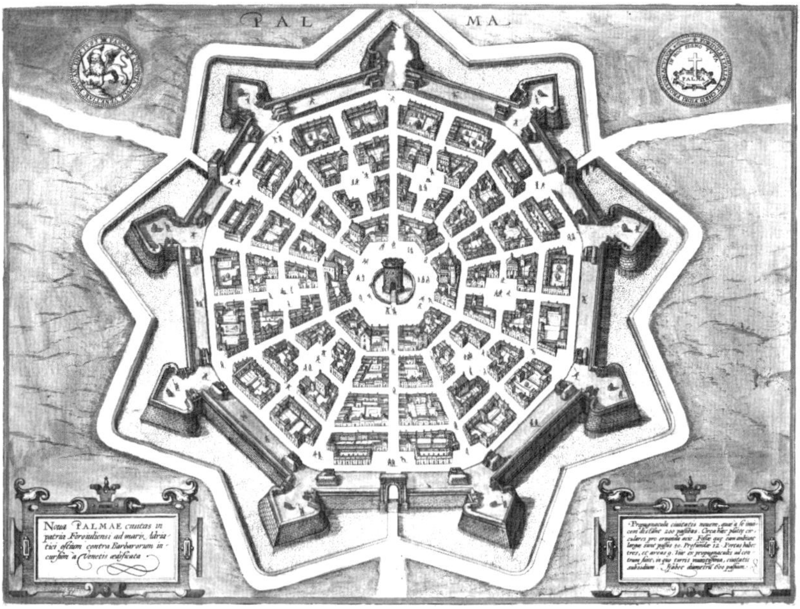

1593년 요리스 호프나겔(Joris Hoefnagel)이 그린 팔마노바 지도(출처: Special Collections Toronto Public Library, flickr.com)

따른 패배와 더불어 14세기경에는 교황의 힘이 크게 위축되었고, 마침내 교황청을 이탈리아에서 프랑스로 옮겨 프랑스 왕정이 사실상 교회를 직할하는 사태까지 발생했다.[35] 여기에 가톨릭 성직자들의 부패와 타락까지 가세했다. 절정은 1513년 교황에 취임한 레오 10세였다. 성직자라기보다 정치가나 사업가에 더 가까웠던 그는 로마 성베드로 성당 재건축 비용을 조달하는 과정에서 이른바 면죄부(정확히 말하면 면벌부)를 판매한 장본인이다.

---

35 이른바 '아비뇽 유수(幽囚)'(1309-1377). 십자군 전쟁이 끝난 후 프랑스 카페왕조 제11대 왕으로 등극한 필리프 4세는 교황 보니파키우스 8세에 도전하여 승리했다. 그 뒤 교황의 직위는 오랫동안 프랑스인이 계승하고 교황청도 프랑스 남부 아비뇽으로 옮겼다. 이는 소위 '교회의 대분열'로 이어지면서 교황권을 더욱 약화시켰다.

1517년 마르틴 루터(Martin Luther, 1483-1546)의 소위 '95개 조항'을 시작으로 종교개혁(The Reformation)의 막이 올랐다. 종교개혁 이후 기독교는 사회적 차원의 통치 권력에서 개인의 내면적 신앙으로 점차 변모했다. 특히 로마 가톨릭교회에 '항의한다'는 의미에서 탄생한 프로테스탄티즘(Protestantism), 곧 개신교의 세력 확대는 교황의 힘을 사실상 이탈리아반도 내 극히 일부 지역인 바티칸에 한정시켰다. 이로써 중세를 떠받치던 두 개의 기둥, 봉건제와 교회 가운데 하나가 무너져 내렸다. 종교개혁 진행 과정에서 장 칼뱅(Jean Calvin, 1509-1564)은 루터보다 훨씬 개혁적이었다. 그의 '예정설'은 특히 도시 상공인들에게 구원의 희망을 주어, 결과적으로 신흥 부르주아들로 하여금 당당하고 떳떳하게 부를 축적할 수 있는 자부심을 제공했다. 베버에 의하면 프로테스탄트 정신은 자본주의 윤리의 기반이 되어 근대 자본주의의 발전에 결정적으로 기여했다(베버, 2018).[36]

비슷한 시기 중세 유럽을 지탱하던 또 다른 기둥, 봉건제에도 위기가 찾아왔다. 1347년에 처음 발생한 흑사병(페스트)은 10년 주기로 40-50년간 유럽 전역을 유린했다. 당시 유럽 인구의 3분의 1 정도가 흑사병으로 사망했는데, 이로 인한 사회적 충격은 심각했다. 사망자는 사람들이 밀집해 사는 도시에서 더 많았지만, 농촌의 경우에는 인구 감소에 따른 노동력 부족과 직결되었다. 마침 그 무렵 소빙하기(小氷河期)가 시작되

36 중세 유럽 도시 부르주아들의 최대 고민은 사후(死後) 구원의 문제였다. 성경은 기본적으로 부의 축적을 비판하고 있었기 때문이다. 단적으로 낙타가 바늘귀를 통과하는 것이 부자가 하늘나라에 들어가는 것보다 쉽다는 마태복음 19장 24절의 가르침이 그러하다. 종교개혁 이후 개신교의 예정론은 구원 여부가 명실상부하게 '예정'되어 있다는 입장에서 다소 후퇴했다. 아우구스티누스의 말을 인용하여 "네가 구원으로 예정되지 않았다면, 네가 구원으로 예정되게 하기 위해 행하라"라고 가르쳤던 것이다. 예정되기 위한 행동이란 다름 아닌 청빈과 금욕을 통한 부의 축적이다(베버, 2018: 207 참고). 사족이지만 위에 인용한 성경 구절은 잘못 번역되었다는 것이 통설이다. 번역자가 아랍어의 원어 'gamta(밧줄)'를 'gamla(낙타)'와 혼동했기 때문이다.

어 농업생산량이 급감했고 기근이 확산됨에 따라 농민 반란이 속출했다. 그 결과, 중세 유럽의 농업생산 체제 곧 농노제가 뿌리에서부터 흔들리기 시작했다. 또한 미증유의 전염병 앞에 인간의 한계가 드러나면서 사람들은 교회에서 마음이 멀어졌다. 종교 대신 미신과 환각, 마법의 세계가 도래한 것이다. 이에 지배층은 200년 정도 '마녀사냥(witch purge)'으로 대응했으나 무너지는 중세를 막기에는 역부족이었다.

농촌뿐만 아니라 도시도 흑사병의 충격이 컸다. 흑사병은 전염성이 높아 인구가 밀집한 도시도 문제였지만, 특히 중세의 성곽도시는 치명적인 취약성을 드러냈다. 사실 중세 성곽도시는 평면적인 도시 확장이 어려운 상태에서 인구가 계속 증가하고 있었다. 게다가 비위생적인 환경이 흑사병의 전파와 확산을 유발한 측면이 많았다. 당시 사람들은 쓰레기를 창밖으로 마구 던졌고, 하수도 시설이 따로 없었기에 폐수를 함부로 밖에 쏟았다. 까마귀나 솔개들이 쓰레기 더미를 헤치고 다니는가 하면, 거리마다 인분이나 동물들의 배설물이 넘쳐났다. 겨울에는 숯 검댕이와 석탄을 태우느라 유발된 연기가 대가를 오염시켰고, 작업장에서 나온 먼지 또한 뿌옇게 하늘을 가리기 일쑤였다. 중세 도시의 전반적인 도시계획 부재가 "독기와 죽음의 장소로서의 도시"(푸코, 2011: 101)를 조장한 셈이었다. '도시문제'라는 개념이 역사상 처음 등장한 것도 흑사병이 휩쓸고 간 런던에서였다.[37]

15세기에 시작된 이른바 '지리상의 발견(Geographical Discoveries)'은 중세의 몰락을 재촉한 또 하나의 요인이었다. 사실 그것은 모험이나 탐험 정신의 발로라기보다 현실적인 절박감 때문이었다. 아시아권(圈) 원산지에서 출발하여 이슬람-콘스탄티노플-베네치아로 이어지는 원거리 국제

37 '도시문제'라는 개념은 근대 인구학의 창시자로 알려진 존 그라운트(John Graunt, 1620-1674)가 흑사병이 휩쓸고 간 런던을 대상으로 1662년에 처음 제기했다(그라운트, 2008; 푸코, 2011: 107-121 참고).

무역로가 14-15세기를 전후해 몽골제국의 몰락과 오스만제국의 부상으로 차단되었다. 이에 따라 유럽인 스스로 자신들에게 필요한 물품을 직접 조달할 수밖에 없었다.[38] 말하자면 유럽 내에서 구할 수 없는 소비재를 찾아 멀리 나서는 과정에서 대항해 시대가 열린 것이다. 물론 이 과정에서 자연과학의 전반적인 발전 및 항해기술의 획기적인 진보가 큰 힘이 되었음은 두말할 나위도 없다. 사실 이것 또한 중세 유럽 초기의 동서문명 교류 덕분이었다.[39] '지리상의 발견'은 국제무역망 개척에만 의미가 있었던 것이 아니다. 그것은 자연과 세상에 대한 중세식 인식체계를 바꾸는 '공간혁명'이기도 했다.[40]

뜨는 국민국가, 지는 중세 도시

15세기경까지 봉건제 유럽은 기본적으로 군주, 영주, 교회, 그리고 도시

38 유럽과 아시아 사이의 교역은 글로벌 대상인(大商人)들이 담당했다. 원거리 무역이 한동안 비교적 안전했던 것은 13세기에 건설된 몽골제국 덕분이었다. 몽골제국은 유라시아의 초원길과 바닷길을 연결하면서 중국 문명과 이슬람 문명을 폭넓게 포용했다. 그러다가 14세기 중반 몽골제국이 무너지고 명나라가 들어서면서 상황은 급격히 악화되었다. 명나라가 외국과의 교역을 배척하는 이른바 해금(海禁) 정책을 실시했기 때문이다. 게다가 1453년에는 오스만제국이 동로마제국의 콘스탄티노플을 함락시킴에 따라 육상의 실크로드마저 사라지고 말았다. 이런 상황에서 유럽의 왕족과 귀족들은 직접 해상 교역로를 개척하지 않을 수 없었고, 여기에 일확천금을 노리는 모험적 상인들이 적극적으로 호응했다. 이런 맥락에서 유럽대륙의 서단(西端)에 위치한 포르투갈이 '지리상의 발견'에 가장 앞장선 것은 놀라운 일이 아니다. 그렇지 않아도 포르투갈은 역사적으로 '무역강국'인 베네치아를 늘 부러워했으니 말이다. 포르투갈은 무역을 통해 '벼락부자'가 되었다가 급속히 쇠퇴한 사례다.

39 15세기 초 나침반이 중국에서 유럽으로 전해져 항해 방향을 정확히 인식하고, 모래시계를 통해 항해 시간을 정확히 측정할 수 있게 되었다. 수학과 과학의 힘도 본래는 이슬람 문명에서 나왔다.

40 그것은 "진정한 의미에서 처음으로 완벽한 지구적 규모의 공간혁명으로서 (…) 그 이전까지 남아 있던 빈 공간에 대한 공포, 이른바 '호로 바쿠이(horror vacui)'를 일소하면서 (…) 단순한 지리적 지평의 양적인 확장이 아닌 (…) 인류의 전반적인 의식이 근본적으로 변하게 된 (…) 결정적 계기였다"(슈미트, 2016: 80-87).

가 대립하고 공생하는 분권형 통치체제를 견지했다. 그 속에서 유럽은 500개 이상의 다양한 정치적 형태와 단위가 혼재하고 있었다(Tilly, 1975: 15; 이영림 외, 2011: 152-153; 田中明彦, 2000: 187-188). 그 가운데는 신성로마제국처럼 황제를 칭하는 권력도 있었지만 막상 힘은 약했다. 왜냐하면 그것은 어디까지나 각자의 영지에서 왕과 다름없는 권력을 누렸던 선제후(選帝侯)들이 모여 선출하는 자리였기 때문이다.[41] 프랑스나 영국처럼 세습군주가 다스리는 왕국이 있는가 하면, 귀족이나 기사들이 다스리는 작은 공국(公國)도 많았다. 대부분의 도시는 자치도시였고, 그 가운데 제노바나 베네치아 등은 공화국 형태를 유지했다. 한자동맹처럼 도시들 간의 네트워크가 정치적 단위인 경우도 있었다. 알프스 산악지대에는 독립적인 정치세력이 산재했고, 동구나 러시아 변경에는 부족 사회 형태도 남아 있었다. 가톨릭교회의 경우 로마교황이 형식적으로는 정점이었지만, 지역에서 사교(司教)들이 누리는 실제 권력이 막강했다. 수도원, 기사단 등도 주체적 정치 단위였으며, 파리나 볼로냐 등지의 대학들도 자치를 원칙으로 삼았다.

오늘날의 시각으로는 이러한 중세 유럽의 정치 판도를 이해하기 어

41 앞에서 보았듯, 신성로마제국의 역사는 800년 프랑크 왕국이 교황에 의해 서로마제국으로 재탄생하면서 시작되었다. 하지만 서로마제국이 샤를마뉴 대제 사망 이후 유명무실해졌다는 사실을 감안하면, 신성로마제국의 실질적 출발은 962년 동프랑크의 오토 1세가 세운 독일제국이라 볼 수 있다. 신성로마제국은 그리스도 교회와 일체라는 점에서 '신성(Holy)'이었고, 로마제국의 부활이라는 의미에서 '로마(Roman)'였으며, 독일을 중심으로 프랑스, 이탈리아 지역까지 포괄하는 수백 개 다민족 연방체라는 뜻에서 '제국(Empire)'이라 불렸지만, 사실은 신성하지도 로마적이지도 않았고 제국도 아니었다. 1273년 신성로마제국의 선제후들이 합스부르크 가문의 루돌프 1세를 황제로 선출한 후 신성로마제국은 1806년 나폴레옹 전쟁 여파로 해체될 때까지 합스부르크 왕가의 독무대였다. 합스부르크 왕가는 460년 동안 신성로마제국의 황제를 계속 배출하면서 유럽에서 가장 오랫동안 권력을 행사했다. 그 비결은 대내적으로 장자상속제도를 통해 가문의 영토와 재산 분할 다툼을 예방하고, 대외적으로 전쟁 대신 다른 왕실과의 정략결혼을 적극 추진하는 것이었다(래디, 2020 참고).

렵다. 통치 단위의 숫자 자체도 엄청나게 많았을 뿐 아니라 존재 형식 또한 다양다기(多樣多岐)하여 귀속의식이나 주종관계, 권리의식 등이 대단히 복잡미묘했기 때문이다. 한 명의 기사가 여러 명의 주군을 섬기는 일이 다반사였고, 제후와 영주의 관계도 중첩되어 있는 경우가 비일비재했다. 사법이나 징세에 대한 권리가 국왕에게 있기도 했고, 영주에게 있기도 했으며, 사제에게 있기도 했다. 그런 만큼 공사 구분도 명확하지 않았다. 한 걸음 더 나아가 권력과 공간의 관계도 애매한 상황이 많았다. 특정 영토를 단일한 권력이 배타적으로 지배하는 것이 아니라, 상속과 결혼 등의 이유로 왕실이나 영주의 토지가 이리 뗐다 저리 붙었다 했기 때문이다. 왕실 간 혼인망에 따라 왕령지가 국경과 무관하게 이곳저곳에 흩어져 있는 사례도 흔했다. 그 결과, 국내정치와 국제정치의 구분도 모호했으며, 전쟁의 공적 측면과 사적 차원의 경계 또한 분명하지 않았다.

16세기 이후 근대적 사회변동의 핵심은 이처럼 다양하고 애매하고 복잡한 중세 유럽의 권력 판도가 '근대국가(modern state)'의 탄생으로 귀결·정리되는 과정이었다. 이 흐름을 주도한 세력은 북서 유럽의 유력 군주국가들이었다. 백년 전쟁(1337-1453)을 거치며 강력한 군주정으로 거듭난 영국과 프랑스가 앞장섰고, 1492년 이베리아반도에서 이슬람 세력을 축출하는 데 성공한 (이른바 '재정복' 혹은 레콩키스타(Reconquista)) 에스파냐가 그 뒤를 이었다. 그 무렵 종교개혁도 근대국가 등장에 힘을 실었다. 에스파냐제국은 합스부르크 왕가와 연계하여 네덜란드 지역을 식민지로 갖고 있었는데, 펠리페 2세가 가톨릭에 의한 통치를 강화하자 신교도들이 밀집해 있던 네덜란드가 독립 전쟁을 벌인 것이다. 또한 독일 지역에서 종교문제로 시작된 30년 전쟁(1618-1648)은 표면적으로는 신교와 구교의 갈등이었지만 내용상으로는 정치적 독립운동이었다.[42]

---

42 1517년 루터의 95개조 반박문에서 시작된 종교개혁 갈등은 1555년 이른바 '아우구스부르크 화의(和議)'에서 일단락되었다. 핵심은 각 지역의 종교적 선택권을 세속

이른바 '17세기 판 세계대전'이라 불리는 30년 전쟁을 치르면서 유럽, 특히 오늘날 독일 지역은 거의 초토화되었고, 1648년의 베스트팔렌 조약은 이를 수습하려는 대규모 국제회의였다. 말하자면 이는 치열한 전쟁 속에서 왕권 강화 및 영토 확장에 성공한 소수 승리자들의 잔치였던 것이다. 베스트팔렌 조약을 통해 오늘날 유럽 국가의 지도가 거의 완전히 굳어졌다(Tilly, 1975: 45). 이렇듯 봉건제에서 근대국가로 이행하는 과정은 백년 전쟁, 레콩키스타, 네덜란드 독립 전쟁,[43] 30년 전쟁 등 각종 전쟁으로 점철되었다. 틸리(Tilly, 1975: 42)는 이를 "전쟁이 국가를 만들고 국가가 전쟁을 만들었다(War made the state, and the state made war)"는 말로 요약했다. 르페브르가 "전쟁이 서유럽을 생산했다"고 정리한 것도 마찬가지 의미다(르페브르, 2011: 404).

전쟁을 준비하고 진행하고 승리하는 과정은 근대 국가건설(state-making)의 기반을 닦는 데 크게 기여했다. 무엇보다 전쟁은 물리적 강제력을 독점하고 이를 정당화시킨다. 전쟁의 와중에 대내적 반대 세력은 자연스럽게 무력화되기 때문이다. 또한 전쟁은 영토 획정을 위한 결정적 기회이기도 하다. 전시 체제는 권력의 중앙집권화를 필연적으로 요구할 뿐 아니라 전비 조달에 필요한 각종 통계 및 재무기구의 발달을 유발하

군주에게 부여하되, 그 범위를 가톨릭교회와 루터파 개신교 교회로 한정하는 것이었는데, 이와 같은 미봉책이 한계를 드러냄에 따라 30년 전쟁이 발발했다고 할 수 있다.

43 네덜란드를 세운 핵심 세력은 레콩키스타 과정에서 추방당한 유대인들이었다. 그들은 종교의 자유를 찾아 벨기에 북부지역으로 몰려들었고, 1851년에 유럽 최초의 시민공화국을 건설했다. 이들은 암스테르담을 중심으로 하는 간척사업을 통해 네덜란드 저지대의 척박한 환경을 극복했다. 그들의 밥줄은 청어잡이였는데, 자신들이 살던 에스파냐 북부 바스크 지역에서 생산되는 값싸고 질 좋은 천일염을 수입하여 절임청어 산업을 주도했다. 이로써 북부 독일산 암염(巖鹽)에 의존하던 기존의 한자동맹 도시들의 절임청어 산업은 점차 쇠퇴했고, 청어무역은 네덜란드에서 자본주의의 씨앗인 주식회사나 중앙은행, 증권거래소 등을 탄생시키며 한동안 네덜란드를 자본주의 중심국으로 우뚝 서게 만들었다.

기도 한다. 이와 더불어 전쟁은 징병과 징세의 대가로 참정권의 확대를 촉진하는데, 이는 궁극적으로 '국민형성(nation-building)'으로 이어진다. 끝으로, 전쟁은 근대국가를 국제 시스템으로 완성시키기도 한다. 베스트팔렌 조약이 '그들만의 리그'로 귀착된 것이 대표적이다.

근대국가의 초기 형태는 절대왕정 혹은 절대국가로 불린다. 펠리페 2세의 에스파냐, 엘리자베스 1세의 영국, 루이 14세의 프랑스가 대변하는 절대주의(Absolutism)의 핵심은 왕권과 국가를 동일시하는 것이다. 루이 14세가 말했듯 "짐이 곧 국가(L'État, c'est moi)"라는 발상이다.[44] 그 결과, 국가 이외의 정치적 조직들은 대부분 절대권력의 위세에 눌리거나 가려졌다. 복잡하고 다양했던 종래의 지역적, 문화적, 종교적 차이를 넘어 역내 모든 사회 구성원을 절대왕권이 일원적으로 조직화한 것이다. 유럽인들은 더 이상 크리스트교 형제로서 한 몸, 원 팀이 아니었고, 프로방스 사람이나 작센 사람이라는 식의 지방색 또한 점차 중요성을 잃었다. 이제 사람들 사이의 최대 구분과 경계는 국적이었다. 근대국가의 형성은 사람들의 일상생활 단위를 위로부터 인위적으로 강요한 지리적 구조물이라는 관점에서, 실로 '역사의 도약'이었다(이영림 외, 2011: 65).[45]

---

44 실제로 그가 한 말은 "짐이 곧 프랑스다" 혹은 "짐은 죽지만 국가는 영원하다"라고 알려지기도 한다.

45 절대왕정의 대표 주자는 30년 전쟁 이후 유럽의 절대강자로 등장한 프랑스의 부르봉 왕조 시대였지만 그것은 당시 유럽의 전반적인 시대적 흐름이었다. 이와 관련된 주요국의 현황을 간단히 살펴보면 다음과 같다. 영국의 절대주의를 상징하며 대영제국의 초석을 깔았던 군주는 튜더 왕조의 엘리자베스 1세였다. 그녀 역시 프랑스의 루이 14세 못지않게 자신과 영국인을 일체화했다. 임종을 앞두고 의회에서 행한 마지막 연설, 이른바 '황금의 연설(Golden Speech)'에서 엘리자베스 1세는 "나보다 더 강하고 현명한 군주는 과거에도 있었고 앞으로도 있을지 모르지만, 나만큼 백성을 사랑하는 군주는 이제까지 없었고 앞으로도 없을 것이다"라고 말했다. 가톨릭의 나라 에스파냐는 1492년, 마침내 역내 이슬람 세력을 이베리아반도에서 축출하는 데 성공했다. '레콩키스타'를 통해 에스파냐는 한때 유럽 내 최강자로 부상했다. 16세기에 에스파냐는 세계 최초로 '해가 지지 않는 제국'을 건설했다. 신대륙 발견을 통해 중남미와 필리핀 등지에 식민지를 건설했고, 결혼동맹으로 오스트리아

절대왕정은 배타적 주권국가의 안과 밖을 공간적으로 명확히 구분했다(田中明彦, 2000: 193-194). 한 나라의 무력기구로서 대내적인 경찰과 대외적인 군대가 확실히 차별화되기 시작한 것도 이때부터다. 만약 중세 봉건 사회가 성벽을 경계로 도시의 안과 밖을 엄격히 분리했다면, 근대국가 시대는 국경을 기준으로 나라의 안과 밖을 확실히 구분한 것이다. 이런 점에서 근대국가의 형성은 '공간의 국민화'를 의미했다. 곧, 근대국가는 국경선으로 구별된 영토 내부에 존재하는 다양한 배경과 속성의 사람들을 일제히 국민이라는 이름으로 호명하기 시작한 것이다.

이와 같은 흐름 속에서 중세의 도시는 근대국가에 자의 반 타의 반 흡수·통합되었다. 사실 도시 부르주아는 근대국가 건설 과정에서 최대 우군이자 협력자였다(Tilly, 1975: 20-21).[46] 그들은 전쟁 등 국가건설에 소요되는 막대한 비용을 부담하면서 일단의 개혁 군주들이 봉건제의 낡은 껍데기를 깨트려 주기를 기대했다. 근대국가는 말하자면 야심적 군주들의 무력과 도시 부르주아의 재력이 합쳐진 결과였다. 하지만 일단 "국가가 탄탄히 자리 잡게 되면 폭력적인 방법을 쓰든 그렇지 않든 본능적으

등 합스부르크 영토 일부를 흡수했다. 현재 벨기에와 네덜란드, 이탈리아 남부 나폴리 왕국이 모두 에스파냐 제국의 영토였다. 종교 근본주의가 강했던 에스파냐는 그 나라의 '돈줄'을 쥐고 있던 유대인들을 압박했는데, 이 무렵 개종을 거부한 유대인 17만 명 정도가 추방되었다. 이는 에스파냐의 금융산업과 유통산업의 붕괴를 초래했고, 궁극적으로 만성적 재정적자로 이어졌다. 18세기 초 이후 에스파냐가 세계 강대국 대열에서 탈락한 결정적 이유다. 한편 독일권 중부 유럽에서는 프로이센이 약진했다. 1640년, 베를린 주변의 브란덴부르크 지역을 지배하던 프리드리히 빌헬름은 1701년 합스부르크 황제의 허락을 받아 프로이센왕으로 등극했으며, '군인왕(Soldier King)' 프리드리히 빌헬름 1세는 군국주의 타입의 절대국가를 건설했다. 이른바 '감자대왕(Potato King)'으로 알려진 프리드리히 빌헬름 2세는 국민의 제1공복(公僕)을 자처했다. 17세기까지 유럽권에 속하지 않았던 러시아도 이 시기에 절대왕정 대열에 합류했는데, 주인공은 17세기 말에 차르가 된 표트르 대제였다.

46 그렇다고 해서 국가건설에 관련된 도시의 역할이 획일적이었다는 뜻은 아니다. 도시화의 정도 및 도시의 규모, 부르주아의 성장 수준, 도시 네트워크 성격 등에 따라 국가건설의 실제 역사적 경로는 매우 다양했다(Tilly and Blockmans, 1994 참고).

로 도시를 가차 없이 다스리기 시작했다"(브로델, 1995: 757). 그럼에도 내용적 측면에서 보면 도시가 반드시 역사의 패자는 아니었다. 근대국가는 "도시를 이긴 승자이면서도 도시의 제도와 심성의 계승자였으며, 또 도시 없이는 지낼 수 없었"기 때문이다(브로델, 1995: 749). 이제 유럽의 도시는 자치도시로서가 아니라 근대국가의 날개 밑에서 새로운 운명을 맞이하게 되었다.

5. 절대왕정과 도시계획

절대왕정과 '통치'의 시대

근대 초기 유럽의 절대왕정은 군주 개인의 부를 넘어서는 국부 개념을 창안하고, 왕실의 이익을 능가하는 국력 신장을 위해 노력했다. 이를 위해 우선, 인구 개념이 탄생하고 인구 담론이 등장했다. 인구 자체는 인류의 출현과 더불어 항상 존재해 왔지만, "집합체로서 인간의 생(生)과 사(死)"라는 관점에서 인구를 정치적으로 중요하게 인식한 것은 이때가 처음이었다(사카가미, 2019: 5-57). 그 전까지 인구는 다양한 우연에 의해 좌우되는 개별적 사건으로 여겨졌을 뿐 아니라, 유럽의 기독교 문화는 인구조사 행위를 신에 대한 도전이라고 생각해 왔다.[47] 하지만 절대왕정 시대에 들어와 인구는 국가통치의 수단이자 목표로 재발견·재인식되었다. 권력의 목표와 지배 방식이 달라지기 시작했기 때문이다.

이와 관련하여 푸코는 절대왕정과 더불어 이른바 '통치'가 본격화되었다고 주장한다(푸코, 2011: 153).[48] 절대왕정의 통치술은 유례가 없는 새

---

47 《구약성서》 역대기상 21장에는 사탄이 다윗을 부추겨 이스라엘 인구를 조사시킨 장면이 나온다. 성경에 의하면 이 일은 하느님이 보시기에 악한 것이었다. 사람의 숫자는 신의 섭리로서, 중요한 것은 믿음이라는 메시지다.

48 앞에서 언급했듯이 근대국가의 이론적 출발은 마키아벨리의 《군주론》이라는 것이

로운 방식이었다. 푸코에 의하면 국가를 통치한다는 것은 "국가의 수준에서 경제를 사용하는 것, 국가 전반에 경제를 적용하는 것, 가능한 한 최대의 부를 창출하는 것, 가능한 한 많은 생계수단을 조달하는 것"을 의미한다(푸코, 2011: 145, 151). 푸코가 말하는 통치란 '군사·약탈국가'에서 '경제·민생국가'로의 이행이다. 이럴 때 통치는 무엇보다 인구문제에 직결된다. "인구는 무엇보다 통치의 최종 목표이자 수단으로 등장"하는데, 그런 만큼 인구는 "합리적이고 숙고된 방식을 통해 효율적으로 다스릴 수 있도

일반적인 시각이다. 그러나 푸코는 마키아벨리를 근대 정치사상가로 높이 평가하지 않는다. 그는 단지 16세기 이탈리아 지역 공국들이 영토를 놓고 싸우고 통일하는 문제를 고민한 사람이라는 이유에서다. 말하자면《군주론》은 본질적으로 자신의 공국을 보존하고 확장하는 군주의 수완과 처세술에 대한 논고일 뿐이라는 주장이다(푸코, 2011: 139-140). 푸코는 마키아벨리의 군주가 자신의 공국에 대해 단순성, 외재성, 초월성의 관계를 맺고 있다고 본다. 이런 군주와 공국 사이에는 어떤 자연적이거나 법률적 연관이 존재하지 않는데, 그것은 군주가 단지 상속이나 병합, 정복 등을 통해서 공국을 얻게 되었기 때문이다. 이처럼 군주가 자신의 공국에 대해 가진 소유권이 근본적으로 불안하고 취약한 만큼, 끊임없이 빼앗길지도 모르는 위협과 도전에 직면할 수밖에 없다. 따라서 군주에게 가장 필요한 것은 자신이 소유하고 있는 공국에서 지속적으로 주권을 행사하는 일, 다시 말해 자신이 갖고 있는 '영토'와 자신에게 복종하는 '신민'의 연결고리를 계속 유지하는 일이다. 푸코가 말하는 통치는 이와 같은 마키아벨리식 주권 개념과 대립된다(푸코, 2011: 149-150). 근대국가의 등장 과정에서 제기된 통치성(governmentality) 내지 통치화(governmenalization) 관점에서 볼 때 마키아벨리의 주권이론은 영토나 신민을 보전하려는 기술의 전통에 속할 뿐, 새로운 '통치술'이 아니다. 16세기 이후 통치 대상이 영토나 신민 그 자체가 아니라 "사물과 인간으로 구성된 복합체 내지 관계 맺음"에 해당하는 인구나 경제로 변하기 때문이다(푸코, 2011: 147). 마키아벨리는 군주의 덕목으로 지략과 용맹을 — "덫을 식별하기 위해서는 여우가 될 필요가 있고 늑대를 물리치기 위해서는 사자가 될 필요가 있다"(마키아벨리, 2011: 89) — 제시했지만, 푸코는 훌륭한 통치자의 미덕으로 "인내, 지혜, 근면함"을 꼽았다(푸코, 2011: 152-153). 일반적으로 이는 가족 구성원들에게 봉사하는 가장에게 기대되는 내용이다. 푸코가 프랑스어 역사 사전을 참조하면서 제시하는 통치의 개념은 "이끌다", "전진하다"와 같은 물리적·공간적 의미는 물론 "영양을 공급하다", "식량을 제공하다"와 같은 생계적 의미와 "누군가를 인도하다"와 같은 영성적 의미를 망라한다(푸코, 2011: 175-178). 푸코가 볼 때 인간을 통치한다는 관념은 그리스적 관념도 아니고, 로마적 관념도 아니었다. 대신 그것은 절대왕정과 더불어 새로 등장한 정치이념이었다.

록, 통치(자)가 관찰하고 알아야 할 대상"이 될 수밖에 없다(푸코, 2011: 159).

인구에는 개인이나 가족 차원으로 환원되지 않는 "인구라는 특수한 문제"가 존재하고 "인구 고유의 규칙성"이 작동하는데, 이는 사회 구성원들의 출산이나 사망, 수명, 건강 등과 관련하여 수량적으로 체계화된 지식을 의미한다. 이는 주로 통계학의 몫이었기에, 푸코에 의하면 통계학은 곧 "국가에 대한 학(學)"(푸코, 2011: 153, 157-159)이 된다.[49] 요컨대 절대왕정에 들어와 인구는 "근대 권력 기술의 특권화된 상관물이자 지식의 대상"으로 등장했다(푸코, 2011: 129).[50] 여권을 통한 국가 간 인구이동의 통제 메커니즘이 발명된 것도 이 무렵이었다(토피, 2012: 48-52).

절대주의 군주들이 부국강병의 전략으로 공유한 경제사상은 중상주의(mercantilism)였다. 농업에 기반한 봉건사회와 비교하여 이는 실로 발상의 획기적 전환이었다. 중상주의는 생산과정에서가 아니라 유통과정에서 대규모 이윤이 발생한다고 생각했기 때문이다. 두말할 나위도 없이 아직 산업혁명 전이라 당시에는 생산 영역의 규모가 별로 크지 않았기 때문이다. 따라서 절대왕정의 각국 정부는 주변 국가에 대한 우위를 차지하기 위해 국내시장은 최대한 보호하면서 해외시장을 최대한 확대해야 한다고 믿었다. 곧, 수출이 수입보다 많으면 국부의 척도로 여겨지던

---

49 통계학(statistics)과 국가(state)의 어원이 동일한 이유다. 'statistics'는 19세기 말 일본에서 '통계'로 번역되었다. 이때 통계와 경합했던 다른 말은 '정표(政表)'였는데, "국가에 관한 내용을 표로 만든 것"이라는 의미였다. 어쨌든 통계는 "근대국가의 통치행위인 동시에 자기인식"이었다(서호철, 2022 참고).

50 18세기 이른바 임상의학(clinical medicine)의 탄생도 같은 맥락이다. 그 전까지 의학은 신체의 자기조정 기능이 회복되는 것을 의미하는 '건강'의 문제로서, 어떤 의미에서는 모든 사람이 의사가 될 수 있었다. "할머니 손은 약손" 하듯이 말이다. 하지만 임상의학은 '건강'의 관점이 아닌 '정상/비정상'의 시각에서 질병에 접근한다. 곧, 의학의 목표는 전문의사 중심으로 국가나 사회에 필요한 신체의 진단, 치료, 예방 쪽으로 바뀌었다. 푸코가 볼 때 이러한 근대 임상의학의 탄생은 계몽주의나 개인주의와 같은 시대정신의 반영이 아니라 인구를 대상으로 하는 새로운 통치기술의 일환이었다(푸코, 2006).

금이나 은과 같은 귀금속의 유입 및 보유가 증가할 것이라 생각했다. 그 무렵 절대왕정들 사이에 해외 식민지 사업이 경쟁적으로 벌어진 것은 이런 맥락에서다.

물론 중상주의라고 해서 공업생산 부문을 완전히 외면한 것은 아니다. 다만 국내산업을 국가가 최대한 적극적으로 보호·육성해야 한다고 믿었다. 이런 점에서 중상주의는 흔히 '국가 개입주의' 내지 '경제 국가주의'로 불린다. 푸코는 중상주의를 "경제에 관한 학설이라기보다 절대왕정의 통치에 관한 문제"로서 "통치의 실천으로서의 권력행사를 최초로 합리화한 것"이라고 평가한다(푸코, 2011: 108, 155). 근대 이후 오늘날까지 나라마다 경제정책이나 경제계획을 마련하는 것이 관행처럼 당연시 되어 있지만, 그것의 역사적 효시는 절대왕정 시대의 중상주의다.[51] 중상주의는 국가통치 차원에서 최초로 나타난 경제이론으로서 시기적으로 중농주의나 고전경제학을 훨씬 앞섰다.

국토공간 재구성

인구와 경제를 화두로 적극적인 국력 증대 및 국부 창출에 나선 절대주의 왕정은 도시를 포함한 공간 차원에서도 일대 변화의 바람을 불러일으켰다. 무엇보다 중세 유럽의 상징과도 같았던 성벽도시가 시대적 소임을 다하기 시작했다. 이는 성벽의 실용적 가치가 떨어졌기 때문이다. 우선 성벽도시는 14세기 유럽을 강타한 흑사병 앞에서 치명적 약점을 드러냈다. 많은 인구가 밀집해 살 수밖에 없던 비위생적 도시 공간이 화근이었다. 이에 절대왕정은 '통치' 차원에서 성곽의 폐해를 인식했다. 푸코에 의하면 성곽의 해체는 환경이라는 단어조차 없던 시절 단행된, 도시환경

51 가장 유명한 중상주의자는 루이 14세 치하에서 재무장관을 지낸 장바티스트 콜베르(Jean-Baptiste Colbert, 1619-1683)다. 중상주의를 아예 '콜베르주의'라 말하기도 한다.

관련 최초의 "정치적 기술"이었다(푸코, 2011: 51-53).[52] 하지만 중세 성곽도시가 도전받는 보다 결정적인 계기는 따로 있었다. 화약을 장착한 대포의 발달과 차량의 보급 증가가 성벽의 방어적 가치를 "가소로운 것"으로 만들었기 때문이다(브로델, 1995: 723-727).[53]

이와 함께 성벽도시의 주인공인 부르주아 스스로 16세기 이전부터 성곽 바깥으로 조금씩 진출하기 시작했다. 그 무렵 유럽에는 생활수준의 향상으로 양질의 의류에 대한 수요가 늘어나고 있었다. 이에 도시의 상공업자 일부는 면직물 생산을 위해 농촌 지역을 찾았는데, 동기는 그곳의 상대적 저임금이었다. 농민의 입장에서도 가내수공업은 부수적 수입원이었다. 그 결과, 성벽의 담장 높이는 낮아질 수밖에 없었다. 말하자면 자본의 원시적 축적(primitive accumulation)으로 불리는 이른바 선대제(先貸制, putting-out system) 혹은 원(元)산업화(proto-industrialization)의 시작이다. 이로써 성벽도시 특유의 길드 경제조직은 점차 쇠퇴의 길을 걸었다.[54] 이제 도시와 농촌은 성의 내부냐 외부냐를 따지며 엄격히 분리된 공간이 아니라, 중심부와 주변부로서 서로 교류하고 의존하는 관계적 개념으로 바뀌었다(Hohenberg and Lees, 1985: 102).

도시와 농촌의 물리적 구분 약화는 모든 국민이 단일 경제공동체에

---

52 이런 점에서 보면 환경문제에 대한 사회적 인식은 20세기 후반 '로마 클럽'에서가 아니라 훨씬 이전부터 존재했다고 할 수 있다.

53 대포의 출현이 성벽을 무력화시킨 결정적 계기는 비잔틴-오스만 전쟁(1265-1453) 당시 콘스탄티노플 함락 사건이다.

54 길드 경제에는 기본적으로 양면성이 있었다. 한편으로 길드는 외부 경쟁자의 진입 억제, 가격 담합, 표준화된 품질 관리 등을 통해 중세 부르주아계급에 의한 부의 축적을 제도적으로 지원했다. 하지만 다른 한편으로 길드는 시장의 확대, 가격경쟁, 기술진보 등을 억제하는 일종의 지대추구적 카르텔 효과를 발휘함으로써 비약적인 자본축적을 불가능하게 만드는 측면도 있었다. 길드는 중세 유럽에 특유했던 '도시경제'의 한 유형이었을 뿐, 전형적인 '시장경제'와는 거리가 멀었다. 시장경제론자 애덤 스미스가 길드를 비판한 것은 이런 이유에서였고, 사실상 길드는 19세기 산업사회가 도래하면서 대부분 해체되었다(Persson and Sharp, 2016: 143-145).

참여하는 국민시장 혹은 '전국시장(national or nationwide market)'의 형성으로 이어졌다. 브로델이 지적했듯이 "사실 국민시장이 없으면 근대국가란 한낱 허구에 불과한 것"이다(브로델, 1995: 771). 봉건제하의 시장이란 한편으로는 지방 차원에서의 소규모 교역망, 다른 한편으로는 상층부의 국제적 거래망이었다. 이에 비해 절대왕정의 중상주의는 국가 단위의 시장으로도 모든 국민이 하나의 경제체제에 동참하는 것이 대원칙이었다. 곧, 중세 시대의 자치도시가 이제는 국민경제의 활성화를 가로막는 장애물이라는 인식의 역전이 일어나면서, 모든 상품과 곡물 및 사람들 사이의 전국적인 순환체계, 다시 말해 국민시장을 유지하는 일이 새로운 시대정신으로 자리매김한 것이다(푸코, 2011: 102-103). 근대 이전에 전국적 상업망이 결핍된 것은 당시 육로 수송 및 이동의 애로점 때문이기도 했는데(이영림 외, 2011: 72-73), 마침 전쟁을 통한 근대국가 건설 과정에서 대부분의 육상이 평정되었다.

도시를 중세의 갇히고 닫힌 공간적·법률적·행정적·경제적 틀에서 해방시켜 "전국적 순환공간 내에 위치시키고자" 노력했던 핵심적 이유는 절대왕정 국가들이 도시를 국력증강 및 국부창출을 위한 유력한 수단으로 인식한 결과였다(푸코, 2011: 33). 그런 만큼 규모 면에서 고만고만할 뿐 아니라 기능적으로도 비슷비슷한 자치도시들이 제각각 존립하는 현실은 근대국가의 새로운 통치 철학에 부합하지 않았다. 국가경쟁력 강화를 위하여 모든 도시를 한데 아우르는 위계적 질서화와 기능별 체계화가 중요해진 것이다. 이에 한편으로는 대도시의 등장이 절실해졌고, 다른 한편으로는 도시들 사이의 역할 분담이 요긴해졌다. 그 결과, 오랫동안 동양과 극동의 전유물이었던 대도시가 유럽에서도 16세기 이후 처음 나타나기 시작했다(브로델, 1995: 767). 또한 기능적 측면에서 서로 판박이였던 중세 자치도시와 달리 근대국가에 편입된 도시들은 행정도시, 산업도시, 군사도시, 교육도시, 문화도시, 휴양도시 등 각기 다른 역할로 분화되었다.

근대적 이행과 초기 도시계획

근대국가가 도시를 흡수하고 통일하고 재편하는 과정에서 중세 시대 농촌 중심의 세계는 서서히 그러나 확실히 무너졌다. 대세는 역시 도시화, 특히 대도시화였다. 브로델의 표현처럼 "대도시는 근대국가를 만들었고, 근대국가는 대도시를 만들었다"(브로델, 1995: 813). 도시의 비중이 전반적으로 커짐에 따라 도시계획과 관련된 일련의 원칙들도 다시 세워질 수밖에 없었다. 이때 나타난 핵심 키워드 가운데 하나는 도시 기능 향상을 위한 '순환(circulation)'이었다. 이는 푸코가 그 무렵 프랑스 낭트(Nantes)의 도시정비안을 소개한 것에 잘 나타나 있다(푸코, 2011: 43-48). 먼저 "도시를 횡단하는 축과 몇 개의 큼직한 길을 뚫는데" 이는 위생과 환기, 도시 내 교역망 확보, 도시 외부로 통하는 도로망 연계, 그리고 안전을 위한 감시가 목적이었다. 또한 그것은 지금 당장 필요한 기능적 완전성에 머물지 않고 "미래에 발생 가능한 바를 고려한" 도시정비여야 했다.

이 시기 도시계획 관념의 또 다른 키워드는 '규율(discipline)'이었다. 근대국가와 중상주의에 따른 인구의 증가와 이동, 그리고 생산 양식의 변화를 위해서는 인간의 위치와 동선을 관리할 수 있는 새로운 전략이 필요했다. 푸코가 주목한 것처럼 절대왕정 시대의 도시계획은 공간과 시선을 통한 '규율사회' 구축을 목표로 삼았다. 권력행사를 건축 행위에 비유한 푸코는 도시계획을 '인간축적(accumulation of men)'의 개념으로 접근했다(푸코, 1994: 317-322). 자본축적(accumulation of capital)의 동반자로서 인간축적은 근대국가와 중상주의에 필요한 인간을 '부양'하는 동시에 인간을 '개조'하는 통치방법이었다. '생명의 안전'과 '사회의 보호'를 명분 삼아 성실하고 유능한 '노동자 만들기' 및 선량하고 순응적인 '시민 만들기'에 나선 것이다.[55] 그 결과가 바로 파놉티콘으로 상징되는 '규율사회'의

55 근대 초기 도시계획에서 '순환'이 강조된 것은 오늘날 도시계획에서 '모빌리티'가 부상하는 것과 닮았다. 또한 그때 '규율'이 강조된 것은 오늘날 '스마트 통제'가 각

등장과 '감옥 체계의 도시'다(푸코, 1994: 440).[56]

절대왕정 시대와 동반한 도시계획의 세 번째 키워드는 '수도계획(capital planning)'이었다. 근대국가 이전에는 비록 왕국이라도 확실한 수도 개념이 없었다. 과거 유럽의 군주들은 늘 이동 중이었다. 하지만 절대왕정이 성립하면서 국왕이 한곳에 정주하자 이를 중심으로 이른바 '궁정사회'가 형성되기 시작했고, 이는 수도가 국가의 필수품이 되는 시대를 열었다.[57] 과거의 왕도(王都)나 황도(皇都)가 단순히 최고 권력자가 사는 곳

광받는 것과 닮은꼴이다. 푸코식으로 말하면 산업화 초기에는 근대 도시계획이 출현했고, 오늘날 제4차 산업혁명 시대에는 스마트 도시계획이 유행인 셈이다.

56 도시 인간의 규율성과 관련하여 푸코는 페스트, 곧 흑사병의 경험을 중요하게 다루었다(푸코, 1994: 293-294). 기존의 나병(癩病)과 달리 페스트는 '규율의 도식'을 탄생시키는 계기가 되었다는 것이다. 푸코는 나병에 대한 대처가 사람들을 한쪽과 다른 쪽으로 구분하는 집단적이고 이원적인 분리라면, 페스트에 대한 대책은 다양한 분리와 개인적 배분, 감시와 통제의 심층적 조직, 권력의 세분화라고 주장한다. 곧, 나병이 낙인찍고 추방하는 것을 기본으로 한다면 페스트는 분석하고 배치하고 유치(留置)하는 일을 원칙으로 한다는 것이다. 이런 식의 페스트 관리법이 완벽한 도시통치 원리로 이어졌다는 것이 푸코의 생각이다.

57 유럽의 군주들은 16세기 후반부터 비교적 한 지역에 정착하기 시작했다. 이들의 지방 순회가 감소하면서 그곳에서 귀족들과 만나는 일도 줄어들었다. 이에 왕이 거주하는 사적 공간이자 정부가 위치한 공적 공간에 해당하는 궁정이 권력의 심장부로 자리 잡으며 규모를 급속히 키웠다(이영림 외, 2011: 177-180). 경쟁적인 궁전 건설은 물론이고, 궁정 내 귀족의 직위도 양적으로 증가했을 뿐 아니라 여기에 부합하는 궁정 문화나 궁정 의례 개념도 함께 등장했다. 이른바 '궁정사회(court society)'의 기원은 역시 프랑스 부르봉 왕조의 절대군주 루이 14세다. 그는 한편으로 화려한 베르사유 궁전을 새로 짓기도 했지만, 다른 한편으로 감정을 제어할 줄 알고 심사숙고와 장기적 안목, 광범위한 지식 등을 갖춘 궁정인의 모델 혹은 '궁정적 합리성'의 기초를 세웠다. 베르사유 궁전에는 1만 명 정도의 대식구가 살았는데, 기사가 설치던 중세 시대의 원초적 감정이나 폭력성과 대비되는 에티켓, 언행, 처신, 예법 등이 궁정 문화로 요구되었다. 수도의 왕궁이 전국을 지배하는 표준 권력, 표준 문화가 된 것이다. 프랑스의 궁정 문화는 곧 영국, 독일, 에스파냐로 전파되었고 그 영향은 오늘날까지도 남아 있다(엘리아스, 2003: 284-285, 301-304, 341-347). 사실 파리가 현재와 같은 남다른 위상을 확보한 것은 절대왕정 시대의 산물이다. 그 전까지 봉건제 하에서는 귀족들이 지방에서 각자 권력을 행사했다. 그러다가 앙리 4세 때부터 파리가 프랑스의 정치 및 경제 중심지로 확정되면서 지방 귀족들이 파

1618년, 네덜란드 출신 지도 제작자 클라스 비셔(Claes Janszoon Visscher)가 만든 파리 지도 (출처: Harold B. Lee Library)

혹은 머무는 곳을 뜻한다면, 수도는 근대 주권국가 내지 영토국가의 공간적 최고 상징이라는 데 의미가 있다. 이 과정에서 "다른 도시들을 제치고 몇몇 도시에 정치적 기회가 집중되었다"(브로델, 1995: 767-768). 이때 수도가 되는 행운을 쟁취한 도시가 예컨대 파리, 런던, 암스테르담 등이다. 16-18세기는 유럽 전역에서 수도의 탄생기였으며, 근대국가 모델의 국제적 확산이 이루어지던 20세기 초는 세계적 차원에서 수도계획의 전성시대였다(이영석, 2005; Sonne, 2003 참고).

이와 관련하여 푸코는 17세기 중반 알렉상드르 르 메트르(Alexandre

리에 모여들었다. 이때 만들어진 대표적 공간이 바로 마레(Marais) 지구 및 보주(Vosges) 광장이다. 마레는 '늪'이라는 뜻으로, 12세기까지는 전혀 개발되지 않았던 곳이다. 8세기 이후 귀족들이 표면상 사라지면서 마레 지구는 파리의 대표적인 예술 및 패션 중심지로 변했다. 흔히 마레는 파리 가운데서도 가장 '파리다운' 장소로 꼽힌다.

Le Maître)가 암스테르담에서 출간한 《수도론》에 주목한다(푸코, 2011: 35-39). 그 책은 왜 국가에 반드시 수도가 있어야 하며, 그것은 무엇으로 구성되어야 하는가를 설명한 것이다. 국가를 하나의 건축물에 비유한 그는 "기하학적으로 훌륭한 국가는 원의 형태를 가지며 그 원의 중심에 수도가 있어야 한다"고 주장했다. 영토와 수도의 관계는 "미학적이고 상징적인 관계"가 되어야 할 뿐 아니라 수도는 심지어 "영토의 장식"이어야 한다고도 말했다. 메트르가 볼 때 중상주의의 관건은 "주권의 소재지이며 정치적, 무역적 순환의 중심지인 수도를 중심으로 잘 조직된 국가를 어떻게 확보할 것인가"에 달려 있었다. 주권의 정치적 효율성을 공간적으로 분배하기 위해 수도는 "관념의 순환, 의지와 명령의 순환, 무역적인 순환이 원활히 일어나는 공간"이어야 했다.

절대왕정 시대 국가대표 도시로 수도가 탄생하는 과정에 등장한 것이 바로 '바로크 어바니즘(baroque urbanism)'이다. 바로크 도시의 원조 역시 파리다. 사실 파리는 16세기 전까지만 해도 권력이나 부의 중심이라기보다 종교나 학문의 도시로서 유럽 내 다른 도시에 비해 상대적으로 정신적인 측면이 강했다. 그러나 16세기부터 절대왕정을 표상하는 프랑스의 수도로 재탄생했다. 바로크 도시는 강한 중심축, 좌우대칭의 직선대로와 규칙적인 블록, 그리고 풍부한 장식미를 특징으로 하는데, 이는 도시의 '순환' 기능에 '과시' 차원을 접목한 결과다. 아닌 게 아니라 바로크 도시는 르네상스 시대의 이성적 도시계획을 계승하면서도 '불규칙하게 생긴 진주'라는 개념에 걸맞게 감성적이고도 감각적인 도시계획 측면을 함께 추구했다. 요컨대 도시 공간은 일종의 연극 무대가 되어야 한다는 생각이었는데(Hohenberg and Lees, 1985: 151-153), 실제로 파리는 "세계의 위대한 수도, 새로운 로마가 되는 것을 목표로 삼았다"(코트킨, 2013: 123).[58]

58 바로크 도시의 실제 극치는 파리가 아니라 파리 근교에 루이 14세가 새로 건설한 베르사유 궁전 도시다. 그럼에도 파리는 대표적인 바로크 도시로서 결코 손색이 없

절대왕정의 수도계획 붐은 파리를 넘어 런던, 베를린, 암스테르담, 빈, 상트페테르부르크 등에서 경쟁적으로 나타났다. 이들 가운데는 런던이나 베를린처럼 오래된 도시를 신장개업한 경우도 있고, 상트페테르부르크처럼 수도를 새로 만든 경우도 있으며, 프랑스처럼 파리 외곽 베르사유로 수도를 옮긴 경우도 있다. 또, 포르투갈의 리스본처럼 대형 재난 끝에서 환골탈태한 수도도 있었다.[59] 어찌됐든 이들은 오늘날까지 일국의 수도로서 막강한 전통과 위상을 이어 가고 있다.[60] 하지만 바로크 도시계획은 건축 분야의 인문적 배경이나 철학적 기반 없이 불도저식으로 추진된 측면이 강하다. 도시계획 과정이 비민주적이었을 뿐 아니라 군사 기

다. 루이 14세 시절의 프랑스 재상 콜베르는 "백성들이 경외감을 품고 바라보게 만들 건물들보다 군주의 위대함을 더 잘 보여 주는 것은 아무것도 없다"고 말하며 파리 수도계획에 진력을 다했다(코트킨, 2005: 123).

59 1755년 11월 1일 포르투갈의 수도 리스본이 진도 9의 강진으로 초토화되고 인구의 4분의 1 정도가 사망했는데, 근대 유럽에서 자연 현상이 도시 전체에 재난을 초래한 것은 이때가 처음이었다. 15-16세기 이후 리스본은 지리상의 발견과 더불어 유럽에서 가장 잘나가는 도시 가운데 하나였다. 사고 당시 가톨릭의 나라 포르투갈의 대체적 분위기는 리스본 대지진을 '자연의 이치'나 '하느님의 뜻'으로 이해했고, 국왕 주제 1세는 수도 이전까지 고려했지만 그의 대신(大臣) 세바스티앙 조세 드 카르발류 이 멜루(이하 카르발류, Carvalho)는 보다 현실적이고 과학적인 접근을 선택했다. 그는 "죽은 자를 묻고 산 자에게 먹을 것을 주어야 한다"고 주장하며 대재앙을 사회 개혁과 발전을 위한 반전 기회로 인식했다. 특히 그는 교회의 가르침에 길든 대중에게 지진을 자연 현상으로 인식시키기 위해 '폼바우 서베이(Pombal Survey)'로 알려진 과학적 설문조사를 실시했다. 카르발류는 도시공학자이자 군사공학자인 마누엘 다 마이아(Maia) 등과 함께 리스본의 도시재건에 나섰는데, 이는 "근대적인 도시의 개념에 부합하는 계몽적 도시계획"으로 평가받고 있다. 리스본 대지진은 근대 도시계획의 이정표 가운데 하나였을 뿐 아니라 지진학의 탄생, 근대적 재난 관리의 시초, 그리고 무엇보다 계몽주의 사상혁명이라는 점에서 의미가 크다(시라디, 2009: 14-15, 34-35, 67-69, 135-137, 175-177, 185-189 참고). 이는 어떤 의미에서 오늘날 방재(防災) 도시계획의 원조라고 볼 수 있다.

60 중세 유럽의 자치도시 전통이 근대국가의 발전에도 불구하고 여전히 유지되고 있는 측면에 주목할 필요가 있다. 예컨대 런던이나 파리, 베를린과 같은 수도는 비록 국제적으로는 높은 위상을 갖고 있지만 국내적으로는 그것에 버금가는 패권적 지위를 누리지 못하는 게 사실이다(Benevolo, 1993: 214).

술자가 전문 건축가를 압도한 것은 무엇보다 절대왕정을 배경으로 하고 있었기 때문이다.

절대왕정 시대 유럽의 대도시들은 거대한 소비공간, 특히 수도의 경우 궁정 소비계층의 밀집지역이 되었다. 국가가 방대하고 중앙 집중화되어 있을수록 수도에 인구가 몰릴 가능성이 컸으며, 어디랄 것 없이 도시의 부는 유행과 환락을 부르는 경향이 많았다. 궁정사회와 더불어 부, 장식품, 과시적 소비에 대한 욕망이 증대했을 뿐 아니라 쾌락주의적이고 심미적인 여성관이 득세해 낭비와 사치 풍조가 확산된 결과였다. 이처럼 절대왕정 치하 최초의 대도시들은 자본주의가 본격적으로 등장하기 전부터 소비도시의 면모를 확연히 드러냈다(좀바르트, 2017: 51-52). 왕족이나 귀족, 제후들이 한 장소에 계속 머무른다면 이들을 중심으로 상인, 수공업자 등 온갖 직업의 사람들이 모일 것이고, 결국 "사치 문제는 대도시 문제와 결합"할 수밖에 없었다(좀바르트, 2017: 70). 브로델의 표현처럼 절대왕정과 더불어 시대는 거대한 도시의 부유한 비생산자들과 그 나머지 대다수 가난한 사람들의 불균형적인 세계로 나아갔다.

6. 산업혁명, 시민혁명, 근대도시

산업혁명과 도시화, 도시문제

근대국가는 17-18세기 절대왕정을 거쳐 19-20세기에는 국민국가(national state) 형태로 진화했다. 그 과정에서 두 차례의 거대한 전환점이 있었다. 하나는 18세기 중반에 시작된 산업혁명(Industrial Revolution)이고 다른 하나는 1789년에 일어난 프랑스대혁명(The French Revolution)이다.[61] 산업혁

61 산업혁명과 프랑스혁명 가운데 '혁명(revolution)'이라는 이름값을 제대로 하는 것은 후자다. 시공간적 순환운동(revolve)이라는 본래 의미가 현존 질서에 저항하는

명은 자본주의 발전 단계에서 나타난 생산 양식의 극적인 변화와 그것에 따른 사회구조 및 생활양식의 급격하고도 총체적인 변혁을 지칭하는 것으로서, 산업화와는 구분된다.[62] 인류 역사 전체를 돌이켜볼 때 산업혁명의 파장은 도시 출현의 모태가 된 농업혁명에 필적할 정도, 혹은 그 이상이었다. 한편, 프랑스대혁명은 절대왕정 시대를 의미하는 앙시앵 레짐(Ancien régime), 곧 구체제 혹은 구제도를 청산하는 정치적 차원의 시민혁명으로서 현대 민주주의의 기점이 되었다. 세계사에서는 흔히 이 둘을 '쌍둥이 혁명(twin revolution)'이라 부르는데, 이들은 도시와 도시계획에 대해서도 지대한 영향을 미쳤다.

18세기 중반 유럽은 급속한 인구 증가를 경험했다. 이는 정치적 안정과 더불어 새로운 농작물 개량 및 농사법 보급을 통해 식량 생산이 크게 늘어났기 때문이다.[63] 인구증가는 당연히 일상용품의 소비 증대를 초

정치적 행위라는 함의를 내포한 것은 17세기 무렵이었다. 반역(revolt)이나 반란(rebellion), 모반(rebel) 등과 같은 유사한 개념이 존재하긴 했지만, 혁명에는 개조, 변화, 혁신, 진보 등의 뜻이 실렸기에 전자보다 후자가 호의적인 단어로 자리 잡았다. 혁명이 이처럼 새로운 근대적 의미를 담는 결정적 계기가 된 것은 프랑스혁명이었다. 이에 비해 산업혁명은 새로운 제도나 기술이 비정치적 영역에서도 '혁명적'이라고 묘사하는 하나의 근거로 사용된 결과다. '기술혁명', '운송혁명', '트랜지스터 혁명'처럼 말이다(Williams, 1983c). 하긴 산업혁명의 효과는 프랑스혁명의 영향에 비해 즉각적으로 나타나지 않았다. 그러기에 프랑스혁명은 동시대 사람들 거의 대부분이 알고 있었지만, 산업혁명이라는 개념 자체는 1850년까지도 세간에 존재하지 않았다(Persson and Sharp, 2016: 375).

62 산업혁명을 '산업'혁명으로 명명하는 것에는 문제가 있다. 일반적으로 산업이라 할 때는 농업이나 수산업 같은 1차 산업도 포함하기 때문이다. 이런 점에서는 '공업'혁명이 더 타당한 번역일지 모른다(임종철, 2019 참고). 하지만 이때 다시 문제가 되는 것은 공업이라는 범주에 건설이라든가 사회간접자본 등 오늘날 경제 활동에서 매우 큰 비중을 차지하는 부분이 빠진다는 사실이다.

63 대표적으로 쇠로 된 쟁기를 이용하여 밭을 깊이 갈거나, 드릴을 사용해서 씨를 뿌리는 방법, 비료를 주어 척박한 땅을 기름지게 하는 농법이 도입되었을 뿐 아니라, 특히 신대륙에서 들어온 감자가 유럽인의 주식으로 자리 잡았기 때문이었다. 감자가 유럽인들의 식탁에 오르는 과정은 매우 험난했다. 16세기경 에스파냐 사람들이 남미에서 처음 들여오긴 했지만 맛도 없고 독성도 가졌을 뿐 아니라 무엇보다 이른

래했는데, 상류층이 이용하던 모직물의 경우보다 일반 사람들이 의존하던 면직물의 경우에 (값도 싸고 빨아 입기 쉽다는 이유로) 특히 더 그랬다. 물론 앞에서 살펴보았듯, 16세기 이후 성벽도시 내 부르주아들이 가내 수공업의 농촌 진출을 통해 이와 같은 면직물 수요 증대에 대처하긴 했다. 그러나 농촌에 재료를 공급하면서 농민들의 값싼 노동력을 이용하던 도시 상공업자들 입장에서는 보다 많은 물건을 더 빨리 생산할 수 있는 기술의 발명을 당연히 기대하는 상황이 되었다.

실제로 손수 실을 잣고 옷감을 짜던 과정에서 이루어진 사소한 개량과 작은 기계의 발명이 산업혁명의 발단이 되었다. 이때만 해도 발명가, 창안가, 공업가, 기업가를 명확히 구분하기 힘들었고, 이들의 사회적 배경이나 지위도 매우 다양했다(애슈턴, 2020: 39-53). 산업혁명의 발단은 특정 경제정책의 결과라기보다 기술혁신의 재능과 경영혁신의 의지를 품은 평범한 사람들의 집단적 자발성이 우연히 초래한 결과였다(애슈턴, 2020: 8, 43; 박지향, 2017: 110-111). 물론 수학과 과학의 원리를 이용한 근대 학문이 배경으로 작용한 것은 사실이다. 하지만 보통사람들의 일상적 경험이 녹아든 기구의 개량이나 기계의 고안을 결코 경시할 수는 없다. 산업혁명은 '거대과학(Big Science)'의 승리가 아니라 '범인(凡人)과학(Layman Science)'의 개가로 보아야 한다. 역시 필요가 발명의 어머니였던 셈이다.

베틀에 고정된 날실을 씨실이 보다 빠른 속도로 누비게 만드는 플라잉 셔틀(flying shuttle)이나 실을 더욱 빨리 뽑아내는 제니 방적기(spinning jenny)도 획기적이었지만, 수력 방적기의 발명을 통해 가내 수공업 방식이 공장제 생산 방식으로 바뀐 일은 더욱 혁신적이었다. 이제 사람들은 자기 집에서 일하는 대신 기계가 놓인 공장에 모여 함께 일을 하게 되었

바 '땅속' 식물이라는 이유로 종교적 거부감이 강했다. '감자대왕'으로 불리는 프로이센의 프리드리히 2세의 노력에 의해 감자는 유럽인의 대표적인 먹거리 반열에 겨우 오를 수 있었다.

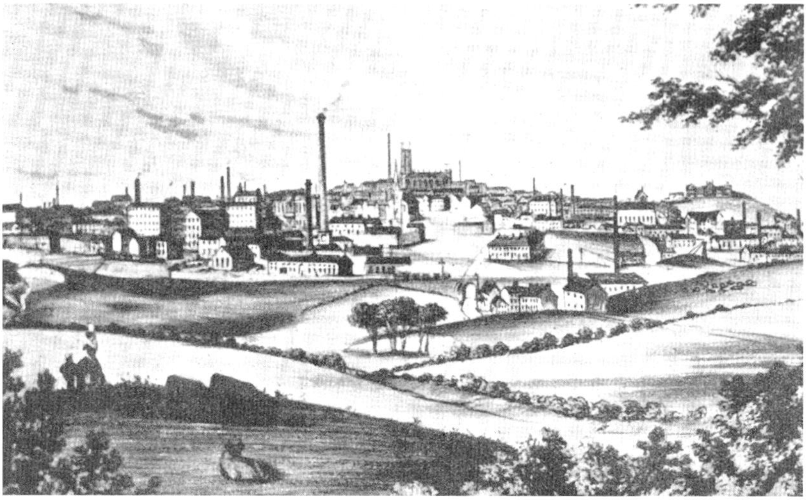

산업혁명 절정기 영국 랭커셔주 어느 도시 풍경(출처: wellcomecollection.org)

다. 증기 기관의 발명과 이를 통한 증기 기관차의 등장은 인간이나 동물의 유기적 힘이 아닌 새로운 동력원의 시대를 열었다. 산업혁명의 핵심은 두 가지다. 하나는 공장제 기계 공업을 통한 대량 생산 체제이고, 또 하나는 석탄을 위시한 화석 연료의 이용이다.

산업혁명이 처음 시작된 곳은 영국이었고, 시기적으로는 1760년부터 1830년까지가 최고조였다(애슈턴, 2020). 여기에는 몇 가지 배경이 있다. 우선 영국은 신대륙에서의 플랜테이션 운영, 면화 수입과 노예 무역, 사업가 정신 등의 측면에서 산업 발전의 기반이 상대적으로 탄탄했다. 게다가 영국은 17세기에 유럽 전역을 강타한 소빙하기의 피해를 가장 심하게 입었다(Blom, 2019: 35-40).[64] 곡물 수확의 감소는 노동력 판매가 필요

64 최근 5,000년 인류 역사 가운데 기후 측면에서 가장 특이한 시기는 14세기 초부터 몇 세기 동안이었다. 특히 1570년부터 기온은 평균 섭씨 2도 이상으로 대폭 떨어졌

하면서도 가능한 자유로운 농민층의 증가를 초래했을 뿐 아니라, 난방에 필요한 산림 자원의 고갈 위기는 대체 에너지 개발에 눈길을 돌리지 않을 수 없도록 만들었다. 말하자면 중세 봉건제의 와해 위기가 다른 나라보다 영국을 좀 더 일찍, 좀 더 절박하게 찾아간 것이다. 영국은 사회적 유동성과 실력주의 풍토, 지적 탐구 정신, 그리고 풍부한 석탄 매장 측면에서 산업혁명을 위해 "가장 준비된 사회"였던 셈이다(박지향, 2017: 116-126).

주목할 것은 산업혁명의 발원지가 영국의 대도시가 아닌 농촌 지역이었다는 점이다. "새로운 시대를 연 것은 맨체스터, 버밍엄, 리즈, 글래스고, 그리고 수많은 프롤레타리아급 소도시"였고, 런던과 같은 기존의 대도시는 한동안 산업혁명에 "구경꾼으로서 참여"했을 뿐이다(브로델, 1995: 815). 산업혁명은 기존의 도시에서 발생한 것이 아니라 스스로 기계와 공장 시대를 열면서 그 자체가 도시화의 새로운 동력이 되었다. 농업혁명을 제1차 도시혁명, 산업혁명을 제2차 도시혁명으로 부르는 것도 이 때문이다. 산업혁명은 '산업도시'라는 새로운 유형의 도시를 등장시켰다.[65] 도시화의 전반적인 진전, 그리고 도시 간 체계의 재조정 등을 통해 산업화는 '규모의 경제(economy of scale)'가 전국적 차원에서 효율성을 극

고 이 상태가 110년간 유지되었다. 이는 유럽만이 아니라 전 세계적 현상이었다. 역사학자이자 작가인 블롬은 이를 '자연의 반란(nature's muting)'이라 명명했다. 영국이 기후 변화에 가장 취약했다. 그 무렵, 혹한을 배경으로 "지금은 우리들의 불만족스러운 겨울(Now is the winter of our discontent)"로 시작하는 셰익스피어의 희곡 《리처드 3세》가 나왔다(Blom, 2019: 375). 추위도 문제였지만 여름 또한 이례적으로 더웠다. 혹서 직후 발생한 1666년 런던 대화재는 런던을 거의 초토화시켰다.

65 산업혁명 이후 영국에서는 허허벌판이던 지역에 수많은 공업도시가 등장하여 공장 운영자와 노동자들이 새로운 삶의 기회를 찾아 모여들었다. 맨체스터와 리버풀이 가장 대표적이었다. 1820년대를 전후하여 역사상 최초로 만들어진 산업도시 맨체스터는 매료와 경악의 대상이었다. 공장 굴뚝이 교회 탑보다 수적으로 많은 광경은 당시 유럽인들에게 기이하게 느껴졌고 가난과 비참함, 질병으로 가득한 거리 또한 충격적으로 받아들여졌다(기로워드, 2009: 401-426).

대화하는 국민경제를 완성해 나갔다.[66]

그 결과는 인류 역사 전체가 산업혁명 이전과 이후로 구분될 정도로 획기적인 생산력 증가였다. 무엇보다 산업혁명은 물질적 측면에서 인류에게 미증유의 풍요를 선사했다. 인류 전체가 얻은 손익을 계산하면 산업혁명은 재앙이라기보다 기회였다(애슈턴, 2020: 7, 241). 그저 부자를 더 부유하게, 빈자를 더 빈곤하게 만든 것이 결코 아니었다. 산업혁명으로 생겨난 상품은 주로 사치품이 아니라 필수품과 자본재였고, 자본재도 궁극적으로는 일반 소비자들에게 열매를 가져다주었기 때문이다(애슈턴, 2020: 237). 산업혁명은 산업에만 국한된 혁명이 아니라 사회적이고 지적인 것이기도 했다(애슈턴, 2020: 25). 그것은 특정한 시기에 펼쳐진 '사건'이 아니라 하나의 '운동'이었다(애슈턴, 2020: 217).

산업혁명을 계기로 수많은 인구가 농촌을 떠나 도시로 이동했다. 이들의 주거 수준이나 식생활, 의복문화가 향상되었고, 교육이나 여가, 위생 등의 측면에서도 삶의 수준이 획기적으로 높아졌다. 그리고 이는 새로운 도시문화의 등장으로 이어졌는데, 그중 하나가 개인주의와 자유방임이었다. 중세 자치도시의 시민은 봉건적 구속으로부터 상대적 자유를 누렸을 뿐 완전한 주체적 자유를 구가한 것은 아니었다. 이에 비해 산업도시의 시민들은 훨씬 더 개인주의적이 되었다. 예컨대 "18세기에 사회적 목적을 실현하기 위한 특징적인 수단은 국가가 아니라 클럽이나 낚시, 경마, 사교단체, 선술집, 커피하우스 등이었다"(애슈턴, 2020: 195-202). 또 다른 도시문화는 물질주의적 가치를 추구하는 '소비혁명(consumption

---

66 농업과 공업은 생산 단위의 규모가 기본적으로 다르다. 농업은 자연환경이나 지역적 특성이 생산 조건과 속도를 규정하는 경향이 있어 생산량이 증가함에 따라 평균비용이 감소하는 현상(이른바 '규모의 경제')이 작동할 잠재력이 낮다. 이에 비해 기계장치와 공장설비, 운송수단의 발전에 기반한 공업은 자본투입, 원료공급, 노동관리, 기술보급 등의 측면에서 '규모의 경제' 효과가 획기적으로 커질 수 있다(이영림 외, 2011: 70-72; Persson and Sharp, 2016: 168-171). 물론 근대 이후 국민경제 시대, 특히 세계화 시대의 농업은 사정이 다르다.

revolution)'이었다.[67] 산업혁명에 따른 생활수준 향상으로 모든 도시에 소비문화가 확산되기에 이른 것이다. 조세원의 누수 방지와 기존 계층 간 지속적인 사회적 상징 구분을 위해 일부 군주들이 사치금지법(Sumptuary Law)을 제정할 정도로 산업혁명은 도시와 소비의 친화력을 크게 높였다.

산업혁명에 따른 급속한 도시화는 도시라는 공간 자체를 상품으로 변모시켰다. 역사적으로 도시 부동산이라는 개념이 등장한 것은 산업혁명 이후였다(조홍식, 2020: 269). '어머니 자연(Mother Nature)'으로 불려 왔던 토지나 수목 등이 부동산 상품으로 바뀐 결과다. 경제인류학자 폴라니(1991: 221-236)에 의하면 본래 토지의 경제적 기능은 그것이 가지고 있는 여러 가지 생활 기능 가운데 하나에 불과하다. 곧, 토지란 "거주의 장소이며, 육체적 안전을 위한 하나의 요건이며, 풍경이며, 계절"이다. "토지 없는 생활을 상상하는 것은 손발 없이 생활하는 것을 상상하는 것과 같을 것"이라는 말도 같은 맥락이다. 폴라니에 의하면 토지를 자연과 사람으로부터 분리시켜 상품화한 다음, 사회를 부동산시장의 욕구에 맞추어

67 산업혁명 이전부터 소비혁명이 시작되었다는 반론도 있다. 그 가운데 하나는 앞에서 살펴보았듯 절대왕정 시대에 출현한 거대한 궁정 소비도시다. 하지만 여기서는 대도시의 귀족이 아니면서도 삶의 의미를 소비영역에서 찾는 경향이 하층계급에서도 존재했다는 주장이다. 예컨대 얀 드 브리스(Jan de Vris, 1994)는 노동자들이 저임금에도 불구하고 수준 높은 소비생활을 추구하는 이유를 '근면혁명(industrious revolution)'의 결과로 해석한다. 그에 따르면 유럽 사회의 전통적 노동관은 먹고살 만한 생활수준에 도달하면 노동을 더 많이 하는 대신 레저와 휴식 쪽을 선택하는 것이었다. 하지만 18세기 서유럽 농민들은 이러한 노동 관행에서 벗어나기 시작했다고 한다. 곧, 새로운 형태의 소비 욕구를 충족하기 위해 과외 소득을 찾고 장시간 노동을 불사하는 등 '더 근면하게' 노동하는 경향을 보여 주었고, 이는 산업혁명 이전의 전통적인 장비와 도구, 기술로서도 일정 부분 충족될 수 있었다는 것이 드 브리스의 주장이다. 참고로, '근면혁명'이라는 말의 학문적 연원은 드 브리스도 인정하다시피 1970년대 초 일본의 역사인구학자 하야미 아키라(速水融)다. 하지만 유럽 농민의 경우 '소비를 늘리기 위한 근면전략'이었다면, 일본의 농민은 에도 시대 시장경제 등장에 생산 주체로서 대응하기 위해 근면 노동을 자발적으로 선택했다는 점이 다르다. 이는 노동에 대한 근면한 태도가 특정 종교나 국민성 탓은 아니라는 결론으로 이어진다(하야미 아키라, 2006: 299-301, 305-320).

조직하는 것이야말로 시장경제라는 이름의 '사탄의 맷돌(Satanic mill)'에 굴복하는 일이었다.[68]

르페브르는 산업혁명과 더불어 공간의 경제적 가치가 일방적으로 부상하는 과정을 '공간의 생산(production of space)'이라 불렀다. 자본주의 체제하에서 "공간이란 도구적"이며 "도구 중에서도 가장 일반화된 도구"라는 것이 르페브르의 생각이다(르페브르, 2011: 421). 그리고 그 핵심은 '절대공간(absolute space)'에서 '추상공간(abstract space)'으로의 변화다. 절대공간이 내적 특성과 상징적 가치를 지닌 정신적·사회적 공간이라면, 추상공간은 형식적이고 계량화된 공간으로서 인간에게 '대상적으로 기능'할 뿐이다(르페브르, 2011: 102, 355). 그에 의하면 "종교적이면서 동시에 정치적인", 따라서 의미나 가치로 충만한 절대공간은 결국 사라지고, 대신 "획일화, 파편화, 균질화, 상품화된" 남근적(男根的), 시각적, 기하학적 추상공간만 남는다(르페브르, 2011: 339-423). 그리고 그러한 "(공간의) 추상화와 그것의 실천적(사회적) 사용에는 폭력이 내재되어 있다"(르페브르, 2011: 420).

자연의 상품화는 '공간의 물질화'라는 측면에서 특히 도시가 심각했다. 비도시 부동산과 비교하여 주택이나 사무실과 같은 도시 부동산은 소비의 차원보다 생산의 측면이 두드러지기 때문이다. 애초에는 그곳이 소비를 목적으로 했지만 생산적 요소로 점차 바뀐 결과다. 이는 무한정할 것 같던 토지가 그것이 가장 많이 필요한 곳, 곧 도시에서는 턱없이 부족한 이른바 '토지의 역설(paradox of land)'에 기인한다(플로리다, 2018: 34, 58-59). 일반적으로 농촌이 아닌 도시에서 공간 판매나 공간 임대와 관련된 비생산적 불로(不勞) 소득자가 많은 이유도 여기에 있다.

도시 부동산의 탄생은 도시계획에 바로 영향을 미쳤다. 이를 르페브

68 폴라니의 비판에도 불구하고 자연의 부동산 상품화는 자본주의 시장경제에서 부동의 대세가 되었다. "한 나라의 부나 국민의 행복은 주로 토지가 개발되는 방식에 의존한다. 우리(미국)의 역사는 정착과 개간, 건설을 통한 부동산 가치 창조의 역사"라는 호기로운 문장을 생각해 보라(Davies, 1958).

르는 다음과 같이 묘사한다. "도시는 이제 글로 써진다. 설계도와 조감도가 무수히 만들어진다. 이렇게 되면서 (…) 필요한 언어가 조직된다. 곧 '공간의 코드'가 형성되는 것이다"(르페브르, 2011: 395). 근대에 들어와 격자형 도시계획에 가속도가 붙은 것은 바로 이런 맥락에서다. 격자는 규칙적인 부지와 블록을 만들어, 사고팔기에 이상적이라는 점에서 자본주의 사회에 만연해 있는 일종의 화폐 통화 시스템을 닮았다(스콧, 2010: 104-105). 부동산 정책과 도시계획이 떼려야 뗄 수 없는 관계가 된 것은 이렇게 당연한 수순이 되었다. 따라서 도시계획학이 부동산학의 동반자가 되는 현상 또한 놀라운 일은 아니다.

한편, 산업혁명은 본격적인 '도시문제'가 등장하는 신호탄이기도 했다. 산업혁명이 오늘날처럼 도시를 문제적 시각에서 바라보는 결정적 계기를 만든 것이다. 인구 급증과 밀도 상승, 주택 부족, 환경오염, 공중위생 악화, 교통체증, 사회병리 등은 모두 산업혁명 이후 도시에서 등장한 새로운 사회문제였다. 그리고 이는 자본주의 체제의 정치사회적 재편을 모색하는 밑으로부터의 움직임을 자극했다. 제반 도시문제의 피해가 산업 시대의 새로운 피지배계급, 곧 프롤레타리아에게 집중되었기 때문이다. 결국 도시문제는 도시 내 심각한 계급갈등으로 첨예화되었다.

산업혁명이 만들어 낸 도시는 한편으로 부르주아에 의한 자본축적이 발생하고, 다른 한편으로는 프롤레타리아의 궁핍화가 전개되는 이중적 공간이 되었다. 게다가 도시는 지배계급과 피지배계급이 같은 공간(공장이 대표적이다)에서 적대적 공존을 어쩔 수 없이 일상화해야 하는 역사상 최초의 경우였다. 그만큼 계급갈등의 폭발성도 높았다. 산업혁명 초기 도시문제에 대한 대응은 일련의 '도시운동'으로 나타났다. 이는 근대 도시계획이 공식적으로 태동하기 이전, 사회 일각에서 자생적으로 태동한 실험적 성격이 짙었다. 그런 만큼 (도시)운동과 (도시)계획의 혼합이라고 보아도 좋을 것이다. 이를 선도한 것은 사회주의 성향의 인도적 공상주의였고, 그 결과 도시문제 해결을 모색하는 데 기술적 차원과 이념적 관점이 보란 듯이 결합되었다(Benevolo, 1993: xi-xii).

그 대표적인 인물은 자수성가한 사업가로서 노동자의 삶에 깊은 연민을 가졌던 '협동조합의 아버지', 영국의 오언(Robert Owen, 1771-1858)이었다(오언, 2012; 박양식, 1986 참고). 그는 고용주와 노동자가 함께 생활하는 '노동자 마을'을 자신이 운영하던 스코틀랜드 글래스고 인근 뉴 래너크 면직공장에서 직접 운영했는데, 당시 유럽 전역에서 유력 인사들의 방문이 이어졌다. 또한 영국 전체 노동자를 위한 '협동마을' 건설을 의회에 건의하기도 했다. 이는 800-1,200명의 노동자들이 농장 및 공장에서 함께 일하고 생활하는 자급자족 단위로서, 그들이 평행사변형 마을 주변의 군집 주택에 집단 거주하는 방식이다. 여기서 침실은 각자 소유지만, 응접실이나 독서실, 부엌 등은 공용이었다. 오언의 실험은 당대 현실에서 실패로 돌아갔지만, 훗날 영국 노동당에 큰 영향을 남겼다.

프랑스의 푸리에(Charles Fourier, 1772-1837)는 부르주아계급 출신이었으나 자본주의를 거부하고 사회주의 농업 유토피아를 꿈꾼 또 하나의 몽상가이자 실천가였다(푸리에, 2007; 변기찬, 2000; 박홍규, 2011 참고). 그는 사회가 보병의 밀집방진(密集方陣)[69]과 수도원의 합성어인 '팔랑스테르(Phalanstère)'로 구성되어야 한다고 주장했는데, 이는 오언의 협동마을과 유사한 일종의 복합 아파트단지 형태라고 볼 수 있다. 팔랑스테르는 성적인 것을 포함한 인간의 모든 자유가 보장되는 공간이었다. 한편, 프랑

69 고대 그리스에서 창안된 군사 전술의 하나. 방패와 창을 든 다수의 보병을 고슴도치처럼 밀집으로 배치하여 근접전을 벌이는 방식인데, 열(列)과 오(伍)로 구성된 (직)사각형 모습이어서 방진(方陣)으로 불린다. 그리스 군대 개별 병사들의 전투 기량이 취약했기 때문이라는 설도 있고 성숙한 시민의식 및 공동체 의식의 산물이라는 설도 있다. 전투 중 병사들의 도주를 예방하고 지휘관의 통제를 용이하게 하며, 전체 병력의 일시적 붕괴를 방지하는 데 효과적이라는 평가다. 근대 이후 국가간 전쟁에서는 거의 사라졌다. 하지만 오늘날에도 도심 내 시위를 진압하는 데는 경찰이 즐겨 사용하는 방식이다. 우리나라도 물론 그렇다(배명훈, "서울에 펼쳐진 보병밀집방진이라니...", 《시사IN》, 2012. 8. 30).

스의 고댕(Jean B. Godin, 1817-1888)은 푸리에의 팔랑스테르를 미국에서 건설하려다가 좌절한 다음, 그 수정판에 해당하는 파밀리스테르를 프랑스에서 현실화하는 데 성공했다(민유기, 2005 참고). 팔랑스테르는 훗날 르코르뷔지에의 아파트 건축에 큰 영감을 제공했다.

시민혁명과 도시인, 도시정치

근대국가가 절대왕정에서 국민국가로 진화하는 과정에 나타난 '쌍둥이 혁명'에서 영국이 경제적 측면의 산업혁명을 주도했다면 프랑스는 정치적 차원의 민주주의 혁명을 선도했다. 이 또한 근대도시 및 도시계획에 지대한 족적을 남겼다. 혁명 이전 프랑스는 절대왕정의 대명사이자 신분사회의 전형이었다. 성직자들이 제1신분, 귀족계급이 제2신분이던 프랑스에서 나머지는 모두 제3신분으로 분류되었다. 제3신분은 도시 부르주아와 일반 농민을 망라한 개념으로서, 앙시앙 레짐, 곧 구질서에 대한 불만은 당연히 신흥 부르주아 계급에게 특히 많았다. 국왕과 정치적으로 결탁한 독점사업 영역이 아직 남아 있을 뿐 아니라 귀족들이 각 지방을 분할 지배하던 봉건제의 유산이 강하게 버티고 있어 부르주아가 원하는 자유로운 경제활동에 제약이 많았기 때문이다.

18세기 전반 유럽을 풍미한 계몽주의 사조도 프랑스혁명에 큰 영향을 미쳤는데, 이는 당대의 도시문화와도 밀접하게 연관되어 있었다. 산업혁명에 따른 부의 축적과 여가 증대에 따라 도시는 새로운 상품뿐만 아니라 새로운 사상도 생산했다(기로워드, 2009: 324). 당시 유럽 도시에는 커피하우스 혹은 카페가 새로 등장하기 시작했다. '근대의 공기'로 가득 찬 카페의 보급에 따라 부르주아를 위시한 도시민들의 담론 공간에 변화가 생긴 것이다(전상인·김미영, 2021 참고).[70] 계몽주의 지식인들은 주로 이

---

70 이 시기 도시에 스며들기 시작한 '근대의 공기'에는 '맛의 탄생'도 포함된다. 산업혁명의 여파로 생활수준이 높아지고 프랑스대혁명의 결과로 신분제가 무너지면서,

곳을 드나들며 함께 어울렸다. 자연과학과 합리주의 철학을 신봉하고 사회제도의 개혁을 열망한 이들 가운데는 볼테르(Voltaire, 1694-1778), 루소(Jean Jacques Rousseau, 1712-1778), 디드로(Denis Diderot, 1713-1784) 등이 포함되어 있었다. 파리의 카페가 프랑스혁명의 진원지라는 사실은 결코 과장이 아니다.

삼부회의 소집이 촉발한 프랑스혁명은 1789년 바스티유 감옥의 함락으로 절정을 맞았다. 하지만 프랑스혁명은 그 후 약 10년 동안 전진과 후퇴를 반복했다.[71] 민중봉기는 프랑스혁명 이후 일종의 전통이 되었다. 그리고 1799년부터 1815년까지는 나폴레옹의 독재 시대였다. 하지만 그런 와중에도 프랑스혁명 정신은 건재했다. '인간과 시민의 권리' 혹은 '인권선언'이 선포되는가 하면, 자유·평등·박애 정신으로 표상되는 민주주의 기본원칙도 정립되었다. 프랑스혁명은 "모든 권력의 원천"으로 오늘날 우리들이 당연시하는 '국민' 개념을 제도화시켰다(사카가미 다카시, 2019:

18세기 유럽 도시에서는 처음으로 일반 대중도 양보다 음식의 질을 중요시하는 식문화 시대가 도래했다. 물론 그 전에도 미각 문화가 일부 존재했지만, 대부분 궁정이나 귀족사회의 전유물이었다. 중세 가톨릭교회가 청빈을 강조한 것도 맛에 대한 탐닉을 어렵게 했다. 근대사회와 더불어 레스토랑은 카페와 함께 도시문화의 핵심 일부가 되었다. 18세기 '맛의 탄생'을 논의한 개괄서로 안대회(2014) 참고.

71 삼부회는 원래 중세 말에 국왕이 징세 목적으로 각 신분의 대표들을 소집해 동의를 구했던 신분제 의회를 의미한다. 절대왕정 절정기에 미국 독립전쟁 참전 등의 여파로 국가재정이 과다 지출되어 국고가 바닥을 드러내자 루이 16세는 귀족에 대한 과세를 고려하게 되었고, 이 과정에서 170년 만에 삼부회가 소집되었다. 이때 신흥 부르주아 제3신분이 정치적 지분 확대를 강력히 요구했다. 또한 평민들은 별도의 '국민의회'를 구성했는데, 성직자와 귀족 대표들까지 여기에 동참하면서 삼부회는 마침내 역사 속으로 사라졌다. 루이 16세는 국민의회를 인정하는 척했지만 실제로는 강제 해산에 나섰는데, 이에 대한 반발로서 파리 민중이 무력으로 바스티유 감옥을 함락시켰다. 프랑스혁명의 발단은 바로 봉건제의 상징이자 정치범 수용소였던 바스티유 감옥 습격이었고, 민중들이 베르사유궁으로 쳐들어가 루이 16세 일가를 사로잡으면서 클라이맥스를 맞았다. 그 후 프랑스는 군주제, 입헌군주제, 공화국, 공포정치, 총재정부 등으로 이어지는 혼란의 시대를 거쳤고, 나폴레옹은 민중의 성원과 지지에 힘입어 (프랑스혁명의 대의가 무색하게도) 한때 황제의 지위까지 올랐다.

58-65). 비록 강제력도 없고 고유한 집행기관도 없지만 이른바 '여론'이라는 사회적 힘이 확실하게 정체를 드러낸 것도 프랑스혁명 전후의 일이었다(사카가미 다카시, 2019: 119-128, 151).

1804년 제정된 '나폴레옹 법전'은 개인의 자유롭고 평등한 권리를 인정하고 능력에 따라 누구나 성공할 수 있는 시대의 도래에 대못을 박는, 근대 시민법의 전범(典範)으로 자리 잡았다. 또한 프랑스혁명을 방위하려는 목적에서 시작되었다가 대외침략으로 성격이 변질된 나폴레옹 전쟁(1797-1815)은 유럽 각국의 정치에 엄청난 충격을 주었다. 나폴레옹의 유럽 정복은 한편으로는 이웃 나라들에 민족주의를 촉발하는 계기가 되었고 다른 한편으로는 프랑스혁명의 민주주의 이념을 초국적으로 전파하는 결과를 초래했기 때문이다. 프랑스혁명을 프랑스'대'혁명으로 부르는 것에는 충분한 이유가 있다.

하지만 정작 시민혁명의 발원지인 프랑스는 쉽게 정치적 안정을 찾지 못했다. 민주주의 국민국가 건설 과정이 상대적으로 순조로웠던 나라는 오히려 영국이었다. 영국의 귀족들은 일찍이 해외무역 경험에 따라 사업가 정신이 충만했고, 근대적 교육을 받아 전문적 지식수준도 높은 편이었다. 따라서 귀족이 지배하던 의회는 국왕의 권력 남용을 줄곧 견제하고자 했는데, 1649년에는 크롬웰(Thomas Cromwell, 1599-1658)이 청교도혁명을 통해 주권재민의 '공화국'을 세울 정도였다. 단명으로 끝난 크롬웰 공화국을 왕권의 전제 정치가 대체하고자 했지만 '명예혁명'에 의한 '권리장전' 제정을 통해 왕의 권력은 크게 제한되었고, 이로써 입헌군주제 전통이 확립되었다. 영국은 산업화 시대의 새로운 사회적 갈등을 의회제도를 통해 풀어 나갔다. 대표적으로 1832년 선거법 개정은 도시 부르주아들의 의회 진출을 제도적으로 보장했고, 이때 기회를 얻지 못한 노동자계급들도 1838년부터 10년에 걸친 차티스트운동(Chartist Movement)을 통해 마침내 참정권을 획득했다. 19세기 영국이 구가한 빅토리아 시대(1837-1901)의 영광은 결코 우연히 얻어진 것이 아니다.

이에 비해 프랑스는 사정이 매우 복잡했다. 1814년 나폴레옹이 몰락하자 혁명의 소용돌이를 피해 외국으로 도망쳤던 루이 16세의 동생 루이 18세가 국민의 환영을 받으며 왕으로 귀환했다. 1814년 그는 국왕과 의회가 권력을 공유하는 입헌군주정 헌법을 선포했지만, '복고왕정'이라 불리는 이 체제는 일종의 정치적 타협책으로서, 보수적 귀족과 혁명적 부르주아 어느 쪽도 만족시키지 못했다. 1824년 왕위에 오른 샤를 10세가 반동정치를 강화하자 1830년 파리 시민들은 '7월 혁명'으로 맞섰다. 이른바 '7월 왕정'(1830-1848)은 기본적으로 부르봉 왕조의 계승자로서 프랑스 혁명을 부분적으로만 수용했다. 새로운 국왕 루이 필리프는 극단적인 보수주의자도, 적극적인 자유주의자도 아니었다.[72] 재력가나 명망가 집단을 핵심 지지 기반으로 삼고 있던 7월 왕정은 '부르주아 왕정'이라고 불릴 정도로 자본주의 발전에 유리한 산업정책을 시행했고, 자본가계급의 정치적 지분도 이전에 비해 크게 늘어났다.

7월 왕정 치하 산업의 발전은 프랑스에서 도시노동자를 양산하는 계기가 되었다. 19세기 초 50만 명 정도이던 파리 인구는 19세기 중반에 100만 명 내외로 늘어났고, 그 절반 가까이는 농촌에서 일거리를 찾아 도시로 전입한 하층 빈민들이었다. 당연히 이들은 치안이나 위생 측면에서 모두 우려스러운 소위 '위험한 계급(Dangerous Class)'으로 부상했다. 이에 7월 왕정은 노동자의 도덕화나 공장 규율 준수 등 공장 내 감시 및 규

72 부르봉 왕조를 무너뜨린 '7월 혁명' 세력은 혁명의 대의는 계승하면서도 공포정치의 악몽이 재연될 수 있는 공화정은 피하고자 했다. 그 결과가 의회에서 국왕을 선출한 '7월 왕정'이었고, 이에 적합한 최적의 인물이 부르봉 왕실의 방계 오를레앙 가문에 속했던 루이 필리프였다. 그는 혁명과 보수 사이에서 중립을 지킨다고 했지만 대중적 인기에 치중한, 시쳇말로 '쇼통'의 국왕이었다. 그는 '시민왕'을 자처하면서 보통사람들에게 가까이 다가가기를 즐겼다. 비 오는 날 여성 노동자와 같은 보통사람들에게 우산을 씌워 주는 일화가 많아 별명이 '페팽(Pépin)'일 정도였다. 페팽은 프랑스말로 '우산'이라는 뜻이다. 참고로, 지금도 프랑스에서는 통치자가 국민과 함께 비를 맞는 것이 전통으로 되어 있다(주경철, "프랑스의 마지막 왕 '우산왕' 루이 필리프", 《조선일보》, 2021. 10. 26).

장 빅토르 슈네츠(Jean-Victor Schnetz)의 그림 <시청 앞의 전투 - 1830년 7월 20일>

율체제를 통해 노동자계급을 통제하려 했으나 역부족이었다. 왜냐하면 이들 위험한 계급이 공장이나 공장 주변을 넘어 점차 도시 전체로 확산되었기 때문이다.

게다가 이 시기에는 이전의 공상적 사회주의와 구분되는 소위 '과학적 사회주의(Scientific Socialism)'가 인기를 끌고 있었다. 노동자들의 권리를 주장하고 만국 노동자의 단결을 호소한 마르크스주의가 바로 그것이다. 7월 왕정기는 그 전까지 도시 질서를 떠받쳐 온 시스템이 붕괴하기 시작하던 역사적 전환기였다. 과거 중세 시대 유럽의 도시 질서는 길드나 도시공동체 등과 같은 자치단체를 통해 자율적으로 유지되었다. 하지만 산업혁명과 프랑스혁명을 거치며 민중봉기가 빈발하자 도시의 일상생활 측면에서 처음으로 치안 '공백 상태'가 나타나기 시작한 것이다(Cobb, 1970; 사카가미 다카시, 2019: 267-281).

이 무렵부터 서구 대도시는 도시문제를 넘어 사회갈등의 핵심적 무대가 되었고, 그 후 사실상 거의 모든 혁명이 도시에서 발생했다. 이는 전통적 농민사회에서는 상상조차 하기 어려운 변화였다. 돌이켜 볼 때 중세 도시의 성곽은 주로 외부 세력의 공격에 대비하기 위한 것이었다. 하지만 19세기 유럽의 대도시들은 외부가 아닌 내부로부터 공격을 당하는 상황이 되면서 방어능력의 취약성이 여실히 드러났다. 이런 허점이 현실로 나타난 것은 1830년 7월 혁명이었다. 수도를 위시한 대도시는 저항과 반란의 최적지로 부상했는데, 그것의 정치적 상징성과 더불어 인구의 밀집 효과 때문이었다. 말하자면 농민과 달리 도시민은 결코 '자루 속 감자'가 아니었던 것이다. 여기에 덧붙여 유럽 특유의 낡고 오래된 도시 또한 은닉이나 도피 등을 위한 공간구조 측면에서 혁명가들에게 유리하게 작용했다.

1840년대 말이 되면서 유럽에는 혁명의 바람이 점점 가까이 불기 시작했다. 마침내 1848년 2월, 파리 등 대도시에서 왕정 및 귀족정치에 반기를 든 유혈 폭동이 발생했고, 여기에는 공장노동자뿐 아니라 일부 산업자본가, 소상인도 가세했다. 이것이 바로 '1848년 혁명(Revolution of 1848)' 혹은 '2월 혁명(February Revolution)'이다.[73] 자본주의 체제에 대한 노동자계급의 반발이라는 점에서는 사회주의 혁명이었고, 봉건 체제의 완전한 타파를 요구했다는 점에서는 자유주의 혁명이었다. 노동자계급 자

73 '여러 국민의 봄(Spring of Nations)' 혹은 '여러 인민의 봄(Spring of Peoples)'이라고도 한다. 혁명이 유럽의 중심부 지역에 있던 10개 나라 정도에서 연쇄적으로 발생한 '희망 가득한 혁명'이었기 때문이다.

신은 물론 가족까지 거리로 나와 사투를 벌였던 2월 혁명에서 노동자들은 7월 왕정을 무너뜨리는 데는 성공했지만, 역사의 최종 승리자가 되는 데는 실패했다. 지배계급 입장에서는 2월 혁명이 '원치 않은 혁명'이었고, 피지배계급 입장에서는 충분히 '준비되지 않은 혁명'이었다(몸젠, 2007: 9, 23, 51-53).

2월 혁명은 불안한 경제와 어수선한 사회 분위기에 힘입어 그해 12월에 치러진 대통령선거에서 나폴레옹의 조카 루이 나폴레옹이 대통령에 당선되는 것으로 종식되었다. 그리고 루이 나폴레옹은 삼촌처럼 공화국 헌법을 버리고 1851년 친위 쿠데타를 통해 스스로 나폴레옹 3세 황제가 되었다. 하지만 실패한 2월 혁명이 노동자계급에게 아무런 소득이 없었던 것은 아니다. 마르크스주의를 이데올로기적 무기로 삼아 막강한 정치세력으로 성장하는 계기가 되었기 때문이다. 프롤레타리아는 자본주의 체제를 인정하는 대가로 민주주의, 곧 1인 1표 참정권을 쟁취했다. 노동자들의 실질적 요구사항인 유혈 혁명 없이 투표를 통해 평화적으로 쟁취될 수 있는 개연성이 제도화된 것이다.

도시계획의 본격적 출현

2월 혁명은 도시계획사에서 하나의 이정표가 되었다. 2월 혁명을 지켜보면서 지배권력 입장에서는 자본주의 체제의 지속가능성을 견지하는 가운데 제2, 제3의 2월 혁명 가능성을 예방하는 전략이 불가피하다고 느꼈다. 그 결과가 바로 '파리대개조사업(les Grands travaux de Paris)'(1853-1870)이다. 그것은 기본적으로 보수적 이데올로기에 의한 정치적 가부장주의의 산물로, 일종의 '수동혁명(passive revolution)' 전략이었다(Benovolo, 1967: xiii, 110). 이를 주도한 인물이 바로 나폴레옹 3세였고 그의 특급 측근이 조르주외젠 오스만(Georges-Eugène Haussmann) 지사였다.[74] 정치적 목적이

---

74 나폴레옹 3세의 파리대개조사업은 파리를 지상에서 가장 아름다운 수도로 만들고

파리대개조사업 이후 에투알 개선문을 중심으로 한 방사형 도로망(출처: manhhai, flickr.com)

앞선 만큼 파리대개조사업은 도시계획가 및 행정관료의 작품이었다. 도시미학이나 도시철학에 대한 배려가 없이 "토목업자의 칼질에 난도질되었다"는 혹평도 여기서 나온다(하비, 2005: 211). 아닌 게 아니라 파리대개조

싶어 했다가 좌절된 삼촌 나폴레옹 1세의 꿈을 실현하는 일이기도 했다. 그는 파리개조를 자신의 천명으로 생각했다. 파리대개조사업은 한 사람의 위정자가 자기 머릿속의 생각에서 출발하여 도시계획을 완전하게 수행해 낸 거의 전무후무한 사례다. 그가 볼 때 자신이 태어난 파리는 너무나 낡은 전근대 도시로 남아 있는데 비해 여행길에 방문한 런던은 근대 도시계획의 기적에 가까웠다. 나폴레옹 3세를 파리대개조사업으로 이끈 것은 파리 도시환경에 대한 혐오, 모더니즘에 대한 선호, 빈곤퇴치를 위한 염원이었다. "루이 나폴레옹은 파리를 개조하기 위해 나폴레옹 3세가 되었다"고 할 수 있을 정도다. 1853년 당시 지롱드현(縣) 지사 오스만을 센 지사로 전격 임명한 것도 이런 맥락에서였다(가시마 시게루, 2019: 278-291). "나는 제2의 아우구스투스 황제가 되고 싶다. 왜냐하면 그는 로마를 대리석의 도시로 만들었기 때문이다"라고 말한 것도 나폴레옹 3세였다(Pinkney, 1958: 3).

사업이 오늘날에는 근대 도시계획의 효시로 평가를 얻고 있지만, 당대에는 평판이 좋지 않았다(가시마 시게루, 2019: 12).

그도 그럴 것이 파리대개조사업을 1848년 혁명과 분리하여 이해하기란 어려운 일이다. 파리대개조사업은 내란의 재발을 막기 위한 도시계획적 선제 조처가 분명했기 때문이다. 비록 겉으로는 도시계획의 순수한 이상을 앞세웠지만, 그 속에는 정치적 의도와 목표가 확실히 담겨 있었다. "모든 것이 표면에 나타난 대로라면 과학은 필요 없을 것"이라는 말로서 하비는 파리대개조사업이 내걸었던 대의명분을 조롱한다. 그는 "새 도로를 개통하고, 환기가 되지 않고 해가 들지 않는 서민 지역을 열어젖혀 진리의 빛이 우리 심장을 밝혀 주듯이 도시 성벽 안 어디에나 햇빛이 뚫고 들어가도록" 한 파리대개조사업의 숨은 정치적 목적은 진실을 밝히려는 '과학의 눈'을 끝내 가리기 어렵다고 주장한다(하비, 2005: 139, 159).

파리대개조사업과 1848년 혁명의 연관성은 그것이 도시치안을 확보하기 위한 비상한 노력과 병행되었다는 사실에서 거듭 확인된다. 나폴레옹 3세 치하 제2제정은 기존의 국방과 별도로 치안 영역을 독립적으로 제도화했다. 1854년 나폴레옹 3세는 경찰개혁을 단행하고 치안유지의 주력을 군대에서 경찰로 전환시킨 것이다. 질서유지 장치가 '군대에서 경찰로' 중심 이동한 것이다. 물론 시민을 가장 쉽고 빠르게, 확실히 통제하는 방식은 군사적 물리력을 통한 질서유지다. 하지만 폭력을 동반하지 않는 노동인구의 평범한 일상을 규율화하는 데는 결코 군대가 가장 효율적인 것이 아니다. 따라서 1848년 혁명을 계기로 제복 경찰에 의한 도시치안 확보가 대세로 자리 잡았고, 순찰차나 경찰 유니폼에 의한 파놉티콘 효과가 거리에서 실현되었다. 이는 "부르주아 헤게모니가 일상생활 수준에서 확립되었다"는 의미다(사카가미 다카시, 2019: 278-310).[75] 오늘

75 도시봉기 및 도시치안과 관련하여 1871년 파리 코뮌은 하나의 분수령이었다. 왜냐하면 아마추어 지도자들이 이끄는 시민군(市民軍, People's Army)의 일시적 폭력

날 우리가 당연하게 생각하는 경찰의 존재가 도시의 불가결한 일부가 된 것은 이런 연유에서다.

하지만 파리대개조사업을 오로지 1848년 혁명과 연관하여서만 평가하는 것은 단견이다. 왜냐하면 그것의 총체적 의미와 장기적 영향은 보다 종합적으로 다뤄질 필요가 있기 때문이다. 파리대개조사업은 (절대왕정 시대의 바로크 모더니즘이 아닌) 이른바 '어반 모더니즘(urban modernism)'의 탄생을 의미하기 때문이다. 오스만은 중세 도시의 물리적 하부구조를 획기적으로 개선한 파리대개조사업을 '나폴레옹 3세의 파리 미화사업(le Projet d'embellissement du Paris de Napoléon III)'으로 불렀다. 그에게 도시미화사업은 단순한 토건사업이 아니라 "미학, 안녕, 큰 비전, 그리고 아름다운 대자연에 대한 선망이 거대한 예술로 형상화되는 것"을 뜻했기 때문이다(최호순, 2022: 36-37). 파리를 "전 세계에서 유일한 도시미학의 대표도시"로 만들고자 했던 것은 오스만의 진심이었다.

근대 이후 파리대개조사업은 도시 일부가 아닌 도시 전체를 개조한 첫 사례였고, 유럽을 넘어 전 세계에 영향을 미친 도시계획 모델이기도 했다(Pinkney, 1958: 3-5). 오스만의 파리 모더니즘은 도시미화운동이라는 도시계획의 원형으로서 프랑스 전 지역과 1870년대 로마, 스톡홀름, 바르셀로나, 마드리드 등 유럽의 많은 도시에 영향을 주었고, 19세기와 20세기 초 미국의 도시계획가에게도 깊은 인상을 남겼다(Pinkney, 1958: 4). 나중에 보겠지만 미국 도시계획의 전형, 곧 도시미화운동은 파리대개조사업을 벤치마킹한 것이다. 파리대개조사업은 단순한 물리적 공간계획 차원을 넘어 체제의 안정적 재생산을 모색하려던 정치사회적 지향을 분명히 갖고 있다. 하지만 그 점이 어반 모더니즘의 개막이라는 문화사적

행사는 근대국가의 정예 무력집단에 더 이상 맞설 수 없다는 사실이 분명해졌기 때문이다. 파리 코뮌 이후 도시 폭력은 도시 테러리즘 혹은 도시 게릴라 활동 형태로 바뀌어 (불리며) 오늘날에 이르고 있다(Ashworth, 1991: 87-90, 99-100). 한국 현대 도시사에서 이른바 '시민군' 개념이 등장한 것은 1980년 5월 광주민주화운동 때이다.

하늘에서 바라본 링슈트라세 및 호프부르크 왕궁(출처: Roger W, flickr.com)

의의를 결코 가려서는 안 된다. 오스만이 건설한 광장과 대로가 포함된 파리 센 강변 일대가 1991년 유네스코 세계문화유산에 등재되었다는 사실은 파리대개조사업이 단순한 토목사업도 아니었고, 정치적 목적에만 한정된 일도 아니었다는 점을 웅변하기에 충분하다.[76]

산업혁명과 시민혁명 시대가 탄생시킨 어반 모더니즘은 파리에 국한된 현상이 아니었다. 1857년 오스트리아 합스부르크 제국의 수도 빈에서는 이른바 '링슈트라세 프로젝트(Ringstraße Project)'가 착수되었다. 19세기 초까지 빈은 전근대적 도시로 남아 있었고 특히 나폴레옹에 의한 두 차례 점령(1805, 1807) 이후에는 제국의 수도 이미지마저 추락하고 있었

76 현대적 대도시가 문화의 중심으로 자리 잡으면서 탄생한 서양 미술 사조는 인상주의(impressionism)다. 아르놀트 하우저(1999: 201-202)에 의하면 "인상주의는 유례없이 도시적인 예술"이다. 세상을 도시인의 눈으로 보고, 도시적 양식으로서의 생활방식에 주목하는 인상주의는 어반 모더니즘과 불가분의 관계를 맺고 있다.

다. 1848년 혁명의 바람이 오스트리아에도 불었지만 성공하지는 못했다. 이런 상황에서 신절대주의 시대의 문을 연 황제 프란츠 요제프 1세(Franz Joseph I, 1830-1916)는 개혁 프로그램의 일환으로 '빈 도시법령'을 제정했다. 여기서 행정구역 확대와 시(市)자치권 보장도 중요했지만 하이라이트는 역시 성벽 철거였다.

이에 따라 빈에는 링슈트라세를 따라 의사당, 시청사, 대학, 극장 등 공공 건축물이 들어섰는데, 이는 "오스트리아 자유주의자들의 정치적 포부를 미학적으로 승화시킨 부르주아지 예술의 명품들"이었다(쇼르스케, 2006: 87). "전체적으로 링슈트라세의 기념비적 건물들은 주류 자유주의 문화가 연병장의 폐허에서 입헌국가의 정치제도를 양산해 냈고, 자유시민의 엘리트를 교육할 학교를 세웠으며, '신인간(novi homines)'을 저열한 출신성분으로부터 구원할 모든 문화를 한데 모으는 박물관과 극장을 지었다." 자유주의자들의 '문화적 자기선언'이기도 했던 빈 개조사업이 발휘한 시각적 효과는 파리보다 더 낫다는 평을 얻기도 한다. 빈의 중심도로 링슈트라세 역시 2011년 논란 끝에 유네스코 세계문화유산에 등재되었는데, 이 또한 어반 모더니즘 정신과 무관하지 않을 것이다.[77]

이 무렵은 '도시화'라는 개념, 그리고 '도시계획'과 '도시계획가'라는 단어가 소개되고 정립되는 시기라는 점에서도 매우 중요하다. 1854년 도시 주위 성벽 철거를 계기로 스페인의 바르셀로나는 공중보건 차원에서 도시를 바둑판 형태로 대대적으로 개조했는데, 이를 주도한 인물은 엔지

---

77 빈이 구현한 어반 모더니즘 배후에는 카밀로 지테(Camillo Sitte, 1843-1903)라는 도시계획 이론가가 있었다. 사실 오스만의 파리대개조사업에서는 예술적 측면보다 기술공학적 접근이 앞섰다. 그런 만큼 파리대개조사업을 상징하는 도시계획 '이론가'는 없었다. 이에 비해 빈 도시계획에서 지테는 도시계획의 미학적·예술적 차원을 최우선시했다. 《예술적 원리에 따른 도시계획(Der Stadtebau nach seinen Kunstlerischen Grundsatzen)》(1889)이라는 책에서 그는 도시계획을 "최고 수준의 종합예술"로 정의했다. 지테의 도시계획 이론 역시 오스만의 파리 모더니즘 못지않게 미국의 도시미화운동에 지대한 영향을 남겼다.

격자형 도시로 바뀐, 세르다가 주도한 바르셀로나의 에이샴플레(Eixample) 지역(출처: alhzeia, flickr.com)

니어 출신 아마추어 도시계획가 일데폰스 세르다(Ildefons Cerdà, 1815-1876)였다. 18세기 들어 삶의 조건으로서 도시환경이 근본적으로 달라지고 있다는 점을 예의주시한 그는 '도시화(urbanización, urbanization)'라는 개념을 역사상 처음으로 만든 대단한 선각자였다.[78] 어반 모더니즘의 선구자로

78 산업화 시대에 진입한 19세기 바르셀로나는 과밀에 따른 각종 도시문제로 골머리를 앓고 있었다. 이에 세르다는 '에이샴플레(Eixample)'(카탈루냐어로 '확장'이라는 뜻) 지역이라는 이름으로 500개가 넘는 주거 블록을 대규모 격자형 도시계획에 담았다. 구도심과 달리 에이샴플레 지역은 길을 똑같은 폭으로 넓게 만들어 모든 사람이 햇빛과 공기를 충분히 누릴 수 있도록 했고, 블록마다 부자나 빈자가 함께 사용할 수 있는 정원을 만들었다. 세르다의 구상은 완전히 실현되지 못했고 훗날 적잖은 문제점을 노정하기도 했다. 하지만 지금도 바르셀로나의 도시계획에는 세르다의 유산이 적잖이 남아 있다. 바르셀로나는 일반인에게 '가우디의 도시'로 더 잘 알려져 있지만, 세르다의 도시계획을 일찍부터 연구한 건축학계에는 농담처럼 내려오는 말이 있다고 한다. "세르다가 차린 밥상에 가우디가 숟가락만 얹었다"는. 어쨌든 세르다의 바르셀로나는 유네스코 세계문화유산으로 등재되지 않았다. 바르셀

서 세르다의 위상은 결코 오스만에게 뒤지지 않는다.

근대 도시계획 제도와 관련하여 런던의 사례도 빼놓을 수 없다. 1848년 영국에서 제정된 공중위생법(Public Health Act) 때문이다. 이는 산업노동자들의 불만을 고려하여 공중보건 분야만이 아니라 토지이용이나 건축설계 영역까지 포괄하는 획기적 입법이었다. 그러나 파리대개조사업처럼 극적이지 않은, 영국 특유의 조용한 도시계획사라는 사실에 주목할 필요가 있다. 다분히 정치적인 프랑스의 경우와 달리, 영국은 위생이나 보건 등의 일상생활 측면에서 도시계획에 접근한 것이다.[79] 대표적으로 의사이자 법의학자였던 리처드슨(Richardson, 1876)은 의회 보고서 형식을 통해 공중위생학에 기반한 '건강도시(city of health)' 모델을 처음 제시했다.

7. 신대륙 미국의 도시와 도시계획

'도시사회' 미국의 성장

미국은 역사상 '최초의 신생국(The First New Nation)'이다(Lipset, 2007). 근대

로나에서는 현재 가우디의 건축물만 유네스코 세계문화유산이다.

79 물론 공중위생 개혁 중심의 영국 도시계획이 전혀 비정치적이었다는 말은 아니다. 19세기 전반 영국의 위생 개혁 역시 이른바 '위험한 계급'에 대한 정치적 통제라는 측면을 간과할 수 없다. '공중위생법'의 숨은 의도 가운데 하나는 '깨끗하게 정비된' 도시를 명분으로 도시 빈민이나 노동자계급을 광장이나 가로에서 빼내어 공장이나 가정으로 유도하는 것이었다. 실제 런던 도심 트래펄가(Trafalgar) 광장의 설계 원안에는 대형 연못과 분수가 포함되어 있었는데, 이는 광장이 저항을 위한 집회 장소로 사용될까 봐 우려한 결과였다. 이곳에 가스등이 설치된 것도 시민들의 안전을 지키면서 부랑자와 노숙자를 도심에서 추방하기 위해서였다(권오영 외, 2021: 18-20). 참고로 일제강점기 우리나라에서도 도시위생 관련 업무는 경찰 소관이었다. 한편 영국에서 프랑스나 오스트리아, 에스파냐에서와 같은 대단위·대규모 도시개조사업이 없었던 것은 전통적으로 유난히 복잡한 토지소유권 문제 때문이기도 하다.

서구 문명이 발흥한 구대륙 유럽을 기준으로 세계사를 바라볼 때 그렇다는 말이다. 인디언 역사를 제외한다면 유럽인의 이주로 시작되는 미국의 역사는 타운 건설에서 출발했다. 1607년 영국 국왕 제임스 1세의 특허장을 받은 무역상사 '버지니아 컴퍼니(Virginia Company)'는 북미 대륙 동부 연안에 '제임스 타운(James Town)'을 세웠다. 1620년 메이플라워호를 타고 잉글랜드를 출발한 이민자 102명은 새로운 정착지로 '플리머스 식민지(Plymouth Colony)'를 개척했다. 그리고 이들 최초의 작은 농업도시들은 서로 고립적으로 존재하면서 상업적, 정치적 및 종교적 자치를 누렸다.

이러한 미국의 초기 역사는 유럽의 자치도시 전통을 이어받은 측면이 크다. 하지만 1776년 독립 이후 미연방 소속 주(洲)정부의 정치적 위상이 높아지면서 도시공동체의 자치권은 점차 줄어들었다. 남북전쟁과 산업혁명, 특히 전국적 철도망 구축에 따라 연방정부의 권한이 커지자 개별 도시들의 독자성과 자율성은 더욱 위축되었다. 그럼에도 상대적으로 미국은 도시를 허브로 하는 지역공동체들의 집합이라는 성격이 강하다. 대다수 미국인에게 정체성의 원천은 도시다.[80] 지금도 미국에서 말하는 도시란 인구 2,500명 이상으로 시장에 의해 통치되면서 자치단체로 인준된 행정단위를 의미한다(박진빈, 2016: 11). 인구가 많지 않아도 도시단위로 인정받기가 쉽고, 일단 인정만 받으면 도시는 최대한 독립성을 구가한다는 뜻이다. 이런 점에서 미국사는 곧 도시사(都市史)라 해도 과언이 아니다.

삶의 단위를 도시공동체에서 찾았던 초기 미국인들은 도시계획의

80 이는 브로델이 말하는바, 중세 유럽에서 '도시가 최초의 조국'이었던 상황을 떠올리게 한다. 미국 정치에서 주정부, 특히 연방정부의 비중이 획기적으로 늘어나는 것은 남북전쟁 및 산업혁명 이후 국민 경제의 확립, 대공황, 그리고 제1차 및 제2차 세계대전 참전을 경험하면서부터다. 지금도 미국의 경우 도시를 넘어서는 공간적 범위는 '국가'가 아니라 곧바로 '세계'로 인식된다. 전국 뉴스가 '월드뉴스'이고, 프로야구 메이저리그의 전체 최종 챔피언을 결정하는 경기도 '월드시리즈'다.

중요성을 비교적 처음부터 알고 있었다. 이들은 이미 유럽에서 '도시문제'를 나름 목격했고 그만큼 도시계획에 대해서도 어느 정도 예비지식이 있었기 때문이다. 구대륙 유럽에 비해 미국의 도시계획은 신대륙답게 "백지 위에 그림 그리듯" 상대적으로 유리한 조건에서 출발했다. 건국 전후 미국의 도시계획은 두 가지 특징을 보여 준다(강명구, 2021: 139-159). 첫째는 '공공 공간'에 대한 배려다. 1811년 뉴욕시가 선포한 격자계획이 대표적이다. 이는 공동체 전체의 이익을 위하여 사유지에 대한 재산권 침해를 일정 정도 용인한다는 취지다.[81] 둘째는 이러한 도시계획 과정이 시민들의 자치를 통해 진행되었다는 점이다. 미국의 초기 도시계획은 유럽에서처럼 권력자의 명령에 따른 것이 아니라 자유로운 시민들의 참여와 입법 활동을 통해 이루어졌다.

초기의 계획적 도시건설에도 불구하고 미국의 도시들 역시 산업혁명 이후 양적 성장 과정에서 인구나 주택, 환경, 위생 등에 걸친 각종 도시문제의 등장을 피할 수는 없었다. 게다가 미국은 산업화 과정에서 유럽 변방 지역으로부터 이민자를 대거 받아들였고, 이들 대부분은 대도시 공장지대에 거주하면서 미국 시민이 되었다. 미국의 도시문제가 심각한 사회적 이슈로 대두한 계기는 19세기 중반 뉴욕에 있는 이민자 밀집 불량 주택가에서 콜레라로 수천 명의 희생자가 발생한 사건이었다. 이에 뉴욕주는 영국의 공중보건법을 모방한 공중보건국을 설립하거나 이민자용 공동임대주택의 보건위생을 개선하려는 공동주택법(Tenement Law)을

81 토머스 제퍼슨을 비롯한 미국 건국의 아버지들은 일종의 계몽적 합리주의자로서 단일한 지적도 격자에 관심이 많았다. 제퍼슨은 건축가였고 초대 대통령 조지 워싱턴 역시 독학으로 측량술을 공부했다. 측량술의 발전은 토지에 대한 이와 같은 기하학적 명확성을 제고했는데, 식민지 신대륙의 경우 유럽 본토에서보다 규칙적인 격자 시스템 도입에 원주민의 저항이 적었다. 원주민이란 다름 아닌 피정복 인디언이었기 때문이다. 이런 점에서 이러한 토지제도의 재설계는 결과적으로 토지착취의 의미도 담고 있다(스콧, 2010: 92-95, 558). 일제에 의한 우리나라 토지조사사업에도 이런 측면이 있을 것이다.

제정하기도 했다.

대서양 연안 '뉴잉글랜드'에서 시작된 미국의 역사는 19세기 이후 점차 중서부 지역으로 확대되면서 많은 신도시가 수로를 따라 새롭게 등장했다. 여기에 대륙횡단철도가 부설되자[82] 도시 숫자 및 도시 인구는 폭발적으로 늘어났다. 뉴욕이나 보스턴과 달리 신시내티, 세인트루이스, 디트로이트 등과 같은 신흥 내륙 도시는 처음부터 제조업에 기반한 산업 메트로폴리스로 성장했다. 당시 미국은 중공업 분야에서 세계의 리더로 부상하고 있었는데, 이들 도시는 '아메리칸 내셔널리즘'을 한껏 구가했다(Teaford, 1994: x). 1850년대 미국에서 인구 10만 이상 대도시는 6개였지만 불과 50년 뒤인 1900년에는 38개로 급증했다. 이 가운데 가장 눈에 띄게 부상한 도시는 시카고였다.[83] 미국 특유의 수직도시(vertical city)가 시작된 곳도 중서부였다(Teaford, 1994: 3). 그것은 드높은 첨탑을 가진 유럽의 성당들, 이슬람 세계의 우아한 모스크들, 그리고 동아시아의 황궁에 대한 나름의 미국식 화답이었다(코트킨, 2013: 157).

도시미화운동

미국의 전반적인 풍경이 농촌타운에서 산업도시로 바뀌면서 도시문

82 미국의 대륙횡단철도 건설은 링컨 대통령 재임 시절인 1865년에 시작되어 1869년에 완공되었다. 철도가 미국을 단일국가로 만드는 데 끼친 영향은 전국 정당(政黨) 이상이라는 평가도 있다. 동쪽에서 서쪽으로 향하던 철도와 서쪽에서 동쪽으로 향하던 철도는 1869년 5월 10일 유타주 프로먼토리 서밋(Promontory Summit)에서 만났는데, 최종 연결점에 '황금 못(Golden Spike)'을 박았다. 행사 직후 황금 못은 제거되었으나 1957년에 이를 기념하는 '골든스파이크 국립역사유적지(Golden Spike National Historic Site)'가 세워졌다.

83 시카고는 원래 오대호 연안 늪지대에 위치한 변방의 소도시였다. 하지만 미국 땅의 3분의 1에 해당하는 이른바 '루이지애나 영토(Louisiana Territory)' 편입, 이리(Erie) 운하 완공에 의한 오대호와 허드슨강의 연결, 그리고 대륙횡단철도의 부설에 힘입어 산업도시로 급성장했는데, 1840년부터 1890년까지 50년 사이 인구가 무려 200배 증가했다. 20세기 직전 시카고는 뉴욕과 자웅을 겨루는 미국의 양대 도시 중 하나가 되었다.

제 또한 급속히 전국으로 확산되었다. 미국의 초기 산업화는 유럽의 그것 못지않게 심각한 사회적 불평등을 동반했다. 신시내티나 세인트루이스, 디트로이트, 클리블랜드 등의 빈민가는 한 세대 전의 영국 맨체스터를 방불케 했고, 그 결과 도시 전체가 격렬한 노동운동에 휩싸이기도 했다(Teaford, 1994: 65-67). 하지만 유럽에 비해 미국 내 계급 불평등은 사회적 쟁점으로 쉽게 부상하지 못했다. 미국에서 빈곤이란 원칙적으로 개인 문제로 치부되기 십상이었다(코트킨, 2013: 151-153). 이는 무엇보다 미국 특유의 기회균등(Equal Opportunity) 이데올로기 때문이었다. 곧, 잘살고 못사는 것은 체제 선택이나 사회구조 탓이 아니라는 시각 때문이었다. 미국의 건국 이념에 해당하는 자유주의와 시장주의는 결국 유럽식 '사회주의' 도시정책과 일정한 거리를 두었다고 볼 수 있다.[84]

따라서 도시문제에 접근하는 방식에도 유럽과 다른, 미국 정치의 특성이 그대로 반영되었다. 19세기 후반부터 뉴잉글랜드 지역을 중심으로 도시계획 운동이 벌어졌다. 하지만 그것은 근본적 해결이라기보다 점진적 접근에 가까웠다(레비, 2004: 56-57). 첫째는 도시개량(Municipal Improvement) 운동으로 가로 및 보도 포장, 공중화장실 설치, 광고판 설치 반대 등이 주요 내용이었다. 둘째는 도시 예술운동(Civic Art)이었는데, 미술, 건축, 조경 등의 수단을 통해 산업도시의 추한 모습을 개선하고자 했다. 셋째는 조경설계(Landscape Design) 혹은 공원(Park) 운동인데, 대표적인

84 미국에서 사회주의 혹은 정치적 좌파의 부재는 봉건제 부재의 역사에서부터 예고된 측면이 있다. '자유로운 영혼을 타고난(born-free)' 나라로서 미국은 자유롭지 않은 사회에 대한 이해가 근본적으로 부족하다. 철저하게 자본주의적인 나라에 사는 미국인들은 계급갈등이 발생하는 이유를 잘 이해하지 못한다. 바로 이 점이 미국정치의 원천적 한계다(Hartz, 1955 참고). 커밍스는 이를 '불가사의한 점진주의(incomprehensible incrementalism)'라 표현하며, 미국 정치를 발달한 자본주의 체제 속에서 국가와 시장의 혼합물 주변을 옮겨 다니는 타원형 달걀에 비유했다(Cumings, 1990: 15-17).

성과물은 미국 최초의 인공 도시공원인 뉴욕의 센트럴파크다.[85]

이들 세 갈래가 합쳐져 등장한 것이 도시미화운동(City Beautiful Movement)이다. 앞서 살펴본 바대로 '도시미화'라는 개념 자체는 파리대개조사업에서 유래한 것이지만 도시계획이 아닌 도시운동으로서의 명성이 높아진 것은 미국에서였다. 도시미화운동은 1900년부터 1910년 사이에 전성기를 누렸고 그 후 수십 년 동안 전국적으로 유행했다. '도시계획'이 아닌 '도시운동'이라는 말 자체가 함의하듯이, 미국에서 도시문제에 대응하는 주체는 (유럽에서처럼 노동계급이 아니라) 겉으로 보기에 일반 시민, 그 가운데서도 중상층 교양계급이었다. 도시미화운동은 건축 및 도시계획상 개혁적 철학에 바탕을 둔 것으로, 그 핵심은 도시에 심미주의와 기념비적 위엄을 도입하는 일이었다.

동부에서 시작된 도시미화운동을 미국 도시계획의 대표 브랜드로 정착시킨 주역은 버넘(Daniel H. Burnham, 1846-1912)이었다(Wilson, 1989: 9-34, 53-74). 그는 1893년 시카고 만국박람회를 앞두고 베넷(Edward Bennett)과 함께 이른바 '시카고 플랜'을 주도했다. 버넘의 철학은 "개인주의의 횡행은 추함을 낳지만 계획은 아름다움은 만든다"는 것이었다. 요컨대 "계획을 통한 미화(Beautification through planning)"라는 발상이었다(Teaford, 1994:

85 공원 운동의 리더인 프레더릭 로 옴스테드(Frederick Law Olmsted, 1822-1903)에 의하면 "센트럴파크의 위대한 용도 가운데 하나는 피곤에 지친 노동자 수십만 명에게 (…) 하느님께서 만드신 작품의 견본을 제공하는 것"이었다(Olmstead, 2005). 옴스테드는 자연을 사랑하는 뉴잉글랜드의 거상 집안에서 태어났지만 예일대 진학을 앞두고 옻 독이 올라 시력이 급격히 나빠져 학업을 포기했다. 대신 부친의 도움으로 일찍이 대농원을 소유, 관리했다. 옴스테드는 '정원사(gardener)'라는 말 대신 '조경가(landscape architect)'라는 용어를 처음 사용한 인물이었다. 또한 그는 미국의 국립공원 체계를 수립하는 등 자연보호운동에도 일찍이 눈을 떴는데, 이에 그를 '녹색거인(Green Giant)'이라 부르기도 한다. 뉴욕 맨해튼 한복판에 341만 평방미터의 광활한 넓이로 조성된 센트럴파크에 대해 옴스테드는 다음과 같이 말했다고 알려져 있다. "지금 이곳에 공원을 만들지 않는다면, 100년 후에는 이만한 넓이의 정신병원이 필요할 것이다." 물론 19세기 중반 미국 사회의 지배 엘리트 일원으로서 그에게는 체제 유지를 바라는 보수적 성향이 잠재되어 있었다.

137-138). 도시미화운동은 1917년 미국도시계획협회의 창설, 1924년 하버드대학 도시계획학 강의 개설 등으로 이어졌다.

미국적 도시계획의 전형이라 할 수 있는 도시미화운동의 목적은 도시를 아름답게 만드는 것, 곧 '미화(beautification)' 그 자체라기보다, 이를 통해 도시 거주민들 사이에 도덕적 및 시민적 덕목을 함양시키는 데 더 큰 의미를 두었다. 어떤 점에서는 도시계획이라기보다 도시설계에 가까웠다. 공공 건축물, 시민회관, 공원, 광역대로 체계, 도로포장 및 가로등, 가로수 정비 등은 시민들의 공민 의식과 공동체 소속감을 제고할 것으로 기대되었고, 이는 궁극적으로 노동생산성과 도시경제에도 도움을 줄 것으로 예견되었다(Wilson, 1989: 1). 버넘 역시 도시계획을 통한 '시카고 정신(the spirit of Chicago)'의 고양을 강조했다. 그는 외형상 '아름다운' 도시가 자신이 추구하는 종합 계획의 유일하고 대표적인 동기는 아니라고 주장했다(Schaffer, 1993: xii-xiii). 도시란 물질적이면서 동시에 시민들의 삶을 공적으로 조직화하는 표현물이라는 이유에서였다.

도시미화운동은 다양한 시각에서 비판을 받았다. 대표적으로 제이콥스(2010: 48-50)는 그것을 "부와 기념비의 난잡한 집합"이라 공격했다. 그녀가 볼 때 그것은 "계획가들의 계획을 제외한 다른 모든 계획을 억압하는 것을 통해 질서를 부여하기"일 뿐이었다. 도시미화운동에 의해 "도시는 연구되지도, 존중받지도 못한 채 희생양이 되고 있을 뿐"이라는 것이 결론이었다. 도시미화운동에 대한 더 센 혹평은 "더러운 얼굴에다 덧바른 화장품"이라는 표현이다(박진빈, 2006: 82). 곧, 미국 도시문제의 병폐와 치부를 근본적으로 해결하기는커녕 적당히 호도하고 은폐하는 데 급급했다는 평가다. 특히 버넘의 시카고 플랜은 인종적으로 백인사회, 계급적으로 반노동·친자본이라는 평가에서 자유롭지 않았다.

미국 도시계획의 특징과 유산

사실 도시미화운동을 위시한 미국의 도시계획에는 공간적 '분리주의

(separatism, segregation)'의 혐의가 짙다. 물론 분리주의 그 자체는 통시적이고 세계적인 현상일 수 있지만 미국의 경우 다소 두드러진 감이 있다. 오늘날 도시계획 용어인 '사회적 혼합(social mix)' 원칙은 미국 도시계획에서 상대적으로 생소한 편이다. 계층 간 사회적 혼합의 경우도 그렇지만 인종 간 사회적 혼합의 경우에는 더욱 그렇다. 아마도 여기에는 미국 특유의 건국 이념과 인종주의 역사가 연관된 것으로 보인다.

신대륙 발견으로 시작된 미국은 19세기 산업화와 더불어 급속히 '이민의 나라'가 되었다. 초기 미국인 기준에서 볼 때 도시의 빈곤 문제는 이민으로 말미암은 것이었다. 초기 미국의 도시문제는 곧 이민자 문제였다(박진빈, 2006: 40-47). 도시미화운동의 일환으로 채택되어 20세기 초 미국 전역으로 확대된 용도지역제(用途地域制) 혹은 조닝 제도(Zoning System)는 토지의 효율적 이용이라는 목적도 있었지만 특정 인종 집단을 분리하려는 동기에서 자유롭지 않았다(레비, 2004: 61-62; 박진빈, 2006: 78; 조재성, 2004: 32-43).[86] 조닝 제도를 통한 인종 분리는 법적으로 용인되지 않는 단

86 조닝 제도란 도시 지역을 몇 개로 구분한 다음 상호 간 악영향을 배제하여 도시공간 전체의 효율성을 높이려는 것이 목적이다. 이는 크게 지역별 '용도규제' 방식과 '밀도규제' 방식으로 대별된다. 조닝 제도의 기원은 19세기 말 급속한 산업화 및 국가 통일을 지향하던 독일에서였다. 독일의 도시계획가 라인하르트 바우마이스터(Reinhard Baumeister)가 처음 제안한 것으로 알려져 있으며 프랑크푸르트시가 최초로 도입했다는 것이 정설이다. 1916년 뉴욕 지역제를 주도한 바셋(Edward Bassett)은 1908년 독일 뒤셀도르프에서 개최된 도시계획 전시회에서 처음 착안했다고 한다. 독일의 조닝 제도가 상대적으로 차별적 밀도 규제라면 미국의 그것은 용도 규제에 가까웠다. 결정적인 계기는 뉴욕 맨해튼 고급상가에 의류제조 공장이 침입하여 그곳 노동자들이 동네 분위기를 흐린 사건이었다고 한다. 이로써 상업지구와 공업지구, 주택지구 등에 대한 구분 필요성이 제기되었는데, 문제는 이와 같은 용도 규제에 인종주의가 은밀히 개입되어 있었다는 사실이다. 공식적으로는 인종차별을 금지했지만, 가령 도심에서 세탁업을 하지 못하게 하는 규제는 결과적으로, 당시 세탁업에 주로 종사하던 중국인 등 유색인종 이민자를 차별하는 일이 될 수밖에 없었기 때문이다(노경수, 1998; 조재성, 2004: 34-37). 한편, 조닝 제도는 독일이 미국으로 수출한 셈이었지만, 인종차별주의는 독일이 미국에서 수입한 측면이 있다. '순수 백인국가' 미국을 부러워했던 히틀러는 미국의 흑인을 독일의 유대인으로

지 '사실상(de facto)'의 문제가 아니라, 정부의 의도적인 입법과 정책에 따른 '법률상(de jure)'의 문제였다는 평가도 있다(Rothstein, 2017: vii–viii, 53–57). 다시 말해 미국의 인종 간 거주지역 분리는 개인의 선택에 따른 비의도적 결과가 아니라 국가적 차원에서 시행된 공공계획의 결과라는 것이다. 흑인에 대한 주거차별은 과거 노예를 소유했던 주들에서만 일어난 일이 아니라 20세기 민주당 집권기 연방정부 하에서도 지속된 관행이었다.[87] 1918년 윌슨(W. Wilson) 대통령의 민족자결주의 원칙도 공공부문의 인종분리를 강화시켰다. 윌슨은 KKK를 미화한 영화 〈The Birth of Nation〉을 백악관에서 상영하기도 했다.

조닝 제도에 이어 20세기 초 미국 도시계획의 또 다른 대표 브랜드인 '근린주구(近鄰住區, Neighbourhood Unit)' 이론 역시 분리주의라는 의심을 받을 여지가 없지 않다. 근린주구론의 대부 페리(Clarence Perry, 1872–1944)가 단지 계획을 강조한 명분은 20세기 자동차 문명 시대를 맞이하여 미

바꾸어 생각했다. 유대인 차별을 법제화한 1934년의 '뉘른베르크법'은 미국의 인종분리 관행을 벤치마킹한 것이다(Wilkerson, 2020: 78–88 참고).

87 그 대표적인 것이 1934년에 시작된 레드라이닝(Redlining), 곧 부동산 담보대출 적합성 평가제도다. 이는 주로 흑인이 사는 빈곤층 거주 지역에 대해 대출이나 보험 등 금융 서비스에 제한을 두는 행위를 말한다. 가령 동네 가운데 '최고(Best) 지역'은 초록, '아직 괜찮은(Still Desirable) 지역'은 파랑, '확실히 쇠퇴하는(Definitely Declining) 지역'은 노랑, 그리고 '위험한(Hazardous) 지역'을 빨강으로 표시하여 주거생활에서 인종차별을 사실상 조장 내지 방조하는 내용이다. 레드라이닝이라는 말은 1960년대 시카고대학교 사회학자 맥나이트(John McKnight)가 처음 만든 것으로 알려져 있다. 그는 당시 시카고 시내 은행마다 빈곤층이 사는 동네에 빨간 선이 그어진 사실을 발견했다. 말하자면 그곳은 신용 리스크가 큰 지역이었다. 레드라이닝이 끼친 심리적 효과는 다음 문장에서 충분히 짐작할 수 있다. "감정평가사들은 어떤 지역에 다양한 인종이 들어오기 시작하면 가격 하락이 임박했다는 신호라고 교육받았다. 주택 소유자들도 이 논리대로 행동했다. 동네에 흑인이나 유대인이 들어오면 집을 빨리 팔아야 했다. 그래야 집값이 떨어지기 전에 대출금을 갚을 수 있었기 때문이다. 자칫 시기를 놓치면 큰 빚을 지게 되었다. 교외 주민들은 생존을 위해서는 인종주의자가 되어야 한다는 점을 배웠다"(러시코프, 2009: 104). 레드라이닝 자체는 1968년에 공식 폐지되었지만 그러한 관행과 문화는 지금도 미국에서 여전히 진행 중이라는 사실은 So(2020) 참고.

페리의 근린주구 모델
(출처: Perry, 1929)

국의 건국정신인 타운십(township)을 지키기 위해서였다. 곧, "대도시는 확장을 통해 커뮤니티를 파괴하는 경향이 있지만, 내적인 프로세스를 통해 새로운 커뮤니티를 건설하겠다"는 발상이었다(페리, 2013: xi). 차가 다니는 간선도로를 경계로 하여 주거지를 작은 섬처럼 분리한 다음, 초등학교와 교회, 상점 등으로 구성된 '살아 있는 유기체로서의 근린'을 제안한 것이다(페리, 2013: 6, 9). 특히 초등학교에는 성조기를 게양하여 '근린 커뮤니티의 의사당'으로 만들어야 한다고 주장했다(페리, 2013: 97-99). 말하자면 애국심의 거점 같은 것이다.

이를 위해 페리는 경제 수준이 비슷한 계층을 하나의 근린, 곧 커뮤니티로 만들어야 한다고 주장했다. 이는 결국 커뮤니티가 거주자의 경제 수준에 맞춰지는 결과를 초래하기 쉽다. 하위 집단보다 상류 계급일수록 자족적이고 배타적인 이웃 관계가 필요하고 가능할 터인데, 백인 대비 미국 유색 인종들의 평균적 저소득을 감안하면, 근린주구론은 궁극적으로 계층차별과 더불어 인종차별의 수단으로 사용될 개연성이 높아지는 것

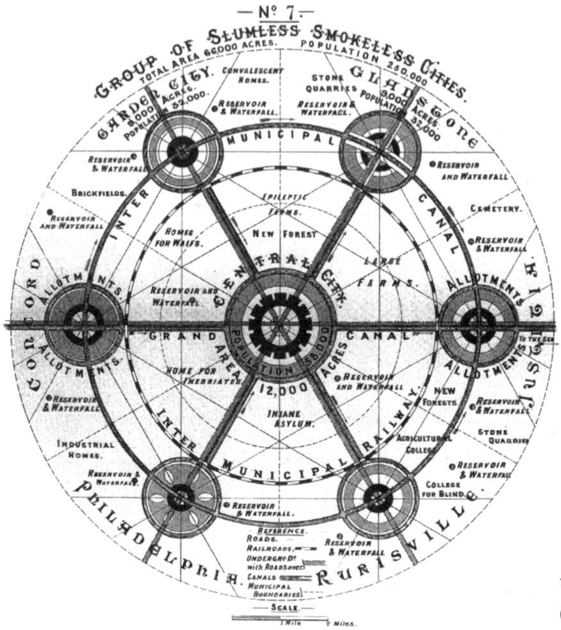

하워드의 정원도시 구상
(출처: Howard, 1898)

이다. 요즘 개념으로 말하자면 이는 '빗장공동체(gated community)'의 자연스러운 정당화다. 이와 관련하여 미국의 어느 빗장공동체 연구자는 이렇게 말한다. "경계의 설정은 언제나 정치적이다. (…) 사회적 장소(social place)를 만들기 위해 물리적 공간(physical space)을 사용하는 것은 미국의 오랜 그리고 깊은 전통이다"(Blakely and Snyder, 1999: 1).[88]

미국에서 생산된 도시계획 담론 가운데 하나로 에버니저 하워드(Ebenezer Howard, 1850-1928)의 '정원도시운동(Garden City Movement)'을 빼놓

88 이를 '차별로서의 분리(separation as segregation)'라 부른다. 그 결과 태생적 기회균등의 나라 '신세계' 미국은 '별로 멋지지 않은 신세계(Not-So-Brave New World)'가 되었다는 평가다(Blakely and Snyder, 1999: 144-160).

을 수 없다.[89] 물론 하워드는 영국 출신이고 레치워스(Letchworth)나 웰윈(Welwyn) 등 실제 정원도시를 직접 건설한 곳도 영국이었다. 하지만 그의 정원도시 구상은 미국에서 잉태되었다. 정원도시라는 개념 자체는 도시미화운동가 옴스테드의 도시공원에서 많은 영향을 받았다. 차이가 있다면 도시미화운동은 지금 현재의 도시를 보다 나은 삶의 공간으로 바꾸고자 했다면, 정원도시운동은 도시 외곽에 별도의 신도시를 건설하고자 했다는 점이다(Wilson, 1989: 302-303). 하지만 반(反)도시적 정서가 기본적으로 깔려 있다는 점에서는 옴스테드의 도시공원론과 하워드의 정원도시론 사이에는 일정한 접점이 있다.

하워드의 정원도시론은 자신의 개인사와 직결되어 있다.[90] 정원도

89 'Garden City'의 우리말 번역은 논쟁거리다. 국내 건축학이나 도시계획학 분야에서는 '전원도시'라고 옮기는 것이 일반적이다. 하지만 전원도시는 '전원풍의 주거 단지'라는 의미에 가까워 '정원도시'가 하워드의 진의에 가깝다. 전원도시는 영어로 'Country Town'이며, 유럽에서 전원지대에 형성된 소도시는 산업혁명 이전부터 존재했다. 이에 비해 정원도시는 산업도시에 대한 대항적 의미가 강하다. 곧 전원이라는 자연환경에 세워진 도시가 아니라 전원이라는 자연환경을 도시의 필요에 부응하도록 정원화한 것이다. 'Garden City'의 우리말 번역에 대한 상세한 논의는 기로워드(2009: 552) 참고.

90 영국에서 법원 속기사로 일하던 하워드는 1871년 이민 농부로 미국에 전입했다. 1862년에 제정된 자영농지법 혹은 홈스테드법(Homestead Act)이 계기가 되었다. 이는 누구한테나 가족당 160에이커의 공유지를 무상 분배한 다음, 그곳에서 5년간 농사를 짓고 거주할 경우 땅의 소유주가 될 수 있게 했다. 이로써 많은 사람이 서부에 정착했는데, 실제로 1848년에 이른바 캘리포니아 골드러시(Gold Rush)가 서부에 사람을 불러들인 것보다 효과가 더 컸다고 한다. 미국이 '기회의 땅'이라는 별명을 얻은 것도 이때부터다. 어떤 의미에서는 미국인들이 자랑하는 '개척 정신'이 서부 진출을 촉진한 것이 아니라 자영농지법이 미국인들의 개척 정신을 자극한 것이라고 볼 수도 있다. 하지만 하워드는 네브래스카에서 보낸 개척 농부로서의 삶에 실패했다. 그 후 그는 시카고에서 법원 서기와 신문기자로 활동했다. 당시 급성장 중이던 시카고에서 그는 도시문제의 심각성을 체험했다. 도시미화운동을 통한 도시재생 및 교외 성장 과정도 지켜보았다. 이 무렵 하워드는 사회주의 성향의 이상적 평등주의에 심취했다. 그는 벨러미(Edward Bellamy)의 유토피아적 소설 《뒤돌아보며, 2000-1887(Looking Backward, 2000-1887)》라든가 헨리 조지(Henry George)의 《진보와 빈곤》을 탐독했다고 한다. 《뒤돌아보며, 2000-1887》은 1887년

시론이 체계화된 것은 1898년이었다. 열악한 도시 생활에 대한 반감이 컸던 하워드는 이른바 '도시·농촌 자석(Town-Country Magnet)' 개념을 제시했다(하워드, 2006: 29-39). 도시와 농촌의 '결혼'을 통해 사람들을 흡인하자는 주장이었다. 하워드는 "도시는 전체적으로 계획되어야 한다"라고 주장하면서, 도시를 성장 단계마다 통일성, 균형성, 완전성을 지녀야 하는 꽃이나 나무, 동물에 비유했다(하워드, 2006: 68). 조국인 영국은 말할 것도 없고, 자신이 살아 본 미국의 도시들도 계획에 의해 건설되지 않았다는 사실이 하워드에게는 커다란 유감이었다. 그는 비계획적 도시들이 보여 주는 불규칙한 가로의 선들을 "마치 소들이 그린 것 같다"고 말하기도 했다(하워드, 2006: 69).

하워드는 정원도시 계획을 일종의 "사회주의적 실험"으로 인식했다. 인간의 이기심과 사회적 협동의 결합 혹은 사회주의와 개인주의의 절충이라는 차원에서였다(하워드, 2006: 120-146). 그가 기존 도시의 개조나 재생보다 새로운 도시 건설을 선호한 것은 이 때문이다. "오랜 도시들을 좀 더 새롭고 고차원적인 우리의 필요에 맞게 개조하는 것보다 비교적 처녀

에 최면술 요법으로 잠든 주인공이 113년 만에 깨어나 보니 그동안 미국이 사회주의 천국으로 변해 있더라는 이야기다. 당시 미국은 자본주의 발달에 따른 사회 양극화가 심해지고 있었다. 그런데 벨러미는 폭력적 혁명을 통한 사회주의 천국을 예견한 것이 아니라 자본주의의 발전에 따라 사회주의 천국이 자연스럽게 도래할 것이라 생각했다. 왜냐하면 무한경쟁이 계속된 끝에 궁극적으로는 하나의 국가, 하나의 자본, 하나의 고용주가 온 세상을 장악할 것이며, 경쟁이 사라진 이 마지막 단계에서는 거꾸로 사회적 연대가 강화되고 그동안 이룩한 물질적 성과를 모든 사람이 골고루 나누어 가질 것이라는 이유에서였다(주경철, "유토피아 하(下): 벨러미가 쓴 '뒤를 돌아보면서'", 《조선일보》, 2022. 2. 8. 참고). 한편, 헨리 조지의 《진보와 빈곤》은 사회적 불평등의 근본적 해결책으로 부동산 공유제를 주장한다. 그가 부동산의 모든 지대를 세금으로 걷자는 주장을 한 것은 사실이다. 하지만 우리 사회에 잘 알려져 있지 않은 내용도 있는데, 부동산 이외 세금은 모두 폐지하자고 주장한 것 역시 헨리 조지라는 사실이다(조지, 2019 참고). 소득에 세금을 매기면 일을 적게 하려 할 것이며, 자동차에 세금을 매기면 자동차 구매를 주저할 것이라는 이유였다. 조지 헨리는 세금으로 인해 사람들의 행동이 바뀌는 것을 옳지 않게 여겼다.

지인 대지 위에 대담한 계획에 입각하여 새롭게 시작하는 것이 더 나은 결과를 얻을 수 있지 않겠는가"라는 것이다(하워드, 2006: 166).

하워드는 몽상가가 아닌 실천가였다. 그가 영국으로 돌아간 뒤 미국에서도 하워드의 뜻에 따라 많은 정원도시가 지어졌다. 하워드의 미국산 정원도시론은 이른바 '신도시' 개념의 원형으로서 미국뿐 아니라 우리나라를 비롯한 전 세계로 퍼져 나갔다. 영국 출신의 지리학자, 도시계획학자, 사회과학자로서 영국 왕실로부터 기사 작위를 받기도 한 월드클래스 학자 피터 홀(Peter Hall) 역시 정원도시운동의 계승자로 자리매김할 수 있었다.[91] 물론 하워드의 정원도시론에 대한 비판적 평가가 없는 것은 아니다. 예컨대 제이콥스(2010: 39-41)는 하워드가 "계획할 권리를 오직 계획가의 수중에" 넘기고, "인구를 3만 명으로 제한"한 것을 크게 비판했다. 대도시 특유의 얽히고설킨 다면적 문화생활을 고려하지 않았다는 점을 문제 삼은 것이다. 뒤에 다시 보겠지만 멈퍼드 역시 하워드의 기본 아이디어에는 동의했지만, 교외에 도시를 새로 짓는 것에는 부정적이었다.

8. 국민국가와 계획의 시대

국민국가의 세계화

봉건제를 깨트리며 탄생한 절대왕정은 산업혁명과 프랑스대혁명을 거치며 최종적으로는 근대국가(modern state)로 진화했다. 근대국가의 출현 자체는 신의 섭리도 아니고 역사의 필연도 아니다. 중세가 무너지고 정치질서가 새로 재편되는 과정에서 유럽 대륙이 우연히 경험한 사회적 변화였을 뿐이다. 나폴레옹 전쟁 직후 유럽에는 '빈 체제'라는 이름의 반혁명

91 피터 홀(Peter Hall)의 저서 제목 *Cities of Tomorrow*(2002)는 하워드의 책 제목 *Garden Cities of Tomorrow*를 쏙 빼닮았다.

적 국제연대가 조성되어 과거로 회귀하려는 분위기가 일시적으로 조성되기도 했다. 그럼에도 자유주의와 민족주의 물결을 되돌릴 수는 없었고, 이에 근거한 근대 국민국가 건설 또한 역전 불가능한 대세가 되었다. 베버는 근대국가의 핵심적 특성을 다음과 같이 요약한다. 1) 경계가 지속적으로 분명한 영토의 획정,[92] 2) 지배의 실현을 위한 물리적 강제력의 독점적 및 정당한 행사 혹은 그러한 개연성, 3) 국민 전체의 의사 및 이해를 최종적으로 결정하는 조직적 사회행위(Weber, 1978: 54-55, 902).[93]

국민국가(national state)는 근대국가가 진일보한 것이다. 국민국가 개념은 근대국가의 특징에 다음 몇 가지가 추가된 것이다(Tilly, 1975; 권태준, 1998 참조). 첫째는 권력의 '합리화(rationalization)'다. 이는 권력이 더 이상 특정 개인이나 가문의 사유물이 아니라는 것을 의미한다. 권력은 합리적 제도화를 통해 창출·관리되는 공공재적 성격을 띠는 것이다. 둘째는 사회의 '국가화(nationalization)'다. 국가는 영토 내 모든 자연과 인구를 강제적으로 포섭하고 구속한다. 특히 모든 사회 구성원은 인종, 계급, 성별, 지역, 종교 등을 초월하여 국민의 자격으로 존재하고 국민의 이름으로 호명된다. 셋째는 권력의 '민주화(democratization)'다. 신분이나 젠더, 지역, 종교, 계급에 따른 정치적 불평등은 원칙적으로 존재하지 않는다는 의미다. 모든 권력은 오직 국민에게서 유래하며, 이때 국민은 자유롭고 평등

92 국가적 경계가 선으로 축소되는 관행은 불과 최근 몇백 년 동안의 일이다. 그 전까지는 실효적 지배의 한계 탓에 경위도(經緯度) 대신 강이나 산맥, 사막, 황무지 같은 자연 지형이 국경을 의미하는 경우가 일반적이었다. 그 결과, 근대국가 이전에는 국경 이쪽과 저쪽의 풍경이 크게 달랐다. 독일의 미술사가(美術史家) 바른케(1997: 29-37)에 의하면 모든 풍경은 정치적이며, 따라서 '풍경이 곧 국경'이었다.

93 베버에 의하면 유럽에서 '근대적 형태의 국가(modern type of state)'가 등장한 것은 '역사적 특이성(historical peculiarity)'으로 이해되어야 한다. 역사적으로 권력(power)은 언제 어디서나 존재했고, 그것이 복종을 얻어 내는 한 지배(domination) 또한 다양한 형태로 구현되었다. 하지만 사회 구성원 전체의 삶이 하나의 '정치적 공동체(political community)'에 의해 구속되는 것은 근대국가가 최초였다(Weber, 1978: 53-54, 1394).

한 개인으로 구성된다.

근대국가가 국민국가로 이행하는 속도나 과정은 나라마다 편차가 컸다. 산업혁명을 선도한 영국이나 시민혁명의 본산이었던 프랑스는 국민국가 시대에 빨리 진입했다. 영국과 프랑스의 영향을 크게 받은 대서양 반대편 '신생국' 미국도 국민국가의 성립이 상대적으로 빨랐다. 하지만 같은 유럽 내에서도 중유럽이나 동유럽으로 가면 사정이 달랐다. 근대국가로 가는 속도가 늦었고 방식도 달랐을 뿐 아니라 국민국가로서 완성도 역시 높지 않았다. 가장 대표적인 사례는 '후진국' 독일과 '유럽의 변방' 러시아였다.

독일 지역은 빈 회의 이후에도 38개의 왕국이나 제후국으로 나뉜 연방 형태였다. 이 가운데 가장 세력이 컸던 남부 합스부르크 왕가의 오스트리아제국은 토지귀족 중심의 반동적 체제를 지속하면서 점차 세력이 약화되었고, 북부에서는 프로이센 왕국이 독일을 하나의 경제권으로 묶는 관세 동맹을 통해 신흥 강자로 부상 중이었다. 1850년대 본격화된 프로이센의 산업혁명은 민간이 아닌 정부가 주역이었다. 그런 만큼 민주주의를 요구하는 부르주아나 지식인의 목소리도 작았다. 1861년 왕위에 오른 빌헬름 1세가 적극적으로 통일 사업에 착수하고 비스마르크가 수상으로 등장하면서 프로이센 왕국은 존재감을 드러냈다. '철혈(鐵血) 재상' 비스마르크는 부국강병에 박차를 가했고, 오스트리아를 제압하는 데 성공한 다음 독일이라는 이름의 근대국가를 출범시켰다. 하지만 독일 최초의 통일 민족국가였으나, 민주적 국민국가는 아니었다.[94]

---

94 독일 최초 통일 민족국가의 이름은 '독일제국'이었다. 독일 역사상 이는 두 번째 제국이다. 첫 번째는 신성로마제국(962-1806)이고 세 번째는 나치 독일(1933-1945)이다. 1871년 1월, 빌헬름 1세가 독일제국의 세습 황제로 추대되었는데, 추대식이 거행된 장소는 프랑스의 베르사유 궁전이었다. 독일 통일 과정에서 프러시아(프로이센)는 오스트리아를 지원한 프랑스를 상대로 일전을 벌였는데, 보불 전쟁(1870-1871)에서 승리함에 따라 적지에서 독일제국을 선포한 것이다. 비스마르크는 의회에서 "우리는 카노사로 가지 않는다. 몸도 마음도!"라는 연설을 즐겨 했는데, 이는

한편, 비슷한 시기에 러시아에서는 영국이나 프랑스, 미국은 물론 독일과도 다른 형태의 전혀 새로운 근대국가가 만들어지고 있었다. 역사적으로 유럽보다 아시아에 더 가까웠던 러시아는 로마노프 왕조의 4대 차르이던 표트르 대제가 1721년 러시아 제국을 세우면서 근대국가 건설 행렬에 동참했다. 러시아의 절대왕정은 서구화 정책을 위에서부터 강압적으로 추진하면서 유럽의 강국으로 성장했고, 1905년에는 혁명을 통해 입헌 군주정이 등장하기도 했다. 하지만 제1차 세계대전을 맞이하여 국정이 계속 불안하던 차에 1917년 10월(러시아력 기준), 볼셰비키 혁명으로 제정 종식과 더불어 역사상 최초의 사회주의 국민국가가 등장했다. 러시아의 소련 역시 독일처럼 비민주적 국민국가의 길을 걸었다. 물론 '소비에트 사회주의 공화국 연방' 스스로는 '인민의 국가'를 자임했다.

서유럽에서 시작된 근대화는 그 지역에만 한정되지 않았다. 이른바 '근대화의 세계화'란 유럽발 근대화가 전 세계로 파급되었다는 의미다. 국민국가 모델은 근대적 이행의 간판 가운데 하나였다. 일부는 (일본처럼) 자위적(自衛的) 모방을 통해, 그러나 대부분은 (우리나라를 포함해) 강요된 식민화를 통해, 20세기에는 국민국가가 전 세계적으로 가장 보편적인 통치 형태로 자리 잡았다. 중세 시대 수많은 형태의 통치 모델을 가졌던 유럽이 절대왕정을 거쳐 19세기 후반 일제히 근대 국민국가로 탈바꿈한 것처럼, 아시아, 아프리카, 남미 할 것 없이 세계 거의 모든 나라가 국민국가 건설 대열에 싫든 좋든 동참한 것이다. 20세기는 역사적으로 국민국가 전성시대였다. 우리에게 익숙한 오늘날 세계지도는 대부분 이 과정에서 만들어졌다.[95]

중세 신성로마제국의 황제 하인리히 4세가 교황 그레고리우스 7세에게 파문 철회를 요청하며 굴욕적으로 무릎을 꿇은 역사적 사건 '카노사의 굴욕'을 상기하며 더 이상 외세에 굴복하지 않는 독일의 민족주의 투혼을 염두에 둔 발언이었다.(72쪽 각주 34 참고)

95 이런 점에서 15세기 이후 크게 발전한 지도는 세계의 모습을 있는 그대로 반영하는

이때 도시는 제국주의의 충직한 수단이었다. 다시 말해, “식민주의의 현시(顯示) 방식은 도시적이었다”(킹, 1999: 26). 유럽의 제국주의는 도시를 통해 세계 여타 지역을 식민지로 만들었다. 서구에서는 ‘사회’가 도시를 만들었지만, 식민지에서는 도시가 ‘근대’사회를 만들었던 것이다(킹, 1999: 85). 특히 최초의 근대 산업국가로서 ‘대영제국’은 세계 도처에서 ‘도시성의 수출 주역(chief exporter municipalities)’이 되었다(Home, 1997). 이는 오늘날 우리나라 도시계획 분야에서 애용하는 ‘도시수출’ 정책의 원조라 볼 수 있다. 이로써 자본주의 세계 체제는 세계 도시 체제의 동의어가 되었다. 식민지 도시는 정치적 통제와 자원 수탈의 창구, 그리고 시장과 소비의 중심으로서 자본 축적의 무대였다. 다시 말해 “중심부와 주변부 사이의 자본, 상품, 사람, 문화를 이어 주는 연결고리” 역할을 한 것이다(킹, 1999: 28). 이처럼 식민도시가 성장하는 과정에서 근대적 규범으로서 도시계획, 곧 도시계획 이데올로기도 수출되었다(킹, 1999: 29).[96] 식민지 지역

것이 아니라 ‘유럽의 영토적 통제를 구성해 온’ 권력의 도구였다(설혜심, 2007: 29-32). 이는 비단 서구의 경우에만 해당되는 것이 아니다. 개인적 충성과 영향력에 기초하여 질서를 유지하던 전통 왕조 시암(Siam)이 근대국가 태국으로 재탄생한 것 역시 제국주의 시대에 출현한 근대 지리학 및 지도 덕분이었다(통차이 위니짜꾼, 2019 참고). 통차이는 ‘지리체(geo-body)’라는 개념을 제안하면서, 동남아에서 “작은 수장국(首長國)들이 수백 년 동안 존재해 왔던 대로 존재할 수 있는 기회는커녕 가능성을 제거해 버린 것은 근대 지리학의 승리”라고 말한다. 곧, “새로운 지리 지식은 새로운 실체를 생각하고, 기획하고, 창조하는 모든 단계 뒤에서 작동하는 힘”이라고 주장한다(통차이 위니짜꾼, 2019: 287). 또한 근대 이후 국민국가 체제가 최종적이라거나 이상적이라는 의미도 아니다. 국민국가의 성공 이면에는 늘 그것에 대한 비판과 도전이 존재해 왔다. 아나키즘도 그 가운데 하나지만, 최근에는 이른바 ‘복수국민국가’가 주목을 끈다. 그것은 하나의 국가 안에 서로 다른 국민 개념을 결합해야 할 필요를 제기하는데 그 배경은 유럽에서 발원한 국민국가 모델이 결코 세계 보편적이지 않다는 남미 국가들의 반식민주의적 인식이다(산투스, 2022 참고).

96 비서구 지역에서는 식민지 시대 이전까지 명실상부한 도시계획 개념이 부재했다. 근대적 이행 과정에서 나타난 각종 도시문제에 대한 정책적 대응으로서의 도시계획 말이다. 동양 사회는 도시의 존재 방식 자체가 유럽과 너무도 달랐기에, 그리고 무엇보다 스스로 근대화하지 못했기에 오늘날 세계적으로 통용되는 도시계획 담론에서 한참 떨어져 있었다. 비서구 지역이 도시설계가 아닌 근대적 도시계획에 눈뜬

의 도시들은 자신들의 역사성과 장소성을 훼손하면서, 설계나 기능, 건축 재료 측면에서 획일화된 이른바 '국제주의 양식(International style)'의 도시계획을 받아들인 것이다.[97]

공공계획의 보편화

근대 국민국가는 지배의 정당성이 자동적으로 보장되는 체제가 아니다. 한편으로는 절차적 합리성, 다른 한편으로는 업적과 성과의 산출을 통해 국민들로부터 부단히 평가받아야 하는 역사상 최초의 정치권력이었다. 바로 이 대목에서 국민국가와 공공계획 사이의 필연적 친화력이 생겼다. 공공계획이란 근대에 들어와 '국가 이성(raison d'État)'이 돌연 발현한 결과가 아니다. 대신 그것은 서양의 근대 국민국가 형성 과정에 대한 역사적 성찰을 필수적으로 요구하는 사안이다. 곧, 공공계획이란 국가가 군주제의 권위주의 체제와 결별하면서 그 존재 이유를 새삼 정당화하기 위해 필요해진 실천 논리일 뿐이다. 예컨대 동양의 덕치(德治)사상이나 서양의 왕권신수설로는 공공계획의 역사적 등장을 설명할 수 없다(권태준, 1998).

국민국가 체제에서는 계획 행위가 국가 통치의 핵심적 일부가 되었다. 이런 점에서 국민국가는 곧 '계획국가(planning state)'라 해도 무리가 아니다. '계획하는 인간(Homo Planus)'에 대적하는 '계획하는 국가(Politia

---

것은 싫든 좋든 서양 제국주의가 촉발한 근대주의와 도시주의의 결과였다. 백번 양보하여 동양에 도시계획이 있었다고 하더라도 도시계획학은 없었다. 도시계획학은 백 퍼센트 서양 학문이다. 물론 비서구적 시각과 논리로 도시계획 개념 자체를 근본적으로 재구성할 수는 있다. 하지만 그것은 이 책의 목표와 범주를 벗어나는 일이다.

97 제국주의는 식민지에서 새로운 도시들을 만들고 '도시 간 체제(system of cities)'를 형성했다. 가령 일제 식민 기간에 급성장한 우리나라의 대전, 목포, 군산 등을 생각하면 된다. 제국주의는 또한 식민지에 국민국가를 이식하면서 수도 건설에도 박차를 가했는데, 동남아 국가들의 수도는 대부분 이때 처음 세워졌고, 제국주의의 수요에 부응하여 거의 모두 해안에 입지했다. 최근 동남아 국가들의 수도 이전 붐은 한편으로는 지구 온난화에 따른 수면 상승이 이유지만, 또 다른 요인은 국가 정체성을 찾으려는 일종의 탈식민주의 의지다.

Planus)'라는 표현이 가능할지도 모르겠다. 그리고 계획의 대상은 도시를 포함하여 경제, 사회, 문화, 인구, 가족 등 대부분의 정책 영역에 걸쳐 있다. 계획국가는 다른 말로 공리주의(功利主義, utilitarianism) 국가이기도 하다. 벤담(Jeremy Bentham, 1748-1832)에 따르면 인간은 기본적으로 공명(功名, prestige)과 이익(interest)이라는 효용(utility)을 최우선적으로 추구하는 존재다. 따라서 보다 많은 사람이 보다 많은 효용을 누릴 수 있는 사회가 더 좋은 사회다. 그가 이른바 '최대 다수의 최대 행복(The Greatest Happiness of the Greatest Number)'을 위한 국가의 적극적인 역할을 주문한 것은 이런 맥락에서다.[98]

근대 국민국가는 정도나 방식의 차이에도 불구하고 기본적으로 계획국가 혹은 공리주의 국가가 되었다. 그것은 국가의 존재 이유를 입증하기 위한 최선의 방책이었다. 영국이나 미국조차도 결코 '자유방임(laissez-faire)' 상태에서 경제를 운용하지 않았다. 독일의 역사학파 경제학자 프리드리히 리스트(Friedrich List, 1789-1846)는 제조업을 처음 육성하는 과정에서는 보호무역과 같은 일련의 '제도나 정책'이 중요한 역할을 했다고 보았다. 장하준(Chang, 2002: 2-5) 역시 오늘날 선진국들은 자신들이 개발도상국들에 제시하는 무역이나 산업정책을 통해 현재의 지위에 올라선 것이 결코 아니라고 말한다. 리스트의 표현으로, 그러한 정책적 권유는 사실상 개발도상국이 선진국에 진입할 수 있는 기회 자체를 뺏는, 이

98 '최대 다수의 최대 행복'을 지향하는 공리주의 국가는 오늘날 유행하는 '행복국가론'의 기원이라 할 수 있다. 이른바 국민총생산(GNP) 시대를 끝내고 행복지수(HPI)를 산출하고 국가별 순위를 따지는 일이다. 하지만 벤담의 행복론과 오늘날 유행하는 행복론에는 차이가 있다. 벤담은 양적 혹은 통계적 계산을 능사로 여기지 않았다. 벤담은 누구나 행복에 대한 자신의 목록을 제시할 수 있지만 다른 사람에게 강요할 수는 없다고 보았다. 그는 지적 능력이나 도덕적·종교적 감수성처럼, 측정하거나 비교할 수 없는 몇몇 주관적이고도 질적인 요소를 인정했다. 또한 기본적으로 웰빙(well-being)의 증대보다는 고통이나 질병, 배고픔과 같은 '일빙(ill-being)'의 감소를 더 중요시했다. 무엇보다 벤담은 자유를 내포하는 '좋은 정치'를 쾌락의 핵심적 일부라고 생각했다(강준호, 2019: 302-331).

른바 "사다리 걷어차기(Kicking away the Ladder)"라는 것이다.

20세기는 전 세계적 차원에서 국가 주도 공공계획 시대였다. 이를 상징하는 대표적 키워드는 '하이 모더니즘(High Modernism)'인데, 대략 1830년대부터 제1차 세계대전까지 서유럽과 북미 대륙이 경험한 산업화와 관련된 것으로, 과학적·기술적 진보에 대한 신념의 강력한 근육질 형태라 볼 수 있다(스콧, 2010: 146-147). 공리주의가 일반적 근대주의 경험이라면 하이 모더니즘은 국가 주도의 권위주의적 사회공학으로서 계획의 역할을 특히 강조한다. 실현 가능한 유토피아를 창조하기 위해 전체 사회질서의 철저하고 합리적인 공학기술을 생각하게 된 20세기야말로 하이 모더니즘의 온상이었다. 전쟁이나 대공황과 같은 국가적 위기, 국민국가들 간에 본격화된 산업 전쟁, 국가권력의 혁명적 쟁취, 그리고 광범위한 식민지는 국가 주도 공공계획을 위한 다양하고도 광범위한 실험 무대가 되어 주었다.[99]

스콧(2010)은 하이 모더니즘이 득세한 20세기 국가 주도 공공계획에 대해 매우 비판적이다. 충분히 일리 있는 지적이다. 하지만 그것을 공리

99 하이 모더니즘 탄생의 일등 공신은 제1차 세계대전 당시 독일 바이마르 공화국의 경제적 동원 체제를 설계한 발터 라테나우(Walther Rathenau, 1867-1922)다(스콧, 2010: 159-160). A.E.G 사장이자 산업공학자였던 그는 전시물자 지원국의 운영을 책임지면서 '계획경제 창안'의 주역이 되었다. 기술적이고 경제적인 필요성에 따른 라테나우식 합리주의 신념은 곧 '국제주의적 성향'을 드러냈다(스콧, 2010: 161-162). 말하자면 계획적 사회관은 자유주의, 사회주의, 권위주의, 공산주의, 심지어 파시즘조차 포용할 정도로 '정치적으로 문란'했다. 하이 모더니즘이 결코 악의로 출발했다는 의미는 아니다. 라테나우가 자신의 전체주의 경제학이 초래할 결과들을 깨달았더라면 몸서리를 쳤을 것이다. 하지만 나치 사상의 성장에 대해 결과적으로 그는 책임을 져야 할지도 모른다(하이에크, 1999: 249). 사실 라테나우는 진정으로 독일을 사랑한 유대계 애국자였고, 독일의 전승과 발전을 위해 이념적 좌우를 넘나들었다. 그는 1922년 외무상에 취임했으나 곧 우파 테러리스트에 의해 암살당했다. 러시아의 혁명가이자 사회주의 계획경제의 설계자 레닌은 그를 높이 평가했지만, 정작 그는 소련식 계획경제에 회의적이었다. 나치 정부가 라테나우의 동원경제 방식에 크게 의존했음에도 정작 히틀러는 그에 대한 일체의 기념 행위를 금지했다.

국제 우주 정거장에서 촬영한 한반도 위성 사진. 남북한 간 전력 사용량의 차이가 극명하다(출처: NASA Johnson, flickr.com)

주의적 계획국가 자체의 본질적 실패로 단정하기에는 무리가 있다. 크게 보면 "우리는 여전히 계획경제 속에서 살고 있다. (…) 문제는 계획 수립 여부가 아니라 적절한 수준에서 적절한 계획을 하는지에 달려 있다"(장하준, 2010: 264, 275). 선진국의 경우 적절한 수준에서의 적절한 계획은 '유도계획(induced planning)'으로 불린다. 그것은 "정부가 전략 사업에 대한 투자, 사회 기간시설 개발, 수출 증진 등 주요 경제 변수에 관해 대강 목표를 세운 다음 민간 부문과 충돌이 아닌 협조를 통해 그 목표를 이루려 노력하는 방법"으로 "이런 형태의 경제계획은 자본주의 체제와 양립할 수 있으며 경우에 따라서는 오히려 자본주의 발전을 촉진한다"(장하준, 2010: 269-270). 분명한 것은 "부유한 나라가 가난한 나라보다 더 계획적"이라는 사실이다(장하준, 2010: 275).

모든 계획의 실패, 모든 계획국가의 실패를 단언하는 것은 성급하거나 오류다. 하이 모더니즘은 제3세계 국가들을 포함한 일부 지역에서 대

참사로 마감되었지만, 일부 나라에서는 일정한 성공을 거둔 것으로 평가된다. 동아시아의 '발전국가론(developmental statism)'이 이를 웅변한다. 문제는 계획 여부(與否)가 아니라 계획 여하(如何)다. 남북한처럼 이를 극명하게 보여 주는 사례도 없을 것이다. 같은 민족, 같은 역사, 같은 언어, 같은 문화에 기반한 남북한의 분단 이후 국력의 현격한 격차는 계획 역량의 차이로밖에 설명할 방법이 없다. 사실 남북한의 경쟁은 '계획경제'와 '경제계획'의 대결이었다. 결국은 '민주적 정치제도와 포용적 경제제도'에 기초한 경제계획이 '억압적 정치제도와 착취적 경제제도'에 기반한 계획경제를 보기 좋게 압도한 것이다(애쓰모글루·로빈슨, 2012: 113-121).[100]

100 애쓰모글루와 로빈슨(2012: 109-110)에 의하면 북한에서와 같은 비효율적 제도는 지도자의 무지나 실수, 문화적 요인 때문이 아니다. "가난한 나라가 가난한 이유는 권력을 가진 자들이 빈곤을 조장하는 선택을 하기 때문"이라는 것이다. 물론 형식적으로는 근대국가이나 권력의 정당성을 국민들이 직접 평가하지 않는 통치 시스템 하에서 가능한 이야기다. 프랑스의 정치인이자 소설가였던 앙드레 말로(Andre Malraux, 1901-1976)는 이런 말을 한 적이 있다. "가난하면 적을 선택할 수가 없다. 우선은 가난에 지배당하고, 결국에는 운명에 지배당하게 된다." 그렇다면 북한은 사회를 빈곤하게 만들어 권력을 바꿀 에너지가 사회 내부에서 생성되지 않도록 만드는 고도의 빈곤 통치 전략을 작동하고 있는지도 모른다(전상인, "너무 가난하면 꿈도 없고 적도 없다", 《조선일보》, 2010. 10. 14.). 여담 하나 추가하자면, 케인스학파의 선봉에 섰던 영국 케임브리지대학교의 여성 경제학자 조앤 로빈슨(Joan Robinson, 1903-1983)은 케인스가 시장경제론자로 돌아온 후에도 케인스와 반대의 길을 걸었다. 케인스는 사망하기 직전인 1946년, 애덤 스미스의 '보이지 않는 손'이 영국을 전후 경제적 위기에서 구해 줄 것으로 기대했다. 하지만 로빈슨은 끝까지 열렬한 케인스주의자로 남아 미국 주도의 자본주의 체제를 저주하고 계획경제를 칭송했다. 옛 소련과 중공은 물론 북한까지 방문한 경력이 있는 그녀는 1965년 《먼슬리 리뷰(Monthly Review)》에 〈한국의 기적(Korean Miracle)〉"이라는 짧은 글을 기고하면서 코리아의 경이적인 경제성장을 높이 평가했다. 이때 그녀의 코리아는 남한이 아니라 북한이었다. 그렇다고 여기서 케인스주의의 완전한 종언을 말하는 것은 아니다. 이른바 신자유주의 경제학이 전성기를 누리는 듯한 작금의 상황에서 케인스주의의 복권과 부활을 강력히 호소하는 '진보' 경제학자도 있다. 폴 크루그먼(2022)이 대표적이다. 한편, 문재인 정부의 간판 경제정책이었던 '소득주도성장'은 그것의 이론적 족보가 케인스-로빈슨 라인에 있다고 공개적으로 밝힌 바 있다(소득주도성장특별위원회, 2022 참고).

4 도시계획의 정치사회학

정치사회학은 권력의 문제를 사회학적 시선에서 이해하고 분석하는 학문 분야다. 한 사회 안에서 어떤 권력이 어떻게 생성되고 배분되는지 질문하면서 그것의 사회적 원인 및 결과에 초점을 맞춘다. 도시계획도 궁극적으로는 권력의 사회적 생산 및 형성, 사회적 실천 및 사회적 책임 문제로 귀착된다. 이 장은 다양한 도시계획 이론들을 검토하기 위해 도시계획의 배경과 맥락으로 작용하는 권력 문제를 국가와 시장 및 아나키즘이라는 세 차원에서 설명한다. 공공계획을 강제와 경쟁, 그리고 협력의 관점에서 접근하기 위해서는 국가, 계급, 시장, 공동체, 아나키즘, 시민사회 등 정치사회학적 개념 및 이론들에 대한 이해가 필수적이다. 물론 이들은 고정불변의 것이 아니라 서로 영향을 주고받는 가운데 부단히 진화 중이다.

누구도 독창적이지 않다. 모두가 파생적이다
(No One is Original. Everyone is Derivative).

소니 롤린스(Sonny Rollins), 미국의 재즈 색소폰 연주가

1. 국가주의·개입주의

국가개입의 이론과 역사

도시계획을 포함한 공공계획은 기본적으로 국가 영역의 역할을 중시하고 그 기능을 강조한다. 국가의 의사결정 가운데 '행정(administration)'이 국민의 일상적이고도 기본적인 삶을 보호하고 관리하는 정태적 성격을 띤다면, '계획(planning)'은 변화를 적극적으로 추구하는 능동적이고도 동태적인 속성을 보여 준다.[1] 국가주의(statism)는 기본적으로 세상을 바꾸는 힘이 국가로부터 나온다거나, 국가로부터 나와야 한다는 생각에서 출발한다. 개인이나 민간, 시장, 공동체 등에 방임하거나 위임하지 않고 국가가 나선다는 점에서, 계획은 고도의 정치활동이며, 법률과도 불가분의 관계를 맺을 수밖에 없다(레비, 2004: 8).

국가주의는 실천의 측면에서 근대국가의 탄생과 더불어 등장한 공공계획과 가장 가깝다. 국가주의란 권력이나 통치, 지배의 중요성을 일

1 이처럼 국가의 일은 '행정'과 '계획으'로 대별될 수 있지만 시장의 역할과 대비할 때 국가의 행위는 '규제(regulation)'라는 말로 통칭되기도 한다. 곧, 시장의 반대는 한편으로는 국가 혹은 정부이나, 다른 한편으로는 규제다. 《규제 vs. 시장》이라는 책 제목도 이래서 나온다(최병선, 2023). '규제과잉'이라든가 '규제개혁위원회' 등의 표현도 같은 맥락이다.

반적으로 강조하는 것과는 차원을 달리한다. 권력 중심적(power-centered) 이론과 국가 중심적(state-centered) 이론은 서로 구분된다. 국가주의는 어디까지나 공공계획을 필요로 하고, 또 가능케 하는 근대국가의 위상과 역할에 초점을 맞출 때 본래 의미가 제대로 살아난다. 다시 말해 권력 중심적 접근은 공공계획과 상관없이 논의될 수 있지만, 공공계획은 국가 중심적 이론과의 연계를 반드시 요구한다.

국가주의 안에는 최소주의 국가(minimalist state)에서 전체주의(totalitarianism)에 이르기까지 다양한 편차가 존재한다. 국가주의 가운데 가장 극단적인 형태는 전체주의다. 이른바 '하나를 위한 모두, 모두를 위한 하나(All for One, One for All)'라는 슬로건을 내걸고 20세기 특유의 기술문명과 대중정치를 배경으로 출현한 전체주의는 나치즘, 파시즘, 군국주의 등을 대표적 모델로 취한다. 하지만 공공계획과 관련하여 국가주의가 가장 강력하게 작용하는 경우는 국가사회주의(state socialism)에서다. 이는 소련을 위시한 구공산권 사회에서처럼 국가권력을 사회주의 건설이나 사회주의 혁명을 위한 실천도구로 인식한다. 생산수단의 국가 소유, 계획경제, 관료주의적 통제 등은 사회발전을 위한 합리적 수단이라기보다 그 자체로서 체제의 핵심 가치가 된다.

국가사회주의와 대비되는 개념으로 국가자본주의(state capitalism)가 있다. 그러나 국가자본주의는 개념의 엄밀성 측면에서 다소 문제가 있다. 19세기 말 독일의 후발(後發) 산업화, 1920년대 소련의 신경제정책(New Economic Policy), 제2차 세계대전 직후 프랑스의 국가 주도 경제(dirigisme), 1960-1970년대 동아시아 일부 국가들의 후후발(後後發) 산업화, 개혁·개방 이후 중국의 경제성장 등을 모두 포함할 수 있는 개념이기 때문이다. 이처럼 어떤 국가자본주의는 자본주의 틀 속에서 계획적 경제발전을 모색하기도 하고, 또 다른 국가자본주의는 사회주의 틀 속에서 자본주의 원리를 활용하기도 한다.

코에 걸면 코걸이, 귀에 걸면 귀걸이 식이 되기 쉬운 국가자본주의에 비해 국가개입주의(state interventionism)는 나름대로 정석 내지 기본형이 있다. 그것은 자유민주주의 정치체제 및 자본주의 시장경제와 양립할 수 있는, 혹은 공존하는 형태의 국가주의다. 흔히 국가개입주의가 '경제개입주의(economic interventionism)'와 개념적으로 호환되는 것도 이 때문이다. 경제문제에 대한 국가의 개입은 크게 성장을 위한 것과 분배를 위한 것으로 구분할 수 있다. 전자의 경우는 주로 후진국이나 개발도상국에, 후자의 경우는 상대적으로 선진국에 해당한다. 물론 이와 같은 구별이 칼로 두부 자르듯 쉬운 것은 아니다.

일찍이 러시아 출신 경제사학자 거셴크론(Alexander Gerschenkron, 1904-1978)은 후발 산업화 국가들이 '상대적 낙후성(relative backwardness)'을 극복하는 방식을 역사적으로 비교·분석한 바 있다. 그는 선두에 나선 영국의 산업화 과정과 상대적 후발 주자인 프랑스, 독일, 러시아, 일본 등에서의 산업화 경로를 대비했는데, 산업화의 출발이 늦으면 늦을수록 기술이나 자본의 외부 도입이 많아지고, 공업화 초기 단계에서부터 소비재가 아닌 생산재 부문의 비중이 높아질 뿐 아니라, 거대기업의 역할이 커진다는 사실을 발견했다. 거셴크론이 특히 강조하는 것은 국가가 제공하는 '활기찬 동력(agens movens)'인데, 여기에는 은행이나 관료제, 공기업과 같은 제도적 요소들과 더불어 강력한 성장 이데올로기, 모험적이고 투기적이며 진취적인 기업가 정신 등이 포함된다. 요컨대 국가의 '거대한 박차(big spurt)'에 의한 '돌진적 산업혁명(violent industrial revolution)'이 후발 산업화의 일반적 특징이라는 것이다(Gerschenkron, 1966: 5-71).

거셴크론이 선진 강대국들의 초기 산업화 과정에서 국가가 수행한 역할을 설명했다면, 미국의 개발경제학자 앨버트 허쉬만(Albert Hirschman, 1915-2012)은 제2차 세계대전 이후 등장한 이른바 '제3세계'의 경제발전 '전략'을 논의했다. 제3세계 경제발전 모델로서 당시 주류경제학이 시장주도 균형 성장론을 제시한 데 비해, 허쉬만은 '불균형 성장'을 제안했다. 1950년대 후반 시점에서 이는 매우 이례적이고 획기적인 주장이었다. 그는 이른바 후진국의 경제발전에는 '추진력(forward thrusts)'이라는 모종의 '유인장치(inducement mechanism)'가 필요한데, 그것이 바로 국가라고 보았다(Hirschman, 1958: 24-28).[2] 특히 허쉬만은 경제성장론에 공간계획 이론을 접목했다는 점에서 눈길을 끈다. 그는 균형 성장론을 비판하면서 '성장거점(growth poles)'의 육성을 강조했다. 공공투자에 있어서 지역 간 형평성을 다소 해치더라도 정부는 특정 지역이나 도시에 우선 집중하는 불균형 성장 전략을 의도적으로 취해야 한다고 주장한 것이다(Hirschman, 1958: 190-195).

1970-1980년대에는 일부 제3세계 국가들의 성공적인 경제성장에 주목하는 '발전국가(developmental state)' 이론이 등장했다(Evans, 1995; Woo-Cumings, 1999). 이는 제3세계의 미래를 설명하는 근대화 이론(modernization theory)과 종속 이론(dependency theory)의 첨예한 대립 속에서, 종속과 발전이 반드시 제로섬 관계인 것은 아니라는 사실이 실증적으로 확인되면서부터였다.[3] 말하자면 종속을 통해서도 발전은 가능하다는 주장이었는데,

---

2 제3세계 국가들의 경제성장을 위한 정부 기능과 관련하여 허쉬만은 1921년에 개봉된 찰리 채플린(Charlie Chaplin)의 자전적 흑백 무성영화 〈더 키드(The Kid)〉를 소개한다(Hirschman, 1958: 202-203). 영화의 주인공은 길거리에서 '유리창 사업'을 하는 떠돌이다. 그는 우연한 기회에 아기를 입양하며 다섯 살 이후 함께 일하게 되었다. 거리를 돌아다니던 중 채플린은 아들에게 주택이나 상점의 유리창에 일부러 돌을 던지게 한다. 그리고 피해당한 쪽에서 유리창 고치는 사람을 찾으면 자신이 가서 유리창을 고쳐 주고 수입을 올린다는 이야기다. 그리고 그 돈으로 밥을 사 먹는다. 허쉬만이 말하고자 하는 바는 일거리가 창조되고 소득이 발생하여, 소비가 진작되기 위해서는 누군가, 어디선가 먼저 유리창을 깨야 한다는 점이다. 허쉬만이 볼 때 제3세계 국가들의 경제발전에서 정부의 역할은 이와 같은 최초의 '균형 파괴 기능(dis-equilibrating function)'이다. 말하자면 멈춰 있는 경제의 시동을 위해 모종의 불균형과 충격을 가해야 한다는 논리다.

3 근대화 이론은 제3세계 역시 시장 주도 산업화 과정을 통해 서구식 근대에 접근할 것으로 기대하는 입장이다. 서구의 경험을 이식하여 재현해 낸다면 제3세계의 경제발전도 시간문제일 뿐이라는 낙관주의적 논리기도 하다. '미개발(undevelopment)'이라든가 '개발도상국(developing country)'이라는 개념이 이를 웅변한다. 하지만 현실은 달랐다. 근대화 이론을 제국주의 논리라고 비판하면서 제3세계 내부에서 대

이를 보여 준 대표적인 사례는 다름 아닌 동아시아 신흥 공업국가들이었다. 에반스(Evans, 1995: 12)는 제3세계에 두 가지 국가 유형이 있다고 주장하면서 약탈국가(predatory state)와 발전국가(developmental state)를 대비했다. 남미나 아프리카 등지의 국가들이 전자의 경우라면, 한국이나 대만, 싱가포르, 홍콩 등이 후자에 해당한다.

에반스(Evans, 1995: 13-14)는 발전국가의 경제적 역할을 네 가지로 구분했다. 첫째는 '규칙정립자(custodian)' 역할로, 이때 국가는 공정한 시장 경쟁을 위한 규칙을 제정하고 관리한다. 둘째는 '생산자(demiurge)' 역할로, 이때 국가는 공기업 운영을 통해 생산에 직접 참여한다. 셋째는 '조산부(midwife)' 역할로, 국가가 세제 혜택이나 보조금 지급, 신규사업 진출 지원 등을 통해 민간기업을 배양·육성하는 경우다. 넷째는 '살림꾼(husbandry)' 역할로, '조산부' 기능과 대부분 중복되나 연구개발(R&D) 정책 등이 중요하게 추가된다.

발전국가의 개념적 기원은 메이지유신(明治維新) 이후 일본의 성공적 산업화다. 미국의 일본정치 연구가 존슨(Chalmers Johnson, 1931-2010)은 경제발전을 위한 국가의 역할을 규정하는 두 가지 기준을 제시했다. 첫째는 경제운용의 기본 원리가 계획인가 시장인가 하는 것이고, 둘째는 경제활동의 목표가 합리성 추구인가 특정 이념의 실천인가 하는 점이다. 미국이나 유럽의 선진 자본주의 국가는 전형적으로 '시장-합리적(market-rational) 체제'이고, 구(舊)사회주의권은 '계획-이데올로기적(plan-ideological) 체제'였다. '시장-이데올로기적(market-ideological) 체제'는 논리적으로 성립하지 않는다. 존슨이 발전국가의 특성으로 제시하는 것은 '계획-합리적(plan-rational) 체제'다. 시장에 계획을 가미하되, 계획을 위한

안적으로 제기된 것이 종속 이론이다. 종속 이론은 자본주의 세계 체제에서는 국제적 불평등만 심화될 뿐, 제3세계 국가들의 경제발전은 근본적으로 무망하다는 비관적 입장을 취한다. 이러한 이유로 종속 이론에서는 미개발 대신 '저개발(under-development)'이라는 개념을 사용한다.

계획을 이념으로 숭배하지 않는다는 의미다(Johnson, 1982: 18-21).[4] 다시 말해 계획-이데올로기 체제는 계획경제(planned economy)를 추구하지만, 계획-합리적 체제는 경제계획(economic planning)을 추진한다.

국가개입주의가 경제의 양대 영역인 성장과 분배 가운데 전자만을 중시하는 것은 아니다. 분배 문제 역시 국가개입주의의 핵심 중 하나다. 가령 허쉬만과 동시대를 살았던 스웨덴의 경제학자 뮈르달(Gunnar Myrdal, 1898-1987)은 후발 산업화 국가의 경우에도 성장이 아닌 분배 중심적 접근이 필요하다는 주장을 펼쳤다. 뮈르달은 합리주의적이고 개입주의적인 국가 주도 경제계획의 필요성 자체에는 동의했다. 하지만 계획의 결과를 낙관적으로만 전망하지는 않았다. 왜냐하면 계획 과정에서 기득권을 확보한 집단들이 존재하기 마련이기 때문이다. 그는 계획정책으로 생기는 이익 대부분이 가난한 사람들에게 전달되기보다 오히려 상류계층 사람들의 차지가 된다고 생각했고, 이에 따라 '민주적 계획'의 필요성을 주장했다(뮈르달, 1976: 132-146). 뮈르달이 허쉬만의 불균형 성장론을 비판한 것은 이런 맥락에서다.[5]

---

4 계획은 그 자체가 목적이 아니라 어디까지나 국가발전을 추진하는 합리적 수단이라는 뜻이다. 우리나라를 포함한 발전국가의 경험은 자본주의 세계 체제에 종속적 상황에서 국가계획을 통해 경제발전이 가능하다는 것을 보여 준 역사적 실증사례다. 발전국가는 범세계적 현상이라기보다 일본 식민지배의 역사적 유산, 동서 냉전 체제의 형성, 그것에 대한 민족주의적 대응을 배경으로 하는 특수하고도 예외적인 경우라고 볼 수도 있다(Woo-Cumings, 1999: 21-24). 하지만 발전국가에는 보편적인 측면도 있다. 그것은 자본주의 체제의 시장 실패를 교정하는 일반적 수단 이상의 핵심적 기능들 — 예컨대 대규모 구조조정, 기업가 정신 고무, 제도 건설, 갈등 관리 등 — 을 수행하기 때문에, 신자유주의 등장 이후 얻은 수많은 비판에도 불구하고 발전국가 모델의 가치 자체는 쉽게 평가절하될 수 없다(Chang, 1999).

5 뮈르달은 자본과 노동이 성장 지역으로 빠져나가 성장거점 지역이 배후나 낙후 지역을 오히려 더 착취한다는 의미의 이른바 '역류 효과(feedback effect)'를 예견했다. 하지만 허쉬만이 영구적 불균형 성장을 지지한 것은 결코 아니었다. 불균형 성장 과정에서 성장 지역이 주변 낙후 지역의 자원을 흡수하는 양극화 효과(polarization effect)가 발생하긴 하지만 장기적으로는 낙후 지역으로 성장의 효과가 전달되는 '누수 효과(trickling-down effect)'가 발생한다는 것이 허쉬만의 기대였다. 허쉬만

이처럼 후진국이나 개발도상국을 중심으로 국가개입주의의 분배적 측면을 논쟁하기도 했지만, 일반적으로 분배를 위한 국가의 역할 문제는 이미 일정 수준의 경제성장을 달성한 자본주의 선진국을 중심으로 보다 활발히 논의되어 왔다. 서구의 자본주의 발달에는 기본적으로 '보이지 않는 손', 곧 시장이 주도적인 역할을 했다. 이 과정에서 자본주의는 계급 불평등과 양극화 측면에서 심각한 사회문제를 낳았고, 좌파에서는 그 배후에 근대국가가 존재한다고 보았다. 대표적으로 마르크스는 근대국가가 '부르주아계급의 공통 이해를 관장하는 일개 위원회'에 불과하다고 생각했는데, 이런 식의 국가는 사회주의 혁명과 더불어 붕괴될 수밖에 없다고 믿었다. 하지만 그의 예견과 달리 자본주의는 나름의 지속가능성을 확보하고 있었다. 이른바 '사회민주주의(social democracy)'의 원리 때문이었다. 프롤레타리아계급은 혁명을 통해 자본주의를 무너뜨리는 대신, 투표를 통하여 국가기구를 자신들의 이익에 봉사하는 기제로 이용하기 시작했다. 두말할 나위도 없이 이는 1848년 2월 혁명의 유산이었다.

사민주의는 피지배계급이 대의제 민주주의 원리를 활용하여 국가조직을 자신들의 선호와 이익에 봉사하도록 바꿀 수 있는 정치체제라는 점에서 실로 획기적인 측면이 있다. 이런 식의 국가개입주의가 만들어낸 상징적인 결실이 바로 복지국가(welfare state)이며, 이를 통해 자본주의는 지배계급만이 아닌 사회구성원 모두를 위한 자본주의로 (최소한 그런 것처럼 보이도록) 점차 이행되었다. 1880년대 독일에서 처음 등장하고 제2차 세계대전 이후 '요람에서 무덤까지'라는 슬로건과 함께 영국에서 본격화된 복지국가는 한동안 '인간이 만든 가장 위대한 제도' 가운데 하나로 칭송받았다. 사민주의와 복지국가를 통해 근대국가와 자본주의 사이에 장기간 평화공존이 가능해진 것이다.

과 뮈르달의 관점 차이는 우리나라에서 박정희식 불균형 성장론과 노무현식 지역균형 성장론의 차이를 연상하게 만든다.

국가 역량, 국가 자율성

앞서 살펴본 것처럼 성장이든 분배든 국가는 알게 모르게, 혹은 싫든 좋든 경제와 사회 영역에 개입해 왔다. 그럼에도 국가주의적 사고 자체는 개인주의와 시장경제, 민주주의를 신봉해 왔던 서구의 주류 학계에서 오랫동안 불신과 경계의 대상이 되어 왔다. 이 점에서는 전형적인 국가주의는 물론 국가개입주의도 마찬가지였다. 근대국가는 현실적으로 '강한' 국가가 아니었을 뿐 아니라, 당위적 차원에서도 '강한' 국가가 되어서는 안 된다는 것이 근대 이후 한동안 국민정서이자 시대정신이었다. 자유주의 국가관과 체계이론에 입각한 정치학이 그러했고, 구조기능주의 세계관에 몰두한 사회학이 그러했으며, 자본주의 시장경제에 익숙한 경제학 분야 또한 그러했다. 하지만 국가사회주의, 국가자본주의, 복지국가, 발전국가 등과 같은 개념들이 속속 주목을 받자, 국가는 결코 쉽게 외면하거나 무시할 수 없는 요소임이 분명해졌다. 결국 이는 사회과학 분야 전반에서 국가의 재인식·재발견을 촉발했는데 시기적으로는 대략 1970년대 전후였다.

그 신호탄은 네틀(Nettl, 1968)이 쏘았다. 그는 이전까지 학계에서 '형해화된 모습 혹은 유령처럼' 존재했던 국가를 '개념적 변수(conceptual variable)'로 중요하게 다루어야 한다고 주장했다. 역사적·지적·문화적 전통의 차이에 기인하는 나라별 고유한 국가성(statehood 혹은 'stateness')은 행정 절차나 주권의 제도화, 사회의 부문별 자율성, 법의 집행, 정치적 목표 달성 등에 지대한 영향력을 행사한다는 것이다. 국가를 빈 무대나 피동적 객체가 아닌, 보다 능동적이고 적극적인 주체로 인식하고자 하는 지적 분위기는 1980년대 들어 사회과학 전반에 걸친 국가연구의 활성화로 이어졌다. 이때 등장한 대표적인 캐치프레이즈가 '국가 재소환(Bringing the State Back In)'이다(Evans, Rueschemeyer, and Skocpol, 1985 참고). 여기서는 무엇보다 일찍이 베버가 정립한 근대국가의 핵심적 특징, 곧 영토 획정, 무력 독점, 최종적 의사결정 주체로서의 권위, 일군의 집합적 조직 등을 재조명하고자 했다.

물론 학계 내부에서 국가론이 태동하고 부활했다고 해서 그것이 곧 명실상부한 국가주의를 의미하는 것은 아니다. 그것은 국가 결정론도 아니고 국가 무적론(無敵論)도 아닌, 국가의 위상을 강조하고 국가의 역할에 주목하자는 일종의 학문적 환기(喚起) 내지 제안에 가까웠다. 그도 그럴 것이 여기서 강조된 것은 국가의 필수적 기능이나 예정된 역할이 아니라, 사회적 행위자로서 근대국가가 취하거나 택할 수 있는 다양하고도 모순적인 '경향성(tendency)'이기 때문이다. 곧, 국가가 무슨 일을, 어떻게 할지는 미리 고정되어 있거나 앞서 준비 중인 것이 아니다. 대신 그것은 나라별로 다를 뿐 아니라 같은 나라라고 해도 상황에 따라 가변적이라는 것이 이른바 '국가 중심적(state-centered) 접근'의 기본 입장이다. 이러한 국가의 경향성을 루시마이어와 에반스는 다음 네 가지로 분류한다(Rueschemeyer and Evans, 1985: 47-48).

첫째는 국가가 지배 도구(instrument of domination)로서 역할을 하는 경향이다. 이는 마르크스주의 관점을 강하게 반영하는 것으로, 국가는 기본적으로 지배계급 혹은 지배집단의 이익을 구현하고 증대하기 위한 제도적 수단일 뿐이다. 둘째는 국가가 국가 엘리트 자신들의 권리와 이해를 위한 조직으로 기능하는 경향이다. 이때 국가에 속한 조직이나 구성원들은 자신의 공동이익을 관리하는 집합적 행위자(corporate actor)로 간주된다. 셋째는 국가가 다양한 사회적 갈등이 제기되고 충돌하고 해결되는 사회적 무대(an arena of social conflict)를 제공하는 경향이다. 이때 국가는 특정 계급이나 집단의 하수인이 아닐 뿐 아니라 스스로 적극적인 이익 주체가 되지도 않은 채 갈등의 공평한 관리자나 심판자 역할만 한다. 넷째는 근대 국민국가 헌법에 일반적으로 명시되어 있듯, 국가가 사회구성원 전체를 대상으로 하는 보편적 이익의 수호자(guardian of the universal interest of the society)로 작동하는 경향이다.

이와 같은 국가의 4대 경향성이 나라별 혹은 시기별로 어떻게 발현

될지는 어디까지나 역사적이고도 경험적인 차원의 문제다. 여기서 우리에게 중요한 사실은 이와 같은 국가의 경향성에 대한 논의가 누구를 위한, 혹은 무엇을 위한 공공계획인가라는 현실적 질문에 의미 있는 단서를 제공해 줄 수 있다는 사실이다. 다시 말해 국가의 네 가지 경향성에 따라 공공계획은 지배계급 혹은 지배집단의 정책수단이 될 수도 있고, 계획가 자신들의 집단적 이익을 극대화하는 도구가 될 수도 있으며, 계획을 둘러싼 다양한 사회세력들의 이해를 중립적·합리적으로 조절하는 제도적 메커니즘이 될 수 있는가 하면, 사회의 보편적 이익을 구현하고 실천하기 위한 적극적 공익행위가 될 수도 있는 것이다. 곧 공공계획의 목표에 있어서 확정된 정답은 없으며 경향성만 열려 있을 뿐이다.

이와 같은 근대국가의 네 가지 경향성은 국가 자체역량(state capacities) 및 국가-사회 관계(state-society relations)에 의해 가늠된다. 이는 근대국가가 시행하는 공공계획의 목표와 성과에 관련해서도 마찬가지다. 국가 역량의 경우는 국가 스스로 계획을 위한 능력이나 조건을 얼마나 잘 구비하고 있는가를 묻는 것이고, 국가-사회 관계의 경우는 국가가 자신의 계획 역량을 발휘하는 데 사회적으로 얼마나 유리한 여건이나 환경 속에 처해 있는가를 질문하는 것인데, 이때 관건은 그 사회의 지배계급에 대해 국가가 얼마나 자율성을 행사할 수 있는가 하는 점이다(Rueschemeyer and Evans, 1985: 60-68).

국가 역량 가운데 으뜸은 역시 재정이다. 일찍이 주권론을 제창한 프랑스 법학자 보댕(Jean Bodin, 1530-1596)이 재정을 '국가의 신경'이라고 말했을 정도로 재정은 모든 국가의 최고 핵심 역량이다. 국가가 재원을 마련하는 방법은 국내적 차원에서 저축을 늘리거나 채권을 발행하는 방법이 있고, 국제적으로 원조나 차관을 도입하는 방식이 있다. 국가 역량의 두 번째 요소는 관료제다. 관료제의 효율성은 조직 내부의 유기체적 통일성, 외부 사회환경으로부터의 절연, 명확한 의사결정 구조와 권위 체제, 그리고 수단적 합리성과 업무의 능동성을 촉진하는 조직문화로 발현된다. 이른바 '유능한' 관료제는 결코 하루아침에 만들어지지 않는다. 그것은 단기적인 조직건설(organization-making) 문제가 아니라 장기적인 제도건설(institution-building) 문제이기 때문이다(Rueschemeyer and Evans, 1985: 51-53).[6] 공무원 사회가 사기나 자부심, 엘리트 의식 혹은 명예와 관련하여 일종의 '신분집단(status group)'으로 거듭날 때 비로소 좋은 관료제가 탄생한다.

국가 역량의 세 번째 측면은 정보와 지식의 힘이다. 근대 경험론의 선구자인 영국의 철학자 베이컨(Francis Bacon, 1561-1626)은 일찍이 "인간의 앎과 인간의 힘은 서로 다른 것이 아니다"라고 말했는데, 우리는 흔히 '아는 게 힘(knowledge is power)'이라고 줄여서 사용한다. 베버 또한 근대 관료제의 특징을 '전문 지식에 의한 지배'라고 보았다. 근대국가의 다른 이름은 '지식국가(knowledge state)'다. 과학이나 학문의 발전은 우연한 계기로 이루어지거나 자연스럽게 진화한 결과가 결코 아니다. 역사적으로도 대학이나 연구소 같은 각종 근대적 지식기관은 국가건설 혹은 부국강병 과정에 밀접히 연관되어 왔다. 근대사회의 이른바 '합리적' 지식은 필연적으로 기득권의 세계관 및 이해와 충돌할 수밖에 없는바, 이때 '탈정치화된 객관적 학문'이라는 명분으로 새로운 학문을 지원하고 육성할 수 있었던 동력은 대부분 근대국가에서 나왔다(Rueschemeyer, 1986: 112-116).[7]

---

6 재정 확보와 유능한 인재 보유가 곧바로 관료제의 발전을 기약하는 것은 아니다. 더 중요한 것은 관료들의 태도와 지향이다. 베버에 의하면 우선 좋은 관료제는 탈정치적이고 비정치적이어야 한다. 분노와 편견, 정열과 투쟁은 정치적 지도자의 몫으로 남긴 채 관료는 주어진 명령을 양심적이고도 정확하게 수행하는 것을 자신의 명예로 삼아야 한다(베버, 2002: 308-309).

7 도시의 성장을 배경으로 대학과 학문이 최초로 등장한 것은 15세기 이탈리아지만, 이때는 국가적 차원에서 연속성을 갖지 못했다. 오히려 근대국가 건설을 주도한 영국과 프랑스가 17세기 이후 학문의 제도화 과정을 통해 지적 주도권을 거머쥐었고, 이는 19세기에 독일과 미국으로 옮겨 갔다(Rueschemeyer, 1986: 113). 이런 문제의식에서 근대 서구의 대학 및 사회과학의 발전 과정을 보다 상세히 논한 것으로는 Collins(1994: 3-46) 참고. 한편, 근대국가의 발전과 더불어 대표적인 '공공지

끝으로 국가의 조직 형태 또한 계획과 연관된 국가 역량을 가늠하는 또 다른 요소가 된다. 국가의 개입이 성공적이려면 중앙집권적 형태와 지방분권적 구조의 장단점이 적절히 조화를 이루어야 한다. 수직적 명령체계와 중앙집권화가 국가 능력 측면에서 반드시 유리한 것은 아니다. 수직적 명령체계는 통치의 효율성을 오히려 저하시킬 가능성이 있다. 책임을 회피하기 위해 정보 누락이나 왜곡이 일어날 수 있을 뿐 아니라 하위 기관의 독자적 주도권 행사가 어려워지면 그만큼 현장 적응력이 감퇴할 수밖에 없기 때문이다. 게다가 수직적 명령체계의 최상부는 이른바 '정무적' 판단으로 움직이는 경향이 강해 일반 유권자와의 정치적 친밀성이 저하되기도 한다. 그렇다고 해서 분권화의 부작용이 없는 것도 아니다. 결국 모종의 '통합적 메커니즘'이 필요한데, 중앙에서 별도의 '계획기구'를 설립하는 것은 보통 이런 이유 때문이다(Rueschemeyer and Evans, 1985: 55-57). 사회주의 계획경제에서 당과 정부라는 이원적 통치구조를 취하고, 제3세계에서 경제계획 전담 '상급부처(superministry)'를 설치하는 것이 그 대표적 예다. 과거 우리나라의 '경제기획원'처럼 말이다.

국가개입의 성패를 가늠하는 두 번째 차원은 국가-사회 관계 혹은 국가가 처한 사회구조적 조건이다. 일반적으로 이는 국가 자율성(state autonomy)이라는 개념을 중심으로 논의된다. 민주주의 및 시장경제 체제하에서 국가 자율성 문제는 지배계급과의 역학 관계를 질문하는 '상대적

식(official knowledge)'의 지위를 차지한 것은 통계였다. 통계지식은 단순히 국가가 세상을 보다 정확히, 보다 객관적으로 읽어 내는 차원에 한정되지 않는다. 통계지식의 생산에는 정치적 의도가 포함되어 있다. 노동통계라는 공공지식을 국가가 생산하면 그것은 지식의 이름으로 포장된 일종의 헤게모니로 전화하는 경향이 있다. 이러한 통계지식의 헤게모니에 의해 노동자의 계급투쟁은 합리적 선택의 논리를 따를 수밖에 없고 결국에는 노동계급이 자본주의 체제의 경기 규칙을 수용하는 결과가 초래된다. "노동통계의 확립은 그들에게서 혁명적 돌진력을 앗아가고, 이것이 '합리적 계급주의'로 귀결되었다"는 진단은 이런 맥락에서다(최정운, 1992: 407-425).

자율성(relative autonomy)' 개념으로 표현된다. 이는 시장 주도 자본주의의 정당성을 전제로 하는 가운데 지속가능한 자본주의 체제를 위한 국가의 존재 이유를 따진다는 점에서, 무적의 국가를 의미하는 '절대적 자율성'이 결코 아니다. 곧, 국가는 자본가계급의 일방적 통치 도구가 아니며, 경우와 상황에 따라 자본주의 체제의 재생산을 위해 자본가계급의 이해와 충돌하거나 이를 조정·관리할 수 있는 역량이 필요하다는 논리다.

지배계급에 대한 국가의 자율성이 제고될 수 있는 조건으로는 지배계급 내부의 갈등, 인종적 혹은 종교적 분열, 혁명이나 전쟁 같은 사회적 위기 국면, 피지배계급으로부터 힘의 분출 등이 있다. 특히 피지배계급에 의한 압력이 너무 강력할 경우, 국가가 피지배계급의 통치수단이 되는 이른바 '역(逆)도구주의(inverted instrumentalism)'의 가능성이 있다(Rueschemeyer and Evans, 1985: 64). 국가의 상대적 자율성과 관련하여 가장 중요한 것은 국가권력과 지배계급 사이 힘의 역학 관계다. 성공적인 발전국가의 경우 국가가 자본을 일방적으로 장악하고 통제하지 않는다. 국가와 자본의 관계는 크게 보아 일종의 협력자이고 동업자이지만, 그렇다고 해서 양자가 서로 결탁하는 정실자본주의(crony capitalism)에까지 이르지는 않는다.

에반스는 이런 국가 자율성을 '배태적 자율성(embedded autonomy)'이라고 불렀다(Evans, 1995). 곧, 발전국가의 자율성은 사회에 대해 일방적 혹은 하향적으로 행사하는 권력이 아니라 사회와 더불어 발전을 위한 '연계'를 형성할 수 있는 능력을 의미한다. 다시 말해 이는 자율성과 연계성의 결합을 뜻하는데, 네트워크, 연줄, 로비, 낙하산 인사, 전관예우 등을 이용한 자본가계급과의 보완적 협력을 통해 이른바 '국가-사회 시너지 효과'를 창출하는 것이다. 어렵긴 하지만 "사회를 손아귀에 넣고서도, 사회를 손상시키지 않는 상태"가 말하자면 배태적 자율성의 핵심 비결이다. 물론 이런 종류의 자율성 역시 (좋은 관료제가 그런 것처럼) 하루아침에 만들어지지 않고 장기간에 걸쳐 숙성되는 것이다.

2. 자유주의·시장주의

제도로서의 시장경제

인간은 일반적으로 조직이나 제도의 일원으로 살아간다. 앞에서 살펴보았듯 국가주의의 기반이 되는 근대국가의 국민 자격이 대표적 예다. 하지만 기본적으로 인간을 자유롭고 평등한 개별적 존재로 인식하는 자유주의 사상도 공공계획과 관련하여 우리에게 던지는 함의가 매우 크다. 자유주의와 개인주의는 불가분의 관계다. 일반적으로 자유주의는 통제나 강제에 반대하는 개념으로, 그리고 개인주의는 집단주의를 거부하는 개념으로 사용되고 있지만, 자유의 기본 주체가 개인이라는 점에서 양자는 동전의 양면이라고 볼 수 있다. 자유주의는 무엇보다 인간의 존엄과 개인의 자기결정권을 강조한다. 말하자면 주체적 자기계획인 셈이다. 그럼에도 자유주의와 개인주의가 공공계획의 존재 이유를 생각하는 데 개입할 여지는 결코 적지 않다.

근대국가가 서구에서 탄생한 것처럼 자유주의와 개인주의의 발원지 역시 서유럽이다. 근대국가가 등장하고 완성될 무렵, 자유주의와 개인주의는 그것에 대응하고 저항하는 이데올로기로 발전했다. 그렇다고 해서 개인의 자유 및 권리에 대한 생각이 근대적 이행 과정에서 반사적으로 나타난 것은 아니다. 오히려 유럽 역사에 특유하게 내장되어 있던 뿌리 깊은 사상적 전통이 국가주의 등장 과정에서 다시 소환되고 강화된 측면이 있다. 예컨대 인간이 자유로운 존재라는 인식을 인류 역사상 처음으로 확실히 정립한 것은 고대 그리스 사람들이었다. 기본적으로 노예사회긴 했지만, 적어도 시민들은 그리스 민주주의 사회에서 자유인으로 살았다. 이는 당시 지구상의 다른 지역에서 파라오(Pharaoh)나 황제 혹은 군주 한 사람만 자유로운 존재였다는 사실과 뚜렷이 대비된다.[8]

---

8 고대 그리스인들의 삶의 무대였던 폴리스에서는 절대적 신(神)도 없었고 전제적 군

인간은 자유롭고 평등한 개인적 존재라는 생각은 유럽에서 그 후에 계속 이어졌다. 그 결정적인 배경은 중세 기독교 문화였다. 사실 고대 그리스의 시민은 독립적인 개인이라기보다 가족의 일원 혹은 도시국가의 구성원으로서 의미가 더 컸다. 하지만 온통 기독교 세상이던 중세 유럽에서 인간에 대해 완전히 새로운 윤리적·종교적 모델이 태동했다. 그것은 기존의 '종족적 존재(clan creature)'에서 벗어나 사회적 신분 등 여러 가지 제한으로부터 자유로워진 인간, 곧 문자 그대로 '개인(individual)' 자격으로 존재하는 특수한 형태의 인간이었다(Gurevich, 1995: 3-5). 이 과정은 11세기 말-12세기 초에 시작되어 14세기 르네상스 이후 본격화되었는데, 그 배경에는 초기 기독교의 위대한 교부(敎父) 성 아우구스티누스(St. Augustinus, 354-430)가 있었다.[9]

11-14세기 가톨릭 교황들이 주도한 일련의 혁명적 교리 변화는 모든 인간의 '도덕적 평등'을 강조했다. 곧, 사회적 지위나 소속과 상관없

주도 없었다. 이와 관련하여 비극 시인 소포클레스(Sophocles, B.C. 496-B.C. 406)는 "야만족은 노예를 키우고, 그리스인은 자유를 키운다"라고 말했다. 폴리스는 "그리스 문명의 위대한 산실이었고 그 산실을 가득 채운 공기가 바로 자유였다." 말하자면 폴리스가 허용한 자유의 출현이 그리스를 그리스로 만든 것이다. 개인의 자유가 절대적인 만큼 갈등과 분쟁도 당연히 많았다. 이를 해결하기 위해 필요해진 것이 바로 생각과 연설, 토론, 그리고 논쟁이었다(김용규, 2020: 73-79). "인간은 정치적 동물"이라는 아리스토텔레스의 언명(言明)도 실은 '인간은 폴리스적 존재'라는 의미다. 곧, 좋은 공동체를 만들기 위해 진정한 자유인으로서 함께 노력하는 존재라는 뜻이다.

9 '인간' 성 아우구스티누스를 통해 기독교는 개인의 내적 공간을 탐구하고 스스로에 대한 보다 심오한 이해의 성취가 가능하도록 만들어졌다는 평가다. 이는 이성과 신앙이 결합된 결과였다. 인간의 에고(ego)를 재해석하면서 아우구스티누스는 "나는 운명도 아니요 숙명도 아니요 악마도 아니다"라고 말하며 세상의 중심인 창조주를 직접 마주하는 개인임을 선언했다. 《고백론》에 의하면 그가 고백하는 상대는 신으로서, 무릇 인간이란 창조주 이외 그 어떤 모델도 필요하지 않으며 신을 바로 '대면(face to face)'하는 존재다(Gurevich, 1995: 91, 93-94). 물론 이때 인간은 '자연적 혹은 육체적 인간(Homo naturalis 혹은 Homo carnis)'이 아니라 세례를 통해 다시 태어난 '기독교적 인간(Homo Christianus)'이다. 또한 그것은 "그리스도 교회의 세례를 통해 인간(man)은 비로소 사람(person)이 된다"는 믿음의 결과다.

이 신 앞에서는 모두가 평등하다는 관념, 궁극적으로 신은 각자가 독대(獨對)하는 대상이라는 생각이 모든 개인을 각각 독립적 존재로 인식하는 자유주의의 토대를 쌓은 것이다(시덴톱, 2016). 그런 만큼 '자아의 거대한 승리'는 기독교 문화에 배경을 둔 유럽 대륙 특유의 사회현상이었다. 당시 지구상 어디에도 이런 곳은 없었다. 유럽의 개인주의는 16세기 종교개혁을 거쳐 프랑스혁명에 이르는 300년 동안 전성기를 구가했다(박성현, 2011: 57, 78-99).

물론 자유롭고 평등한 개인이 온전히 기독교의 유산인 것은 아니다. 여기에는 봉건적 신분질서가 해체되고 근대 계급사회가 등장하는 과정에서 사회구성원들이 서로의 어떤 속성에 기반하여, 어떻게 서로 좋은 관계를 맺어야 할 것인가에 대한 질문이 긴박해진 사정도 있었다(호네트, 2021: 7-8). 말하자면 17세기부터 유럽에서는 전통적 사회관계와 계급 기반이 크게 동요하기 시작했는데, 그 결과 각 개인은 자신이 어떤 사회적 지위를, 어떤 연유에서 갖게 되었는지, 혹은 가질 수밖에 없었는지 서로 묻고 답하지 않을 수 없는 상황을 맞이했다(호네트, 2021: 38). 개인이 사회적으로 어디에 속하고 그에 따라 어떻게 행동해야 하는지 불분명해지면서, 서로가 동등하다는, 서로를 존중하라는, 그리고 타자를 있는 그대로 수용하라는 새로운 시대정신이 생겨났다. 이는 근대에 들어 새롭게 관계를 맺는 주체들이 서로의 존재와 가치를 사회적으로 '인정(Anerkennung)'하는 방식을 두고 고민하고 투쟁한 결과라 볼 수 있다.[10]

자유주의는 그러나 현실에서 저절로 작동하지 않는 측면이 있다. 사회는 결코 단순히 개인들의 우연한 합(合)이 아니기 때문이다. 자유롭고

---

10 인정의 방식이 유럽 전역에 공통적이었던 것은 아니다. 프랑스의 맥락에서는 사회적 지위나 사회적으로 안정된 존립에 대한 개인적 욕구의 결과가 자기 상실의 위험이었다면, 영국의 맥락에서는 사회적 동의를 얻고자 하는 개인적 욕구에서 도덕적 자기 통제를 위한 마음가짐이, 독일의 맥락에서는 상호 인정의 압박에서 개인적 자기 결정의 가능성이 도출되었다는 것이 호네트의 판단이다(호네트, 2021: 8, 220).

평등한 개인들이 사회에서 안정적으로, 그리고 효율적으로 상호작용하기 위해서는 일정한 프레임 내지 매커니즘이 필요한데, 이를 신제도주의 경제사학자 노스(Douglass North, 1920-2015)는 '제도(institution)'라 통칭했다.[11] 그는 제도를 "사회, 보다 구체적으로 경제질서를 구성하는 협력적 및 경쟁적 관계구조", 혹은 "개인의 행동을 부 혹은 핵심적 효용의 극대화로 유도하게 만들게끔 설계된 일련의 법칙, 준수절차 및 도덕적·윤리적 행위규범"으로 정의한다(North, 1981: 201-202).

노스에 의하면 제도에 관한 이론은 크게 세 가지로 구성된다. 첫째는 체제 내 개인 혹은 집단의 경제활동 유인책을 설명하는 소유권 이론이고, 둘째는 소유권을 규정하고 집행하는 국가에 관한 이론이며, 셋째는 이데올로기에 대한 이론인데, 이들은 현실에 대한 서로 다른 인식이 변화하는 '객관적' 상황에 대응하는 개인적 판단에 어떤 영향을 미치는지 설명한다(North, 1981: 7-8). 자유주의를 기본 배경으로 하여 노스는 물적 및 인적 자원들을 효율적으로 활용하고 결합하는 제도로서 무엇보다 '시장'의 역할을 강조한다. 시장은 "사적 수익이 사회적 수익에 근접하도록 사회적 유인 구조를 조직"하는 방법인데, 이러한 시장이 우연히 주어

11 신고전학파 주류경제학은 개인의 합리적 선택을 전제로 분권적이고도 자생적이며 공정한 시장질서의 가능성을 믿었다. 하지만 20세기를 전후하여 미국에서 19세기 초 독일의 역사학파 경제학을 반영한 제도주의 경제학이 나타났다. 자본주의 경제는 단순히 개인의 선택에 기초한 가격 기구에 의해 움직이는 것이 아니라 법률이나 관습, 문화 등 각종 제도에 의해 뒷받침된다는 주장이었는데, 베블렌(Thorstein B. Veblen, 1857-1929), 코먼스(John R. Commons, 1862-1945) 등이 대표적 인물이었다. 제도주의 경제학은 경험주의와 행태주의의 득세에 따라 거의 완전히 사라졌다가 1970년대 후반부터 '신제도주의' 경제학이라는 이름으로 부활했으며, 이때 주역 가운데 한 사람이 바로 노스였다(김승욱, 2015: 99-107 참고). 노스는 사회발전에서 자본이나 인재, 기술 못지않게, 혹은 그 이상으로 중요한 것이 제도라고 생각했다. 사람들에게 좀 더 노력할 인센티브를 주는 사회적 제도 구축 여하가 관건이라는 것이다. 이처럼 신제도주의 경제학을 제안한 공로로 노스는 1993년 노벨경제학상을 받았다. 1990년대는 제도주의 경제학의 황금기라 불리기도 하며, 2008년 글로벌 금융위기 이후 더욱더 각광받고 있다.

지는 것이 아니라 국가에 의해 뒷받침된다는 점에서 '제도'의 성격을 띨 수밖에 없다고 말한다.[12] 공존하기 힘들 듯한 공공계획과 시장원리 사이에 접점이 생기는 것은 바로 이 대목에서다.

시장은 신의 섭리나 자연 상태가 아닌, 역사적으로 등장한 다음 부단히 진화를 계속하는 사회적 제도다. 시장은 마법도 아니고 신비한 그 무엇도 아니다. 시장은 인간이 자신의 불완전성을 전제로 만들어 낸 창조물일 뿐이다(맥밀런, 2007: 20). 생업경제(subsistence economy), 도덕경제(moral economy), 선물경제(gift economy), 정치경제(political economy), 계획경제(planned economy), 약탈경제(exploitation economy), 사회적 경제(social economy) 등 시장경제 이외의 경제제도는 얼마든지 존재한다. 자유주의자들이 강조하는 것은 시장경제의 '자연스레 보이는' 측면이 아니라[13] 시장경제 특유의 제도적 강점과 장점이다. 애덤 스미스는 시장을 '보이지 않는 손(invisible hand)'이라 불렀지만, 제도주의자들의 눈에 시장은 모종의 '사회구조'로 비친다.

시장이 효율적으로 굴러가려면 모든 거래가 원활히 이루어질 수 있도록 구조가 잘 짜여 있어야 하는데, 이를 위한 장치가 바로 '시장설계'다(맥밀런, 2007: 21, 391). 시장은 시행착오를 통해, 그리고 시장 참여자들의 일상 활동을 통해 변화하고 발전해 왔다. 만약 시장에 자연스러운 측면이 있다면 그것은 자연스럽게 (그러나 사회적 과정의 일환으로) 진화해 왔기

---

12 노스에 따르면 국가에 대하여 두 가지 이론이 대립한다. 하나는 우파의 계약 이론(contract theory)이고 다른 하나는 좌파의 약탈 혹은 착취 이론(predatory or exploitation theory)이다. 하지만 제도주의적 관점에서 볼 때 국가의 기본적인 서비스는 "게임의 숨은 법칙을 제공"하는 것이다(North, 1981: 21-24).

13 계획경제가 무너지면서 체코의 대통령에 당선된 극작가 바츨라프 하벨은 시장경제가 인간사회에서 매우 자연스러운 것이라고 주장하며 다음과 같이 말했다. "나를 중도 좌파로 분류할 수 있을지도 모르겠다. 하지만 나는 유일하게 먹혀 드는 경제체제가 시장경제임을 잘 알고 있었다. 시장경제야말로 유일한 자연경제이며 (…) 삶의 본질 자체를 반영하고 있는 것은 오로지 시장경제다. (…) 삶의 충만함과 다양성을 어떤 중앙의 지능으로 가두거나 기획할 수는 없다"(맥밀런, 2007: 18에서 재인용).

때문일 따름이다.[14] 제도주의가 아닌 신제도주의는 바로 이런 발상의 산물이다. 시장은 숭배 대상도 아니고 경멸 대상도 아니다. 또한 무질서나 약육강식의 무대도 아니다. 시장을 설명하기 위해 자유주의 시장경제론의 대부 하이에크가 '경제(economy)'라는 말 대신 '카탈락시(Catallaxy)'라는 용어를 제안하는 것은 이런 맥락에서다(하이에크, 1997: 219-221).[15]

요컨대 관건은 '제도로서의 시장'이다. 가장 기초적인 신고전경제학 모델에서조차 시장교환 관계는 일정한 제도적 설계를 전제로 한다. 사적

---

14 시장이 탄생하고 발전한 자연스러운 진화 과정은 도킨스가 말하는 '눈먼 시계공(Blind Watchmaker)'에 비유할 수 있다(도킨스, 1994). 다윈의 진화론이 나오기 전 창조론의 대표적 주장은 영국 성공회 신부 윌리엄 페일리(William Paley, 1743-1805)의 '지적 설계논증(Intelligent Design)'이었다. 그는 창조론을 이렇게 설명했다. 만약 우리가 풀밭을 걸어가다가 돌 하나가 발에 차인다면, 그 돌은 늘 거기 있었다고 생각할 것이다. 그런데 어느 날 시계가 발에 차였다면, 그것은 저절로 생겨나 거기 오래 있던 그 무엇이 아니라 어떤 목적에 따라 누군가가 계획적으로 만든 것이라고 생각할 것이다. 시계와는 비교도 되지 않을 정도로 복잡한 인간의 눈은 더욱더 그럴 것이기에, 만약 시계가 인간의 발명품이라면 인간의 눈을 만든 발명가도 따로 있어야 하지 않을까? 이렇게 질문하면서 페일리는 그 발명가가 바로 창조주라고 주장한다. 이에 대해 도킨스는 만약 인간을 포함한 자연을 설계하고 창조한 지적 설계자가 있다면 눈이 멀어도 단단히 멀었을 것이라는 논리를 편다. 인간 눈의 여러 가지 불합리한 구조를 생각해 보면 애초에 그렇게 엉터리로 만들 리가 없다는 의미에서다. 요컨대 창조론에서는 시계(사람)를 만든 사람(하느님)이 사전에 계획을 가지고 있었으며, 그 목적은 성경에서 서술된 바와 같다고 본다. 하지만 도킨스는 풀밭에서 주운 시계(사람, 동물, 식물 등의 비유)는 천문학적 시간에 걸쳐 만들어졌으며, 이를 처음 만든 시계공은 아무런 의도를 가지지 않은, 다시 말해 '앞을 보지 못하는' 사람이라고 말한다. 곧, 지구상의 모든 생명체는 하나의 생명체에서 기원하며 엄청나게 긴 시간 동안 미세한 진화가 진행되어 오늘날의 모습에 이르렀다는 주장이다.

15 카탈락시는 '거래하다', '교환하다' 혹은 '적을 친구로 바꾸다'는 의미로 "시장에서 수많은 개별 경제의 상호 적응을 통해 자생적으로 야기되는 질서"에 해당한다. 하이에크가 그리스어에서 '카탈락시'라는 용어를 찾아낸 이유는 기존의 '경제' 개념은 가계, 농가, 기업 등의 경제주체들이 특정한 단일 목표를 가지고 있다고 선험적으로 가정하고 있다는 점이 불만족스러웠기 때문이다. 하이에크가 볼 때 사회적 혹은 국민적 차원의 경제는 단일 경제가 아니라 서로 얽히고설킨 수많은 경제주체의 그물망에 가깝다. 시장이란 바로 이러한 카탈락시가 이루어지도록 자연스럽게 등장한 사회제도다(하이에크, 1997: 219-221).

소유권 보장, 거래비용 감소, 도량형 통일, 거래 안정성 및 예측가능성 제고, 무임승차(free-rider) 방지 등이 대표적이다(North, 1981: 20-32). 근대적 이행 과정에서 서구가 경제적 번영을 이룩한 것은 바로 시장경제 제도 때문이라는 것이 자유주의의 기본 인식이다. 과연 시장이 하나의 사회제도로 성립되고 발전한 사례로는 역사적으로 근대 서유럽이 유일무이하다(김승욱, 2015: 122-153). 초보적 형태의 시장, 부분적 역할로서의 시장은 세계 다른 지역에도 있었지만, 서구만큼 시장이 사회제도로 확고하게 자리 잡은 경우는 결코 없었다.

자유주의 비판, 옹호, 진화

이와 같은 자유주의자들의 시장관(觀)에 비판이 없는 것은 아니다. 그 가운데 가장 대표적인 것은 경제인류학자 칼 폴라니(Karl Polanyi, 1886-1964)의 주장이다. 그에 의하면 시장 중심적 경제는 19세기 산업화와 더불어 인류 역사에 처음 나타난 인위적 현상일 뿐, 유럽에서도 그 전에는 인간의 보편적 경제활동 가운데 하나인 교환 영역에 불과했다. 시장은 경제생활의 핵심이 아닌 액세서리일 뿐이었다는 것이다. 자유주의자들이 시장을 생명력을 가진 존재, 곧 그것의 내외부적 갈등을 얼마든지 스스로 조절할 수 있는 하나의 자기조정적(self-regulation) 제도라고 보는 것에 반해, 폴라니는 시장에는 그런 능력이 없다고 본다. "자기조정적 시장이라는 아이디어는 전혀 도달할 수 없는 적나라한 유토피아"라는 것이다. 자기조정 능력을 가진 시장경제가 가동하려면 인간과 자연이 모두 상품으로 전환되어야만 가능한데, 이는 인간성의 말살과 자연의 파괴로 이어질 뿐이라는 설명이다(폴라니, 1991: 91-100).[16]

---

16 폴라니의 핵심 주장은 경제가 사회의 일부라는 (그 반대가 아니라) 것이다. 사회와 경제의 관계를 설명하기 위해 폴라니는 '이중적 운동(double movement)'이라는 개념을 만들었다. 시장과 사회를 둘러싸고 서로 반대되는 운동이 존재하는데, 하나는 시장의 자유를 추구하는 운동이고 다른 하나는 그런 시장으로부터 사회를 보호하

이론에서만이 아니라 실제로도 자유주의는 심각한 비판에 줄곧 직면해 왔다. 자본주의 초기에 등장한 고전적 자유주의 혹은 자유방임주의는 귀족사회나 절대군주제를 배경으로 했다. 고전적 자유주의는 절대왕정 시대의 국가 주도 중상주의를 비판하며 등장했으나, 결국 국가의 통제나 개입을 늘려야 한다는 일련의 경제사상에 의해 점차 퇴조의 길을 걸었다. 여기에는 마르크스식 사회주의 계획경제도 있었고 파시즘 방식의 통제경제도 있었지만, 무엇보다 심각한 도전은 케인스주의 혼합경제였다. 1920-1930년대 대공황을 배경으로 등장한 케인스주의는 정부가 경제주체로 나서 재정정책과 통화관리를 통해 자본주의 시장경제의 약점을 보완해야 한다고 주장했고, 실제로 케인스주의는 구미 각국에서 한 시대를 풍미했다. 말하자면 19세기 후반부터 20세기 초반에는 비(非)자유주의 혹은 반(半)자유주의가 일종의 시대정신이 되었던 것이다.

여기에 대한 자유주의의 대응은 크게 두 갈래였다. 하나는 경제학자 하이에크(Friedrich von Hayek, 1899-1992)가 주도한 '자유주의 구하기'이며 다른 하나는 정치철학자 롤스(John Rawls, 1921-2002)가 앞장선 '자유주의 지키기'다. 자본주의 시장경제의 국가개입 문제 논의에서 하이에크와 롤스는 영원한 맞수다.[17] 먼저 하이에크는 20세기 중반 '신자유주의(new liberalism)'의 깃발을 걸고 자유주의 및 시장경제 본연의 가치를 회복하고자 했다. 한편으로는 계획경제와 통제경제가 소련과 독일에서 자본주의의 대안으로 등장하고, 다른 한편으로는 케인스의 수정자본주의가 자본주의의 미래로 각광받던 시절, 하이에크는 자본주의 시장경제의 위기가

려는 운동이다. 그가 볼 때 19세기 유럽사는 이러한 이중 운동의 역사였다(폴라니, 1991: 100).

17 하이에크는 오스트리아 출신 영국의 경제학자로서 법학, 철학, 심리학, 정치학 등을 폭넓게 공부했다. 1974년 노벨 경제학상을 받았다. 롤스는 '68 혁명'을 배경으로 '정의'의 문제를 재소환한 20세기 미국의 대표적 정치철학자다. 하이에크와 롤스의 주장을 일일이 대비한 국내 연구로서 민경국(2007) 참고.

자유주의의 과잉 탓이 아니라 제대로 된 자유주의의 미실현 때문이라고 주장했다. 이것이 바로 신자유주의의 기원이며, 이는 훗날 뉴라이트 계획이론의 배경이 되었다.[18]

하이에크는 국가의 계획이나 개입은 궁극적으로 경제적 번영의 종말과 민주주의의 몰락을 초래할 것으로 예상했다. 그는 그로부터 수십 년 후 현실화된 사회주의 국가 소련의 붕괴를 정확히 예견한 인물이었다. 하이에크는 선진 자본주의 국가들이 복지국가로 이행하는 것을 탐탁하게 여기지 않았다. 그가 볼 때 케인스주의는 서구 사상의 위대한 전통인 자유주의와 개인주의, 그리고 시장경제와 민주주의에 대한 심각한 위협과 도전이었다. 하이에크는 "자본주의에 사회주의를 가미할 경우 부모 중 어느 것도 닮지 않은 제3의 괴물, 곧 노예국가를 낳을 것"이라고 주장했다. 그에게 사회주의란 "노예국가로 가는 첩경(high road to servitude)"으로 보였다(하이에크, 1999: 63-76).

자유주의자라는 점에서는 공통적이었지만 롤스는 하이에크식 신

18 신자유주의의 기원은 1938년 8월 30일 시작된 '월터 리프만 컬로퀴엄(Walter Lippmann Colloquium)'이다. 언론인이었던 리프만은 당시 많은 국가가 계획경제, 통제경제, 명령경제로 이행하는 분위기에서 전체주의를 막기 위한 방법으로 진정한 자유주의 재건을 모색했다. 그는 독과점으로 귀결된 과거의 잘못된 자유주의에 대한 반성을 촉구했다. 신자유주의의 실질적 출발은 제2차 세계대전 이후 1947년 부활절에 스위스 제네바에서 열린 '몽펠르렝학회(Mont Pelerin Society)'다. 여기에서 하이에크는 미국의 자유주의 경제학자 밀턴 프리드만(Milton Friedman)과 함께 주도적으로 참여했다. 그때만 해도 하이에크는 크게 빛을 보지 못했다. 당시 학계와 세상은 온통 케인스주의에 심취해 있었기 때문이다. 물론 때는 '현대 경제학의 아버지'라고 불리는 새뮤얼슨(Anthony Samuelson)조차 "소련은 아무런 문제가 없는 나라"라고 말하던 시절이었다. 1974년 노벨 경제학상도 '진보적' 경제학자 뮈르달과 공동으로 수상했는데, 하이에크는 이 점을 불만스러워했다. 사족 하나 추가하자면, 오늘날 신자유주의는 개념적으로 매우 오염되었다. 제임스(2022: 371-372)의 말마따나 "신자유주의는 지난 반세기 동안 세계에서 일어난 잘못된 모든 것을 (…) 설명할 때 사용되는 포괄적인 단어"다. '신(新)'이라는 접두어가 붙은 역사적 배경과 맥락을 망각한 채 신자유주의는 "정확한 분석적 사고를 하는 데 장애가 되었다." 요즘 이 단어는 "널리, 마구잡이로 사용되고, 비난할 때 즐겨 사용된다."

자유주의와 대척점에 섰다. 롤스의 일차적 관심은 사회정의였는데, 그가 볼 때 기존의 사회정의론은 크게 평등주의(egalitarianism)와 자유주의(liberalism), 공리주의(utilitarianism)의 세 갈래로 나뉘었다. 이 가운데 롤스는 기본적으로 자유주의에 동조한다. 특히 그는 공리주의를 비판하면서 자유와 평등의 조화로운 균형점을 모색하고자 했다. 롤스는 자유주의자이면서도 자유지상주의가 아니라 평등 지향의 자유주의를 추구했다. 롤스의 관심은 '정의가 무엇인가'가 아니라 '어떻게 사람들이 정의로운 상태에 합의할 것인가' 하는 것이었다. 이때 그가 제시한 것이 바로 '공정성으로서의 정의(justice as fairness)' 개념이다(Rawls, 1971: 11).

사람들이 공정성으로서의 정의에 합의하는 과정을 롤스는 다음과 같은 사고실험(Thought Experiment)을 통해 증명하고자 했다. 우선 그는 사회계약이론의 방법론을 계승하여 이른바 '원초적 상황(original position)'을 가정한다(Rawls, 1971: 118-192). 그곳은 도대체 어떤 사회를 만들지 아직 아무런 밑그림이 없는 상황이다. 다시 말해 사회의 기본구조에 대해 원칙과 방향이 정해지지 않은 일종의 백지상태다. 롤스의 원초적 상황에는 두 가지 사실이 전제조건으로 깔려 있다. 첫째, 모든 사람이 소위 '무지의 장막(veil of ignorance)' 뒤에 감춰진 상태다. 따라서 장막이 거두어지기 전까지 다른 사람과 비교하여 자신의 지위나 능력이 어느 정도 나은지 못한지 전혀 알 수 없다. 둘째, 이 상태에서 사람들은 누구라도 자신의 이익을 극대화하는 데 최대 관심을 가진 '합리적 인간'으로 가정된다.

롤스는 이와 같은 원초적 상황에서 사람들이 '불확실성 속의 결정(decision under uncertainty)'을 어떻게 내릴지 머릿속에서 상상해 본다. 다시 말해 원초적 상황에서 사람들이 선택하리라고 기대하는 정의의 원칙을 하나하나 제시하는 방법론을 쓴 것이다. 이때 롤스의 제1원칙은 '평등한 자유의 원칙(equal liberty principle)'이다. 모든 사람은 다른 사람의 자유와 양립할 수 있는 한 가장 광범위한 자유에 대하여 동등한 권리를 가져야 한다는 것이다. 제2원칙은 다시 두 가지로 나뉘는데, 하나는 '차등의 원칙(difference principle)'이고 다른 하나는 '기회균등의 원칙(equal opportunity principle)'이다(Rawls, 1971: 54-117).

차등의 원칙은 정의를 위한 차등의 불가피성을 주장한다. 정의를 실현하기 위해서는 이른바 '최소 수혜자(the least advantaged)'에게 최대 이득이 돌아가도록 보상적 차원의 분배가 필요하다는 것이다. 그는 이를 '최소극대화(maxmin)의 원칙'이라 부른다. 롤스가 볼 때 사람들이 이러한 재분배 원칙에 자발적으로 동의하는 이유는 불확실성이 지배하는 원초적 상황에서 마침내 무지의 베일이 벗겨질 때, 다름 아닌 자기 자신이 사회 구성원 가운데 가장 열등한 존재로 밝혀질지도 모른다는 불안감을 모두가 공유하기 때문이다. 한편, 기회균등의 원칙은 모든 이에게 삶의 기회가 공정하게 주어져야 한다는 의미다. 비록 결과는 불평등하더라도 기회만은 평등하게 나누자는 취지다.

롤스가 말하는 세 가지 정의의 원칙에는 서열이 있다. 곧, 자유의 원칙이 최우선이고, 그다음은 기회균등의 원칙, 맨 끝이 차등의 원칙이다. 말하자면 기본적으로 차등은 없을수록 바람직한 것이라고 본다. 자유주의자로서 롤스는 결코 무제한적 재분배나 사회적 불평등의 완전한 철폐를 주장하지 않았다. 그가 말한 원칙은 사회적 불평등을 보다 정의롭게 만드는 것, 말하자면 '정의로운 불평등'이었다. 이를 통해 롤스는 서구의 복지국가나 사회민주주의에 대한 강력한 이론적 근거를 제공했다. 롤스는 자유주의 시장경제 체제를 원칙적으로 수용한다. 다만 사회정의를 위해 그것은 어느 정도 규제되어야 하며, 이에 대해서 사람들은 자발적으로 합의할 것이라고 본다. 그는 시장경제를 기반으로 삼되, 시장을 보완할 수 있는 일련의 '기본 제도(background institutions)'가 필요하다는 입장이다(Rawls, 1971: 274-284). 다시 말해 주거, 고용, 이동, 교육, 의료 등의 영역에서 사회적 약자를 위한 배려가 제도화되어야 하며, 궁극적으로 이것이 시장을 보완하여 자유주의를 지키게 만든다는 것이다.

3. 아나키즘 · 공동체주의

아나키즘의 계보학

아나키즘이라는 말의 어원은 그리스어 '아나르키아(anarkhia)'다. 이는 '선장이 없는 배의 선원'이라는 뜻으로, 한 사람의 선장 대신 모든 선원이 항해 과정을 함께 결정한다는 의미다. 일체의 외부적 권위를 거부한다는 점에서 아나키즘의 보다 정확한 번역은 무정부주의가 아닌 '반강권주의(反强權主義)'일지도 모른다(하승우, 2008: 36). 아나키즘의 요체는 강압적이고 강제적인 모든 권력, 권위, 지배를 거부하는 것으로, 여기에는 국가, 시장, 계급은 물론 신분, 젠더, 종교, 학교 등 거의 모든 사회제도가 포함될 수 있다. 이처럼 아나키즘의 뜻이 단순한 무정부주의 그 이상인만큼, 이 책에서는 아나키즘이라는 외래어를 편의상 그대로 사용한다.

아나키즘과 비슷한 생각은 유사(有史) 이래 꾸준히 존재해 왔다고 해도 과언이 아니다.[19] 하지만 그것이 '아나키즘'이라는 용어로 표현되어 처음 대중화된 것은 프랑스혁명 때였다. 당시 국민공회를 주도했던 급진적 산악당(혹은 산악파)은 자신들의 지휘와 통제에 따르지 않는 반대파들을 무질서와 혼란을 일으킬 뿐이라는 부정적 의미에서 아나키스트라고

19 아나키즘의 뿌리는 동서양을 막론하고 권력과 지배가 있는 곳이라면 어디서나 존재해 왔으며 무엇보다 대부분의 종교가 아나키즘 성향을 보여 준다. 만인 평등의 공동체적 삶을 지향하기 때문이다. 예수나 부처의 가르침도 그러하고 유가의 이상향인 대동세계도 마찬가지다. 아나키즘과 특히 가까운 동양사상은 노장철학이다. 노자는 나라는 작고 백성은 적어야 한다는 이른바 '소국과민(小國寡民)'을 주장했다. 이는 "이웃 나라의 닭 우는 소리와 개 짖는 소리가 들릴 정도로 작은 나라에 살면 무기를 쓸 일이 없다"는 뜻인데, 무기 쓸 일이 없다는 것은 권력을 행사할 이유가 없다는 의미다. 또한 노자는 정치의 근본을 '약팽소선(若烹小鮮)'으로 표현했는데, 나라를 다스리는 것은 작은 생선을 삶는 것과 같다는 뜻으로, 무엇이든 가만히 두면서 지켜보는 것이 가장 좋은 정치라는 말이다. 플라톤으로부터 시작하여 토머스 모어의《유토피아》, 캄파넬라의《태양의 나라》, 베이컨의《뉴아틀란티스》등으로 이어지는 서양의 이상국가론도 큰 나라, 강한 권력을 거부한다는 점에서 아나키즘과 상통하는 부분이 많다.

불렀다.[20] 실제로 아나키즘이 하나의 정치사상으로 자리 잡은 계기 역시 프랑스혁명이었다. 역사의 대분수령이 될 것으로 기대되었던 프랑스혁명이 공포정치의 등장이나 신흥 지배계급의 형성, 나폴레옹의 황제 등극 및 국민적 인기몰이와 같은 예상 밖의 방향으로 전개되자 "도대체 무엇이 잘못되었나?" 질문하는 것에서 아나키즘이 출발한 것이다(Ward, 2004: 1). 말하자면 프랑스혁명에 대한 대중적 실망감이 아나키즘을 촉발한 셈이다.

아나키즘 사상의 선구자는 영국의 작가이자 정치사상가 고드윈(William Godwin, 1756-1836)이다. 그는 1793년에 《정치적 정의와 그것이 일반 미덕과 행복에 미치는 영향에 관한 고찰》이라는 책을 썼다. 이는 프랑스혁명을 폭동이라고 비판한 에드먼드 버크(Edmond Burke, 1729-1797)를 반박하기 위한 것으로, 자유와 정의의 진정한 적(敵)은 권력자 및 타락한 정치라고 주장하며 프랑스혁명을 옹호하고 방어했다. 고드윈은 근대국가의 존재 이유를 설명하기 위해 등장한 '사회계약론'도 거부했다. 정치는 최선의 상태에서조차 결국 불평등과 폭력을 수반하는 악이 될 수밖에 없다는 생각에서였다. 그는 국가와 사유재산제의 철폐를 통한 공산주의 사회를 구상했는데, 다만 그 실천 방법으로 혁명이 아닌 인간 지식의 계발을 제시했다. 이치나 원리를 깨달으면 공산주의를 찬성하게 될 거라는 기대였다.

프랑스의 사상가이자 정치인 프루동(Pierre-Joseph Proudhon, 1809-1865)은 아나키스트를 자임한 최초의 인물이다. 그는 그때까지 부정적 의미로 사용되던 아나키즘을 긍정적인 것으로 바꾸는 데 공헌했고, 결과적으로 아나키즘의 대중적 전파에도 이바지했다. 프루동은 가난한 농부의 아들로 태어나 독학을 하면서 (그는 제도권 교육 자체를 부정했다) 소유권에 기반

20 참고로, 이들이 '산악파'라는 별명을 갖게 된 것은 이들의 의석이 의사당 내 가장 높은 자리에 있었기 때문이다.

한 자본주의 경제체제를 비판했다. 프루동이 아나키즘에 매료된 보다 직접적 배경은 프랑스의 7월 왕정이었다. 앞에서 살펴본 것처럼 7월 왕정은 프랑스에서 부르주아적 자유주의와 개인주의가 한껏 고무된 시기로, 이른바 '가진 자'들의 정치권력 쟁취 및 독점이 두드러졌다. 말하자면 '흙수저' 프루동의 입장에서 삶의 희망이 전혀 보이지 않는 상황이 바로 7월 왕정기였던 것이다.

1840년에 쓴 《소유란 무엇인가》라는 책에서 프루동은 프랑스혁명의 인권선언에서조차 '신성하면서도 불가침의 권리'라고 명기한 소유권을 이론적으로 부정했다(프루동, 2003).[21] 그에 의하면 인간의 본능은 남들과 더불어 사회를 이루려는 성향, 곧 '사회성(sociabilité)'으로서, 공유가 삶의 기본이자 원칙이다. 사실 인간들의 자발적 협력이나 자생적 공동체 형성을 강조하는 것은 아나키즘의 간판 메시지다. 프루동에 의하면 사회성을 파괴하는 주범은 다름 아닌 사적 소유다. 그것은 일종의 일탈적 현상으로서 '올바른' 사회화 과정에서는 불가능한 일이라고 본다. '재산은 절도(Property is Theft)'라는 도발적 선언이 나온 것은 이런 맥락에서다. 사적 소유에 의해 파괴된 인간 본래의 사회성을 회복하기 위해 프루동은 의도적으로 질서 대신 혼란을 택했다. 위에서 강요하는 질서가 아니라 아래

21 일반적으로 '공상적' 사회주의자와 대비하여 마르크스를 '과학적' 사회주의자로 인식하지만, 과학적 사회주의자를 자처한 최초의 인물은 프루동이었다. 마르크스 역시 《신성가족》에서 "프루동은 경제학의 기초인 사유재산에 대해 최초의 결정적이고도 과학적인 비판을 가한다. (…) 이는 경제학을 혁명하여 참된 경제과학을 처음으로 가능하게 한 진보"라고 극찬했다. 어떤 의미에서 프루동은 마르크스의 인생을 바꾼 장본인이기도 했다. 프러시아에서 추방된 마르크스가 파리에서 만난 결정적 인물이 프루동이고, 그 당시 '스타 지식인'이었던 프루동은 마르크스를 반자본주의적 사회주의자로 개종시켰다고 해도 과언이 아니다. 그러나 이들의 만남은 궁극적으로 결별로 끝났다. 프루동은 마르크스의 유물론을 강하게 비판했고, 마르크스는 프루동을 자본과 노동 사이를 끊임없이 왔다 갔다 하는 프티부르주아라고 비난했다. 1846년 프루동이 《빈곤의 철학》을 쓰고, 그 이듬해 마르크스가 《철학의 빈곤》을 출간하면서 두 사람은 완전히 갈라섰다.

에서 위로 향하는 '진정한 질서'를 찾기 위해 혼돈을 포용한 셈이다.

1848년 2월 혁명 이후 아나키즘은 다시 한번 세간의 주목을 끌었다. 그것은 자본주의 체제에 대한 노동자계급의 반발과 더불어 봉건 체제의 완전한 타파를 요구했다는 점에서 다분히 자유주의적이었으며, 그런 의미에서 1848년 혁명은 1789년 프랑스혁명의 재판(再版) 성격을 지녔다. 하지만 1848년 혁명 역시 결과적으로는 원래 목표를 달성하지 못했다. 노동자들이 선거권을 쟁취하는 대가로 자본주의 체제를 수용했기 때문이다. 1848년 혁명의 좌절은 이런 점에서 1789년 프랑스혁명의 사후 일탈과 흡사했다. 프랑스혁명의 변질이 아나키즘을 촉발했듯이, 1848년 혁명의 무산이 아나키즘을 재차 소환한 것은 어떤 점에서 당연한 수순이었다.

1848년 혁명을 배경으로 출현한 대표적 아나키스트가 러시아의 바쿠닌(Michael Bakunin, 1814-1876)이다. '흙수저' 프루동과는 대조적으로 부유한 귀족 집안의 '금수저'로 태어난 바쿠닌은 사상적 방황 끝에 서유럽으로 건너가 1848년 노동자 혁명의 열기를 경험했고, 프라하와 드레스덴 등 동유럽에서는 혁명에 동참했다가 당국에 체포되기도 했다. 정치범으로 러시아 정부에 인도된 바쿠닌은 시베리아에서의 유배 생활 끝에 영국으로 망명하는 데 성공했고, 이를 계기로 혁명가에서 아나키스트로 완전히 기울었다. 1870년대 그는 마르크스가 활동하던 국제노동자협회(International Working Men's Association), 곧 제1인터내셔널에도 가입하는데, 얼마 지나지 않아 두 사람은 심각한 의견 차이를 드러냈다. 마르크스는 1848년 혁명을 프롤레타리아 계급독재라는 이름의 강력한 국가주의로 나아가는 단계로 파악한 반면,[22] 바쿠닌은 철두철미 반(反)국가주의자였

22 국가 폐지를 지향하고 자본주의 시장경제를 거부한다는 점에서 아나키즘은 사회주의와 공통점을 가진다. 하지만 양자 간에는 목표와 방법에서 결정적 차이가 있다(하승우, 2006: 16-20). 마르크스주의가 보는 역사에는 '예정된 법칙'이 작동하며, '객관적'인 조건이 성숙함에 따라 혁명적인 사회변동이 일어난다. 이에 반해 아나키

기 때문이다. 바쿠닌이 볼 때 마르크스는 "국가를 파괴하고자 한 게 아니라 탈취하고자 했다"(E. H. 카, 1989: 323).

1872년 인터내셔널 헤이그 대회에서 마르크스는 바쿠닌을 제명했다. 하지만 바쿠닌은 "사회주의 없는 자유는 특권이자 불의고, 자유 없는 사회주의는 예속이자 야만"이라 주장하며 아나키즘을 굳게 견지했다. 돌이켜보면 바쿠닌은 1917년 러시아 혁명 이후 등장한 소련의 현실 사회주의(Real Socialism)가 나아갈 길을 정확히 예언한 셈이다. 바쿠닌은 다른 유력 아나키스트들에 비해 다분히 낭만적이고 감정적이었을 뿐 아니라 비일관적이고 비현실적인 측면도 많았다. 그는 대중이 지닌 반란의 본능과 파괴적 충동에 내재된 창조성을 중시했으며, 어디서라도 혁명 냄새가 나면 죽음도 무릅쓰고 달려갔다. "그는 항상 임신 3개월을 9개월로 오인했다"는 평가도 그래서 나왔다(E. H. 카, 1989: i).

아나키즘과 관련하여 주목해야 할 또 다른 인물은 러시아의 귀족 출신 지리학자 크로포트킨(Peter Kropotkin, 1842-1921)이다.[23] 제정 러시아 최고 엘리트로 성장했음에도 러시아 황실의 개혁정치를 회의적으로 바라본 그는 당대 사회주의자 및 아나키스트들과 교류하면서 '인민들에 대한 애정'을 키워 나갔다(하승우, 2006: 23-40). 그의 삶에서 두 가지 계기가 특히 중요했다. 첫째, 1870-1871년 파리 코뮌의 간접 체험을 통해 모든 사회혁명에서 가장 필요한 것은 독립적 공동체라는 점을 인식하게 되었다. 둘째, 제1인터내셔널 분열 이후 스위스에 체류하면서 목격한 뇌샤텔(Neuchâtel) 지역 쥐라산 기슭 시계공들의 삶이었다. 그곳에서는 노조 지

스트들에게 새로운 사회란 누가 마련해 준, 혹은 미리 준비된 어떤 청사진이 아니다. 그것은 참여하는 대중의 본능과 자발성에 달린 문제이며, 미래는 새로운 사회를 만드는 방식 여하에 따라 결정될 뿐이다. 상황에 따라 아나키즘에 조직이 필요할 수는 있다. 하지만 중요한 것은 그러한 조직이 권위주의적 위계 구조를 가져서는 안 된다는 점이다.

23 최근 국내에서 출간된 크로포트킨 평전으로 박홍규(2021) 참고.

도자와 일반 노동자의 관계가 자유롭고 대등했다.

크로포트킨(2016: 21, 29)은 "어떤 사상이나 발명도 과거와 현재에서 태어난 공유재산이 아닌 것은 하나도 없다"고 주장했다. "모든 것은 모두의 것(Everything to Everybody)"이라는 논리다. 그에 의하면 무엇보다 중요한 혁명의 본질은 모두에게 빵과 옷, 집을 보장해 주는 문제로서, 그의 굵고 강한 표현에 의하면 '빵의 쟁취'다. 그는 자신의 공산주의가 푸리에주의자들의 공산주의도 아니며, 독일의 권위 있는 이론가들의 공산주의도 아니라고 말하면서, "우리의 공산주의는 아나키즘적 공산주의, 정부 없는 공산주의, 자유로운 인간들의 공산주의"라고 선언했다. 그것은 인류가 여러 시대를 통해 추구해 온 두 가지 목적(경제적 자유와 정치적 자유)의 종합을 의미했다(크로포트킨, 2016: 54-55). 이런 점에서 그는 대의민주주의도 거부했다. 정부 없는 사회의 자율적 운영은 개인들의 자유로운 결속과 단체들의 자유로운 연합을 통해서 가능하다고 판단한 결과였다.

크로포트킨은 아나키즘의 핵심 이론가로서 인간들 사이의 '상호부조(mutual aid)' 원리를 신봉했다. 이러한 주장의 일차적 타깃은 당시 유럽의 지식인 사회에서 커다란 반향을 일으키고 있던 찰스 다윈(Charles Darwin, 1809-1882)의 《종의 기원》이었다. 크로포트킨은 진화의 자연법칙적 요인으로서 생존경쟁만 있는 것이 아니라 상호부조도 함께 있다는 사실을 실증적으로 규명하고자 했다. 그리고 이는 비단 동물들의 세계에만 해당하는 것이 아니라 인간사회에도 마찬가지라고 믿었다(크로포트킨, 2016: 2005).[24] 종(種)이 생존하기 위해서는 상호부조의 법칙이 훨씬 더 중

24 사실 생물학자 다윈은 《종의 기원》에서 '적자생존(Survival of the Fittest)'이라는 말을 사용하지 않았다. 이 말을 처음 사용한 이는 사회학자 허버트 스펜서(Herbert Spencer, 1820-1903)다. 다윈은 생명체가 살아남는 방법이 주변 환경을 제압하는 최적자(最適者)가 되는 데 있다고 보지 않았다. 말하자면 경쟁이 전부가 아니라는 의미다. 다윈은 진화론을 설명하기 위해 동물의 '가축화(domestication)' 과정에 주목했다. 동물이 인간 가까이에서 동거와 협력적 의사소통이 가능한 가축으로 길들여지면서 공격성이 감소하고 개체가 획기적으로 늘어났다는 것이다. 흥미로운 것

요하다고 생각한 그는 인류가 살아남은 비결로 기나긴 진화 과정에서 유전되어 온 상호지원 본능을 꼽았다. 인류문명이 화려하게 꽃핀 것은 이와 같은 사회성이 개인이나 집단의 창의성과 결합한 때라는 것이 그의 주장이다.[25]

아나키즘은 18세기 이후 근대국가의 형성과 자본주의 시장경제의 발전을 비판하고 거부하는 과정에서 강력한 안티테제로 등장했다. 아나키즘은 19세기 후반과 20세기 초에 걸쳐 공산주의와 세력을 다툴 만큼 세계 도처에서 큰 힘을 발휘했는데, 이렇게 되는 데는 남미, 아시아, 아프리카 등의 반(反)서구·반(反)제국주의 독립투쟁도 일조했다. 말하자면 유럽발 '근대화의 세계화' 과정에서 제3세계는 아나키즘을 그것의 대안적 발전 모델로 인식한 측면도 있다.[26] 강력한 개인주의나 풀뿌리 자치에 기반한 미국 정치에 아나키즘과 공명하는 대목이 유난히 많은 것도 이런 배경과 무관하지 않을 것이다.[27] 조선조 패망 및 일제 식민지 시대를 전

은 인간 스스로 '자기가축화(self-domestication)'를 통해 현재와 같은 인류사회로 진화했다는 점이다. 사실 인간은 가장 높은 수준의 가축화를 이룬 종이라는 명제는 크로포트킨의 상호부조 논리와 일맥상통하는 바가 있다(브라이언 헤어·버네사 우즈, 2022 참고).

25 크로포트킨이 인류문명 발전 시대의 대표 사례로서 제시한 것은 동업자조합, 곧 길드를 중심으로 한 중세 유럽 도시였다(크로포트킨, 2005: 15-266). 그가 볼 때 "이중의 연합체"였던 중세 도시는 ― 거리, 교구, 구역 단위의 지역적 결합과 각자 직업에 따른 길드적 결합 ― 사람들에게 국가라는 속박을 부과하지 않으면서도 상업, 문화, 예술, 과학, 정치 영역에서 개인과 집단들이 완전한 독립과 자유를 누릴 수 있는 사회였다. 그러한 전통이 파리 코뮌이나 스위스의 뇌샤텔 시계공 마을로 계승되었다는 것이 크로포트킨의 생각이다.

26 인도의 민족운동 지도자 마하트마 간디의 '마을 스와라지' 운동이 대표적이다. 제국주의에 대항한 간디는 국가는 물론 제국주의의 산물인 도시 또한 결코 호의적으로 생각하지 않았다. 그는 탈중심화된 민주주의, 작은 민주주의, 국가 없는 민주주의, 계몽된 무정부주의를 지향했다(간디, 2011: 13, 40-42, 53-54, 320). "70만 개의 마을이 사회적, 도덕적, 경제적 독립을 얻지 못하는 한, 아직 인도는 독립되지 않았다"는 것이 간디의 생각이었다.

27 미국의 건국사상에는 아나키즘적 요소가 자주 눈에 띈다. 그 대표적인 인물은 정치

후하여 우리나라에서도 아나키즘 운동이 매우 활발했다.

아나키즘의 보편성과 지속성

아나키즘은 세계정치사의 대세로 자리 잡는 데까지 이르지는 못했다. 어쩌면 이는 아나키즘의 내재적 한계라고 할 수 있다. 다시 말해 아나키즘이라는 것이 태생적으로 권력의 조직화 자체를 부정하기 때문에 생긴 당연한 결과일지도 모른다. 만약 아나키즘이 정치 세력화에 성공했다면, 사전적 의미에 따라 그것은 더 이상 아나키즘이라고 할 수가 없다. 어떻든 세상을 바꾸는 정치 이데올로기로서 아나키즘은 한 시대의 열정이나 운동으로 끝났다. 그와 같은 실패와 좌절의 유산으로 오늘날 아나키즘은 세간에서 흔히 폭력이나 테러 같은 부정적 이미지를 얻고 있다. 그럼에도 불구하고 혹은 바로 그렇기 때문에, 권력이나 이데올로기가 아닌 일상 혹은 삶의 양식으로서 아나키즘은 여전히 지속되고 있다.

국가주의·개입주의나 자유주의·시장주의와 달리 아나키즘은 현실에서 성공한 정치사상이나 이론이 아니다. 적어도 지금까지는 그렇다. 그러나 이것이 아나키즘의 종언을 뜻하는 것은 결코 아니다. 아나키즘의

평론가 토머스 페인(Thomas Paine, 1737-1809)이다. 무엇보다 그는 프랑스혁명을 부정적으로 평가하던 보수주의자 버크를 강력히 비판했다. 페인은 "프랑스 국민이 혁명을 일으킨 것은 루이 16세에 반대해서가 아니라 전제적 국가원리에 반대해서였다"라고 썼다(페인, 2004: 103). 그는 당대 유럽에서 국가를 '필요악'으로 인식하던 사회계약론에도 반대했다. 그는 "문명이 완전하면 완전할수록 국가의 필요성은 더욱 줄어든다"라고 주장하면서, "인간은 그 자신이 알고 있는 것보다, 또는 국가가 그에게 믿게 하고자 하는 것보다 더욱 합리적인 피조물"이라고 주장했다(페인, 2004: 239). 아닌 게 아니라 18-19세기 미국에는 코뮌, 협동조합, 대안학교, 지역화폐 등을 매개로 하여 거대 정부와 자유방임 시장을 거부하는 자치운동이 유난히 활발했다(Ward, 2004: 59). 자유주의 정치철학자 노직(Nozick, 1974)이 사회정의를 중시하는 롤스의 '확장적 국가(extensive state)'와 아나키즘 사이에서 자유지상주의(libertarianism) 내지 최소국가론(minimal state)을 주장한 것도 이런 맥락으로 이해할 수 있다. 최소국가를 통해 비록 유토피아는 아닐지 모르나 유토피아의 토대 마련은 가능하다는 것이 노직의 입장이었다.

진정한 힘과 영향력은 그것의 보편성과 지속가능성에 있다. 아나키즘은 동서고금에 편재하는 일상이자 이상이다. 비록 꽃을 피우거나 열매를 맺지는 못했지만 뿌리는 언제나 남아 있다. 어쩌면 아나키즘은 언제 터질지 모르는 휴화산 같은 존재일지도 모른다. 이 책에서 아나키즘을 국가주의·개입주의 및 자유주의·시장주의와 동급으로 비중 있게 다루는 이유도 여기에 있다.

근대 정치사에서 아나키즘을 촉발시킨 것은 1789년 프랑스혁명이었고, 그것을 다시 재점화한 계기는 1848년 혁명이었다. 1871년 파리 코뮌을 끝으로 근대적 정치사회 질서에 대한 이와 같은 강력한 거부나 항거는 1989년 사회주의권이 붕괴하기 전까지 적어도 표면적으로는 잠잠해졌다. 하지만 20세기 들어와서도 그 불씨가 완전히 사그라든 것은 아니다. 대표적인 것이 1968년 프랑스에서 시작된 이른바 '68년 혁명'이다. 관료주의와 물질문명을 비판하면서 모든 차별 철폐와 사회적 다양성 존중을 꿈꾸었던 68혁명의 상상력은 아나키즘과 유사한 측면이 많다(길혀홀타이, 2009 참고). '조직 없는 권력'이라든가 '지도자 없는 운동', '금지를 금지하라' 등의 슬로건이 이를 웅변하기에 충분하다.

아나키즘의 특성 가운데 하나는 그것의 세계적 전파와 파장이다. 68혁명이 그랬던 것처럼 아나키즘은 국경을 넘어 글로벌 사회운동으로 확산하는 경향이 있다. 이러한 전통은 최근까지 이어져 신자유주의와 세계화에 맞서는 시민운동이 전 세계적 차원에서 수시로 벌어지고 있다. 세계무역기구 밀레니엄 라운드회의를 좌초시킨 1999년의 이른바 '시애틀 전투(Battle of Seattle)'가 대표적이며 2011년 발생한 '월스트리트 점거운동(Occupy Wall Street, OWS)'도 같은 맥락이다. 그레이버(2012)는 월스트리트 점거운동의 아나키즘 요소로서, 첫째 그것이 항의 시위(protest)가 아닌 직접 행동(direct action)이었다는 점, 둘째 기존 법질서의 정당성을 거부했다는 점, 셋째 내부적 위계 없이 동의에 바탕을 둔 직접민주주의 형식을 창안했다는 점, 넷째 새로운 사회제도를 창안하는 예시적(豫示的) 정치의 실험공간이 되었다는 점을 지적했다. 어떤 면에서 21세기 세계화 시대는 '아나키즘 르네상스'를 목격하고 있는지도 모른다.[28]

모든 혁명 혹은 사회운동에는 유토피아적 측면이 있고, 그곳에 아나키즘 요소가 내재되어 있다. 지배는 반대하나 질서는 인정하는 아나키즘, 하지만 어디까지나 자발적 질서를 중시하는 아나키즘, 또한 자발적 질서를 만들어 가는 힘이 인간 본성에 내장되어 있다고 믿는 아나키즘은 정치혁명으로서 실패와 좌절에도 불구하고 이처럼 "항구적 회복 탄력성"을 견지하고 있다(Ward, 2004: 10). 다시 말해 아나키즘은 피지배계급, 사회적 약자, 소수자들의 일상과 의식 속에 늘 잠복해 있는 그 무엇이라고 볼 수 있다. 비록 아나키즘을 추종하는 영웅적 정치가나 스타 운동가들이 세상을 혁명적으로 바꾸는 데는 실패했지만, 아나키즘이 인간의 고통스러운 삶의 무게를 조금이나마 가볍게 만드는 "일련의 연속된 작은 해방들"을 추구해 왔다는 사실은 결코 부정할 수 없다. 아나키즘을 통한 '조용한 혁명(quiet revolutions)'은 현재진행형이다(Ward, 2004: 70-77).

최근 각광받는 '3세대 개인주의'라는 개념도 이와 맥락을 공유한다. 오스트리아의 철학자이자 저널리스트인 카림(2019: 145-152)에 의하면 1세대 개인주의 및 2세대 개인주의에서 발현된 기존 정치참여 형태는 각각 정당활동과 신사회운동이다. 그것들은 상설조직과 고정공간이 필요한데 반해, 3세대 개인주의 정치참여는 월스트리트 점거운동에서 보는 것처럼 평범한 공간에 정치적 의미를 부여함으로써 이를 정치적 무대로 변

28 2000년대 이후 뉴욕을 중심으로 한 아나키스트 도시운동에 대해서는 이와사부로 코소(2010) 참조. 일본계 미국인 예술가이자 공간활동가인 코소 이와사부로(高祖岩三朗)는 '운동하는 뉴욕'을 분석한다. 그것은 이동하는 세계민중에 의해 전개되는 삶을 위한 투쟁을 의미하는데, 그가 사용하는 개념은 '치마타(ちまた, 巷·衢·岐)'이다. 치마타란 '길이 걸쳐 있는 곳'이라는 뜻으로 "사람이 집합하는 장소라면 어디라도 그 자리에서 만들어질 수 있는 교류와 교통의 공간"이다. 치마타는 '뉴욕이라는 도시의 실질적 기초'이자 '이동하는 민중의 집합 신체 운동'이라는 것이다(이와사부로 코소, 2010: 526-530).

형하고 활성화한다. 여기서 완전참여란 집단이나 계급 혹은 정당과 같은 어떤 외적 기준에 의해 대변되지 않고, 자신의 구체적인 개체성 안에서 자기 자신이라는 온전한 개인으로 존재하는 것을 의미한다. 모든 종류의 대의 체제, 모든 종류의 제도에 대해 회의적인 태도를 보이는 3세대 개인주의 정치참여는 '기성 프로그램 피로증'을 호소한다는 점에서 아나키즘과 접점을 만들어 낸다(카림, 2019: 145-152).

미국의 정치학자이자 인류학자인 스콧(James C. Scott, 1936-)에 따르면 지배받는 자들이 권력 관계를 진심으로 수용하는 사례는 거의 없다. 따라서 그들이 벌이는 비공개적, 비공식적 '하부정치(infrapolitics)'는 언제 어디서나 존재해 왔다. 그것은 "조용하고 은밀하게 이루어지는 불순종으로서 (…) 어떤 깃발도 흔들지 않고, 어떤 관리자도 없고, 어떤 성명서도 작성하지 않고, 어떤 상설조직도 갖고 있지 않으며, 일절 눈에 띄지 않는" 아나키즘 운동의 일종이다(스콧, 2014: 47).[29] 스콧이 볼 때 인간은 아나키스트로서의 능력과 의지, 습관을 갖고 태어났으나 지난 200년간 강력한 국가통치와 경쟁적 시장경제 때문에 이를 거의 다 잃었을 따름이다. 그가 볼 때 지금 우리에게 다시 필요한 것은 "비공식적인 협동과 협조, 위계 없는 호혜적 상호관계"를 구현하기 위해 알게 모르게 노력하는 일이다(스콧, 2014: 23).

아나키즘 혹은 하부정치의 발현과 관련하여 스콧이 제시하는 개념은 '은닉대본(hidden transcript)'이다. 공식대본(official transcript)과 달리 은닉대본은 힘없는 사람들이 권력자를 대하는 일종의 '면종복배(面從腹背)' 전

---

29 하부정치는 스콧이 만든 신조어다. 자유민주주의와 같은 비교적 공개된 정치, 그리고 항의·데모·반란처럼 세상의 이목을 끄는 정치투쟁과 달리 하부정치는 그동안 사회과학 분야에서 무시되어 왔다. 스콧이 볼 때 하부정치 없는 권력 현상은 없다. 반대와 저항 없는 권력이란 존재하지 않기 때문이다. 하부정치는 피지배집단이 지배권력에 대한 직접 공격이라는 진품(眞品)의 대체물로 확보하는 것으로, 권력이 있는 곳이라면 언제 어디라도 실재한다(스콧, 2020: 332-337). 단지 쉽게 눈에 띄지 않을 뿐이다.

략이다. 여기에는 아첨, 위장, 은폐, 태업(怠業), 소문내기, 완곡어법 등이 포함된다. 바로 이와 같은 은닉대본의 생산과 공유를 통해 하부정치는 나름 실체를 갖게 되며, 적절한 때를 만나면 혁명과 같은 공개적 대폭발로 이어지기도 한다. 요컨대 "은닉대본은 지배관계 탓에 상호 대화로는 공개적으로 말하기 어려운 피지배자층의 대응"이다(스콧, 2020: 395).[30] 스콧(2014: 11)은 "우리가 아나키스트의 안경을 끼고 그 시각에서 대중운동, 혁명, 일반적인 정치, 국가를 바라볼 경우 거의 모든 다른 시각에서는 가려졌던 통찰력이 드러날 것"이라고 생각한다. 요컨대 그가 제안하는 것은 '국가처럼 보기(seeing like a state)'에서 '아나키스트처럼 보기(seeing like an anarchist)'로의 전환이다.[31]

30 은닉대본이 뜻하는 피지배자 혹은 힘없는 사람들의 비공개적 커뮤니케이션은 현대 민주주의 이론에서 간과되어 온 부분이다. 나중에 자세히 살펴보겠지만 하버마스도 이 점을 놓쳤다. 은닉대본은 말하자면 아나키즘의 무기고(武器庫)다.

31 참고로, 세간에 널리 사용되고 있는 "X처럼 보기(seeing like a X)"라는 표현은 본래 스콧이 《국가처럼 보기(seeing like a state)》에서 창안한 문구다. 이 책을 출간할 당시 예일대출판부에서는 문법적으로 'seeing as a state'가 옳다며 수정을 요구했다고 한다. 이에 그는 이른바 '문법경찰(grammar police)' 혹은 '문법나치(grammar Nazi)'를 질타하며 자신의 본의를 분명히 하는 'seeing like a state'를 고수했다고 회고한 적이 있다(뭉크·스나이더, 2012 참고).

5 도시계획의 이론사회학

이론사회학은 사회현상을 이론적 관점에서 탐구하는 분야다. 주어진 사회학적 주제를 이해, 설명, 예측할 수 있는 분석적 도구로서 가설이나 이론을 구성하는 데 관심을 갖기도 하고, 실증적 데이터를 활용하여 그것들을 다시 검증하는 일에 힘쓰기도 한다. 사전적 의미의 이론이란 "어떤 현상에 대한 합리적 형태(rational type)의 추상적 사고(abstract thinking)"다. 이론은 "중매쟁이, 산파, 대부를 모두 합친" 역할을 수행하면서 이들을 통해 세상의 질서나 현실의 원리를 '스스로 발견하게(heuristic)' 만든다(Kaplan, 1964: 302-303). 이론은 유일한 것도 아니고 정답도 없다. 계속 등장하고 경쟁하고 진화하고 도태하는 과정이 이론의 숙명이다. 도시계획 이론이라고 하등 다르지 않다. 이 장에서는 크게 여섯 가지 도시계획 이론을 소개하는데, 그러한 분류 자체는 물론 자의적일 수 있다. 우리는 수많은 이론 가운데 자신에게 맞는 것을 필요에 따라 '선택하고 혼합(pick and mix)'할 뿐이다(Allmendinger, 2002: 1-25).

본다는 것에는 단순히 안구(眼球)와 빛의 만남 이상의 무엇인가가 있다. (…)
본다는 것은 '이론이 탑재된(theory-laden)' 일이라고 말할 수 있다. (…)
이론은 관찰된 현상으로 짜 맞춰진 것이 아니다.
오히려 현상들을 특정한 종류의 것으로 그리고
다른 현상들과 연관된 것으로 보이게 만드는 것이다.
이론은 현상들을 체계적으로 만든다. 이론은 '역으로(in reverse)' 형성된다.

노우드 러셀 핸슨, 송진웅·조숙경(옮김), 《과학적 발견의 패턴》, 사이언스북스, 2007

1. 합리적 · 종합 계획이론

베버의 합리성과 관료제

합리적 계획은 대부분 종합 계획과 동행한다. 따라서 합리적 계획과 합리적·종합 계획은 거의 같은 개념이다.[1] 합리적·종합 계획이론(Rational-Comprehensive Planning Theory)은 가장 통상적이고도 전형적인 계획이론이라고 할 수 있으며, 이는 공공계획의 본래적 의미에 가장 충실하다는 의미이기도 하다. 그런 만큼 합리적·종합 계획이론은 '정통' 혹은 '주류' 계획이론으로 불리기도 한다. 비록 오늘날에는 다양한 비판에 직면해 있지만 계획이론의 원조로서 합리적·종합 계획이론의 전통과 관행은 여전히 막강하다. 합리적·종합 계획이론으로부터 완전히 자유로운 계획이론은 현재에도 없고 미래에도 존재하기 어려울 것이다.

합리적·종합 계획이론의 다른 이름으로는 총괄 계획(master plan), 일반 계획(general plan), 종관(綜觀) 모델(synoptic model), 근원적 접근(root approach) 등이 있다. 이런 별명에서 보는 것처럼 합리적·종합 계획은 무

---

1 '합리적·종합 계획'은 문법적으로 어색하고 불완전한 표현이다. '합리적 종합 계획'이나 '합리적·종합적 계획'이 옳을 것이다. 하지만 혼란을 피하기 위해 도시계획 분야의 오랜 관행을 이 책은 따른다.

언가 전체적이고 적극적이며, 어딘가 체계적이고 효율적인 느낌을 준다. 합리적·종합 계획이론의 도입은 공공계획이 필요해지고 가능해진 근대국가의 당연한 선택이었고, 따라서 합리적·종합 계획이론의 역사는 공공계획 자체의 역사와 출발선을 같이한다. 합리적·종합 계획은 '주어진' 계획의 목표를 달성할 수 있는 최적의 접근방법으로 인식되었다. 합리적·종합 계획이론이 계획실체론(substantive planning theory)보다 계획과정론(procedural planning theory)에 더 가까운 것은 이런 이유에서다(Faludi, 1973 참고).

합리적·종합 계획이 이론적으로 체계화되기 시작한 것은 20세기 중반 이후지만 그것은 계획이론의 기원으로 오랜 전사(前史)를 갖고 있다. 17-18세기 유럽을 풍미한 계몽주의, 합리주의, 실증주의가 바로 그것인데, 이들은 서로 긴밀히 연계되어 있다. 먼저 계몽주의(Enlightenment)는 '빛을 비추다(enlighten)'라는 말이 의미하는 것처럼 세상은 바뀔 수 있고 또 바꿔야 한다는 진취적 정신이나 태도를 말한다.[2] 계몽주의가 강조하는 빛은 신의 섭리가 지배하던 이른바 중세 암흑기를 대척점에 두고, 종교적 미망이나 주술에서 벗어나 인간의 의지나 능력을 통해 보다 행복한 삶, 보다 좋은 세상을 만들겠다는 의지를 상징하는 것이다. 요즘 말로 그것은 '할 수 있다는 정신(can-do-spirit)' 혹은 가능주의(possiblism)에 가깝다. 계획학이 미래학과 불가분의 관계를 맺고 있는 것도 이런 맥락에서다.

둘째는 합리주의(Rationalism)다. 합리주의란 지식을 획득하고 판단하는 핵심 요소로서 인간의 이성을 지목한다. 곧, 진리의 기준은 감각적인 데 있는 것이 아니라 지적이고 논리적인 데 있다고 보는 입장이다. 합리적 정신 그 자체는 역사적으로 오래되었으나 합리주의는 17세기 이

---

2 Enlightenment가 계몽주의로 번역된 것은 일본에서였다. '열' 계(啓)와 '어두울' 몽(蒙)이 합쳐져 계몽은 어두움이나 어리석음을 열어서 깨우친다는 뜻이다. 일본의 번역자는 일종의 의역을 한 셈인데, 본래 의미를 살려 '광화(光化)주의'라고 해도 좋았을 것이다. 독일어 Aufklärung, 프랑스어 lumières도 모두 빛을 밝힌다는 뜻이다.

후 '이성의 시대(Age of Reason)'를 맞으며 한 시대를 풍미했다. 합리주의의 등장은 결코 자명하거나 자연스러운 현상이 아니다. 인간의 이성에 대한 신뢰나 기대의 보편화는 역사적으로 근대 이후의 산물이었다.[3] 최근 주류경제학의 바탕인 '합리적 인간'을 부정하는 '행동경제학(behavioral economics)'의 부상이 말해주는 것처럼, 인간이 합리적 존재인지 아닌지는 선험적으로 주어진 절대 명제가 아니다.

셋째는 실증주의(Positivism)다. 실증주의에 의하면 모든 진실은 오직 자연적 현상과 속성 및 관계의 경험을 통해 귀납적 사실로 증명되어야 한다. 이는 당위나 규범보다는 이성과 논리를 중시하는 사조의 바탕으로서, 사회현상도 자연현상처럼 경험적으로 알 수 있다고 본다. 실증주의가 득세하기 전까지 인간의 능력으로는 세상 전부를 알 수 없다는 불가지론(不可知論)이 널리 퍼져 있었고, 구체적 경험을 통하지 않는 비가시적 지식이 오히려 숭배되는 경우도 많았다.[4] 이에 비해 실증주의에서는 세상을 객관적으로 검증하고 비교하고 예측할 수 있는 대상으로 본다. 실증주의 지식의 형태 가운데 최고의 모델로 치부된 것은 자연과학, 그 가운데에서도 물리학이었다. 사회학의 창시자 콩트가 사회학을 '사회물리학'으로 작명한 것도 이 때문이다.[5]

---

3 플라톤 이래 서양 철학은 이성을 다른 동물과 구분되는 인간의 고유 능력으로 규정해 왔고, 계몽주의 이후 이성적 사고가 강화되었다고 믿었으나 최근에는 이성이 진리 탐구의 태생적 수단이라기보다 남을 납득시키고 자신이 남에게 선불리 설득당하지 않으려고 노력하는 과정에서 진화한 '사회적' 현상이라는 주장이 제기되었다. 말하자면 상대를 이기려고 따지는 과정에서 후천적으로 발달한 능력이라는 것이다(Hugo Mercier and Dan Sperber, "Why Do Human Reason? Argument for an Argumentative Theory," *Cambridge Core*, 2011. 3. 29 참고).

4 '보는 것이 믿는 것이다(Seeing is believing)'라는 격언이 실증주의에 해당한다면, 성경은 그 반대다. 고린도후서 5장 7절에서 사도 바울은 "이는 우리가 믿음으로 행하고 보는 것으로 행하지 아니함이로라"라고 했다.

5 실증주의는 오늘날 과학 탄생의 밑거름이 되었다. 동양의 전통적 학문은 온 세상의 진리를 '통째' 말하려는 경향이 있다. 이에 반해 과학은 각 과(科, 분야)의 특수

이와 같은 근대 서구의 지적·사상적 배경에서 합리적·종합 계획의 이론적 대부로 예우될 수 있는 인물은 막스 베버(Max Weber, 1864-1920)다. 독일의 사회학자, 역사가, 법률가, 그리고 정치경제학자로서 베버는 사회이론 및 사회분석 전반에 걸쳐 걸출한 업적을 남겼다. 그가 견지한 필생의 관심은 사회의 합리성(rationality) 증대였는데, 사람들이 세상을 이해하는 방식의 변화가 자본주의 시장경제 및 근대 민주주의 국가의 등장을 초래했다는 것이 베버의 기본 생각이다. 그에 의하면 근대 서구 문명은 합리성의 증대와 동반한 것으로, 세계사적 차원에서 볼 때 가위 독보적이었다.

베버는 사회를 집단이나 구조의 관점이 아닌 행위(action)라는 시각에서 분석하고자 했다. 이때 '행위'는 '행동(behavior)'과 구분되는 개념으로서, 어떤 행동이 특정한 의도와 의미를 지닐 때를 칭하는 말이다. 베버는 행위를 전통적(traditional) 행위, 감성적(affectual) 행위, 가치합리적(value-rational) 행위, 목적합리적(instrumentally rational) 행위로 구분한 다음, 이 중 근대 이후 서구에서는 목적합리적 행위가 크게 증대했다고 주장한다. 곧, 행위자 자신이 합리적으로 설정한 목표를 달성하기 위한 수단이나 조건에서 무엇보다 효율성을 가장 중요하게 고려하는 행위가 사람들 사이에 일반화되었다는 의미다.[6]

한 전문지식을 쌓는 학문이다. 영어로는 science, 독일어로는 Wissenshaft인데, 이는 1874년 일본의 난(蘭)학자 니시 아마네(西周, 1829-1897)에 의해 '과학'으로 번역되었다(최치현, "우리가 몰랐던 일본·일본인(9) 번역을 예술 경지로 승화시킨 니시 아마네", 《월간중앙》, 2018. 8; 장하석, "과학이라는 단어를 만들어 낸 이유", 《중앙일보》, 2021. 8. 31 참고). 과(科)는 곡식〔禾〕을 말〔斗〕로 나누는 것을 가리키는 글자다. 한편, 과학이라는 말이 한자문화권에서 전무했던 것은 아니다. 중국에서는 과거시험을 보는 학문, 곧 '과거지학(科擧之學)'을 '과학'으로 줄여 표현했다. 물론 이때의 과학은 지금 우리가 사용하는 과학과 전혀 다른 개념이다. 일본은 전통적으로 과거제도가 없었기 때문에 완전히 새로운 의미의 과학 개념을 창안해 낼 수 있었는지도 모른다.

6 전통적 행위와 감성적 행위는 거의 무의식적으로 이루어지는데, 전자는 습관이나

요컨대 베버가 말하는 합리성은 '실체적(substantive)'이라기보다 '형식적(formal)'이다. 합리성은 가치를 따지고 목표를 정하기 위해서가 아니라 그것을 달성하는 최적의 수단을 찾는 과정에서 요구된다. 따라서 베버의 합리성은 기본적으로 기능적 합리성(functional rationality) 내지 수단적 합리성(instrumental rationality)으로 불린다. 이는 비용·편익 분석을 통해 최대한의 이익을 추구하는 자본주의 시장경제 원리를 설명하는 데도 합당하지만, 근대국가의 공공계획에 대해서도 매우 중요한 함의를 갖는다. 베버에 의하면 근대국가는 지배의 효율성을 따지지 않을 수 없는 목적합리적 정치체제이기 때문이다. 공공계획이란 목적합리적 통치의 정치적 표현 가운데 하나이며, 이때 직업 관료제는 효율적 공공계획을 위한 제도적 수단으로 기대된다. 근대 관료제가 추구하는 이상이 합리성이기 때문이다.

베버가 거론하는 '이상형(ideal type)' 관료제는 다양한 국가기구들 간의 유기적 통합, 사회적 환경으로부터의 분화와 절연, 의사결정 및 업무분담 체계의 명확성, 고용과 승진 등에 관련한 능력 본위의 인사 제도 등을 의미한다(Weber, 1978: 956-1005). 이와 같은 '유능한' 관료제는 인력이나 예산 확보 문제를 넘어 공직자 내부의 단합력이나 엘리트 의식, 애국심 등과 같은 무형의 요소를 포함한다. 베버가 강조하는 근대 관료제의 또 다른 속성은 정치적 중립과 자율성이다. '진정한' 관료는 (적어도 공식적으로는) 정치를 외면한 채 비(非)정파적 자세로 오직 행정에만 몰두해야 한다. 분노와 편견, 정열, 투쟁은 최종 결정권과 궁극적 책임을 함께 부담해야 하는 정치가의 몫일 뿐이다. 대신, 관료의 명예는 "상급자가 잘못된 명령

익숙함에 기초하여, 후자는 특정한 상황이 촉발하는 욕구나 기분에 부응하여 각각 일어난다. 가치합리적 행위는 의식적인 사고와 노력에 기반한다는 점에서는 목적합리적 행위와 동일하지만, 성공 가능성에 대한 전망과 상관없이 행위자의 윤리적, 미적, 종교적 가치에 따라 일어나는 행위라는 점에서 차이가 있다(Weber, 1978: 24-25).

을 내리더라도 마치 그것이 자신의 신념과 일치하는 듯이 양심적이고 정확하게 그 명령을 수행하는 능력"에 있다(베버, 2002: 308-309). '분노도 편견도 없이' 직무를 수행하는 이른바 '영혼 없는 관료'가 사실은 가장 이상적이라는 것이다.

베버식 관료제 모델에 입각한 합리적·종합 계획이 20세기 미국에서 이론적으로 체계화되기 전, 그것의 원조 형태는 유럽에서 찾아볼 수 있다. 베버의 관료제 이론과 직접적인 관계는 없지만 적어도 계획 스타일 측면에서 그렇다는 말이다. 사회주의 이념과 기술공학적 접근이 합쳐진 산업화 초기 유토피아적 도시운동과 하워드의 정원도시 건설이 여기에 포함될 것이다. 근대 도시계획의 출발이라 할 수 있는 19세기 중반 오스만의 파리대개조사업 역시 절대왕정을 배경으로 한 하향식 도시계획이라는 점에서 합리적·종합 계획의 실천적 사례로 평가될 수 있다.

오스만의 도시계획 스타일은 20세기 전반 모더니즘 건축 및 도시계획의 대부 르코르뷔지에(Le Corbusier, 1887-1965)에 의해 계승되었다. 근대적 도시재개발의 시발이 오스만이었다면 그것의 현대적 후예는 르코르뷔지에였다. 르코르뷔지에는 "오늘날의 '자동차 도시 파리(Paris automoile)'는 오스만의 덕으로 살고 있다!"라고 말할 정도였다(르코르뷔지에, 2003: 265). 다른 한편으로 르코르뷔지에는 산업화 초기 유토피아 사회주의 도시계획의 맥을 잇는 측면도 있다. 사실 르코르뷔지에는 야망과 비전으로 무장한 도시계획 '이론가'였다. 왜냐하면 그가 구상한 도시계획은 대부분 실현되지 않았기 때문이다. 도시계획과 관련하여 그가 남긴 구체적 업적이 있다면 인도 펀자브(Punjab)의 수도 찬디가르(Chandigarh)와 프랑스 남부 도시 마르세유(Marseille)에 건설한 '유니테 다비타시옹(Unité d'Habitation)' 정도다.[7]

7 찬디가르 신도시는 1947년 인도가 영국으로부터 독립하면서 네루 수상이 동(東)펀자브 지역에 주도(州都)를 건설하기로 하면서 탄생했다. 네루는 이곳에 현대적인

'우리들의 기계 시대에 기본으로 활용될 수 있는 어바니즘 강령의 요소들'이라는 긴 부제를 달고 있는 《빛나는 도시(The Radiant City)》에서 르코르뷔지에는 합리적·종합 계획 이론가의 면모를 유감없이 보여 준다. 도시문제를 해결하려는 그의 도시계획관은 기본적으로 '내과적(medical)'이라기보다 '외과적(surgical)'이었다(Le Corbusier, 1964: 24). 그는 누구보다 이성과 합리성을 숭상하고 무엇보다 기하학과 표준화를 애호했다.[8] 그는 계획을 통해 도시 공간을 기능적으로 분리하고자 했고, 업무 중심의 도심부를 도시의 두뇌로 간주했다. '총체적' 도시계획을 꿈꾼 르코르뷔지에는 계획가를 '현대판 철인왕(哲人王, Philosopher King)'으로 생각했다. 태생

도시를 만들고 싶어 했고, 우여곡절 끝에 르코르뷔지에가 1950년부터 이 작업에 참여했다. 총 10개 영역으로 구성된 도시계획 가운데 그가 직접 설계에 관여한 것은 의사당 영역의 건축물이었다. 주지하는 것처럼 찬디가르 도시설계의 백미는 '오픈 핸드(Open Hand)' 모뉴먼트로 알려져 있다. 한편, 르코르뷔지에가 1945-1952년 마르세유에 지은 현대식 고층아파트 '유니테 다비타시옹'은 고댕의 '파밀리스테르' 건축이 철근 콘크리트 기술개발 및 엘리베이터의 발명에 힘입어 마침내 꽃을 피웠다는 평가를 얻고 있다(Benevolo, 1967: 70). 전후 도시노동자들을 위한 주택이 절대적으로 부족했던 시절, 르코르뷔지에는 합리적 주택의 신속한 대량생산·대량공급을 급선무로 간주했다. 프랑스어 유니테 다비타시옹의 사전적 의미는 '주거단위'이지만, 그가 염두에 둔 것은 오히려 독일어 '주거기계(Wohnmaschine)'였다. 실제로 그는 1920-1930년대 독일의 바우하우스운동에 참여하며 기계생산과 산업사회에 걸맞은 서민용 도시주택 공급의 필요성을 체감했다. 바우하우스운동은 산업화 초기에 만연했던 이른바 '공장주택' 대신 채광과 공기, 녹지가 보장되는 '집 같은 집'을 지향했다. 마르세유에 지은 유니테 다비타시옹은 총 337가구가 거주할 수 있는 12층짜리 고층 아파트였고, 이후 낭트(1953), 베를린(1957) 등으로 확산되었다. 마르세유의 유니테 다비타시옹이 건설에만 5년이 소요된 것에 비해 베를린의 유니테 다비타시옹은 18개월밖에 걸리지 않았는데, 이는 당연히 건축의 산업화 및 대량생산 방식의 발달에 따른 결과였다. 마르세유의 유니테 다비타시옹은 2016년 유네스코 세계문화유산으로 등록되었고 현재도 사람이 실제 거주하고 있다.

8 이는 다음과 같은 르코르뷔지에의 어록에서 잘 드러난다. "인간은 목적이 있기 때문에 똑바로 걷는다", "직선은 도시의 정신만큼이나 건전한 것이다", "곡선은 비용이 많이 들고 힘들며, 위험하다", "굽은 길은 당나귀 길이며, 곧은 길은 사람의 길이다", "도시는 질서정연해야 한다", "도시는 순수기하학으로 구성되어야 하며 그때 질서라는 것이 만들어진다", "질서는 인간에게 필수불가결한 것이다" 등(르코르뷔지에, 2003: 19, 24, 29, 36, 267).

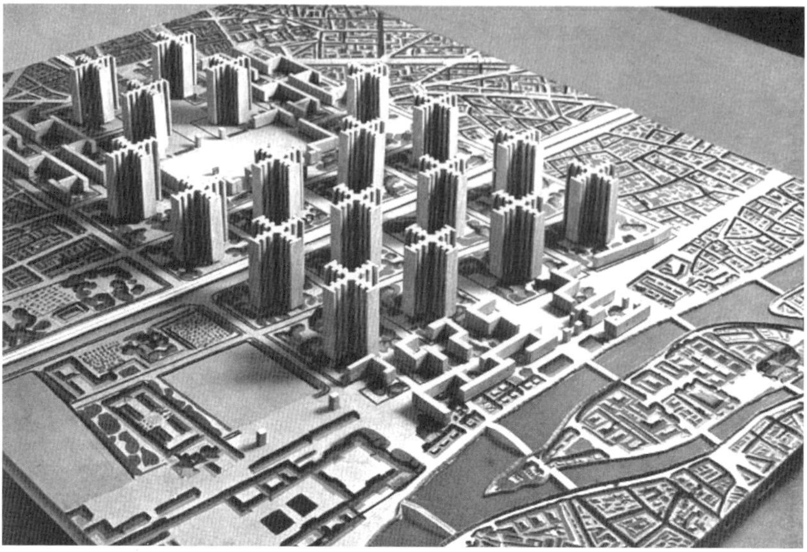

르코르뷔지에의 부아쟁 계획 모형(출처: Road to infinity, Wikimedia Commons)

적으로 '계획은 (계획가가 아니라) 독재자'가 될 수밖에 없는 운명을 가졌다고 믿었던 그는 'plan'을 항상 'Plan'으로 표기할 정도였다. 그는 과학적으로 계획된 고상한 기계도시에서 시민들이 각자 주어진 작은 역할을 기꺼이 받아들일 것으로 기대했다. 르코르뷔지에는 최적의 도시계획 환경으로서 행정관료가 지배하는 '비정치적 사회'를 꿈꾸었다(스콧, 2010: 168-188).[9] 말하자면 그는 베버가 제창한 이상적 관료제의 열렬한 신봉자였던 셈이다.

9 그런 만큼 르코르뷔지에는 이데올로기적으로 좌우를 불문했다. 위로부터 강력한 도시계획 기회만 주어진다면, 그는 민주주의나 독재를 따지지도 않았다. 그가 평생 흠모한 인물은 절대왕정을 대표하는 루이 14세 시대의 프랑스 재상 콜베르였다(전상인, 2017: 59). 경제부국 및 문화대국 프랑스의 초석을 닦은 루이 14세의 공적 가운데 절반은 콜베르의 몫이라는 것이 후대의 평가다.

미국의 도시정치와 합리적 종합 계획

합리적·종합 계획의 이론적 발전과 체계화는 19세기 말 이후 미국 도시의 급속한 성장을 배경으로 이루어졌다. 그 대표적인 도시는 시카고였다. 시카고는 도시사회학의 발상지였을 뿐 아니라,[9] 합리적·종합 도시계획의 실험 무대이기도 했다. 게다가 미국은 합리적·종합 계획이론의 본산이 될 만한 조건이 상대적으로 풍부했다. 우선 미국 특유의 실용주의 건국 정신은 이념 논쟁이나 공리공론 대신 현실 문제 개선과 해결을 중시하게 만들었다. 또한 '신생국' 미국은 역사의 진보와 사회발전에 대한 기대가 높았다. 학문적으로도 미국은 통계를 위시한 실증주의 풍토가 강한 편이었다.

시카고는 19세기 말 동부에서 시작된 도시미화운동을 적극적으로 받아들였다. 미국 중부에 위치한 시카고는 서부 개척과 산업혁명을 계기로 순식간에 대도시 반열에 진입했다. 당대 미국 최대의 '성장도시'로 자리 잡은 시카고는 졸지에 주택, 노동, 교통, 인종, 위생, 범죄 등에 걸친 '도시문제'의 종합백화점이 되었다. 시카고는 당시 미국 내 어떤 도시보다 도시계획이 절박한 과제였다. 합리적·종합 도시계획을 할 수 있는, 혹은 할 수밖에 없는 기회는 시카고에서 두 차례 주어졌다. 첫 번째는 우연히 찾아왔고, 두 번째는 의도적으로 준비한 것이었다.

첫 번째 기회는 1871년 10월에 발생한 시카고 대화재 사건이었다. 이는 19세기 동안 미국에서 발생한 화재 가운데 가장 큰 규모로서 시카고 도심 지역을 완전히 잿더미로 만들었다. 이로써 시카고는 르코르뷔지에가 좋아하던 '타불라 라사(tabula rasa)', 곧 빈 서판(書板) 위에서 새로 출발할 수 있는 계기를 자연스럽게 획득했다. 말하자면 종합적 도시계획을

---

10 성장도시 시카고 배경으로 1892년에 설립된 시카고대학은 사회학과를 육성하여 도시연구에 집중했다. 그 결과가 이른바 '생태주의 도시이론'이다. 그것은 사회학 입장에서 최초의 본격적인 도시 사회이론이고 미국 입장에서는 자국 내에서 처음 생산된 사회학 이론이다(Saunders, 1981: 48).

위한 절호의 기회가 주어진 것이다.[11] 게다가 시카고 대화재는 건축재료에서 내화성 강한 철골재가 목재의 대안으로 급부상하는 기회로 작용했다. 그 결과 도시의 용적률이 크게 높아져, 시카고는 세계 최초로 '마천루의 도시'가 되었다.[12] 장식보다 효율이나 기능에 충실한 건축 분야의 '시카고학파'가 생겨난 것도 이 무렵이다.[13]

---

11 역사적으로 도시계획은 도시계획사에 대형 화재가 결정적인 계기로 작용한 경우가 많다. 런던 대화재(1666), 리스본 대화재(1755), 시카고 대화재(1871), 보스턴 대화재(1872)가 대표적이다. 물론 리스본 대화재처럼 자연재해에 따른 것일 수도 있고 실화(失火)나 개인 범죄의 결과일 수도 있다. 하지만 도심 화재의 '사회적' 측면에 대한 관심도 가져 봄 직하다. 말하자면 도심 화재 발생과 부동산 정책, 행정기관, 지주(地主), 조직폭력단 사이의 통계적 상관성을 연구하는 것으로, 이를 '방화(放火)의 사회학(sociology of arson)'이라고도 한다(Brady, 1983 참고). 맥락은 조금 다르지만, 1970년대 미국 뉴욕시 브롱크스 화재의 경우도 마찬가지다. 맨해튼강 건너 북쪽 브롱크스는 도시고속도로 개통과 자동차 대중화에 따라 백인 중산층이 대거 탈출하면서 1960년대 이후 계속 쇠락의 길을 걸었다. 뉴욕시는 물론 연방정부마저 브롱크스 도시재개발에 미온적인 태도를 보이자 흑인 및 백인 저소득층마저 한꺼번에 떠났고, 도시는 점차 슬럼화의 단계에 진입했다. 이에 보험금이라도 타기 위해 빈집에 불을 지르는 일이 빈발했고, 이것이 바로 이른바 "Bronx is burning"이라는 구호의 연원이 되었다. 이는 호아킨 피닉스(Joaquin Phoenix)가 주연한 2019년 미국 영화 〈조커〉의 배경이 되기도 했다. 한편, 화재와 도시계획에 관련된 유명한 역사적 선례가 있다. A.D. 64년, 네로 황제 시대에 발생한 로마 대화재다. 본인이 화재를 일으켜 불타는 로마를 구경했다는 패륜적 스토리도 있지만, 증명된 것은 아니다. 확실한 것은 로마 대화재가 로마 도시계획의 획기적 전환기가 되었다는 사실이다. 아우구스투스 황제가 로마를 '벽돌의 도시'에서 '대리석의 도시'로 바꾸었다고 자화자찬했지만 로마 대화재 당시에도 여전히 목조건물이 많아 피해가 컸다. 네로 황제는 로마 대화재를 계기로 도로 폭 확장 및 직선화, 주거용 건축물 층고 제한, 건축물 사이 공간 확보 등을 제도화했다. 이 대목에서 제1차 세계대전의 참화를 보며 "예술은 고통에서 꽃피고, 건축은 폐허에서 시작된다"고 말한 르코르뷔지에가 생각나기도 한다(신승철, 2020: 137). 1944년 런던대 아버크롬비(Patrich Arbercrombie) 교수가 주도한 '대런던계획(Greater London Plan)'이 주효했던 것도 제2차 세계대전 중 독일의 공습에 의해 런던이 쑥대밭이 되었기 때문이다.

12 마천루(Skyscraper, 摩天樓)라는 말이 시카고에서 널리 사용되기 시작한 것은 1889년경이다. '하늘에 닿는다'는 의미의 '마천'은 원래 선박의 높은 돛대를 지칭하는 용어였다.

13 대화재 이후 도시재생이 시급해진 결과였다. 미국 전역에서 젊은 건축학도들이 시

두 번째 기회는 만국박람회 개최였다. 19세기 말에 이르러 미국에서 뉴욕 다음으로 큰 대도시로 성장했음에도 불구하고 시카고의 전국적·세계적 명성은 여전히 취약한 편이었다. 이에 시카고는 1893년 콜럼버스(Christopher Columbus, 1451-1506)의 신대륙 발견 400주년을 기념하는 만국박람회를 유치하는 데 성공했다.[14] 만국박람회를 도시 마케팅 수단으로 적극 활용한 것이다. 만국박람회 준비를 위한 시카고 도시대개조사업은 도시미화운동을 계승하면서 궁극적으로 미국 도시계획의 새로운 출발점이 되었다. '가장 미국적인 도시'를 만들어 낸 시카고 도시계획 모델은 그 후 대부분 미국 대도시의 지향점이 되었다(박진빈, 2006: 77-78).

카고에 모여들었는데, 그 가운데 한 명이 열여섯 살에 MIT 건축학과에 입학한 수재 루이스 설리번(Louis Sullivan, 1856-1924)이었다. 시카고학파는 이른바 '기능주의 건축(functionalistic architecture)'을 제안했는데, 핵심은 단순하면서도 견고한 효율적 건물을 빨리빨리 짓는 것이었다. 설리번은 이를 "형태는 기능을 따른다(Form ever follows function)"라는 말로 요약했는데, 이는 "형태는 선례(先例)를 따른다(Form follows precedent)"는 건축계의 기존 관행을 뒤집은 것이다. 모두가 좋아할 법한, 그래서 지나치게 눈에 띈 장식은 일종이 범죄와 마찬가지라는 오스트리아 건축가 아돌프 로스(Adolf Loss, 1870-1933)의 주장도 기능주의 건축이론의 핵심적 일부다(로스, 2021 참고). 미국에서 기능주의 건축양식에 접한 다음, 빈으로 돌아간 로스는 1910년에 양복점 건물 하나를 세웠다. 그곳에는 아무 장식이 없었다. 창문을 장식하는 돌림띠조차 없어 사람들은 "눈썹 없는 집"이라고 불렀다고 한다. 눈에 거슬리는 이 건물을 보지 않으려고 프린츠 요제프 황제는 양복점 쪽으로 난 궁전 창문을 죄다 막으라고 지시했다는 일화도 있다.

14 미국에서 만국박람회가 최초로 열린 도시는 1876년 필라델피아였다. 이때는 한편으로 미국 건국 100주년을 기념하고 다른 한편으로 남북전쟁의 상처를 회복하려는 목표를 내걸었다. 그에 비해 시카고 만국박람회는 내전을 무사히 마무리한 미국이 제국주의 강대국으로 전환하던 시점에 자신의 경제력과 신기술을 자랑하고 백인의 우수성을 부각하려는 의도가 강했다. 우리나라가 'Corea'라는 국가명으로 세계박람회에 최초로 참가한 것 또한 그때였다. 오늘날과 같은 무역환경에서는 세계박람회의 의미가 크게 약화되었으나 초기에는 그렇지 않았다. 1851년 런던에서 열린 세계 최초 만국박람회는 산업혁명 확산의 촉매제가 되었고, 그 과정에서 박람회는 일종의 국력 경쟁 무대가 되었다. 그 전까지 열렸던 국내 박람회에 비해 만국박람회는 글로벌 자본주의 시대의 본격적인 개막을 알렸을 뿐 아니라, 1848년 혁명에서와 같은 노동계급의 사회적 불만을 잠재우는 데도 적잖이 기여했다. 요컨대 시카고 만국박람회는 적어도 당시 미국이나 시카고 입장에서 역사적 의미가 매우 크다.

버넘의 《시카고 플랜(Plan of Chicago)》 내 삽화(출처: Burnham, 1909)

만국박람회를 앞두고 시카고 도시계획을 주도한 인물은 건축가 대니얼 버넘(Daniel Burnham, 1846-1912)이다. 그의 롤 모델은 19세기 중반 나폴레옹 3세 치하에서 파리대개조사업을 담당했던 오스만 지사였다. 1893년 시카고 박람회에서 버넘은 수변과 조경, 조각과 건축이 하나로 작동하는 도시계획을 선보였다. 그는 고전적 그리스·로마 건축을 르네상스 사조와 결합시킨 '보자르(Beaux-Arts)' 스타일 신봉자였다. 버넘은 시카고를 '프레리(prairie, 미국 중서부 대평원)의 파리'로 만들고 싶어 했는데, 결과적으로 만국박람회가 열리는 미시간호 주변에 이른바 '위대한 백색도시(Great White City)'를 탄생시켰다.[15] 건축가 출신 버넘은 이 과정에서

15 '백색도시'라는 개념이 백악관, 곧 화이트 하우스(White House)를 연상시키며 미국의 백인 우월주의를 의미한다는 시각도 있다. 물론 그럴 가능성도 있으나, '화이트 하우스'라는 말이 생겨난 것에는 우연적인 측면도 있다. 1814년 미국의 독립전쟁 당시 영국 군대가 워싱턴으로 진격하여 의회 건물과 함께 대통령 관저를 불태운 적이 있었다. 나중에 미군이 돌아와 그을음을 지우기 위해 급히 흰색 페인트를 칠했는데, 이게 화이트 하우스라는 명칭의 기원이라는 설이다 화이트 하우스가 미국 대통령 관저의 공식 이름으로 사용되기 시작한 것은 1901년 26대 대통령 시어도어 루

세계적 도시계획가로 변신했다. 그는 "디자이너라기보다 전략가, 건축가라기보다 파워 매퍼(Power Mapper)였다"(이중원, 2020: 36).[16] 말하자면 시카고 지도를 크게 바꾼 인물이었다.

만국박람회 전후 시카고 도시재생 계획을 성공적으로 완수한 버넘은 1909년 시카고 상공인 동호회의 요청에 따라 자신의 동료 베넷(Edward H. Bennett)과 함께 《시카고 플랜(Plan of Chicago)》(일명 '버넘 플랜')이라는 제목의 소책자를 발간했다(Burnham, 2018). 시카고 도시계획의 청사진을 담은 이 책에서 그는 합리적·종합 도시계획의 전형을 말했다. 무엇보다 버넘은 "작은 계획을 세우지 마라. 그것은 사람의 피를 끓게 만드는 마력도 없고 실현되지도 않을 것이다"고 하면서 종합 계획에 대한 의지를 분명히 밝혔다. 또한 그는 "도시의 무정형 성장은 경제적이지도, 만족스럽지도 않다"고 주장하면서 "질서정연하고 편리한 도시를 위한 계획"을 추구하는 합리적 계획 이론가의 면모를 유감없이 과시했다(Burnham, 2018: 1, 4).

미국에서 합리적·종합 도시계획 이론을 태동시킨 또 다른 계기는 이른바 '혁신주의 운동(Progressive Movements)'이다. 1890년대 시작되어 약 30년간 진행된 혁신주의 운동은 미국 사회의 대대적인 사회개혁을 모색했다(박진빈, 2006: 10-21 참고). 남북전쟁 종료와 함께 미국은 거대한 단일 국민국가가 되었다. 그전까지 미국인들의 정치적 삶이 대체로 도시들의 집합체 모습이었다면, 이제 주정부 및 연방정부의 비중이 크게 확대되는 시대가 찾아온 것이다. 특히 내전 이후 본격화된 산업혁명으로 미국은 농업국가에서 산업사회로 확연히 변모했고, 이에 따라 계급갈등과 인

스벨트(Theodore Roosevelt) 때였다.

16 버넘은 뉴욕의 부유한 의약품상 집안에서 태어나 어릴 적에는 드로잉에 소질이 많았지만 시험 불안 증세 때문에 하버드나 예일 등 대학 진학에는 실패했다. 그는 설계사무실 도제교육을 통해 건축가로 입신했다. 나중에 그가 대성한 다음 두 대학에서 석사 학위를 받았다. 걸출한 건축가 내지 도시계획가였지만 버넘의 전체 활동 가운데 3분의 1은 쇼핑 건물 설계였다고 한다.

종차별이 심화되었다. 혁신주의 운동은 사회의 도덕적 재무장, 사회복지 증대, 독점자본주의 경계, 노동자의 권리 보장, 행정 및 제도상 효율성 제고 등을 목표로 하는 '체제 내 개혁'이었다.

이러한 과정에서 기존의 도시정치도 당연히 개혁 대상이 되었으며, 도시계획 과정의 합리성 여부에 대한 관심도 덩달아 부상했다. 도시미화 운동이 도시의 공간적·물리적 측면을 강조하는 공화당 쪽의 정책 어젠다라면, 혁신주의 도시개혁은 정치적·제도적 차원에 초점을 맞춘, 상대적으로 민주당 쪽의 정책 어젠다였다. 당시 미국 도시들은 빈부격차, 주거 불안정, 사회기강 붕괴, 환경오염, 범죄 증대 등 가시적 측면에서도 많은 사회문제를 드러냈지만, 눈에 잘 보이지 않는 정치적·제도적 차원에서도 적폐가 쌓이고 있었다. 그것은 다름 아닌 '머신 정치(machine politics)'의 발호였다. 미국 정치의 근간인 도시정치(city politics)를 '정치 머신(political machine)'이 장악하고 있었던 것이다.

'정치 머신'은 한 명의 보스 혹은 소수의 핵심 권력집단이 일정한 유권자를 안정적으로 확보함으로써 도시나 주, 혹은 전국적 차원에서 정치적 및 행정적 통제권을 지속하는 왜곡된 형태의 정당 조직이라고 정의할 수 있다. 미국에서 '머신 정치'가 활성화된 계기는 19세기 후반 급속한 산업화로 노예 상태에서 해방된 흑인들과 외국 출신 이민자들이 대도시로 대거 몰려온 일이었다. 그 당시 기존 도시 정부들은 이들을 위한 공공 서비스를 제공할 여력이 충분하지 않았다. 이 틈을 타고 유력 정치인들이 직업 알선 및 주택 공급 등을 대가로 투표장에서 자신들에 대한 정치적 지지를 요구하기에 이른 것이다. '머신 정치'가 통상적 정당 정치와 다른 것은 조직관리가 규율적이고 위계적이라는 점, 후견과 엽관제, 막후 거래와 같은 음성적 거래가 횡행한다는 점, 그리고 일회성 선거판 대신 지지 기반의 영구화를 모색한다는 점 등이다.[17]

---

17 '정치 머신' 혹은 '머신 정치'는 우리말로 옮기기가 쉽지 않다. 국내에서는 '당-기계'

혁신주의 운동이 목표로 삼은 것은 부패를 줄이면서 시민들에게 보다 양질의 공공 서비스를 제공하기 위해 이와 같은 정치 머신을 타파하는 것이었다. 도시정치가 특정 인물이나 조직에 의해 좌우되는 대신 더욱 체계화된 공식 구조를 통해 작동하도록 했고, 시장 및 시의회(Mayor-Council)에 집중되어 있던 권력을 널리 분산시키고자 했다. 이른바 '시정자치(municipal administration)'의 기치 아래 입법과정 및 행정절차, 민주주의의 효율성을 강조했는데, 특히 정치적 이해관계나 영향력에서 자유롭고 독립적인 전문가와 관료집단의 역할을 중시했다. 말하자면 도시계획이 효율성과 합리성을 도모하기 위해서는 그것의 탈(脫)정치화가 선결과제라고 본 것이다. 정치에서 멀어질수록 좋은 계획이 나온다는 생각이었다. 이에 따라 20세기 초 뉴욕, 시카고, 디트로이트, 텍사스 갤버스턴(Galveston), 오하이오 데이턴(Dayton) 등에서 도시정치의 제도적 혁신이 추진되었다.

계'라는 전성우 교수의 번역이 눈에 띄지만(베버, 2002), 이 책에서는 원어를 그대로 사용하기로 한다. '정치기계(La Machine Politique)'는 '정치를 작동하는 메커니즘'의 비유적 표현으로, '기계'라는 단어는 산업 및 과학의 진보가 두드러졌던 19세기에 널리 사용되었다(발자크, 2020: 9). 머신 정치 가운데 가장 널리 알려진 것은 1800년경부터 1930년대까지 뉴욕 민주당을 지배한 태머니홀(Tammany Hall)이다. 머신 정치는 유럽 민주주의에 없는 미국 민주주의의 특이한 현상이다. 그 이유를 베버는 다음과 같이 설명한다(베버, 2002: 326-331). 미국의 정당 조직은 국민투표 원칙을 매우 일찍부터 그리고 매우 진심으로 실현했으며 대통령은 의회로부터 거의 독립된 막강한 권력을 갖고 있다. 대통령선거에서 승리하면 전리품으로 엄청난 관직과 봉록이 기다리는 시스템이어서 정당은 '순수한 관직 사냥꾼 조직'이 되기 쉽다는 것이다. 이와 같은 국민투표제적 당-기계의 엽관체제와 함께 등장하는 인물이 곧 보스인데, 이때 보스는 '정치영역의 자본주의적 기업가'로서 자기부담과 자기책임하에 유권자의 표를 모은다. 보스는 당 조직의 필수불가결한 존재가 되고 당 조직은 점차 그의 수중에 장악되고 만다. 한편, 머신 정치는 왜 미국에는 사회주의가 없는가라는 질문에 대해서도 일정한 해답을 줄 수 있다. 새로 온 이민자들이 먼저 온 같은 지역 출신 이민자들이 모여 사는 지역에 집중 거주함으로써 선거권을 무기 삼아 정치적 협상에 임하는 전략은 계급 단위가 아니라 주거지 단위가 될 수밖에 없다는 것이다(박진빈, 2016: 72-73).

합리적·종합 계획의 이론과 구조

도시문제의 온상이자, 도시사회학의 산실, 또한 도시계획의 무대로서 시카고는 궁극적으로 합리적·종합 계획의 이론적 요람이 되었다. 이때 구심점은 시카고대학 사회과학부 내에 새로 설치된 '계획분야의 교육 및 연구를 위한 학제간(學際間)적 프로그램', 곧 '시카고 스쿨(Chicago School)'이었다. 1930년대 대공황과 1940년대 제2차 세계대전 참전을 계기로 미국에서는 '보다 계획적인 경제'와 '보다 개입적인 국가'에 대한 관심이 커지고 있었는데, 시카고 스쿨은 이러한 추세에 부응하여 새로 설치된 학위 과정이었다(Friedmann, 1987: 108-120; Allmendinger, 2002: 56).

'시카고 스쿨'의 중심 인물은 렉스퍼드 터그웰(Rexford Tugwell, 1891-1979)이었다. 뉴딜 시대에 루스벨트 대통령의 경제특보로 영입된 그는 열렬한 계획경제 옹호자였다(슐래스, 2010). 그는 '사소하고 부질없는' 정치적 갈등 대신 합리적이고 종합적이며 과학적이고 기술적인 계획행위만이 보다 확실한 미래를 담보할 수 있다고 주장했다. 또한 합리적 의사결정과 전문적 관료제를 통해 계획의 효율성을 극대화할 수 있다고 믿었다. 그는 미국이 자유방임을 포기하기를 원했는데, 그에 따르면 "계획의 근본 의미는 갈등의 반대로서, 조정과 합리성, 그리고 공식적으로 정의되고 전문적으로 설정된 목표에 접근하는 것"이다(Tugwell, 1932: 89). 특히 당면한 경제위기에 맞서 강력한 경제계획 및 토지이용 계획의 필요성을 강조했고 정책의 전문성을 높이기 위해 행정부, 입법부, 사법부에 이어 '정책기획부'를 제4부로 도입하자고 제안하기도 했다.[18]

---

18 루스벨트 대통령은 대공황 극복 과정에서 뉴딜 정책을 도입하며 사회주의 성향의 이론가들을 대거 기용했다. 터그웰의 경우 처음에는 자문역이었다가 1934년 농림부 차관이 되었는데, 특히 그를 유명하게 만든 것은 소련의 집단농장 모델을 미국에 이식하고자 했던 이른바 '농업 유토피아' 계획이다. 시사 주간지 《타임》은 그를 표지 인물로 선정하기도 했다. 한편, 미국 재계에서는 그를 "빨갱이 새끼, 렉스(Rexford)"라 비난했다. 터그웰은 그가 추진한 일련의 계획경제안이 연방대법원으로부터 위헌 판결을 받고, 그의 사회주의 성향이 루스벨트에게 정치적 부담으로 작

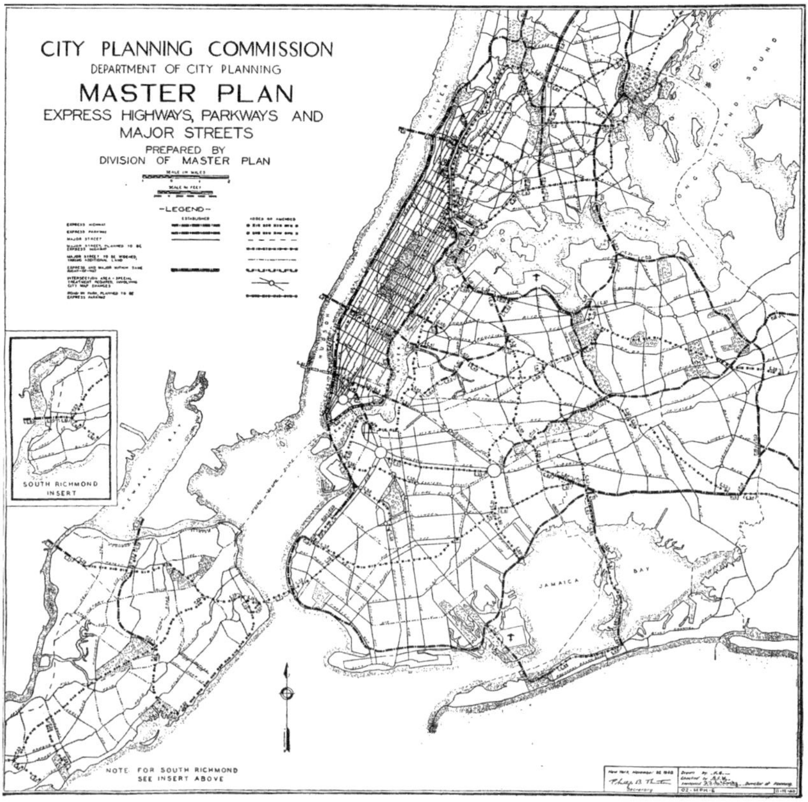

터그웰이 뉴욕 도시계획위원회 위원장을 맡았던 시기에 제안된 뉴욕 도시계획안(출처: placesjournal.org)

도시미화에서 도시계획으로의 전환, 혁신주의 운동을 통한 도시정치의 제도적 개혁, 그리고 시카고 스쿨을 통한 계획이론의 학문적 정비에도 불구하고 합리적·종합 도시계획은 미국에서 1950년대까지도 갈

용하기 시작한 1936년, 공직에서 물러났다(Friedmann, 1987: 105). 이와 관련하여 강력한 정부 개입을 통한 뉴딜식 처방이 성공적이라는 일반적 찬사가 다분히 왜곡되고 과장되었다고 주장하는 슐래스(2010) 참고.

길이 멀어 보였다. 터그웰의 시카고 대학 제자였던 마이어슨과 밴필드(Meyerson and Banfield, 1955)가 미국의 도시계획은 왜 여전히 관행적 구태(舊態)에서 벗어나지 못하는지 질문한 것은 바로 이런 이유였다. 이들은 대공황 이후 연방정부가 주도한 공공주택 건설사업이 시카고의 경우 어떻게 진행되었는지 구체적인 사례 연구를 진행했다. 이들의 결론은 시카고의 도시재생 계획이 도시 저소득층의 삶을 개선하려는 공식적 목표에 별로 기여한 바가 없다는 것이었다.

이를 두고 마이어슨과 밴필드는 합리적·종합 계획의 이상과 실제 사이에 괴리가 엄존한다고 주장했다. 연방정부 자금으로 시카고 시 당국이 추진한 공공임대주택 건설사업이 부지 선정 과정에서 "거의 계획성 없이, 합리성이라고는 더욱더 없이" 진행되었다는 것이다. 이들의 판단에 의하면 "도시계획은 흔히 정치적 영역으로 초점이 옮겨졌고, 합리적 의사결정이라고 하는 '좋은 계획(good planning)'의 기준은 분석적 차원에서만 유용했을 뿐, 실제 담당 조직은 충분히 합리적인 방식으로 의사결정을 내리지 않았다"(Meyerson and Banfield, 1955: 13, 15). 또한 좋은 계획이란 다양한 대안을 놓고 종합적으로 접근해야 하는데, 당사자들 사이의 이해득실 관계가 중구난방이었을 뿐 아니라 시카고 주택국 역시 분명하고 일관된 목표가 결여된 채 현장과 무관한 이들의 탁상공론만 벌였다. 요컨대 마이어슨과 밴필드가 볼 때 당시 미국의 도시계획에서 의사결정의 최종적 기준은 '전문적(professional)'이라기보다 '정치적(political)'이었다.

도시정책의 비합리성과 무계획성을 비판하는 이들의 최종 결론은 합리적이고도 종합적인 계획이란 무엇보다 "정치로부터 자유로워야(out of politics)" 한다는 대원칙이었다.[19] 이와 관련하여 마이어슨과 밴필드는

19 '정치로부터 자유로운' 계획은 입으로만 할 뿐 실행이 따르지 않는다는 점에서 구두선(口頭禪)을 닮았다. 그만큼 성사되기 어렵다는 사실의 방증이기도 하다. 사실 우리나라의 경우 정치로부터 자유로운 공공계획은 하나도 없다고 해도 과언이 아닐 것이다. 이는 물론 우리나라만 그런 것이 아니며 세계적으로도 부지기수다. 그

모세 프로젝트가 진행되고 있는 베네치아(출처: Chris 73, Wikimedia Commons)

합리적·종합 계획의 논리적 근거와 그것의 실천 방법을 개념적으로 총정리했다(Meyerson and Banfield, 1955: 303-329).[20] 여기서는 무엇보다 정치와

가운데 최근 시민들이 잘못 뽑은 정치인들의 배임, 수뢰, 협잡 탓에 국제적 망신을 자초하고 있는 초대형 공공계획이 하나 있다. 이탈리아 베네치아의 소위 '모세 프로젝트'다. 베네치아는 1966년 2미터에 가까운 조수가 몰아쳐 도시 전역이 물바다가 되는 피해를 경험한 다음 이탈리아의 내로라하는 엔지니어들을 불러 모아 MOSE(Modulo Sperimentale Elettromeccanico, 실험적 전자기계모듈이라 불리는 일종의 수중 댐) 프로젝트를 1984년부터 가동 중이다. 오랜 설계 끝에 2003년에 착공되었지만 완공 시점은 계속 연기 중이고 사업비도 자꾸만 천문학적으로 늘어나고 있다. 정권의 향배에 따라 모세 프로젝트의 운명도 흔들리는 상황이라 합리적·종합 계획과는 한참 거리가 멀어졌다. 한편, 우리나라에서는 행정관료나 전문가의 능력을 평가할 때 '정무적' 감각 또는 판단이라는 말을 일상적으로 사용하는데, 이 또한 정치적으로 자유로워야 하는 합리적 계획의 본래 취지를 무색하게 만든다.

20 이 부분은 *Politics, Planning and The Public Interest*라는 책의 부록 형태로 밴필드가 집필한 것이다. 이 책의 주 저자인 마이어슨은 도시계획 실무에 밝은 관료였고,

계획을 구분한다. 먼저 정치란 "협력, 경쟁, 명령, 설득 등을 통해 어떤 이슈가 대두하거나 조정되는 행위"다.[21] 이에 반해 계획이란 정치 이후 단계로서 "목표가 정해진 다음의 집행과정"이다. 이들이 볼 때 인간 혹은 조직으로 대변되는 행위자는 기본적으로 목적 지향적이며, 그러한 목적 달성을 위해 선택되는 '행동과정(course of action)'이 바로 계획이라는 것이다. 당연히 소정의 목적을 달성하면 할수록 그것은 보다 '좋은 계획'이 된다.

여기서 좋은 계획이 추구하는 목적이란 공공 이익의 구현이다. 마이어슨과 밴필드에 의하면 사회 전체를 위한 공통 이익은 관념이 아니라 실제로 존재한다. 공익은 결코 개인적 이익의 총계나 집합으로 환원되지 않는 사회 전체적 차원의 그 무엇이라는 것이다. 그렇다고 해서 공익을 하나만 존재하는 것, 곧 '일원적 개념(unitary conception)'으로 이해하게 되면 전체주의나 독재주의로 흐르기 쉽다. 따라서 민주주의 사회에서는 공익을 '사안별 개념(individualistic conception)'으로 이해하는 것이 중요하다. 이러한 공익을 사회적으로 창조하고 발견하는 일은 정치의 몫이며, 그것을 구체적으로 실천하고 집행하는 것은 계획의 역할이다.

마이어슨과 밴필드에 의하면 합리적 계획 이상으로 '좋은 계획'은 없다. 물론 현실적으로 완벽하게 합리적인 계획은 없지만 합리적 계획을 최대한 모색할 필요는 있다고 보는 것이다. 왜냐하면 최소한 그것이 '기회주의적 의사선택(opportunistic decision-making)'이나 '유토피아적 구

밴필드는 해당 분야 학자이자 이론가였다.

21 이슈의 성격은 내재적-구체적(intrinsic-concrete)인 것, 수단적-추상적(instrumental-abstract)인 것, 그리고 상징적-이념적(symbolic-ideological)인 것으로 구분된다. 내재적-구체적 이슈는 포괄적 목표와 상관없는 실제적, 제한적 결과를 지향하는 것으로, 예컨대 특정 주택건설 사업이 이에 해당한다. 수단적-추상적 이슈는 보다 광의의 목표 달성에 연관된 것으로, 예컨대 주택정책의 공공성 증대와 같은 구호이다. 상징적-이념적 이슈는 매우 포괄적이고 복합적인 정책 방향을 의미하는 것으로, 예컨대 민주주의 신장이라든가 복지국가 구현 담론 등이 이에 해당한다.

상(utopian scheme)'보다는 낫기 때문이다. 이와 관련하여 이들은 합리적 선택으로서 계획 과정을 크게 네 단계로 구분한다. 상황 분석(analysis of situation), 목표의 단순 명료화(end reduction and elaboration), 행동 과정의 설계(design of course of action), 그리고 결과의 비교평가(comparative evaluation of consequences)가 바로 그것이다.

먼저 '상황 분석'은 목표 달성을 위해 가능한 모든 행동 과정을 사전에 열거하는 것을 말한다. 여기에는 지식과 정보, 상상력이 총동원될 뿐 아니라 전문가의 유용성도 고려된다. 분석 대상이 되는 것은 계획에 관련된 제반 조건들로, 예컨대 시간, 예산, 인력, 정보, 기술력 등이 있다. 목표를 단순 명료화한다는 것은 목표의 가시적·현실적 요소와 비가시적·맥락적 요소를 구분한 다음 이를 다시 확인 및 검증 가능한 실천적 개념으로 전환시키는 일이다. 예컨대 슬럼가 정비라는 가시적 사업은 사회통합이라는 비가시적 가치를 반영하는 것이며, 사업추진 계획의 연도별 수치화는 목표 달성을 위한 실천적 동기 부여로 작동한다.

행동 과정 설계는 지향하는 목표와 담당자의 지위에 따라 달라진다. 예컨대 상급자일수록 '발전적 차원(developmental level)'에서 행동을 선택하며, 하급자일수록 '전술적 차원(operations level)'에서 행동을 판단한다. 이에 비해 중간자들은 대개 '운영적 차원(program level)'에서 행동을 결정한다. 일반적으로 상급자일수록 목적 대비 수단 선택이 힘들고, 하급자일수록 목적 대비 수단 선택이 쉽다. 조직의 상급자가 하급자에 비해 고민이 많고 판단이 어렵다는 의미다.[22] 끝으로 모든 계획 과정에는 결과에

22 《신동아》의 황일도 기자는 "국가 핵심기관의 장을 지근거리에서 지켜본" 개인적 소감을 공개적으로 밝힌 적이 있다. 이를 옮기면 다음과 같다. "모든 결정은 양자택일이다. 양쪽 선택지의 근거가 각각 90 대 10인 문제는 사무관이 결정한다. 80 대 20은 과장이, 70 대 30은 국장이 한다. 꼭대기까지 올라오는 문제는 50 대 50이다. 잘해야 50.1 대 49.9쯤 될까. 양쪽에 다 나름의 이유가 있고 충분한 근거가 있다. 논리와 실력으로 무장한 사람들이 '결정해 주십시오' 하고 들고 들어올 때는 똑똑함만으로는 답이 나오지 않는 경우다. 여기서 필요한 게 철학이고 신념이고 종교다. 그런 문

대한 비교평가가 필요하다. 결과에는 '의도적 결과(anticipated consequences)'도 있고, '비의도적 결과(unanticipated consequences)'도 있다. 좋은 합리적 계획은 비의도적 결과를 예측하고 이에 대비하는 것까지 포함한다.

비판과 평가

합리적·종합 계획이론이 현실에서 제대로 작동하지 않거나 못하자, 학계에서는 이에 대한 비판과 수정 및 변용이 잇따라 제기되었다. 이는 베버의 합리성 이론을 근본적으로 부정하기보다 그것 나름의 한계를 인정하고 보완하려는 노력에서 시작되었다. 그 가운데 가장 대표적인 것이 허버트 사이먼(Herbert Simon, 1916-2001)의 '제한적 합리성(bounded rationality)' 개념이다. 경영학자, 심리학자, 정치학자로서 그는 주류경제학이 가정하고 있는 '합리적 인간'을 부정했다. 무릇 인간이란 모든 가능한 대안을 정확히 검토할 수 있는 전지전능한 존재가 아니어서, 효용의 극대화보다는 만족 상태를 추구할 뿐이라는 주장이다. 말하자면 인간이 합리적이 되고자 노력하는 것에는 한계가 있다는 뜻이다(Simon, 1966).[23]

제는 결국 꼭대기에 있는 사람이 일생 쌓아 온 철학적 바탕에서 결정되기 마련이다. 당장은 어느 쪽으로 정하든 일장일단이 있어 보인다. 그렇지만 결정은 철학을 가진 사람만이 내릴 수 있고, 그렇게 일관된 방침이 쌓여야 조직 전체가 안정되는 것이다. 참 많이 배웠다. 세상에는 머리로 안 되는 일이 더 많다. 위로 올라갈수록 더욱 그럴 것이다. 나이가 들어 신학을 공부하는 이들을 이해하게 됐다"(《신동아》 2006년 3월호, p. 640).

23 사이먼이 인간의 제한적 합리성을 주장할 때만 해도 그것은 주류경제학계에 일대 충격이었다. 하지만 그 후 행동결정에서 비합리적 요소가 미치는 영향은 점차 널리 인정되기 시작했고, 마침내 최근 '행동경제학(behavioral economics)'의 부상으로 귀결되었다. 이와 관련하여 Frantz(2019) 참고. 21세기 들어 행동경제학 분야는 노벨 경제학상을 연이어 수상하며 '주류'경제학의 확실한 일부가 되었다. 2002년에는 대니얼 카너먼(Daniel Kahneman)이, 2017년에는 리처드 세일러(Richard Thaler)가 영광의 주인공이었다. 세일러는 국내에서 '탈러'로 소개되기도 하며, 카너먼은 원래 경제학자가 아닌 심리학자다. 아주 단순화시켜 말하자면 행동경제학은 경제학과 심리학의 합성이다. 전통적으로 경제학과 심리학은 서로 다른 세상에 살았다. 경제학은 기본적으로 효율성을 추구하는 합리적, 이성적, 계산적 인간을 가정한다.

초기의 합리적·종합 계획이론과 마찬가지로 그것의 속편(續編) 역시 대부분 미국에서 나왔다. 여기에는 합리적·종합 계획을 최초로 이론적으로 체계화한 마이어슨(Meyerson, 1956)도 포함된다. 그는 종합·장기계획을 합리적으로 추진하기에는 가용 정보도 부족하고 권력이나 자본의 간섭을 배제하기 힘든 만큼, 현재와 미래를 잇는 '매개적 형태의 계획(an intermediate form of plan)'이 필요하다고 제안했다. 계획이란 군사지휘 체계상에 존재하는 '정보부서'(G-2)처럼, 시장이 원활히 돌아가는 데 필요한 일종의 '윤활유(lubricant)'로 기능해야 한다는 판단의 결과였다. 정보부서는 원래 군사용어였다. 미군은 지휘체계에 편제된 일반참모부 각 부서를 G-1, G-2, G-3, G-4로 약칭한다. G-1은 인사, G-2는 정보, G-3는 작전 및 훈련, 그리고 G-4는 병참 및 수송이다.

점진주의(Incrementalism) 혹은 점증주의(漸增主義)는 행정학자 린드블롬(Charles E. Lindblom, 1917-2018)이 주장한 이론이다. 이는 '그럭저럭 헤쳐가기의 과학(the science of muddling through)'이라는 별명을 갖고 있는데, 핵심 내용은 무릇 정책이란 혁명적이라기보다 진화적일 필요가 있다는 것이다(Lindblom, 1959). 인간의 지적 능력에는 한계가 있고 모든 의사결정에는 기술적 제약이 있기에 처음부터 모든 대안을 놓고 최종 목표를 판단할 수는 없다는 논리다. 따라서 그는 합리적·종합 계획과 같은 '뿌리 뽑기'식 총괄 계획에 반대한다. 대신 그가 주장하는 것은 주어진 상황을 봐가며 대안을 지속적으로, 그리고 부분적으로 검토하는 '가지치기'식 접근 방법이다.[24]

또한 인간의 선택은 확률적으로 볼 때 일관성을 갖고 있다고 생각한다. 이에 반해 심리학이 바라보는 인간은 자신의 선호가 불확실하거나 상황에 따라 가변적인 존재들이다. 심리학에서 볼 때 보편적으로 합리적인 인간은 가능하지도 않고 실재하지도 않는다.

24 점증주의는 그것이 너무 안이한 접근이라는 점에서 정치인, 특히 계획가들의 비판을 산 바 있다. 이에 대해 린드블롬은 점증주의를 '단순 점증주의(simple incrementalism)', '분절 점증주의(disjointed incrementalism)', '전략 점증주의

이른바 혼합주사(混合走査, Mixed-Scanning) 혹은 섞어짜기 모델은 사회학자 에치오니(Amitai Etzioni, 1929-)에 의해 개진된 것이다. 린드블롬의 점진주의가 합리적·종합 계획이론에 대한 비판이라면, 에치오니의 혼합주사 모델은 그것의 수정판인 린드블롬의 점진주의에 대한 공격이라고 할 수 있다. 에치오니는 합리적·종합 계획도 아니고 점증주의 계획도 아닌 제3의 접근을 모색한다(Etzioni, 1968). 그의 이론은 인공위성에 탑재된 두 대의 카메라가 지구의 기상을 관측하는 장면을 연상시킨다. 하나는 광각렌즈로서 정책의 기본방향을 결정하는 고차원의 본질적 조망이고, 다른 하나는 정밀 렌즈로서 구체적 결정을 준비하고 이를 상황에 맞춰 수정해 나가는 심층적 검사다. 전자가 '맥락적' 의사결정(contextual decision-making)이라면 후자는 '사안별' 의사결정(bit decision-making)이라고 할 수 있다.[25]

한편, 옹호계획(advocacy planing) 이론은 점진주의나 혼합주사 모형과 차원을 달리한다. 합리적 계획이론이 전통적으로 정치적 중립을 미덕으로 삼았다면 옹호계획 이론은 계획 자체를 정치적 개입 또는 정치적 행위의 일종으로 간주한다. 법학 배경의 다비도프(Paul Davidoff, 1930-1984)는 1960년대 중반 현재 미국의 도시계획 구조 및 과정이 다원주의(pluralism)라는 민주주의의 이상을 제대로 실현하고 있지 않다고 진단한다. 다수결

(strategic incrementalism)'로 세분화한 다음, 문제의 분절과 상황적 최적화를 통한 점증주의의 가치를 재옹호했다(Lindblom, 1979).

25 에치오니의 혼합주사 모형은 1960년대 중후반 미국 대도시 상황과 밀접히 연관되어 있다. 당시 미국의 존슨 행정부는 '빈곤과의 전쟁(War on Poverty)'을 선포할 정도였고, 그 밖에도 인종이나 반전(反戰) 등을 둘러싼 민권운동이 정점을 향해 치달아 국가적 대처와 사회적 책임이 적극적으로 필요한 시점이었다. 에치오니는 합리적 종합 모형은 전체주의 체제에 적합한 것이고, 부분·점증 모형은 직접 민주주의 체제에서나 가능한 일이라고 생각하여 혼합주사 모형을 그 대안으로 제시했다. 그는 1960년대 당시 '미국병'의 치료를 위해 미국이 '실현 가능한 최대 참여(maximum feasible participation)'를 지향하는 '능동적 사회'로 바뀌어야 한다고 믿었다. 에치오니의 생각은 롤스의 '정의론'과 프리드만의 '급진적' 계획사상에 직접적인 영향을 끼쳤다.

원리에 입각한 민주주의로는 명실상부한 다원주의를 기대할 수 없다는 것이다. 사회는 다원적 가치관 및 다양한 이익집단으로 구성되어 있는데, 작금의 계획은 '가진 자', '배운 자', '힘 있는 자'를 위한 것일 뿐이라고 평가한다. 다비도프는 "누구를 위한 계획인가?"라고 질문하면서 무릇 계획가에게는 사회적 약자를 대변하고 소수집단의 권리를 의도적으로 옹호할 정치적 의무가 있다고 주장한다(Davidoff, 1965).

따라서 다비도프에 의하면 계획가는 전문기술 행사자라기보다 사회정의 실천자가 되어야 한다. 이는 합리적·종합 계획이론에서 주장하는 계획가의 기존 직업윤리에 대한 일대 도전이 아닐 수 없었다. 다비도프는 또한 기존의 합리적·종합 계획이 다분히 '물리적 계획(physical planning)' 중심이라는 점도 비판했다. 말하자면 비물질적이고 비공간적인 차원에서 사람 중심의 '사회계획(social planning)'을 강조한 것이다. 더불어 그는 합리적·종합 계획이 '단일 계획(unitary planning)'을 선호하는 경향도 문제 삼았다. 그는 다양한 정치적 옹호 활동에 따라 '다원적 계획(plural planning)'이 만들어지면 계획 주체들 사이에 선의의 경쟁이 생겨날 뿐 아니라 하나의 '탁월한' 계획을 제시해야 한다는 중압감에서 계획가 스스로 해방될 수 있다고 믿었다.

이처럼 다비도프의 옹호계획이 사회적 약자를 '위한(for)' 도시계획을 주장했다면 사회학자 갠스(Herbert Gans, 1927-)는 사회적 약자와 '함께하는(with)' 도시계획을 제안했다(Gans, 1968, 1993).[26] 이로써 계획 과정에서의 참여 문제가 계획이론의 핵심 어젠다로 점차 진입했다. 갠스는 공간계획과 사회계획 어느 쪽에도 치우치지 않았다. 비슷한 맥락에서 헤이든(Hayden, 1994) 역시 1980년대 이후 물리적 공간 환경이 미국 도시 내 사회적 불평등을 초래하는 주요 요인이 되고 있다는 사실을 인정하면서도,

26 합리적·종합 계획 이론가 마이어슨은 갠스의 시카고대학 박사 학위 논문 지도교수였다.

다비도프가 물리적 계획 부분의 중요성을 너무 성급하게 포기했다고 비판했다. 물리적 공간계획은 그것대로 언제나 필요하다는 것이다. 그렇다고 해서 건물 유형이나 가로, 블록 등 물리적 환경이 도시민의 삶을 일방적으로 좌우한다고도 보지 않았다. 말하자면 제이콥스식 '공간결정론'에 동의하지 않은 것이다(Gans, 1993: 33-49). 갠스는 시민과 함께하는 도시계획의 경우, 공동체 나름의 '회복탄력성'을 기대해도 좋다고 생각했다. 도시에서도 마을이 가능하다는 이른바 '어반 빌리지(urban village)' 개념이 바로 그 결과다.

다비도프의 사회적 약자를 위한 계획, 그리고 갠스의 사회적 약자와 함께하는 계획은 교환거래계획(Transactive Planning), 사회학습이론(Social Learning Theory), 신인문주의(New Humanism)의 태동에 많은 영향을 미쳤고, 장기적으로는 의사소통적 계획이론이나 포스트모던 계획이론, 아나키스트 계획이론의 탄생을 유도하는 마중물이 되었다. 말하자면 합리적·종합 계획이론의 틀을 벗어날 수 있는 새로운 대안적 계획이론들의 배경이자 초석이 된 것이다. 하지만 결정적인 한계는 그것들이 사회적 약자를 위한, 그리고 그들과 함께하는 계획이론이었을 뿐, 사회적 약자들에 '의한(by)' 계획이론 차원까지는 나아가지 못했다는 사실이다. 다시 말해 여전히 엘리트 중심의 하향적 계획관이 이들의 사고를 지배한 것이다.

2. 좌파 계획이론

마르크스의 자본주의 비판

좌파 계획이론의 또 다른 이름은 정치경제학적 계획이론이다. 이런 식의 작명은 앞에서 살펴본 합리적·종합 계획이론이나 앞으로 살펴볼 다른 계획이론들과 결이 사뭇 다르다. 왜냐하면 계획의 개념적 특징에 바탕을 둔 학문적 호칭이라기보다 정치적 프레이밍(framing)에 가깝기 때문이다. 정치이념이 좌우로 구분하여 칭해진 계기는 프랑스혁명 직후 소집된 국민의회에서 의장석 기준 우측에 왕당파가 앉고, 좌측에 공화파가 자리 잡도록 한 관행이라고 알려져 있다. 하지만 좌(Left)에는 왼쪽이면서도 '나머지'라는 어감이 있는 반면, 우(Right)에는 오른쪽이면서 '옳다'는 어감이 담겨 있어 좌파가 우파에 비해 원천적으로 세(勢)가 불리한 측면이 있다.

정치경제학이라는 개념도 사정이 비슷하다. 정치경제학이라는 용어를 가장 먼저 쓴 것은 18세기 영국의 도덕철학(moral philosophy) 분야였고, 스미스(Adam Smith, 1723-1790), 맬서스(Thomas Malthus, 1766-1834), 리카도(David Ricardo, 1772-1823) 등이 대표적 인물이었다. 정치경제학의 본래 의미는 경제문제를 기존의 가정경제나 왕실재정을 넘어 국가적 혹은 국민적 차원에서 생각한다는 것이다. 오늘날 기준으로는 거시경제학에 가깝다. 그러다가 19세기 들어 한계효용이론(marginal utility theory)의 등장과 마샬(Alfred Marshall, 1842-1924)이 창시한 미시경제학의 영향으로 경제학이라는 용어가 정치경제학을 급속히 대체하기 시작했다(홍기현, 2022). 오늘날에는 경제학이 경제학 분야 전반을 대표하는 학문 이름이다.[27] 이에 비해 정치경제학은 정부의 역할이나 정치적 목적 및 효과를 중시한다는 점에서 경제학과 구분되며, 마르크스주의 경제학이나 공공선택론이 대표적이다. 일반적으로 마르크스 경제학을 경제학 대신 정치경제학으로 부르는 것에는 그것을 '비주류' 내지 '비정통' 경제학으로 폄하하려는 의도

27 오늘날 경제의 의미에 해당하는 단어가 동양의 한자문화권에서는 없었다. 경세제민(經世濟民) 혹은 경국제세(經國濟世)를 줄여 '경제'라고 하기도 하는데, 뜻은 세상 혹은 나랏일을 다스린다는 것이다. 예컨대 조선조 개국공신 정도전(鄭道傳)이 1395년에 저술한 《경제문감(經濟文鑑)》은 경제와 전혀 상관없는 정치조직에 대한 초안이다. 현재 우리가 쓰고 있는 의미에서의 경제라는 용어는 1867년 영국의 경제학자 윌리엄 엘리스(William Ellis, 1800-1881)가 쓴 *Outlines of Social Economy*를 일본에서 번역하는 과정에서 처음 생겨났다. 그 무렵 중국에서는 이를 '생계학(生計學)'으로 옮겼다.

가 실려 있다.[28]

좌파 내지 정치경제학적 계획이론을 학문적으로 가장 중립적 혹은 객관적으로 부르는 방법은 사실 마르크스주의 계획이론이다. 왜냐하면 좌파 내지 정치경제학의 이론적 대부가 마르크스일 뿐 아니라, 마르크스주의의 사상적 독창성과 독보성을 고려하면 그의 이름을 앞세우는 방법이 최선이자 최적이기 때문이다. 마르크스(Karl Marx, 1818-1883)는 독일의 철학자, 경제학자, 역사학자, 사회학자, 정치 이론가, 저널리스트, 그리고 무엇보다 사회혁명가였다. 마르크스로 인하여 인류사회의 지적, 경제적, 정치적 역사가 크게 달라졌다. 긍정적이든 부정적이든 학계에서 마르크스만큼 본인 이름의 브랜드 파워를 가진 인물도 드물다.

앞에서 살펴보았듯, 베버는 근대사회의 핵심적 경향으로 합리성의 증대를 꼽았고, 이것이 정치적 영역에서는 관료제 국가의 탄생, 경제적 차원에서는 자본주의 시장경제의 발전 배경이 되었다고 주장했다. 하지만 마르크스가 볼 때 근대사회의 핵심적 특징은 무엇보다 자본주의 경제다. '경제결정론(economic determinism)' 관점에서 자본주의를 만물의 동인이자 만악의 근원으로 보는 것이다. 마르크스는 자본주의 비판 및 극복을 필생의 과제로 삼았다. 이를 위해 그는 유물론적 변증법에 입각한 계급사관을 이론적으로 체계화했고, 프롤레타리아 혁명을 주도함으로써 실천(프락시스, praxis) 혹은 지행합일(知行合一)을 모색했다.

---

28 경제학이 비(非)자연과학 가운데 상대적으로 가장 과학적인 학문으로 평가되는 경향이 있지만, 경제학의 과학성에 대해서 논란이 전혀 없는 것은 아니다. 1895년 알프레드 노벨(Alfred Nobel)의 유언장에는 경제학 부문 노벨상이 없었다. 평화상이나 문학상을 제외하면 노벨상의 기본 취지는 과학 분야의 업적을 평가하는 것인데, 당시까지만 해도 경제학은 과학이 아니라는 분위기가 지배적이었다. 경제학 분야에서 노벨상이 제정된 것은 1968년 스웨덴 중앙은행 창립 300주년 기념사업의 일환이었다. 정식 이름도 노벨상(Nobel Prize)이 아니라 '알프레드 노벨을 기념하는 스웨덴 중앙은행의 경제과학상(The Sveriges Riksbank Prize in Economic Sciences in Memory of Alfred Nobel)'이며, 상금도 노벨재단이 아니라 스웨덴 은행이 낸다.

베버 자신이 계획 이론가가 아닌 것처럼, 마르크스주의가 계획이론에 개입하고 간여한 것 또한 마르크스 스스로 주도한 일이 아니다. 사실 그는 공공계획의 필요성 자체에 대해 비판적이었다. 왜냐하면 공공계획의 배경이자 주체인 근대국가의 존재 이유부터 부정했기 때문이다. 말하자면 마르크스의 사전에 '계획'이라는 단어가 들어갈 여지는 애당초 없었다. 1848년 2월 혁명 직전 그는 〈공산당선언(Manifesto of the Communist Party)〉에서 "근대국가의 집행부란 부르주아 전체의 공통 이익을 관장하는 위원회"일 따름이라고 썼다(Tucker, 1978: 475). 경제결정론에 따르면 국가란 경제로 대표되는 토대, 곧 하부구조를 반영하거나 그 수단이 되는 상부구조에 불과했다. 사회주의 혁명에 의해 자본주의의 소멸은 예정된 운명이었고, 만약 자본주의라는 토대가 사라진다면 근대국가라는 상부구조 또한 존속할 이유가 없었다. 근대국가가 사라질 판에 공공계획이 필요할 리 만무했다.

도시에 대한 생각도 비슷했다. 당시 도시가 주택문제 등 온갖 사회문제 덩어리였지만, 마르크스가 볼 때 이는 결코 도시적 차원에서 해결될 사안이 아니었다. 모든 문제의 궁극적 원인이 자본주의 경제였던 만큼 자본주의만 폐지된다면 나머지 도시문제란 부수적으로, 자동적으로 해결될 터였다. 도시문제란 자본주의의 수많은 문제 가운데 하나에 불과했던 것이다. 그런 만큼 마르크스에게는 '도시계획'의 관념이 별도로 존재하지 않았다. 만약 도시에 의미가 있다면 그것은 공공계획의 대상으로서가 아니라 '사회주의 혁명' 무대로서였다. 마르크스에게 도시는 이중적이었다. 하나는 자본주의 체제에서 부르주아가 프롤레타리아를 착취하는 절망의 공간이었다. 하지만 동시에 그곳은 공장과 노동자의 밀집에 따라 사회주의 혁명이 기대되는 희망적 공간이기도 했다(손더스, 1998: 28-29). 도시에서의 노동착취는 프롤레타리아의 계급적 자각과 혁명조직의 성장을 부추기기 때문이다. 마르크스주의가 계획이론과 인연을 맺는 것은 훗날 네오마르크스주의의 등장과 더불어서였다.

네오마르크스주의와 공간적 전환

자본주의의 필연적 붕괴를 예견했던 마르크스의 희망은 현실에서 이루어지지 않았다. 사회주의 혁명은 영국이나 미국, 프랑스 등 선진 자본주의 국가가 아니라 낙후된 농업국가, 곧 러시아와 중국에서 최초로 성공했다. 기대했던 1848년 혁명의 좌절, 그리고 1917년 러시아 혁명의 예상치 못한 성공과 더불어 기존의 마르크스주의는 이론적 적실성과 사회변혁의 동력을 대거 상실했다. 그럼에도 마르크스주의의 주적(主敵), 곧 자본주의 체제의 구조적 모순이 사라진 것은 결코 아니었다. 대공황이나 세계대전 등 잇따른 악재에도 자본주의 자체는 명맥을 유지했고, 특히 제2차 세계대전 이후에는 승승장구를 거듭하고 있었다.

좌파 입장에서는 자본주의를 비판하는 새로운 이론적 무기가 필요해졌고, 이때 등장한 것이 네오마르크스주의(Neo-Marxism), 곧 신좌파였다. 네오마르크스주의는 혁명이나 폭력적 방법이 아닌 이데올로기의 평화적 확산을 통해 세상을 변화시키고자 했고, 사회적 불평등 문제를 해결하기 위해 전면적인 계급투쟁 대신 보다 현실적인 접근방법을 모색했다. 마르크스주의가 19세기 이전 원조 자본주의와 대결을 벌였다면, 네오마르크스주의는 20세기 수정자본주의를 표적 대상으로 설정했다고 할 수 있다. 하지만 네오마르크스주의는 단일한 모습이라기보다 이질적인 갈래들의 복합적 총체라고 보아야 한다.

네오마르크스주의는 자본주의에 대한 원초적 비판의식을 원조 마르크스주의와 공유하면서도 자본주의에 대한 질문 방식을 바꾸며 차별화를 모색했다. 19세기 전통적 마르크스주의가 '왜 자본주의는 붕괴할 수밖에 없는가?' 하고 물었다면 20세기의 새로운 마르크스주의는 '어떻게 자본주의가 무너지지 않는가?' 하고 따졌다(Therborn, 1977). 자본주의의 불패 원리를 알아야 그것의 극복전략이 나올 수 있다고 믿었기 때문이다. 이 과정에서 네오마르크스주의는 원조 마르크스주의가 틀렸다고 단정하지 않았다. 대신 마르크스주의를 엄밀하게 재해석, 재인식하면 새로운 질문방식에 대한 해답도 찾을 수 있으리라 기대했다. 이런 점에서 네오마르크스주의는 마르크스주의의 전면 부정이 아니라 자체 진화, 혹은 마르크스 진영 내부에 일어난 일종의 '친위 쿠데타'라 해석하는 것이 타당할 것이다.

자본주의의 지속적인 재생산과 관련하여 네오마르크스주의가 주목한 것은 사회의 하부구조(substructure)가 아니라 상부구조(superstructure)였다. 네오마르크스주의는 상부구조의 위상과 역할에 유념하지 않은 채 물적 토대만 중시하는 기존의 경제결정론을 재고했다. 네오마르크스주의 입장에서 상부구조와 토대의 관계는 지배적이거나 일방적이지 않다. 역으로 상부구조가 토대에 영향을 미치는 경우도 있다고 보았으며, 자본주의의 불패 원인 또한 상부구조에 있을지 모른다고 생각했다. 말하자면 자본주의가 영속되는 비결은 '동의에 의한 지배'에 있다고 본 것이다. 바로 이것이 그람시(Antonio Gramsci, 1891-1937)의 헤게모니 이론이다. 마르크스가 자본주의의 물질적 관계에 주목했다면, 그람시는 그것의 이념적·문화적 측면을 중시했다. 그가 보기에 자본주의에 속한 시민사회(civil society)란 경제적 위기 속에서도 자본주의 국가를 보호하는 일종의 '참호 체제(trench system)'였다(Gramsci, 1971: 235).

이론적으로 볼 때 상부구조는 생산력과 생산관계로 구성되어 있는 토대, 곧 하부구조를 제외한 나머지 모든 부분이다. 다시 말해 경제를 뺀 모든 영역이다. 상부구조는 국가, 법률, 제도, 문화, 종교, 이데올로기 등으로 구성되어 있는데, 이들은 한편으로 지배구조 및 계급관계를 반영하면서 다른 한편으로 이들을 재생산한다. 예컨대 법치주의는 '법 앞에서의 만인 평등'이라는 미명하에 실질적 불평등을 은폐하거나 호도한다. 문화 또한 사회공동체 전체를 위한 통합적 기능을 수행하는 듯하면서 사실은 지배계급의 이해에 일차적으로 봉사한다. 마르크스가 종교를 사회적 불평등과 계급관계의 모순을 일시적으로 잊게 하는 '아편'이라 부른 것은 널리 알려져 있다. 이데올로기도 마찬가지다. 그것은 현실적 모순을 감

추면서 기존의 체제를 정당화하는 허구적 관념이다.[29]

이처럼 다양한 상부구조 가운데 핵심은 역시 국가다. 이때 국가는 원조 마르크스주의가 말하는 것처럼 자본가계급의 단순한 집행위원회, 다시 말해 지배의 도구나 수단에 불과한 것이 아니다. 대신 그것은 지배계급을 상대로 나름 '상대적 자율성(relative autonomy)'을 구가하는 행위 주체로 인식된다. 곧, '자본가계급의 국가'가 아니라 '자본주의 국가' 혹은 '자본의 국가'로서, 자본주의 체제 전체의 재생산과 지속가능성을 관장하는 역할을 담당하는 것이다. 이런 식의 국가관을 네오마르크스주의 진영 내에서는 '구조(주의)적 마르크스주의(Structural Marxism)'라 부른다.[30] 여기서 중요한 것은 상대적 자율성을 가진 국가가 자본주의 체제의 재생산을 위해 개입하는 영역 가운데 우리가 주목하는 도시나 공간계획이 포함된다는 점이다.

본래 마르크스주의는 공간이라는 차원을 심각히 다루지 않았다. 이

---

29 무릇 역사적으로 존재했던 모든 경제체제는 자신의 도덕성을 주장하는 나름의 논리를 가공하고 확산한다. 예컨대 중세 시대 유럽의 대표적 이데올로기는 '노블레스 오블리주(noblesse oblige)'였다. 귀족계급이 자신의 신분에 상응하는 도덕적 의무를 사회공동체를 위해 실천한다는 뜻이다. 무력 사용을 규범화한 기사도(騎士道, chivalry) 역시 같은 맥락이다. 여기에는 기사란 결코 무력을 오·남용하지 않는다는 사회적 메시지가 담겨 있다. 자본주의가 애지중지하는 대표적 이데올로기는 '기회균등(equal opportunity)'이다. 법적·신분적 차별 없이 자유로운 개인에게 공정한 기회가 주어져 있다는 기대 혹은 믿음은 자본주의를 지속적으로 재생산시키는 정신적 원동력으로 매우 큰 효과를 발휘한다. 이로 인해 자본주의 체제에서 사람들은 계급 불평등을 사회구조적 문제가 아닌 '내 탓이요'라고 생각하는 경향을 보이게 된다.

30 프랑스의 알튀세르(Louis Althusser, 1918-1990)와 풀란차스(Nicos Poulantzas, 1936-1979)가 대표적이다. 이들은 개별 분파자본의 단기적 이익을 넘어 총자본의 장기적이고도 구조적인 이익을 구현하는 것이 자본주의 국가의 본질적 존재 이유라고 본다. 구조주의적 마르크스주의의 대척점은 '도구(주의)적 마르크스주의(Instrumental Marxism)'인데, 이를 대표하는 인물은 영국의 밀리밴드(Ralph Miliband, 1924-1994)로서 국가는 자본자계급의 집행위원회라는 전통적 입장을 견지했다. 구조주의적 마르크스주의와 도구주의적 마르크스주의는 1970년대《뉴레프트리뷰(New Left Review)》지면 등을 통해 치열하게 격돌했다.

는 앞서 언급했던바, 마르크스가 도시문제를 자본주의 문제의 아류로 인식했던 것의 연장선에 있다. 마르크스 이론이 '역사적 유물론(historical materialism)'으로 불리는 것은 그의 유물론이 기본적으로 시간적 관점을 택하고 있기 때문이다. 19세기에는 전반적으로 독일 관념론 철학의 거두 헤겔(Georg Wilhelm Friedrich Hegel, 1770-1831)의 영향에 따라 사회변동을 시간 축에 따라 이해하고자 하는 역사주의가 풍미했다. 이에 따라 마르크스 역시 역사는 공간의 차이와 상관없이 시간의 흐름에 따라 원시사회, 노예제, 봉건제, 자본주의, 사회주의, 공산주의 사회 순서로 진보할 것으로 믿었다. 하지만 20세기의 네오마르크스주의자들은 자본주의의 발전 및 재생산문제와 관련하여 공간, 특히 도시공간에 눈길을 돌리기 시작했다.

네오마르크스주의는 공간을 외부로부터 어쩌다 주어진 조건, 불변의 대상, 혹은 텅 빈 그릇으로만 보지 않았다. 대신 공간의 능동적이고도 동태적인 측면을 강조했다. 이를 '공간의 정치경제학'이라 부르는데, 이는 궁극적으로 20세기 후반 사회분석의 '공간적 전환(spatial turn)'으로 이어졌다. 그리고 그 물꼬는 미셸 푸코가 텄다.[31] 푸코는 공간을 "죽은 것, 고정적인 것, 비(非)변증법적인 것, 정지된 것"으로, 그리고 시간을 "풍요로운 것, 비옥한 것, 살아 있는 것, 변증법적인 것"으로 대비하는 기존의 역사주의적 전통에 도전장을 던졌다(Foucault, 1980: 67, 70-72). 그에 의하면 19세기가 발전과 진보, 누적, 퇴행, 정지 등의 개념에 입각하여 '역사'에

31 푸코를 네오마르크스주의자로 단정하기는 어렵다. 젊은 시절 그가 프랑스공산당에 가입한 적은 있지만 마르크스주의자를 자임하지는 않았다. 자본주의를 비판한다는 점에서 그는 마르크스주의자와 생각이 같았지만, 푸코는 마르크스주의를 포함한 근대주의 전체를 뛰어넘는다는 점에서 포스트모더니스트라고 볼 수 있다. 그는 특정 전공 분야에 갇히지 않는 독창적 지식의 소유자였는데, 그를 '장군(general)'급 학자로 평가하는 것은 개별 병과(兵科)를 초월하여 통합하는 학문적 역량을 가졌기 때문이다(전상인, "프랑스 대표 지성이 '감옥'을 읽는 방법", 《월간조선》, 〈이 한 권의 책〉, 조선뉴스프레스, 2010 참고).

몰두했다면, 20세기는 "무엇보다 공간의 시대"였다. 시간의 선후를 확인하거나 역사의 방향을 판단하는 식의 인과적 분석은 점차 의미가 사라졌는데, 이유는 우리가 '동시성의 시대, 병치(倂置)의 시대, 원·근과 병존과 분산의 시대'에 살고 있기 때문이라는 것이다(Foucault, 1986).

푸코에서 시작된 공간적 전환을 좌파 도시계획 이론의 태동으로 보다 직접 연결시킨 네오마르크스주의자는 프랑스의 철학자이자 사회학자인 르페브르(Henri Lefèbvre, 1901-1991)다. 그는 자본주의의 생존 비법을 '공간의 생산'에서 찾았다.[32] 르페브르는 "공간이란 고작 사회적인 관계가 이루어지는 수동적인 장소, 그 관계들이 확실하게 드러나는 장소, 혹은 관계들이 유지되고 연장되는 과정의 총체에 불과한 것 아닐까?" 자문(自問)한 다음, "아니다"라고 단호하게 자답(自答)한다(르페브르, 2011: 51). "공간은 (누구를 혹은 무엇을 위해) 봉사하며, 헤게모니가 행사되는 것 또한 공간을 수단으로 하여 지식과 기술을 사용한 하나의 체계를 형성한다"는 것이 그의 생각이었다. 그는 "사회와 더불어 변화하는 공간은 그것 나름의 역사가 존재한다"고 주장했다(르페브르, 2011: 29).

르페브르에 의하면 공간은 생산물이자 생산자이며, 경제적 및 사회적 관계의 토대로 존재한다. 네오마르크스주의자로서 그의 공간 개념은 기존의 하부구조-상부구조 식 이분법을 벗어난다. 대신 그것은 "여러 '층위' 중에서 어느 한 층위에 개입하다가 다른 층위로 옮아간다"(르페브르, 2011: 29). 물질로서의 공간은 하부구조에 속하지만, 그것을 생산하는 공간계획은 법이나 제도, 이데올로기 등과 결부된 상부구조에 해당한다는 의미다. 요컨대 공간은 있는 그대로의, 혹은 주어진 대로의 그 무엇이 아닌, 사회적으로 '생산'되는 것이다. 르페브르가 볼 때 20세기 자본주의 체

32 《자본주의의 생존(The Survival of Capitalism)》은 프랑스어로 1973년에 출판되었고 1976년에 영어로 번역되었다(Frank Bryant trans. *La Survie de Capitalisme*, Allison and Busby). 《자본주의의 생존》은 그 이듬해에 나온 르페브르의 대표작 《공간의 생산(The Production of Space)》의 습작으로 평가된다.

제에서 잉여가치의 주요 원천은 더 이상 공장이 아니다. 대신 그것은 공간, 특히 공간의 생산이다.

공간 가운데 르페브르가 특히 주목한 것은 도시였다. 그에 따르면 원래 도시는 '개별로 유일한 예술품'이었다. 그런데 자본주의 체제의 건축 및 도시계획 획일화 '전략'에 따라 반복적인 공간들이 지배하기 시작하면서 도시라는 작품은 단순한 생산물로 바뀌었다(르페브르, 2011: 132). 르페브르에 의하면 도시공간은 자본주의의 핵심적 구성 요소다. "도시화 없는 자본주의는 없다"는 것이 르페브르의 기본 전제인데, 그에 따르면 16세기 이후 "공간과 시간은 도시화되었다"(르페브르, 2011: 405-406). 한편으로 재화를 생산하고 운반하고 판매하여 돈을 받고 자본을 배치하는 시간이 공간을 측량했지만, 다른 한편에서 시간을 규제하는 것은 공간이었다. 그 결과 "도시는 정복되고 강간당하며 약탈당하는 대상"이면서 "동시에 부의 장소, 축적의 주체, 곧 역사의 주체"로 거듭났다. 자본주의 체제는 "도시국가, 곧 국가로서의 도시"가 되어 고정된 중심을 정립하고 스스로 중심, 즉 특권적인 장소가 되며, 자신의 표시를 받아들이는 주변으로 에워싸인다"(르페브르, 2011: 347). 자본주의는 도시화를 좋은 것, 바람직한 것으로 미학화하고 신비화하며, 궁극적으로 도시 그 자체를 이데올로기화한다. '이데올로기로서의 도시'란 도시의 이름으로 도시 안에 존재하는 각종 억압, 착취, 불평등을 은폐하고 호도하며 정당화하는 상황을 말한다.

르페브르는 예의 마르크스주의자답게 자본주의의 필요나 국가권력의 수요에 따라 공간이 사회적으로 생산되는 과정을 변증법적으로 설명했다(르페브르, 2011: 80-99). 첫째는 '공간 재현(representation of space)'인데, 이는 계획가나 전문가, 기술관료 등이 구획하고 배열한 것으로, 대개의 경우 지배의 공간으로 기능한다. 이는 국가 주도 합리적 공공계획의 결과이기도 하다. 둘째는 '공간적 실천(spatial practice)'인데, 이는 사회구성원들이 위로부터 주어진 공간 재현을 일상생활 속에서 수용하고 복종하는 것을 말한다. 대다수 사람이 살아가는 모습이다. 셋째는 '재현 공간(representational space)'으로, 공간적 실천의 반대다. 이는 생산된 지배의 공간을 상상력을 통해 자기 방식대로 해석하고 활용하려는 시도로서, 저항의 공간 혹은 창조의 공간이 된다.[33]

합리적 계획이론 비판과 사회민주주의 전략

르페브르에 의한 공간의 재발견과 재인식은 영국 출신 미국의 지리학자 하비(David Harvey, 1935-)의 '역사·지리 유물론(historical-geographic materialism)'에 의해 계승되었다.[34] 말하자면 마르크스의 역사적 유물론에 지리적 차원이 포개진 것이다. 네오마르크스주의자로서 하비는 1960년대 후반 미국에서 분출한 도시빈곤과 사회적 불평등을 심각하게 고민했다. 그 무렵 미국에서는 롤스의 《정의론》 출판을 계기로 이 문제에 대한 관심이 고조되고 있었다. 하지만 하비가 볼 때 자본주의 시장구조의 근본적 변화 없이 '공정'을 위한 국가개입만 주장하는 롤스식 접근에는 한계가 있었다. 곧, 사회적 재분배를 말하기 전에 애시당초 불공정한 사

33 우리는 이와 같은 공간 재현과 공간적 실천, 그리고 재현 공간이 서로 교호하면서 동태적으로 진화하는 과정에 살고 있다는 것이 르페브르의 생각이다(2011: 86-88). 마르크스주의자로서 그는 자본주의 체제하에서의 공간 생산 방식을 결코 주어진 대로 수용하려 하지 않았다. 자본주의 재생산의 비결이 도시, 도시화, 도시계획에 있는 만큼 르페브르는 우리 시대에 진정으로 필요한 혁명은 계급혁명이 아니라 '도시혁명(Urban Revolution)'이라 믿었고, 스스로 68혁명에 적극 가담한 것도 이런 이유에서다. 이런 맥락에서 르페브르는 기존의 '시민권'을 넘어 '도시에 대한 권리(Right to the City)', 곧 '도시권' 개념을 처음 제시했다.

34 하비는 영국에서 계량 분석 위주의 실증적 지리학자로 명성을 떨치다가 1970년대 들어와 비판적 마르크스주의 지리학자로 개종했다. 여기에는 68혁명이 커다란 배경이 되었지만, 미국 존스홉킨스 대학으로의 이동도 중요한 계기가 되었다. 존스 홉킨스 대학이 소재한 볼티모어는 제조업이 발달하여 그 당시 미국 대도시 가운데 사회불평등이 극심하고 노동운동이 가장 활발한 지역이었다. 그곳에서 그는 대도시의 게토 문제를 연구하면서 토지이용에 관련된 기존의 실증주의적 접근의 한계를 절감했다고 한다(하비, 2017 참고).

회가 만들어지는 제도와 체제부터 손봐야 한다는 것이었다. 이에 하비는 지리학자답게 정의의 문제를 공간의 차원에서 논의했다. 하비가 볼 때 자본주의 사회에는 사회적 불평등을 구조적으로 생산하는 '도시 과정(urban process)'이 진행 중인데, 유감스럽게도 기존 마르크스주의 이론에서 이 부분은 그동안 "아주 미개발되었거나, 거의 고찰되지 않은" 영역이었다(하비, 1995: 6-7, 519-523).

하비가 볼 때 바로 그러한 도시 과정의 핵심이 도시계획, 그중에서도 특히 합리적·종합 계획이었다. 그것은 자본주의 체제의 유지를 담보하려는 목적의 보수·우파 이론으로 생각되었다. 하비의 네오마르크스주의는 독자적인 계획이론을 제시하기보다, 기존의 합리적·종합 계획이 가진 이데올로기적 속성을 비판하고 폭로하는 데 더 역점을 두었다. 이로써 도시계획 이론은 뜨거운 이데올로기 논쟁 속에 진입했다. 하비가 누구를 위한 계획이며, 무엇을 위한 도시계획인지 묻고 따졌기 때문이다. 하비는 합리적·종합 계획 및 계획이론을 상부구조에 속한 지배 이데올로기라고 생각했다. 다시 말해 도시계획이란 태생적으로 "국가의 수단적 속성(the Instrumentalities of State)"을 품고 있다는 것이다(Harvey, 1985: 174-176).

하비는 합리적·종합 계획이론이 가지는 이데올로기적 측면을 다음과 같이 설명한다. '계획'이라는 용어가 풍기는 미래지향성, '합리성'이라는 가치의 명분, '종합'에 담긴 통합적이고도 총괄적인 의미, '과학과 전문성'의 천명, '공공선 및 조화'라는 대의(大義), 그리고 외견상 '비(非)정치적(apolitical)' 의사결정 과정은 합리적·종합 계획이 마치 사회구성원 전체를 위해 꼭 필요한 그 무엇인 것처럼 보이기에 충분하다는 것이다(Harvey, 1985: 176-178). 다시 말해 도시문제의 근본 원인인 자본주의 체제 자체는 건드리지 않은 채 마치 도시계획이 도시문제를 해결해 줄 수 있는 것인 양 사람들로 하여금 믿게 한다는 것이다. 이로써 도시계획은 자본주의의 구조적 모순을 은폐하는 일종의 진정제 혹은 마취제로서, 자본

하비식(式) 건조환경 읽기: 누구를 위한 스카이라인인가?(출처: Khkim2050, Wikimedia Commons)

주의 생산양식을 탈정치화하는 효과를 발휘한다. 말하자면 자본주의 체제에 대한 비판의식을 상실한 채 도시문제를 단지 기술적·재정적·법률적·관료적 차원에서 인식하게 만든다는 것이다.

하비는 도시계획과 자본주의의 관계를 분석하기 위해 초점을 '건조환경(built environment)'에 맞추었다. 건조환경이란 생산, 노동, 유통, 소비, 여가 등 자본주의 경제활동에 필요한 각종 인조 시설물을 의미한다. 건조환경 자체는 사실 모든 계급에게 요구되는 것이다. 예컨대 공장이나 사무실, 도로나 교량, 교통시설 등이 생산과 유통을 목적으로 주로 자본가계급에게 필요한 것이라면, 주택은 노동자계급에게 필요한 대표적 건조환경이다. 주거안정을 통한 노동력 재생산이 없다면 자본주의는 결코 지속가능하지 않기 때문이다.[35] 하비에 따르면 도시계획의 임무는 바로 이와 같은 건조환경에 대한 투자가 부족하지도, 과분하지도 않게 관리하는 일이다. 언제부턴가 우리가 사진 촬영 등 도시를 이미지로 재현할 때 도시의 고층건물이나 대로 등이 중심이 되는 경향은 알게 모르게 좌파식 유물론적 도시관에 익숙해진 결과일지도 모른다.

자본주의 체제에서 건조환경을 만들어 내는 방법은 이론적으로 세 가지다(Harvey, 1985: 173-174). 첫째는 시장이 주도하는 방식인데, 이때 문제는 외부효과(externalities)다. 어떤 경제주체의 행위가 다른 경제주체들에게 기대하지 않은 이익이나 손해를 발생시킬 수 있는 것이다. 둘째는 국영화 등의 방법으로 국가가 건조환경을 독점적으로 생산·관리하는 것인데, 이때는 전매(專賣)나 규제 등에 따른 비효율성이 문제로 등장한다. 셋째는 시장에 대한 국가개입인데, 통상적인 도시계획이 여기에 해당한다. 이때 사적 이해와 공공 이익을 어떻게 조화시킬 것인가 하는 문제가 발생한다. 따라서 자본주의 국가에서 기대되는 도시계획가의 역할은 한편으로는 건조환경 공급에 필요한 전문적 지식을 활용하여 자본주의 체제의 확대재생산에 기여하면서, 다른 한편으로는 그것이 사회 전체의 이익에 장기적으로 이바지하도록 하는 것, 아니면 최소한 그렇게 하는 것처럼 보이게 하는 것이다.

물론 도시계획가들의 이러한 노력이 항상 성공하는 것은 아니다. 오히려 하비가 볼 때 자본주의 도시 혹은 자본주의 국가는 항구적인 위기 상황에 처해 있다(Harvey, 1985: 178-181). 따라서 이를 극복하기 위해 건조

35 자본주의 체제에서 노동력은 하나의 '상품'이긴 하지만 노동자와 분리될 수 없다는 점에서 특이한 상품이다. 자본주의의 지속가능성을 담보하기 위한 노동력 재생산에는 세 가지 차원이 있다. 첫째는 노동자계급의 물질적 생존이다. 곧, 최소한의 의식주가 가능해야 한다. 둘째는 교육과 훈련이다. 자본주의에 필요한 노동자는 태어나는 것이 아니라 만들어지기 때문이다. 셋째는 출산과 양육이다. 인구가 감소하면 노동력이 줄어들기 때문이다. 노동력 재생산은 모두 소비행위를 통해 이루어지는데, 이 가운데 가장 핵심이 바로 주택 소비다. 주택문제가 국가정책 혹은 도시계획의 하이라이트가 될 수밖에 없는 근본적 이유다.

환경 공급 및 관리라는 직접적이고도 대증적인 처방 외에, 보다 구조적이고 거시적인 특단의 위기 대응법이 간헐적으로 나타날 수밖에 없다는 것이 하비의 진단이다. 여기에는 크게 세 가지가 있다. 첫째는 인구의 소개(疏開) 내지 분산 정책이다. 노동자계급을 위시하여 실업자나 극빈자를 불량주택정비나 주거지역 재개발 등의 명분을 걸고 도시 외부로 사실상 추방하는 것이다. 둘째는 '공동체주의' 혹은 '게토 도금(鍍金, gilding the ghetto)' 원리의 도입이다. 이는 계급 범주를 넘어서는 공동체적 삶을 강조하고 개선하는 전략인데, 마을 만들기, 동네 미화, 환경 개선, 문화시설 확충 등이 여기에 해당한다. 셋째는 도시계획 및 행정의 합리화 캠페인이다. 주기적으로 벌이는 관료 개혁, 비리 숙정(肅正) 등이 이에 해당한다. 말하자면 '도시미화(City Beautiful)'에서 '도시효율(City Efficient)'로의 국면 전환이다.

하비는 현재와 같은 도시, 지금과 같은 도시계획이라면 자본주의는 어떠한 희망도 기약할 수 없다고 본다. 미래를 구하는 유일한 방법은 오직 전 세계적 차원에서 반자본주의 사회주의 혁명에 매진하는 일이다. 하비가 '희망은 없다'라는 기조를 취한다면 페인스타인 부부는 그래도 '절망은 없다'는 입장이다(Fainstein and Fainstein, 1982). 이들은 기울어진 운동장 상황에서도 계획가에게 세 가지 대안은 있을 수 있다고 생각한다. 첫째는 자본주의 국가의 제도적 형식에서 피지배계급의 이익을 최대한 극대화하는 전략이다. 말하자면 합리적·종합 계획 자체에 대한 원천적 거부 대신 그것의 내용과 결과를 사회구성원 전체의 이익을 위한 것으로 전환시키려는 노력이다. 둘째는 국가 영역 내부가 아닌 외부에서 정부 정책에 영향력을 행사하는 방식이다. 일종의 비(非)정부 시민사회 운동이다. 끝으로, 아예 자본주의 체제에서 벗어나 생산과 분배 체계의 자율적 거점들을 발전시키는 급진적 전략이다. 말하자면 기존 사회질서로부터의 '유토피아적 탈퇴(utopian withdrawal)'다.

이 가운데 페인스타인 부부는 첫 번째 방식을 차선책으로 간주한다

페인스타인식(式) 도시 재생 읽기: 그래도 좋은 게 좋다 - 대전 대동벽화마을(출처: *Youngjin, Wikimedia Commons)

(Fainstein and Fainstein, 1982). 마르크스주의자로서의 최선은 당연히 자본주의 체제를 극복하는 것이다. 사회주의 혁명에 대한 피지배계급의 간구와 열망이 높아지려면 자본주의 체제하에서 그들의 삶은 악화되면 악화될수록 좋다. 여기서 새로운 좋은 세상으로 나아가기 위해 현재의 삶은 '나쁠수록 좋은 것(the worse, the better)'이 된다. 그런 만큼 좀 더 나은 세상을 만들기 위해 공공계획이 열심히 나설 필요가 없음은 두말할 나위도 없다. 하지만 페인스타인 부부가 볼 때 그것이 반드시 사회주의 체제로 더 쉽게, 더 빨리 나아가는 길은 아니다.

현재가 나빠질수록 더 나은 세상이 빨리 올 수 있다고 믿는 대신, 페인스타인 부부는 이른바 '좋을수록 좋은 것(the better the better)'이라는 선택을 제안한다. 주어진 공공계획 시스템에 대한 동참을 통해 하위계층이나 사회적 약자들의 생활이 지금보다 조금이라도 나아질 수 있다면 현실적으로 그만큼 좋은 일이라는 뜻이다. 예컨대 거주공간과 주변환경의 개선, 대중교통의 발전 같은 좋은 계획은 공동체 전체를 위해 그래도 다다익선(多多益善)이라는 것이다. 말하자면 이는 자본주의 체제를 수용하는 가운데 필요한 이익을 최대한 챙기려는 일종의 실용주의적 전략이다. 비록 단기적으로 그것이 자본주의 체제를 정당화하는 효과를 낳더라도, 또한 사회주의 혁명의 지연을 초래하는 결과를 낳더라도, 시장원리에 모든 것을 그냥 방치하는 것보다는 공공계획의 힘을 나름 활용하는 편이 그래도 낫다는 판단이다.

비판과 평가

합리적·종합 계획이론을 이데올로기적으로 비판하는 데서 시작된 좌파 계획이론은 국가 주도 공공계획을 부정하는 것에서 출발했지만, 결과적으로는 그것의 적극적 활용으로 반전한 형국이 되었다. 초기의 네오마르크스주의가 계획행위, 특히 합리적·종합 계획의 가식과 위선을 폭로하는 데 주로 초점을 맞추었다면 그것의 후기 수정본은 자유민주주의 정치체제의 전략적 역이용을 강조했다는 점에서 그렇다. 특히 페인스타인 부부는 마르크스주의 특유의 경제적 환원주의를 넘어 젠더, 인종, 소수자 등 계급 범주 이외 다양한 사회적 약자들을 논의에 적극적으로 포함시켰다. 말하자면 협의의 마르크스주의 범주를 벗어나면서 자본주의의 미래 전망에 새로운 지평을 연 것이다.

이는 마르크스주의 입장에서 자본주의 체제 자체를 평화적 방식으로 변화시킬 수 있는 고도의 정치적 전략이기도 하다는 점에서 주목을 끈다. 곧, 사회민주주의의 작동원리를 십분 활용하자는 것이다. 어떤 점에서 이는 좌파가 줄곧 비판해 왔던 합리적·종합 계획의 '거울 효과(mirroring effect)'라 할 수 있다.[36] 앞에서 살펴본 것처럼 마르크스주의의 기본 입장은 국가가 지배계급의 이익에 봉사하는 도구나 수단에 불과하다는 것이다. 이에 비해 사민주의는 대의제 민주주의의 제도적 형식을 역이용하려는 또 다른 의미의 도구주의다. 일찍이 마르크스가 '프롤레타리아의 단결'을 역설했거니와, 보통선거권은 말하자면 자유민주주의 국가에서 가장 합법적으로 사용할 수 있는 '약자의 무기(weapon of the weak)'다. 당장 아무런 힘도 없어 보이는 사회적 약자들에게도 최소한 단결이라는 무기는 있다.[37] 바로 이런 점에서 페인스타인 부부는 오히려 공공계획의 긍정적 역할을 주문하고 도시계획가의 적극적인 활동을 기대한 것이다.

사민주의의 틀 속에서 좌파 계획이론은 서구에서 한 시대를 풍미했다. 공공계획은 사회 전반적으로 확대되고 심화되었으며, 이에 따라 복지국가가 한동안 전성기를 구가했다. 19세기식 사회주의 혁명의 꿈에서 멀어지는 듯했지만, 자본주의 체제 자체를 거부하는 급진주의와도 동시에 거리를 벌렸다. 하지만 이와 같은 페인스타인식 좌파 계획이론은 결코 무제한 지속가능한 것이 아니었다. 복지국가의 적폐가 드러나면서 1970년대 후반 심각한 한계에 봉착했다. 그것은 몰락의 씨앗을 스스로 뿌린 꼴이 되었고, 이는 뉴라이트 계획이론이 등장하는 계기가 되었다.

---

36 상대방의 행동을 은연중에 따라 하는 행위를 말한다. 사회학자 찰스 쿨리(Charles H. Cooley, 1864-1929)가 1902년에 쓴 *Human Nature and the Social Order*에 나오는 '뒤바뀐 자기 자신(looking-glass self)' 이론에 근거하고 있다. 우리가 우리 자신을 보는 것은 다른 사람이 우리를 보는 것과 상호작용한다는 주장이다.

37 '약자의 무기'라는 개념은 스콧(Scott, 1987) 참고. 말레이시아를 포함한 동남아시아 국가들의 농민운동과 관련하여 힘없는 농민들도 영농기계화에 대한 저항, 좀도둑질, 게으름 등을 통해 자신들의 의사를 표방한다는 주장이다. 미국에도 "부정(fraud)과 간계(奸計, cunning)는 약자의 무기"라는 속담이 있다. 이런 무기는 불법임에도 현실적으로는 힘이 있다.

3. 신자유주의 뉴라이트 계획이론

혼합경제와 복지병(福祉病)

뉴라이트(New Right) 계획이론은 다른 계획이론에 비해 다소 무게감이 떨어지는 편이다. 우선 '뉴라이트 계획'이라는 개념 자체가 형용모순으로 보일 수 있다. 다시 말해 뉴라이트와 공공계획은 원천적으로 공존하기 힘든 측면이 있다. 또한 뉴라이트 계획이론은 흥행 기간이 비교적 짧고, 그것의 효과에 대해서도 논란이 많은 편이다. 또한 신자유주의와 더불어 '뉴라이트'라는 용어 자체에 대한 세간의 거부감이 결코 적지 않은 것도 사실이다.[38] 그럼에도 뉴라이트가 계획이론의 역사적 진화 과정에서 한 시대의 획을 그은 것만은 누구도 부인할 수 없다. 1980년대 이후 약 20년간의 세계사는, 특히 서구의 경우 뉴라이트 시대였다고 해도 과언이 아니다. 영국과 미국을 위시하여 덴마크, 노르웨이, 벨기에, 캐나다, 일본 등지에서 우파 정부가 득세했으며, 우리나라의 경우도 예외가 아니었다.

계획 분야의 뉴라이트 이론은 1970년대 후반 영국에서 본격적으로 성장했다. 제2차 세계대전 이후 범유럽적 현상으로 자리 잡은 사회민주주의로의 행렬에서 선두에 선 나라는 흥미롭게도 시장 자본주의의 종주국 영국이었다. 영국은 일찍이 케인스의 수정자본주의 혹은 혼합경제 모델을 적극적으로 도입했다. 제1차 세계대전과 세계 대공황의 위기 속에서 케인스식 처방은 영국에서 사회주의 혁명을 예방하는 데 커다란 효과를 발휘했다. 이념적 좌우를 아우르는 케인스식 '합의의 정치' 바탕 위에 영국에서는 이른바 '요람에서 무덤까지'라는 슬로건을 내건 복지국가 기조가 제2차 세계대전 이후 1970년대까지 일관되게 유지되었다. 영국

---

38 우리나라에서처럼 '뉴라이트' 개념이 오염된 나라도 없다. 2000년대 초 일어난 보수 정풍 혹은 보수개혁을 위한 지식인 운동이었는데, 친일과 독재비호, 냉전수구라는 오명을 뒤집어쓴 채 이 책에서 다루는 뉴라이트 본래 의미를 제대로 살리지 못했다.

1979년 말 파업으로 인해 쓰레기 야적장으로 변해 버린 런던 스토크 뉴잉턴 커먼(Stoke Newington Common) 공원(출처: Alan Denny, flickr.com)

은 사민주의에 기반한 좌파 공공계획이 가장 꽃을 피운 나라 가운데 하나였다.

하지만 현실에서 국가개입과 공공계획은 결코 다다익선이 아니었다. 주요 산업의 국유화에 따른 만성적 저성장과 높은 실업률 및 인플레이션에 따라 영국은 점차 치유 불가능한 '유럽의 중환자'로 전락하기 시작했다. 여기에 1970년대 중동발 석유 위기는 영국 경제에 치명타를 가했다. 완전고용과 사회보장을 위한 정부 재정이 고갈되는 상황에서 복지국가가 제대로 작동하기 어려워진 것이다. 그럼에도 강성 공공노조의 정치적 위상은 전혀 흔들리지 않았다. 영국은 노동자 천국이 아니라 '노동조합 천국'이 되어 있었기 때문이다. 만신창이 경제상황에서도 1974년 총선의 승리는 강성노조를 등에 업은 노동당의 차지가 되었다. 노조 이기주의가 초래한 영국의 극적인 추락은 1978-1979년 이른바 '불만의 겨

울'이 증언한다.[39]

뉴라이트 계획이론은 이런 밑바닥 상황에서 영국이 기사회생하는 과정에 등장했다. 그 주역이 바로 마거릿 대처(Margaret Thatcher, 1925-2013) 수상이었다. 이른바 '영국병'의 치유를 위해 대처가 들고 나온 처방전은 케인스의 라이벌인 하이에크의 신자유주의 이론이었다. 그러나 하이에크의 자유지상주의, 시장지상주의만으로는 계획이론이라는 이름값을 제대로, 그리고 충분히 하기 어렵다. 뉴라이트 계획이론은 또 다른 계보를 하나 갖고 있는데, 그것은 영국 역사 나름의 '국가주의' 정서다. 이런 점에서 뉴라이트는 일종의 '애국적 시장주의'다. 대처리즘(Thatcherism)은 신자유주의와 국가주의 유산의 합성으로 이해해야 한다. 바로 영국이기에 뉴라이트가 필요했고, 영국이기에 뉴라이트가 가능했다는 말이다.

하이에크와 신자유주의

뉴라이트 계획의 이론적 대부는 하이에크다. 1970년대 말 영국은 혼합경제의 이론적 지주였던 자국 출신 케인스를 버리고 오스트리아 출신 하이에크를 선택한 셈이다. 물론 넓게 보면 모든 자유주의자와 모든 시장주의자가 뉴라이트 계획이론의 우군(友軍)이지만 핵심 인물은 역시 하이에크다. 케인스와 달리 평생 학계에 머물렀지만 하이에크의 사회적 영향력

39 1978년 노동당의 제임스 캘러헌(James Callaghan) 내각이 인플레이션 억제를 위해 공공부문 노동자 임금 인상률을 5퍼센트 이내로 억제한다는 정책을 발표하자 운수, 의료, 환경미화, 장의업 등 다양한 분야에 속한 150여만 명의 노조원이 일제히 파업을 단행했는데, 이는 영국에서 1926년 이후 최대 규모였다. 마침 그해 겨울 런던에는 20년 만의 최대 한파가 몰려왔다. 사람이 죽어도 시체를 옮기지 않았고, 쓰레기가 쌓여도 치우지 않았다. 특히 노인들이 '과연 겨울을 살아서 넘길 수 있을까'하는 두려움에 떨었던, 그야말로 악명 높은 노조파업이었다. '불만의 겨울(The Winter of Our Discontent)'은 셰익스피어의 희곡에 나오는 말이다. 고통스러운 시대를 상징하는 의미로 이 말은 노벨 문학상과 퓰리처상을 동시에 수상한 미국의 사회주의 리얼리즘 문학의 거장 존 스타인벡(John Steinbek)이 1961년에 마지막으로 쓴 자전적 소설 제목으로 등장하기도 했다.

은 실로 막강하여, 1980년대 세계정치의 우경화 및 1990년대 초 사회주의권의 몰락에 크게 기여했다. 하이에크는 자본주의의 문제점이 심화되던 20세기 초, 한편으로는 케인스류의 수정자본주의가 등장하고 다른 한편으로는 계획경제나 명령경제가 자본주의의 대안으로 주목받던 시대에 맞서 자유주의와 시장경제의 가치를 수호하고자 했다. 한마디로 그는 '신자유주의'의 아이콘이었다.

하이에크는 기본적으로 공공계획과 같은 국가개입 자체를 거부했다. 거부했다기보다 사실은 불가능하다고 생각했다. 이와 같은 논리를 펴기 위해 하이에크는 두 개의 이념형 사회를 제시한다. 첫째는 소규모의 '면대면 사회(face to face society)'다. 이는 재화의 생산과 분배에 필요한 지식을 구성원 전체가 공유하는 자급자족 사회다. 누구에게 무엇이 얼마나 필요한지, 그것을 공급할 수 있는 능력을 누가 갖고 있는지 서로 잘 알고 있는 정보공개 내지 정보공유 사회다. 하이에크는 이런 경우 집단 전체의 이익을 위해 제3자에 의한 통제와 조정, 곧 계획이 가능하다고 본다.

하지만 오늘날과 같은 '거대사회(great society)'의 경우는 사정이 다르다. 생산 및 분배와 관련하여 사전 계획이 불가능하다는 것이다. 하이에크에 의하면 이런 사회를 만든 계기는 다름 아닌 도시 문명의 출현이다. 수십만, 수백만, 혹은 수천만 명의 구성원을 가진 거대사회에서는 경제활동이 각 개인의 자유로운 선택에 맡겨질 수밖에 없다. 사회를 운영하는 데 필요한 지식이나 정보를 제3자가 중앙집권적으로 처리한다는 것은 난센스라는 것이다. 말하자면 각 경제주체의 자율적 의사결정, 곧 '보이지 않는 손'이 생산과 분배의 효율성과 합리성을 최적화할 수 있다는 논리다.[40]

40 '보이지 않는 손'이 효과적인 이유는 경제적 행위주체들이 형식지(explicit knowledge)와 더불어 암묵지(tacit knowledge)를 가동하기 때문이다. 형식지는 명

이를 가능하게 만들어 주는 메커니즘이 다름 아닌 시장이다. 하이에크는 시장이 카탈락시 혹은 카탈락틱스가 이루어지도록 자연스럽게 진화한 사회제도라고 생각했다. 시장은 결코 무질서한 현상이나 약육강식의 무대가 아니다. 시장은 소유권 보장, 거래비용 감소, 거래 안정성 및 예측가능성 제고, 무임승차 방지 등 법률이나 도덕 같은 유무형의 제도적 장치를 통해서만 성립되고 유지된다. 20세기를 전후하여 자본주의가 심각한 위기 국면에 빠진 이유는 이와 같은 제도로서의 시장이 원리대로 작동하지 않았기 때문이라는 것이 하이에크의 판단이다. 그는 현 단계 자본주의의 문제 해결을 위해 케인스주의나 통제경제, 계획경제 같은 자본주의의 대안을 찾을 것이 아니라, 자유주의에 기반한 시장경제 자본주의의 본래 정신과 기본 원칙으로 되돌아가자고 주장한다.

하이에크는 시장 메커니즘의 최대 약점으로 치부되는 분배의 문제에 대하여 국가의 개입을 거부한다. 그에 의하면 사회적 평등을 위한 복지정책이 실제로 어떤 결과를 초래할지는 아무도 예측할 수 없다. 그것은 계산 불가능하다는 것이다. 하이에크는 분배를 위한 복지정책이 곧 사회적 정의는 아니라고 본다. 그에 따르면 분배적 정의는 환상이나 신기루일 뿐이다. 시장경제가 초래하는 사회적 불평등은 어떤 특정 개인의 의도된 행동이 아니라, 익명의 수많은 개인에 의한 비의도적 행동의 복합적 결과일 따름이다. 하이에크는 노동자가 생존을 위해 저임금을 수용

시적으로 알 수 있는 형태, 곧 문자화나 수치화를 통해 전파와 공유가 용이한 지식이다. 이에 반해 암묵지란 경험과 학습을 통하여 개인에게 체화되어 있지만 객관적으로 표현하기 힘든 지식이다. 이는 영국의 물리학자이자 철학자, 사회학자인 마이클 폴라니(Michael Polanyi, 1891-1976)가 분류한 개념이다. 그는 스탈린주의를 목격하며 전체주의에 대한 강력한 비판자가 되었는데, 자유주의자였던 그는 개인적 자유의 핵심에 바로 암묵적 지식이 있다고 생각했다. 책에 나오지도 않고 누가 가르쳐 주는 것도 아닌, 현장에서 몸으로 익힌 지식이나 정보, 요령, 감각, 숙련 등을 강조하는 그는 이렇게 말한다. "우리는 우리가 말할 수 있는 것보다 더 많은 것을 알고 있다"(폴라니, 2015: 31).

하는 것은 자유의 침해가 아니라고 본다. 그것은 결코 강제노동이 아니라는 이유에서다. 요컨대 사회적 불평등은 부정의(不正義)의 문제가 아닌 불운(不運)의 문제라는 것이 하이에크의 생각이다.

게다가 하이에크는 분배적 정의에 대한 명확한 기준도 없다고 말한다(하이에크, 1999: 151-174). 현대와 같은 다원주의 사회에서는 '정의로운 분배'에 대한 합의 자체가 불가능하다는 것이다. 하이에크는 현실적으로 사회적 정의는 정부의 분배 정책에 영향을 미치려는 이익집단의 위장술이며 분배적 정부는 집단이익의 포로라고 주장한다. 그렇다면 왜 우리 사회에는 아직도 '분배의 관념'이 계속 강력하게 남아 있는가? 이에 대한 하이에크의 대답은 원시 시대의 면대면 자급자족 사회의 추억 때문이라는 것이다. 그는 그 당시 집단적 생존을 위해 획득된 평등주의적 심성이 오늘날과 같은 거대사회에까지 도덕관념으로 남아 있는 것을 일종의 시대착오로 이해한다.

물론 하이에크의 시장자유주의에 대한 비판은 얼마든지 가능하다. 시장질서에서 낙오한 이른바 '불운한' 약자를 사회가 방치하는 것이 정당한가라는 질문도 있고, 분배적 정부가 집단이익의 포로가 된다는 주장은 현실정치의 문제일 뿐 그 자체로서 논리적 귀결은 아니라는 반론도 있다. 또한 독과점이나 외부효과 같은 시장 실패 문제를 충분히 고려하지 않는다는 지적도 제기될 수 있다. 하이에크가 역시 이 점을 모르거나 모른 척하는 것이 아니다. 다만 하이에크는 아무리 작은 정부의 개입이라도 그것이 '도미노 현상'을 일으켜, 궁극적으로는 전체주의 정부의 출현으로 귀결될 수 있다고 우려한다.

하이에크에 의하면 "중앙집권적 경제계획은 개인들에게 단일한 가치체계를 강요하지 않을 수 없도록 하는, 경제 전체를 단일한 조직처럼 만드는 것을 의미하며, 그렇게 되면 개인은 이 계획이 실현되도록 하는 도구, 단순한 숫자에 불과하다." 하이에크는 사회 전체의 이른바 '공동' 목적을 설정한다는 것 자체를 민주주의의 말살이라고 보았다. 사회에는 다양한 욕구와 기대가 존재하는데 이 가운데 하나를 국가가 선택하면 자유의 억압이 생겨날 수밖에 없다는 이유에서다. 하이에크는 "모든 일에 다수의 견해가 틀림없이 있을 것이라고 믿는 것은 하나의 미신"이라 생각했다(하이에크, 1999: 103). "자본주의가 사유재산에 대한 자유로운 처분에 기초하고 있는 경쟁체제를 의미한다면, 이 체제 내에서만 민주주의가 가능하다"는 것이 그의 신념이었다(하이에크, 1999: 110).

이처럼 하이에크는 중앙집권적 공공계획에 매우 비판적이었다. 하지만 하이에크가 계획을 일체 부정한 것은 아니다. 그는 도시에서의 일상적인 삶은 경쟁적 시장 원리로만 해결될 수 없다고 생각했다(하이에크, 1999: 83-84). 따라서 예외적으로 동네 차원에서는 계획을 인정했다. 사람이 밀집 거주하는 도시 공간에서는 근린효과(neighborhood effect) 혹은 이웃효과가 발생하기 때문이다. 말하자면 동네란 익명의 '거대사회'보다 '면대면 사회'에 가까운 것이다. 개인의 토지나 재산의 가치가 함께 사는 동네 이웃이 누구인가에 따라 달라지기도 하고, 공공시설의 공급과 접근성에 의해 개인이 누리는 삶의 질이 좌우되기도 한다. 이러한 근린효과의 문제는 개별 이해당사자들 간의 자발적 합의를 통해 관리되기가 거의 불가능한 영역이다(Allmendinger, 2002: 97). 곧, 사적 소유권이라든가 계약의 자유와 같은 시장원리만으로는 도시적 삶 특유의 복잡하고 미묘한 문제들(예컨대 공공공간 확보, 경관 관리, 혐오시설 입지 등)을 효율적으로 해결하기 어렵다. 하이에크가 거시적 차원의 종합 계획을 부정하면서도 미시적 차원의 '타운 계획(town planning)'을 용인한 것은 이런 맥락에서다.

대처리즘과 뉴라이트 계획

뉴라이트 계획의 탄생은 하이에크와 대처 사이의 '위대한 만남'이 결정적이었다. 1979년 5월 총선에서 대처의 보수당은 어떤 의미에서 별다른 노력 없이 쉽게 집권한 꼴이 되었다. 30년 이상 지속된 혼합경제 혹은 사회민주주의 체제하에서 영국이라는 나라 자체가 국가 부도 위기에 몰린 상황에서 반사이익을 톡톡히 본 결과였다. 이미 1976년 9월 노동당 정부는 선진국가로서는 최초로 국제통화기금(IMF)에 구제금융을 신청하는 처지가 되었다. '유럽의 환자' 영국은 1978-1979년 '불만의 겨울'을 보내며 어떻게 손쓸 방법도 없는 난파선 같은 나라가 되었다. 자신들의 유능함 때문이라기보다 상대 당의 무능으로 권력을 장악한 보수당은 한편으로 죽어 가는 영국을 되살리면서 다른 한편으로 장기집권을 위한 전략을 모색했다.

그 중심인물이 바로 대처고, 그녀의 이념과 사상이 다름 아닌 대처리즘이다.[41] 다시 말해 하이에크의 신자유주의 경제학이 빛을 본 것은 1980년대 초 영국에서 '대처혁명(Thatcher Revolution)'이 시작되면서부터다(김승욱, 2015: 376-378).[42] 대처의 뉴라이트 이념은 크게 두 갈래로 구분할

41 대처는 영국 보수당 최초의 여성 당수이자 영국 최초 여성 총리로서 약 11년 반 동안(1979-1990) 재임했다. '철의 여인(the Iron Lady)'이라는 별명을 가진 그녀는 자신의 이름 끝에 '주의(ism)'를 붙인, 곧 대처리즘이라는 단어를 세계 각국 언어로 사전에 남긴 최초의 영국 정치인이다. 대처는 자서전 집필을 원치 않아 공식적인 전기가 없다. 다만 메릴 스트립(Meryl Streep) 주연의 영화 〈철의 여인〉이 남아 있을 뿐이다. 2013년 그녀가 뇌졸중으로 사망했을 당시, 영국에서는 추모 열기와 축제 분위기가 뒤섞였다. 특히 석탄산업 구조조정으로부터 큰 피해를 본 스코틀랜드 지역에서는 "장례식도 민영화로 치러야 한다"고 비아냥거렸다.

42 새로 수상에 당선된 대처가 하이에크의 신자유주의에 갑자기 매료된 것은 아니다. 보수당 안에서 뉴라이트 이념이 등장한 것은 1974년경 대처의 '절친한 정치적 친구'인 키스 조셉(Keith Joseph)에 의해서였다. 그는 영국의 보수당 내에서 케인스식 사회민주주의 정책의 청산과 자유시장 경제의 활성화를 주장한 최초의 정치인이었고, 대처는 그에게서 자유주의에 대한 지식을 대부분 전수받았다. 흥미로운 점은 키스 조셉이 마련한 보수당 정부의 대안적 정강 가운데 '도시정책'이 포함되어 있었다는 점이다. 그는 당내 정책연구센터에 제출한 보고서에서 미국의 대표적인 도시계획 반대론자 제인 제이콥스가 쓴 책 두 권을 자세히 소개했다. 하나는《미국 대도시의 죽음과 삶(The Death and Life of Great American Cities)》이고 다른 하나는《도시경제(The Economy of Cities)》다(Thornley, 1991: 92-98 참고). 사실 1970년대 중반까지도 영국에서는 애덤 스미스를 배출한 나라답지 않게 사회주의 기세에 주눅이 들어 '시장경제'라는 말조차 제대로 사용하지 못했다. 새로운 당 대표가 될 가능성에서도 조셉이 대처를 앞섰다. 하지만 조셉이 정치적 설화(舌禍)를 겪으면서 기회는 대처에게 돌아갔고, 대처는 이론가 조셉에 비해 행동가로서 면모가 단연 돋보

수 있다. 하나는 경제적 자유주의고 다른 하나는 정치적 보수주의다. 대처리즘은 상호모순적이기도 한 이 두 가지를 성공적으로 융합했다. 대처의 영향력은 영국을 넘어 세계적으로도 확산되었고, 국내정치에서도 대처 이후 지도자들에 의해 상당 부분 계승되었다.[43] 바로 이런 점에서 대처리즘이고 대처혁명인 것이다.

대처리즘의 경제적 자유주의는 '큰 시장, 작은 정부(big market, small government)'로 요약할 수 있다. '작은 정부'란 국가의 역할을 최소화하려는 자유주의의 기본 이념에 충실하려는 입장이다. 여기에서 핵심 어젠다는 각종 규제 완화, 재정지출 삭감, 사회복지 축소, 공기업의 민영화 등이다. '큰 시장'이라는 것은 독과점 방지와 경쟁 원리 중시, 노동 개혁, 세금 인하, 경제의 대외개방, 기업가 정신 고취 등을 의미한다. 당시 '큰 시장, 작은 정부'는 일방적인 우편향 논리가 아니었다. 대처리즘은 '정부 실패'가 '시장 실패'보다 더 재앙적이라는 사실이 확인된 후, 오랫동안

였다. 조셉이 제안한 뉴라이트 혹은 신보수주의에 의해 사회적 합의를 중시하고 혼합경제를 유지하려던 기존의 보수주의는 구보수주의 혹은 올드 라이트(Old Right)로 평가절하되었다(박지향, 2012: 109-114). 한편 하이에크의 《자유헌정론》과 《노예의 길》을 읽고 감명받았다는 대처가 영국 수상에 당선된 것은 공교롭게도 1979년 하이에크의 생일날이었다. 대처는 "우리가 성공한다면 가장 큰 공헌을 한 사람은 교수님일 것입니다"라며 축하 카드를 보냈고, 하이에크는 이를 자신이 받은 최고의 선물로 여겼다고 한다. 한편, 1989년 베를린 장벽 붕괴 소식을 병상에서 아들로부터 전해 들은 하이에크는 이렇게 말했다고 한다. "거봐, 내가 뭐랬어 (…) 내가 젊었을 때는 나이 든 사람들만 자유시장 경제를 신뢰했고, 중년이었을 때는 나 빼고 누구도 신뢰하지 않았단다. 하지만 노년이 된 지금은 젊은 사람들이 다시 자유시장 경제를 믿게 되어 기쁘구나."

43 "나는 모든 것을 바꾸었습니다"라고 자부할 정도로 대처는 영국의 경제 및 사회구조를 대대적으로 변화시켰다. 대처의 후임인 보수당의 존 메이저(John Major) 수상뿐 아니라 노동당 정부의 토니 블레어(Tony Blair) 총리조차 대처리즘의 계승을 다짐했다. '블래처리즘(Blacherism)'이라는 합성어 표현이 그렇다. 블레어는 영국 노동당을 사회주의 계급정당에서 대중정당으로 탈바꿈시켰다. 블레어 총리의 최측근으로 산업부 장관을 지낸 피터 맨델슨은 "우리는 모두 대처주의자"라고 선언하기도 했다(박지향, 2012: 303-320 참고).

좌편향 일변도였던 영국의 이념 지형을 중간지점으로 재조정하는 것에 가까웠다.

한편, 대처리즘의 정치적 보수주의는 뉴라이트가 단순한 시장주의를 넘어 국가주의적 혹은 애국주의적 성격을 갖고 있다는 점을 보여 준다. 법과 질서의 중시 및 가족의 중요성 강조를 통해 대처 정부는 빅토리아 시대(1837-1901)의 사회기강을 전반적으로 재확립하고자 했다.[44] 말하자면 자유주의적 '작은 정부'와 보수주의적 '강한 국가'가 결합한 셈인데, 이는 영국 역사상 최초였다. 개인을 강조하는 자유주의와 공동체를 강조하는 보수주의가 손을 잡았다는 점에서도 대처리즘은 전통 우파가 아니라 새로운 우파, 곧 뉴라이트다. 뉴라이트는 시장주의적이면서도 국가주의적인 것이다.

이를 두고 마르크스주의 문화 이론가 스튜어트 홀(Stuart Hall, 1932-2014)은 대처리즘을 '권위주의적 포퓰리즘(authoritarian populism)'으로 평가한다. 그는 대처리즘 국가에서 '이데올로기 관리자'의 면모를 읽는다. 이는 국가계획 혹은 국가개입을 통해 자본주의를 재생산한다는 네오마르크스주의 국가이론의 연장인 셈이다. 대처리즘은 자유시장이나 기업인 같은 자유주의 담론에 가족, 국가, 전통, 명예, 가부장주의, 질서와 같은 유기적 보수주의 주제를 결합하는 새로운 담론 접합체를 만들어 냈으며, 그것은 기존의 계급주의나 경제주의 정치 프로젝트가 담아낼 수 없는 문

44 빅토리아 시대 영국은 세계 최강의 지위를 누렸다. 빅토리아 시대는 자유방임에 기초한 작은 정부를 추구했고, 국민들에게 기대된 최대 덕목은 자조(self-help)와 체면(respectability) 등이었다. 빈곤은 개인의 무능력이나 나태 탓으로 치부되었고, 복지도 국가의 몫이 아니라 교회나 지역공동체의 단기 과제로 인식되었다. 하층계급에게도 절제하는 삶과 교양 있는 처신이 요구되었으며 대영제국의 위상에 걸맞은 행동규범이 국민들 사이에 내면화되었다. 영국인은 여간해서 자신의 감정을 잘 드러내지 않고 무표정을 유지한다는 뜻의 '뻣뻣한 윗입술(stiff upper lip)'도 빅토리아 시대의 유산이다. 대처 수상이 내세운 대표적 모토 역시 '스스로 도와라'였다(김상수, "엘리자베스 즉위 60년—다시 보는 빅토리아 시대", 《주간조선》, 2012. 3. 5).

화적 헤게모니 전략이라는 것이 홀의 평가다(홀, 2007: 21-36).

대처리즘의 정치적 보수주의는 '계급'과 '노조'에 대립되는 개념으로서 '국가'와 '국민'이라는 담론을 구사했고, 과연 '영국인답게 되는 것'이 무엇인가를 재정의했다. "영국 국민의 본질은 자립과 개인적 책임"인데, 사민주의 복지국가 기조에 의해 영국인들이 '국가의 응석받이'로 허약해졌다는 것이다(홀, 2007: 104-106). 대처리즘이 볼 때 노동당 정부가 추구한 복지국가란 "대영제국 국민의 본성과 천재성에 걸맞지 않게 방해하고, 간섭하고, 끼어들고, 지시하고, 지도하는" 역할에 가까웠다(홀, 2007: 114). 이에 반해 대처리즘은 집산주의를 거부하고 국가와 사회에 대한 의존문화를 청산하는 대신, 법과 질서의 테두리 안에서 개인의 역할과 창의성을 중시하는 사회 분위기를 만들고자 했다. 과거 빅토리아 시대처럼 말이다.

자유주의 계승자로서 뉴라이트 계획이론의 핵심은 정부가 시장을 대체(supplant)하는 것이 아니라 지원(support)하는 것이다(Allmendinger, 2002: 94-95). 국가의 계획이나 개입 자체의 확대가 목적이 아니라 시장 기능의 복원과 정상화 및 활성화가 목표라는 의미다. "정부는 문제의 해결사가 아니라 문제 그 자체"라는 동시대 미국 레이건(Ronald Reagan) 대통령의 주장도 같은 맥락이다. 뉴라이트 입장에서 볼 때 사민주의 복지국가는 시장을 유명무실한 것으로 만들었다. 시장 특유의 강점과 역량은 시장이 투명성과 공정성, 안정성 및 예측가능성을 확보할 때 발휘된다. 시장이 시장다워지려면 정부는 작아야 하고 국가는 강해야 한다는 역설이 뉴라이트 계획이론의 핵심 메시지다.

뉴라이트 계획이론의 핵심은 강한 국가가 공공부문 대신 민간기업과 협력하여 시장 중심적으로 계획을 추진하는 것이다. 전통적으로 지방분권 국가인 영국에서 도시계획의 일차적 주체는 지방정부(local government)였고, 기본원리는 지역 민주주의(local democracy)였다. 지방정부는 구조계획(Structure Plan)을 담당하는 상위 레벨의 카운티(county)와 지방

런던도크랜즈개발공사(LDDC)의 개발 사업을 통해 세계적 금융센터 카나리 워프(Canary Wharf)로 거듭난 노후 항만(출처: Citizen59, flickr.com)

계획(Local Plan)을 담당하는 하위 레벨의 디스트릭트(district)로 위계화되어 있었고, 지역주민과의 협의나 절차 준수, 공람, 정책 합의 등 일련의 민주주의적 도시계획 과정을 매우 중시했다. 뉴라이트 계획은 바로 이와 같은 도시계획 체제에 내재된 비효율성, 비융통성, 비신속성을 비판하면서 낙후 지역의 개발과 도시의 재활성화를 추진할 수 있는 대안적 방식을 모색했다.

대처리즘이 개편한 도시계획은 대개 다음과 같다(Thornley, 1991: chaps 6-9; Allmendinger, 2002: 102-110 참고). 첫째, 정부나 공공부문의 시장개입을 최소화하고 민간부문의 자율성을 극대화하고자 했다. 획일적인 사전 규제보다 행위 주체들 사이의 계약과 사후 판결을 통해 사안별로 문제를 유연하게 해결하고자 했다. 도시계획 의사결정에서 보다 더 중요해진 것은 집단, 사회, 공동체 같은 변수가 아니라 개인, 시장, 경쟁과 같은 요소였다. 그 결과, 국가의 존재 이유를 '자원 지원보다 능력 배양(enabling not providing)'에서 찾았다. 이른바 '엔터프라이즈 존(Enterprise Zone)'(기업촉진지구)을 지정하여 기업에 대한 규제를 완화하고 세제 혜택을 늘렸는데, 이를 통해 도시경제의 활성화와 고용증대를 기대했다.

둘째, 계획체계에 대한 역전 및 간소화 조치를 단행했다. 1947년 노동당 애틀리(Clement Attlee) 정부하에 제정된 '도시·농촌 계획법(Town and Country Planning Act, TCPA)'을 대처정부가 '지방정부·계획·토지법(Local Government, Planning and Land Act, LPLA)'으로 수정한 것은 1980년이었다. 이에 따라 카운티 단위의 광역 자치단체가 누리던 구조계획 권한을 디스트릭트 단위의 지방계획으로 대폭 이양했고, 이와 같은 지역계획 체계의 단일화 조치는 결과적으로 국가의 위상 강화로 이어졌다. 또한 중앙정부가 지역의 도시개발 및 재개발을 직할하는 별도의 도시개발공사(Urban Development Corporations)가 전국 곳곳에 새로 설치되었다.[45]

셋째, 계획의 관료주의적, 행정편의적 측면이 배제되면서 계획 과정이 전반적으로 크게 유연해지고 신속해졌다. 특히 토지이용에서 융통성이 크게 고무되었는데, 그중 대표적인 것은 뉴라이트 계획에서 가장 급진적 시도로 평가되는 '간소화 계획지역(Simplified Planning Zones, SPZs)'이다. 이는 특정 개발을 고무하기 위해 해당 지역에 각종 특전을 제공하는 방식이다. 이른바 '전국계획정책체계(National Planning Policy Framework, NPPF)'에 따라 개발 필요성이 제기될 경우, 지방의 관련 계획기구로부터

---

45 도시개발공사 가운데 가장 대표적인 것이 런던도크랜즈개발공사(London Docklands Development Cooperation, LDDC)다. 런던 동쪽 템스강 하류의 도크랜즈는 20세기 중반까지만 해도 런던의 관문이었다. 하지만 선박의 대형화와 최신 컨테이너 등장에 따라 1981년에는 항구 내 모든 부두가 폐쇄되기에 이르렀고, 이에 따라 도시 자체가 급속히 쇠락했다. 대처 정부의 리더십하에서 런던도크랜즈개발공사는 적극적인 민자유치를 통해 경전철, 지하철, 고속도로, 터널, 도심공항, 수상버스 등 다양한 교통 인프라를 확충한 다음 도크랜즈를 첨단금융, 복합쇼핑, 관광 및 레저, 쾌적한 주거의 메카로 재생시켰다.

허가가 생략될 뿐 아니라 수수료도 납부하지 않는 제도다. 그런 만큼 계획은 기존 계획가들의 권한이나 재량에 의해서가 아니라 시장원리에 의해 조율되고 조정되었다.

넷째, 시장은 정확하고 투명한 정보에 따라 움직이도록 관리되었고, 계획 수단 또한 어디까지나 '경제적' 인센티브 중심이었다. 국가가 독점해 오던 계획권은 다변화되어 민관합작계획(Public-Private Partnership, PPP)이나 민간위탁 내지 민자유치 방식이 증가했다. 결과적으로 뉴라이트 계획은 계획의 재편이라는 명분 속에 영국 역사상 가장 뚜렷하게 '계획의 종언(demise of planning)'을 경험했다는 평가를 얻기도 했다(Ambrose, 2013: 97, 119-120). 지방정부는 약화되고 지방의회를 통한 지역민주주의가 퇴화했으며 대주민 서비스 또한 감소했다는 비판이 있긴 하지만, 그럼에도 주택의 공공성이 약화되는 대신 구매권(right to buy)이 강조되면서 중산층 재건이 이루어진 것은 뉴라이트 계획의 긍정적 효과가 아닐 수 없다.

비판과 평가

대처가 주도한 뉴라이트 계획은 무엇보다 이른바 '영국병'을 치유했다는 점에서 성공적이었다는 평가를 받는다. 시장경제가 활성화되면서 영국에서 '자본주의'라는 말이 처음으로 당당히 쓰이기 시작했고, 개인의 자유와 자립정신도 크게 고무되었다. 하지만 대처리즘으로 혜택을 본 것은 기업가나 자본가들이었고 사회적 약자를 보호하는 데 실패했다는 지적도 없지 않다. 2000년대 이후 신자유주의는 시장만능주의나 약육강식을 옹호한다는 논리에 사로잡혀 '공공의 적'으로 홀대받는 상황이다. 신자유주의는 2008년 세계금융위기의 원흉으로 지목되기까지 했다.

계획이론 가운데 하나로서도 뉴라이트는 비판 대상으로 떠올랐다. 강한 국가에 따른 지방정부의 위상 저하, 지역 민주주의의 퇴조, 개발 과정에서의 주민 대표성 약화 등이 대표적인 이유다. 최근에는 하이에크의 반(反)계획론 혹은 계획불가론에 대한 근본적인 문제 제기도 등장하고 있다. 데이터 기술이 혁명적으로 발전하면서 이른바 '거대사회'에서도 계획이 가능하다는 반론이 바로 그것이다. 중국 알리바바그룹의 마윈(馬雲) 회장은 한 언론 인터뷰에서 "2030년 세계는 시장경제와 계획경제를 놓고 대논쟁을 다시 벌이게 될 것"이라고 전망한 바 있다(《중앙일보》, 2015. 9. 21). 마윈은 1930년대에는 사람들이 '보이지 않는 손'이 시장에 존재한다고 믿었기 때문에 시장경제가 이겼지만, "손에 데이터를 쥐고 있는 지금의 우리는 예전엔 보이지 않던 그 손을 볼 수 있게 됐다"고 말했다. 그는 실시간으로 생기는 엄청난 빅데이터를 수집·분석할 수 있는 데이터 기술을 통해 자원을 계획적으로 생산·분배할 수 있는 시대가 머지않아 도래할 것으로 예상한다.

이와 같은 대처리즘이나 뉴라이트 이론에 대한 상반된 평가는 결코 부자연스러운 현상이 아니다. 무릇 세상이란 돌고 도는 것이기 때문이다. 1980년대에 신자유주의 뉴라이트 이념이 영국을 살리고 세상을 구한 것은 엄연한 사실이다. 하지만 그것이 영국과 세상을 영원히 보전하고 발전시키는 유일한 처방전이 될 수는 없다. 모든 시대는 그 시대 나름의 과제와 목표가 있는 법이다. 게다가 뉴라이트 계획이 영국 사회를 혁명적으로 바꾼 것은 결코 아니다. 시장의 복원과 부활이 이루어지긴 했지만, 복지 시스템의 근간은 여전히 살아 있다. 핵심 중 하나인 국립의료보험제도(NHS)는 아직도 건재하다. 노령연금이나 실업보험 등도 마찬가지다. 이런 점에서 뉴라이트는 당대에 주어진 소임을 성공적으로 수행했을 뿐이다. 그러나 이것이 뉴라이트 이념의 운명이 다했음을 의미하는 것은 아니다. 2022년 9월 영국에서는 대처가 자신의 롤 모델이라는 리즈 트러스(Elizabeth Truss) 보수당 당수가 새로운 총리로 탄생했다. 비록 초단명으로 끝나긴 했지만 말이다. 트러스의 후임 리시 수낙(Rishi Sunak) 총리는 자신의 정책 기조를 '상식적인 대처리즘(common sense Thatcherism)'이라 표현하고 있다. 영국에서 대처리즘은 결코 죽지 않은 것이다.

4. 포스트모던 계획이론

68 문화혁명

포스트모던 계획이론은 당연히 포스트모더니즘의 산물이다. 포스트모더니즘에 대해 정확하게 말한다는 것은 결코 쉬운 일이 아니다. 무엇보다 포스트모더니즘 고유의 독창성에 대해 논란의 여지가 많기 때문이다 (Rosenau, 1992: 13-14; Allmendinger, 2002: 156-157). 우선, 그것은 생활 및 사고의 모든 측면에 대한 '묻지 마' 비판이라는 점에서 너무나 포괄적이다. 포스트모더니즘은 우리가 지금껏 당연시해 왔던 거의 모든 것에 대해 딴지를 거는 경향이 있다. 둘째, 포스트모더니즘은 현상적 측면보다 규범적 성격이 더 강하다. 곧, 무엇을 해야 하는지, 혹은 무엇을 하지 말아야 하는지 사람들에게 훈계하고 지시하는 측면이 있다. 셋째, 포스트모더니즘은 대중문화이자 철학적 담론이어서 그것의 실체를 확정하기 어렵다. 그런 만큼 포스트모더니즘은 그 자체로 다양한 논쟁을 자초하는 속성이 있으며, 그 결과 포스트모더니즘에 대한 비판 세력 또한 이념적 좌우에 걸쳐 넓게 포진되어 있다.

모더니즘과 포스트모더니즘의 경계를 확연히 구분 짓기는 현실적으로 어렵다. 일반적으로 포스트모더니즘이 등장한 결정적 계기로서 1968 사태 혹은 68 문화혁명이 거론된다.[46] 하지만 계획이론 분야 안에서 포

46 물론 68혁명을 포스트모더니즘의 기원으로 보는 데 대한 합의가 완벽하다는 의미는 아니다. 우선 모더니즘 자체과 더불어 포스트모더니즘도 함께 시작되었다는 입장이 있다. 모더니즘은 내부적으로 비판이나 우려를 태생적으로 동반한 것이다. 예컨대 마르크스는 모더니즘의 "모든 견고한 것은 공기 중에 녹아내린다(All that is solid melts into air)"라고 말했고, 베버는 근대의 도구적 합리성이 궁극적으로 '쇠우리(iron cage)' 사회를 초래할 것으로 전망했다(Berman, 1982: 27-28). 요컨대 포스트모더니즘은 완전히 새로운 그 무엇이 아니라 모더니즘의 연장선에 놓여 있다는 논리다. 한편, 1980년대 이후 생산양식의 획기적 변화, 곧 포스트포디즘(Post-Fordism) 및 정보화 시대의 등장에서 포스트모더니즘의 기점을 찾는 경우도 있다. 이에 대해 하비는 모더니즘 사조의 길고 넓은 역사와 포스트모던이라는 이름의 운

1968년 2월 세계 각국 학생 및 지식인이 참여한 서베를린 국제베트남회의(출처: Stiftung Haus der Geschichte, Wikimedia Commons)

스트모더니즘이 나름의 실체를 드러내는 것은 기존 모더니즘 계열의 계획이론들이 차례대로 무너지면서부터다. 포스트모던 계획이론의 입장에서 합리적·종합 계획이론의 배경이 되는 '국가', 좌파 마르크스주의 계획이론의 기반이 되는 '계급', 그리고 뉴라이트 계획이론의 지향이 되는 '시장'은 모두 낡고 틀린 개념이다. 왜냐하면 이들은 '위로부터의 이식(imposition upon society)', '강요된 합의(forced consensus)', 그리고 '사회적 비대칭의 강화(reinforcing existing imbalances in society)'라는 점에서 대동소이하기 때문이다(Allmendinger, 2002: 157).

포스트모더니즘이 하나의 사회이론으로 다듬어지는 데 프랑스에

동 사이에는 차이점보다 지속성이 훨씬 두드러진다고 생각한다. 포스트모더니즘은 모더니즘이 계속 진행하는 가운데 우리 시대에 표출된 내부 위기의 한 측면이라는 것이다. 하비가 'POSTmodernISM'이 아니라 'postMODERNism'이라는 표현을 제안하는 것도 이 때문이다(Harvey, 1989: 113-118).

서 발원한 68혁명의 중요성은 최대한 강조될 가치가 있다(Best and Kellner, 1991: 23; Harvey, 1989: 38). 그것은 여느 계급혁명과 달리 역사상 최초의 대학발(發) '문화혁명(Cultural Revolution)'으로서 권력과 지식의 상호작용 문제에 특히 예민했기 때문이다.[47] 68혁명은 한마디로 모더니즘 혹은 근대주의에 대한 총체적 부정이었다. 그러나 기존의 혁명과 달리 폭력적이라기보다 문화적이었고, 그런 만큼 비조직적·비체계적·비계획적이었다. 그 결과, 68혁명은 기존의 체제 및 사상을 뛰어넘고자 하는 다양한 사상과 이념의 모태가 되었다. 계획이론 분야 내에서도 그렇다. 68혁명은 좌파 내부에서 네오마르크스주의가 등장하는 계기가 되었을 뿐 아니라 자유민주주의 이념 안에서 롤스주의가 출현하는 서막이 되기도 했다. 나중에 살펴볼 협력적 계획이론의 기반이 되는 하버마스의 '비판사회학'도 68혁명의 부산물이다. 아나키즘의 부활도 마찬가지다.

68혁명 전후 프랑스 포스트모더니즘의 원조로서 흔히 리오타르, 보드리야르, 푸코 등이 거론된다. 우선, 장 리오타르(Jean Lyotard, 1924-1998)

47 학내 문제로 촉발된 68혁명은 자본주의 반대, 미제국주의 반대, 소비주의 반대, 기득권 반대로 이어지며 한때 프랑스의 국가적 위기를 초래했다. 왜 68혁명의 진원지가 하필 프랑스인가에 대해서는 여러 가지 설이 있다. 프랑스는 일찍부터 '혁명의 유산'이 강했다. 또한 문화와 예술 및 장인(匠人)정신의 나라로서 제2차 세계대전 이후 미국식 포디즘 경제의 침투에 대한 거부감도 유별났다. 게다가 프랑스는 유럽 최후의 식민 전쟁으로 불리는 알제리 전쟁(1954-1962)의 당사자였다. 알제리 독립전쟁 과정에서 알제리 인민 약 100만 명이 죽고 70만이 투옥되었으며 프랑스 군인 또한 1만 2,000명이 전사했다. 자국의 제국주의 행각에 대한 나름의 지성적 자성이 68혁명으로 표출되었다는 말이다. 그렇지만 68혁명의 진정성에 대한 비판도 만만치 않다. 프랑스의 대표적 자유주의자 레이몽 아롱(Raymond Aron, 1905-1983)은 "나는 아이들의 시위대가 프랑스 정부를 뒤엎는다는 것은 절대로 부당하다"고 생각했다고 68사태 당시를 회고했다(아롱은 68혁명이 아닌 68사태라 부른다). 68혁명 이전 프랑스가 표면적으로는 지극히 정상적이었다고 말하는 그는 "프랑스는 권태로워하고 있다"는 《르몽드》 신문기사의 한 구절을 인용하면서 "이 한마디 이외에는 깊은 불만의 표시를 그 어디서도 찾아볼 수 없었다"고 주장했다. 그러고는 "프랑스인들은 개혁할 능력이 없고 가끔 혁명을 하는 재주밖에 없다는 느낌이 들었다"고 덧붙였다(아롱 외, 2021: 369-371).

는 포스트모더니즘이라는 용어 자체를 확산시켰다. 그에 의하면 포스트모더니즘의 핵심 키워드는 '차이'와 '이견(異見, dissension)'이다(리오타르, 1992: 34-36, 151). 획일성이 다양성 위에 군림하거나 만인의 동의를 만들어가는 과정은 리오타르가 볼 때 '테러'와 마찬가지다(리오타르, 1992: 161). 보드리야르(Jean Baudrillard, 1929-2007)는 '진정성(authenticity)'의 소멸에 주목하면서 포스트모던 사회이론을 개진했다. 자본주의 기술문명의 발전에 의해 사람들은 원본과 복제, 진짜와 가짜, 실재와 가상의 차이를 구분하지 못하는 '시뮬라크르(simulacre, 재현 혹은 이미지)' 시대에 살고 있다는 것이다(보드리야르, 2001).[48] 시뮬라크르는 실제로 존재하지 않는 대상을 존재하는 것처럼 만들어 놓은 인공물이지만, 실제보다 더 실제적인, 따라서 그 자체가 독자적인 하나의 현실이다. 하지만 포스트모더니즘과 계획이론의 연결고리를 제공한 사회 이론가는 아무래도 미셸 푸코(Michel Foucault, 1926-1984)다. 왜냐하면 계획과 불가분의 관계에 있는 권력 문제와 정면 승부했기 때문이다.

푸코의 권력이론

푸코에게 근대 혹은 모더니즘은 모순 그 자체 혹은 위선 덩어리였다. 그는 근대사회가 그토록 자부해 왔던 나름 진리의 세계, 예컨대 이성과 합리성, 계몽주의, 그리고 역사의 진보를 근본적으로 의심하고 불신했다.[49] 이런 점에서 그는 '허무'를 키워드로 하는 니체주의의 계보를 잇는다. 그가 이른바 '해체주의(deconstructionism)' 사상가로 불리는 것도 이런 이유

48 자주 혼동되는 시뮬라시옹(simulation)은 '시뮬라크르하기'라는 의미다.

49 푸코 스스로 근대적 규범에 적응하지 못한 인물이었다. 그는 어릴 때부터 이단아이자 반항아였고, 정신과 치료를 자주 받았을 뿐 아니라 자살도 여러 차례 시도했다. 학문적 이력 또한 철학, 심리학, 사회학, 정신병리학 등의 경계를 넘나들었고, 68혁명에 직접 참여하기도 했다. 그가 동성애자라는 사실은 진작 알려졌으나, 최근에는 아프리카 튀니지에서의 아동 성애 행각도 폭로되었다(《조선일보》, 2021. 3. 31).

에서다.[50] 푸코는 근대사회가 인간에게 자유와 평등, 해방, 풍요를 선사했다고 보지 않는다. 오히려 정교하고도 효율적인 방식의 억압통치와 통제 체제 속에 살게 되었다는 반론을 제기한다. 모더니즘을 향한 푸코의 이론적 칼날은 어떤 점에서 자신의 문제에서 출발했다. 그는 근대 이후 나타난 정신병의 비정상화와 성적 욕망의 도덕적 표준화, 그리고 이성과 비이성의 구분을 자연적 '차이'에 대한 인위적 '차별'이라고 생각했다.[51]

푸코가 사회문제에 깊이 개입한 배경에는 프랑스 지식인 사회 특유의 '앙가주망(engagement, 사회참여)' 전통도 있었지만, 보다 직접적인 계기는 역시 68혁명이었다. 특히 68혁명의 정치범 문제와 관련하여 권력의 본질에 지대한 관심을 갖게 되었는데, 그 결과물이 바로 푸코 스스로 자신의 첫 번째 저서로 꼽는《감시와 처벌》이다.[52] 푸코는 18-19세기 사법제도의 개혁 이후 등장한 근대 감옥으로부터 권력의 새로운 존재양식과 작동방식을 발견했다.[53] 근대 이전 죄수에 대한 처벌은 주로 물리적, 폭력적, 공개적 방법으로 이루어졌다. 하지만 근대 감옥에서 죄수들은 훈

---

50 전통적 형이상학과 구조주의를 근원적으로 비판하는 철학사조 내지 문예이론이다. 자크 데리다(Jacques Derrida, 1930-2004)가 대표적이며, 롤랑 바르트(Roland Barthes, 1915-1980)와 미셸 푸코가 대표적으로 동참했고, 질 들뢰즈(Gilles Deleuze, 1925-1995)도 같은 부류다.

51 근대 이전에는 광기가 정신병으로 단죄되지 않았다. 중세의 광기는 오히려 신성함의 상징이자 종교적 구원의 표징이기도 했다. 푸코는 한 언론 인터뷰에서 "(제 작업은) 제 자서전의 한 단편입니다"라고 말한 적이 있다(하상복, 2009: 92, 107).

52 비주류 스타 지식인으로서 유럽 곳곳을 전전하던 푸코가 프랑스 최고의 권위를 자랑하는 콜레주 드 프랑스(Collège de France)에 교수로 취임한 것은 1970년 12월이었다. 그 무렵 프랑스에서는 정치범들의 단식 투쟁 문제가 사회적 이슈였는데, 그는 동료 지식인들과 함께 '감옥 정보 그룹(Prison Information Group)'을 결성한 다음, 감옥에 관한 정치적, 인간적 문제들을 강력히 제기했다(에리봉, 2012: 370-392).

53 전근대 사회에서는 공개적 처형이나 고문, 신체 훼손, 노역, 벌금 납부 등이 일반적인 형벌이었으며, 죄인을 노예로 만들거나 식민지로 이주시키는 방법도 그 일종이었다. 근대 감옥은 교도소 개량운동가이자 박애주의자인 영국의 존 하워드(John Howard, 1726-1790)에 의해 처음 등장했다.

육을 통한 교정 대상이 되었고, 형벌의 형태가 신체형(身體刑)에서 자유형(自由刑)으로 이동하면서 정교한 감시체계가 발전했다.

푸코가 볼 때 근대 감옥은 결코 계몽주의나 인도주의, 박애주의, 합리주의의 쾌거가 아니었다. 철학자 벤담(Jeremy Bentham, 1748-1832)이 설계한 근대 감옥의 대표적 상징 파놉티콘(Panopticon), 곧 일망(一望) 감시시설은 시선의 비대칭과 기능적인 공간분할 기술을 통해 한 명의 간수가 수많은 죄수를 효과적으로 관찰하고 감시하고 통제하는 공간이다.[54] 왜냐하면 감금자들은 자신이 중앙 탑의 시선에 언제나 노출되어 있다고 믿을 수밖에 없는 공간구조에서 물리적 강제가 없더라도 알아서 순종적인 인간이 되고자 할 것이기 때문이다. 곧, 권력과 통제를 자발적으로 수용하고 정신적으로 내면화하는 것이다. 푸코가 볼 때 이러한 근대 감옥은 비단 형벌제도에 국한되지 않고, 근대사회 전반에 적용되는 문제였다.

푸코는 이를 '규율사회(disciplinary society)'로 개념화했다. 규율사회의 파놉티콘 원리가 감옥을 넘어 공장, 병원, 학교, 병영 등 사회 전반적으로 확산되었기 때문이다. 결과적으로 "모든 기관이 감옥과 닮은 것이라 해서 무엇이 놀라운 일이겠는가?"라고 푸코는 물었다(푸코, 1994: 329). 푸코는 이런 현상을 마르크스의 '자본축적'에 버금가는 '인간축적'이라 불렀다. 근대사회가 축적하기 시작한 새로운 인간이란 한편으로는 선량하고 복종적인 시민, 다른 한편으로는 유능하고 유순한 노동자였다. 푸코

54 벤담이 파놉티콘 감옥 건축의 아이디어를 얻은 것은 1786년 엔지니어인 자신의 동생 새뮤얼 벤담(Samuel Bentham)을 만나기 위해 방문한 제정 러시아에서 노동자를 통제하는 산업 시설을 목격했던 일이라고 한다. 한편, 벤담의 파놉티콘 기획은 미셸 푸코에 의해 잘못 전달되었을 뿐, 본질적으로는 죄수들에 대한 애정을 담고 있었다는 주장에 대해서는 강준호(2019: 27-29, 116-121) 참고. 일망 감시의 이유는 죄수들을 학대 등 부적절한 대우로부터 보호하려는 의도였고, 통제의 목적 또한 사회로부터 격리만이 아니라, 교화 이후 수감자의 사회 복귀를 염두에 두고 있었다는 반론이다. 어떻든 파놉티콘의 설계자가 벤담이라는 사실이 세상에 널리 알려진 것은 벤담 자신에 의해서가 아니라 미셸 푸코를 통해서다.

가 볼 때 그러한 인간축적 메커니즘 가운데 하나가 바로 도시계획이었다. 곧 "규율적 개인의 제조를 가능케 하는 '과학', 혹은 '인간과학(human sciences)'의 이름으로 (…) '무서운 권력'에 봉사하기 위해 태어난 (…) '이상한 여러 학문'" 가운데 하나가 다름 아닌 도시계획학이었다(푸코, 1994: 57, 294, 327, 440-441).[55]

푸코가 볼 때 근대 감옥이 상징하는 감시와 처벌의 원리는 통치의 힘을 보다 규칙적으로, 보다 안정적으로, 보다 영속적으로 사회의 미세한 부분 구석구석까지 미치게 하는 것이었다. 덜 처벌하는 것이 아니라 더 잘 처벌하는, 처벌권의 새로운 '정치경제학'이다(푸코, 1994: 130). 곧, 처벌권의 비용은 줄이고 처벌권의 효과는 높이는 방법이다. 이로써 근대 사회에서 보편적으로 나타난 권력의 특징은 사회 곳곳에서 다양한 장치를 통해 분산된 형태로 작동한다는 것이다. 곧, 권력은 단일한 주체가 아닌 일종의 관계망, 곧 네트워크 형태로 존재한다. "신체에 행사되는 권력은 하나의 소유물이 아니라 전략으로 이해되어야 하며", 그러한 권력의 지배효과는 전유(專有)가 아닌 배열, 조작, 전술, 테크닉, 작용 등에 의해서 이루어진다. 이를 푸코는 '권력의 미시물리학'이라 불렀다(푸코, 1994: 56). 푸코는 "사회의 행복을 책임진다는 미명하에 (…) 야기되는 (…) 모든 권력남용에 반대"하고자 했다. 그가 생각하기에 근대라는 이름의 "길들여진 사회"에서 "결국 우리는 모두 피지배자"가 되고 말았다(에리봉, 2012: 477).

55 푸코의 지식권력론에 의하면 지식과 담론은 객관적으로 존재하고 발전하는 그 무엇이 아니라 권력에 적극적으로 생산되고 주도되는 것이다. 푸코가 근대 이후 권력의 '공범'으로 등장한 새로운 인간과학에는 인구학, 통계학, 정신치료학, 사회학, 임상의학, 범죄학, 교육학 등이 포함된다. 푸코에 의하면 이들 근대 학문은 보편적인 것이 아니라 특정 시대와 특정 공간의 사회적 요구에 따라 만들어진 '역사적' 구성물이다(푸코, 1994: 440-441).

포스트모던 계획이론의 전개

포스트모더니즘은 모더니즘을 비판하고 부정하면서 등장한 대안적 사회이론이다.[56] 포스트모더니즘은 모더니즘이 자임해 온 권력의 공공성, 이성과 합리주의, 계몽주의의 당위성, 지식과 과학의 보편성, 전문성의 권위 등에 심각한 도전장을 던졌다. 그 결과, 모더니즘에 기반한 기존의 계획이론들도 덩달아 비슷한 운명에 직면했다. 모더니즘은 절대적인 진리의 존재를 믿는 가운데 이상적인 사회질서를 만들려는 노력이 필요하고 또 가능하다고 본 반면, 포스트모더니즘은 절대적 진리도 없고 이상적인 사회질서도 없다는 입장을 취한다. 따라서 포스트모더니즘은 기존의 모더니즘 계열에서 주장하는 계획이론을 일일이, 그리고 철저히 비판하는 것에서 출발한다.

포스트모더니즘 계획이론이 강조하는 것은 '형식 합리성(formal rationality)'과 '실질 합리성(substantial rationality)'의 차이다. 교과서에서 말하는 이상정치와 현실정치는 다르다는 말이다. 포스트 모더니즘 계획이론이 볼 때 현실정치에서 작동하는 것은 목적 달성을 위해 수단과 방법을 가리지 않는 마키아벨리적 권모술수 혹은 니체가 말하는 '생물학적 권력의지'다. 그리고 이와 같은 정치의 이면 세계 혹은 권력의 '어두운 면(Dark Side)'은 싫든 좋든 인간의 본성 자체에서 기인한다. 그럼에도 모더니즘 계획이론은 '순진한 규범주의(naive normativism)'에 함몰된 채 사회제도나 계획 과정에서 지식과 합리성, 권력 등이 실제로 어떻게 작동하는지 몰랐거나 알아도 외면해 왔다고 비판한다(Flyvbjerg, 1996: 383-394). 다시 말해

56 모더니즘과 포스트모더니즘의 도식적 비교는 다음이 대표적이다. "형태(form) 대 반(反)형태(antiform), 목표(purpose) 대 유희(play), 설계(design) 대 우연(chance), 위계(hierarchy) 대 아나키(anarchy), 일체화(totalization) 대 해체(deconstruction), 중심화(centring) 대 분산(dispersal), 뿌리(root) 대 리좀(rhizome), 서사(narrative) 대 반(反)서사(anti-narrative), 유형(type) 대 돌연변이(mutant), 결정(determinacy) 대 비결정(indeterminacy)" 등(Harvey, 1989: 43 재인용).

모더니즘 계열의 계획이론들은 관심의 초점을 "무엇을 해야 하는가?"에 맞춤으로써, "무엇이 실제 일어났는가?"를 질문하지 않았다는 것이 포스트모더니즘 계획이론의 핵심 문제의식이다(Flyvbjerg, 1996: 393). 요컨대 이상과 현실의 불일치다.[57]

모더니즘과 달리 포스트모더니즘에서는 계획을 위한 객관적 판단 기준으로 삼을 수 있는 '집단적 가치(collective value)'의 존재를 미리 가정하는 것을 오류나 착각이라고 본다. 모든 개인이 지배를 강요받지 않는

---

57 '올보르 프로젝트(Aalborg Project)'가 대표적인 경우다. 1970년대 말 덴마크 북부 유틀란트반도의 중심도시 올보르(인구 50만 명)에서 도시개조사업이 시작되었다. 자동차의 급증으로 도심의 역사경관이 심각히 훼손될 뿐 아니라 삶의 질이 저하되고 환경문제가 악화된 데 따른 대응이었다. 핵심은 도심 버스 터미널 건설 및 버스 전용차로 확보였으며, 나중에 OECD에 의해 모범적인 도시정치 및 계획 사례로 선정되기도 했다. 하지만 덴마크의 경제지리학자이자 계획 이론가인 벤트 플루비야(Flyvbjerg, 1998)는 올보르 프로젝트에 대한 사례연구를 통해 이해당사자들 간의 합리적 의사결정이 아니라 적나라한 권력정치의 실상을 발견했다. 계획가들은 정보조사, 정보통제, 참여 정도 및 범위와 관련하여 의도적인 제약을 경험하기도 했고 이면 거래나 행정 부서 간 내부 갈등, 정치적 흥정, 강력한 상업적 이해 등에 직접 연루되기도 했다. 힘센 행위자에 의해 의사결정이 먼저 이루어진 다음에 기술-합리적 정당화 작업이 뒤따르는 일이 허다했다. "강력한 행위자들이 합리성이 아닌 합리화를 요구할 경우, 합리화는 기적적으로 진행되었다"라든가 "합리성과 합리화의 개념을 권력자의 이익에 맞춰 해석하고 사용할 수 있는 자유야말로 현실을 설명할 수 있는 핵심적 요소"라는 표현이 이를 잘 설명한다(Flyvbjerg, 1998: 98). 1974-1990년 영국 런던시 웨스트민스터 행정구에서 결성된 임차인 및 거주민 협의회 '패딩턴연맹(Paddington Federation)'의 경우도 모더니즘의 '순진한 규범주의'를 비웃는다. 곧, 각 개인들이 스스로를 어떤 시민으로 인식하는가 하는 것은 국가가 사회 유기체를 전반적으로 통치하기 위해 구사하는 방법이나 기법에 의해 크게 좌우되기는 하지만 경우에 따라 사람들은 시민이라는 존재, 개인이라는 존재, 능동적 주체라는 존재가 되기 위해 기존의 권력/지식관계에 도전하기도 한다는 사실을 보여 준다. '참여'가 국가와 시민 사이의 통상적 지식 교환 활동이라면, '조직화' 및 '캠페인' 활동은 참여의 기저를 이루는 담론과 실천의 본질에 대한 도전을 통해 대안적인 지식기반 정치(knowledge-based politics)를 지향한다. 푸코의 말처럼 사람들은 계획 과정에서 기존 행정 프레임 속에서 활동하기도 하고 경우에 따라 그것에 도전하기도 한다. 패딩턴연맹은 대처 정부의 이데올로기적 · 행정적 프로젝트의 한계를 확인시켜 준다. 푸코에 의하면 민주주의는 기존의 권력구조를 지탱하기도 하지만 그것의 변화를 용인하기도 한다(Allen, 1996).

자유로운 주체로 살아가는 데 국가나 계급, 혹은 시장이라는 이름의 집단적 가치는 방해물이라는 것이다. 요컨대 계획 과정에서 공익이나 가치란 출발조건이 아니라 어디까지나 결과물로서 판단해야 한다는 것이 포스트모더니즘의 기본 명제다. 따라서 포스트모더니즘은 '집단적 합리성(collective rationality)'이라는 개념은 원천적으로 자기모순적이며, '집단적 결정(collective decision)' 또한 본질적으로 성립 불가능하다고 본다. 또한 포스트모더니즘은 진정으로 중요하고 새로운 가치는 합리성이 아니라 오히려 비합리성으로부터 나온다. 왜냐하면 비합리성이야말로 '창조성(creativity)'의 다른 표현이기 때문이다. 이때 비합리성은 결코 우연, 혼란, 모순의 대명사가 아니다. 대신 그것은 모더니즘의 숨막히는 '합리성 처방'으로부터 자유로운 행동을 의미한다(Ferraro, 1996).

하지만 포스트모더니즘이 계획 일체를 무조건, 절대적으로 반대하는 것은 아니다. 포스트모더니즘 본연의 가치를 실현할 수 있다면 계획은 오히려 훨씬 다양하게 시도될 수 있다. 포스트모더니즘 계획이론은 모더니즘 계열의 계획이론에 내포된 반민주적, 집단주의적, 계급 중심적, 인종 및 성차별적, 문화동질적 속성을 비판할 뿐, 그것을 반대하는 방향의 계획이라면 당연히 선호하고 지향한다. 예컨대 보러가드(Beauregard, 1996: 192)는 포스트모던 계획이론의 두 가지 핵심 개념으로 '개방성'과 '유동성'을 제시한다. "포스트모던 계획가의 교본은 종합성이나 단일성, 혹은 강력한 권위에 대한 열망을 배제한 채, 의식적으로 분절적, 상황의존적, 비선형적인 입장을 견지해야 한다"는 것이다. 소자(Soja, 1997) 역시 비록 모더니즘 계획의 계몽주의적 측면은 반대하지만, 포스트모던 시대에도 계획 특유의 진보적 프로젝트와 해방적 잠재역량만은 지속될 필요가 있다고 주장한다. 그것은 이른바 "정체성(identity)과 권능화(empowerment)의 새로운 문화정치(cultural politics)"로서, "포스트모던 세계 '안의' 계획(planning in a postmodern world)"을 넘어 "포스트모더니티를 '위한' 계획(planning for postmodernity)"이 되어야 한다고 말한다. 이때 중요한 가치는 사회체제를 한 가지로 획일화하는 것이 아니라 차이, 분절, 그리고 다양성을 존중하는 것이다.

샌더콕(Sandercock, 1998: 183)은 포스트모던 시대를 맞이하여 도시계획의 다섯 가지 원칙을 제시한다. 경제적 불평등을 넘어서는 광범위한 사회정의, 토론을 통한 '차이의 정치' 구현, 다문화·세계화 시대에 대비하는 다중 시민권 개념의 도입, 개인 정체성의 복수(複數) 교차에 기반한 공동체 개념의 진화, 그리고 대의제 방식의 '공공 이익(public interest)'을 대체하는 보다 다원적이고 개방적인 '시민문화'의 활성화가 바로 그것이다. 그 결과, 그는 포스트모더니즘 계획의 주요 특징을 역사적 유산과 지역 특유의 장소성 중시, 표준화된 국제주의(internationalism) 거부 및 맥락주의(contextualism)와 절충주의(eclecticism) 강조, 거시적 도시계획에서 미시적 도시설계로의 이행, 보통시민들의 참여 확대, 사회적 약자나 소수자가 가진 '숨은 목소리'의 부상 등으로 요약하기도 했다.

포스트모더니즘이 도시나 도시계획 분야에서 구체적으로 발현한 것은 일련의 '건축운동'과 '도시운동'에서였다. 말하자면 이론적으로나 실천적으로는 도시계획의 주류에 진입하지 못한 채 기존의 모더니즘 건축과 도시계획을 비판하는 사회운동 방식을 통해서 존재감을 드러낸 셈이다. 물론 이 둘 사이의 경계가 분명한 것은 아니다. 사실상 포스트모던 건축운동과 도시운동은 서로 밀접히 연관되어 있다. 이들의 대표주자를 꼽으라면 전자의 경우는 찰스 젠크스(Charles Jencks, 1939-2019), 후자의 경우는 제인 제이콥스(Jane Jacobs, 1916-2006)다. 다만 젠크스와 제이콥스 본인들이 이런 식의 계보 분류 방식에 동의할지는 확신하기 어렵다.

젠크스는 이른바 해체주의 건축운동의 치어리더로 평가된다.[58] 해

58 해체주의의 효시는 건축에 팝 아트적인 요소를 도입한 1960년대 초 미국의 로버트 벤츄리(Robert Venturi, 1925-2018)가 지목되고 있다. 그와 데니스 스콧 브라운(Denise Scott Brown, 1931-) 부부 건축가는 기존의 모더니즘 관점이 비판해 온 도시의 상업건축과 난개발을 오히려 옹호했다. 예컨대 미국 캘리포니아 사막에 홀연

《라스베이거스의 교훈》에 실린 '오리'와 '장식화된 창고' 삽화(출처: Robert Venturi, Denise Scott Brown, and Steven Izenour, 1972)

체주의는 모더니즘 건축에 내재된 획일주의, 국제주의, 기능주의, 엘리트주의 성향을 거부하는 건축 사조다. 젠크스에 의하면 이를 상징하는 대

히 등장한 '카지노 도시' 라스베이거스의 대로변 상가, 도박장, 네온사인, 고속도로, 복제된 건축이나 장식 등은 나름 기호체계로서 일관된 의미를 생산하고 있다고 주장했다. 말하자면 건축의 역할은 단지 공간을 제공하는 데 있는 것이 아니라 소통과 대화의 수단이기도 하다는 것이다. 벤츄리와 브라운은 라스베이거스 건축 및 경관분석에서 '오리(Ducks)'와 '장식화된 창고(Decorated Shed)' 개념을 대비한다. '오리'란 공간과 구조 및 프로그램으로 구성된 건축체계가 전체적인 상징형태에 의해 감춰지고 왜곡되는 경우고, '장식화된 창고'는 공간과 구조가 프로그램의 서비스를 위해 직접 봉사하는 가운데 장식은 별개의 목적으로 사용되는 경우를 의미한다. 이런 이유로 이들을 포스트모더니즘이나 해체주의를 넘어 이른바 '정보건축(information architecture)' 분야 최초의 이론가로 치부하기도 한다. 벤츄리는 일반 대중과의 소통을 크게 배려하지 않는 근대건축과는 달리 라스베이거스의 건물과 거리를 뒤덮은 상업 간판은 상대적으로 우리에게 친숙하고 정확하고 유머러스한 정보를 많이 제공한다고 생각했다. 벤츄리는 도시 내 건조환경에서도 마을은 생겨나는 법이라 주장했던 사회학자 갠스의 영향을 많이 받았다. 벤츄리·브라운 부부는 '건축계의 노벨상'이라 불리는 프리커츠상(Pritzker Architecture Prize)을 수상하기도 했다(벤츄리·브라운, 2017 참고). 혹자는 벤츄리·브라운이 제인 제이콥스의 대척점에 있다고 평가하기도 한다(Rockland, 1996). 제이콥스가 미국 동부를 근거지로 하여 전통적 도시구조 및 공동체 문화를 지향하는 유럽형 도시 비전을 제시했다면, 벤츄리·브라운은 자동차 시대 미국 서부를 무대로 하여 소비와 쾌락을 중시하는 새로운 미국 도시 모델을 제안했다는 것이다.

표적인 사건은 1972년 7월, 미국 미주리주 세인트루이스에서 있었던 프루잇-아이고(Pruitt-Igoe) 아파트 폭파다(Jencks, 1984: 9).[59] 이는 1945년 모더니즘 건축의 대부 르코르뷔지에가 설계한 '유니테 다비타시옹'에 대한 총체적 거부를 의미한다. 르코르뷔지에는 아파트가 상징하는 모더니즘 주택양식을 통해 건축이 혁명을 대신할 수 있다고 믿었지만, 젠크스가 볼 때 기능과 효율성에만 치중함으로써 거주민들의 삶을 무시하는 공간계획은 건축의 진정한 사명이 아니었다.

계획과 관련하여 젠크스는 애드호키즘(adhocism)을 제안한다. 그것은 '특정한 목적을 위해서'라는 의미의 '애드호크(ad hoc)'와 '이즘(ism)'이 결합된 용어로, "기본적으로 가용할 수 있는 시스템을 새로운 방식으로 사용하여 문제를 빠르고 효과적으로 해결하는 방식"을 말한다(젠크스·실버, 2016: 8-9). 여기서 핵심 아이디어는 기존의 것을 활용한다는 점, 외관이나 가독성은 중요하지 않다는 점, 그럼에도 불구하고 매우 창의적 접근이라는 점이다. 특히 도시와 시간에 관련하여 애드호키즘은 모더니즘 계획가들이 선호하는 백지상태, 이른바 '타불라 라사(tabula rasa)' 대신, '타불라 스크립타(tabula scripta)'를 중시한다. 이는 시대를 지나오며 기억을 계속해서 다시 쓰는 도시경관을 의미한다(젠크스·실버, 2016: 17).

젠크스가 말하는 애드호키즘 도시계획이 결코 무작위, 무지향, 무작정은 아니다. 거듭 말하거니와 그것은 계획 자체를 부정하는 것이 아니라 포스트모던 방식의 새롭고 다양한 계획을 강조한다. "사회가 미리 계획하고 준비하고 마련해야 하는 것만은 분명하지만" 오늘날과 같은 불확실성 시대에 "시스템을 만들고 범주화하며 조직화하는 수단"은 오히려 장애물이 될 뿐이라는 것이 젠크스의 입장이다(젠크스·실버, 2016: 42, 315-

59 젠크스는 프루잇-아이고 아파트가 폭파된 1972년 7월 15일 오후 3시 32분을 '근대 건축의 사망일'로 지목했다. 프루잇-아이고 아파트 폭파에 관해서는 전상인(2017: 64-65) 참고.

317). 이때 무엇보다 강조되는 것은 "계획이 상황에 따라 임기응변할 수 있어야" 한다는 원칙이다. 곧, 과거의 총괄적 계획(master planning)이나 단편적 계획(piecemeal planning)이 아닌 '상황대응형 계획(contingency planning)'이 필요하다는 것이다(젠크스·실버, 2016: 42, 320-323). 그것은 "교조적으로 완벽주의를 따른다거나 근시안적으로 단편에만 매달리지 않은 (…) 갈라지고 때로 다시 만나는 다수의 가능성이 포함된 모델을 가지고, 가능성이 크고 더 바람직한 갈래에 무게를 두어 고려하는 행위"를 뜻한다.

이에 비해 뉴어바니즘(New Urbanism)의 선구자로 평가받는 제이콥스는 모더니즘 도시계획을 일괄 비판하면서 일체의 계획을 거부하는 도시운동가다.[60] 그녀는 르코르뷔지에의 '빛나는 도시', 하워드의 '정원도시',

---

60 제이콥스의 학문적 계보를 분명히 판정하기는 쉽지 않다. 세넷은 제이콥스를 "아나키즘으로 강하게 기운 이단아"로 평가한다(세넷, 2020: 119). 하지만 그녀가 도시계획학 이론의 아나키즘 계보를 그대로 승계하는 것 같지는 않다. 아나키스트의 명맥을 뚜렷이 이어 간 멈퍼드와 사사건건 대립한 것을 보면 그렇다. 이 책은 제이콥스를 뉴어바니즘과 관련하여 포스트모더니즘 계열에 위치시키지만, 하비는 제이콥스가 포스트모더니즘을 제대로 이해하지 못했다고 비판한 적이 있다. 물론 아나키즘과 포스트모더니즘을 칼로 두부 자르듯 구분하기는 어렵지만 말이다. 그래도 가장 확실한 것은 확실한 반(反)모더니스트로서의 제이콥스다. 스콧은 제이콥스의 도시관을 한마디로 '하이 모더니즘 도시주의의 반대사례'라 규정한다(스콧, 2010: 208). 제이콥스는 처음에는 전문적 도시학자나 도시계획 이론가로 대접받지 못했다. 뉴욕 맨하튼 그리니치 빌리지에 살면서 제이콥스는 당시 뉴욕 도시계획 총책이던 모제스(Robert Moses, 1888-1981)의 도시재개발과 슬럼가 일소정책에 반대하면서 도시 전문기자 및 도시운동가로서 명성을 키웠다. 대학에서 도시관련 공부를 정식으로 한 적이 없어 '주부'로 소개될 정도로 기존 도시 분야에서는 다분히 비주류였는데, 결과적으로 여성이자 비전문가라고 하는 점이 전통적 도시계획을 새로운 시각에서 비판하는 밑바탕이 되었다. 제이콥스는 반공주의자이긴 했지만 노동운동에는 우호적이었으며, 그녀의 대표 저서 《미국 대도시의 죽음과 삶》은 프랑크푸르트학파가 미국에 세운 '뉴스쿨(New School for Social Research)'에 3년 정도 소속되어 있는 동안 집필한 것이다. 베트남 전쟁에 반대했던 그녀는 1968년에 캐나다로 이주했다. 토론토를 위시한 캐나다 여러 도시의 계획 과정에 참여했는데, 특히 그녀의 도시철학을 잘 반영했다는 점에서 이른바 '밴쿠버주의(Vancouverism)의 어머니'로 불린다. 2006년 사망 직후 당시 미국의 블룸버그(Michael Bloomberg) 뉴욕시장은 6월 28일을 '제이콥스의 날'로 지정했고, 캐나다의 토론토시 역시 그 이듬해 그

버넘의 '도시미화'를 한데 묶어 "빛나는 정원도시 미화(Radiant Garden City Beautiful)"라고 조롱했다. 이와 같은 모더니즘 계열의 도시계획 계보에 의해 "도시는 연구되지도, 존중되지도 못한 채 희생양이 되고 있을 뿐"이라는 것이 제이콥스의 총평이다(제이콥스, 2010: 38-50). 제이콥스가 무엇보다 중시한 것은 도시 특유의 활력과 다양성이었다. 그녀는 "오래된 도시가 제대로 기능을 하는 곳이라면 어디나 외견상 무질서 아래에는 거리의 안전과 도시의 자유를 유지하기 위한 불가사의한 질서가 존재한다"고 믿었다(제이콥스, 2010: 81).

따라서 도시질서에 대한 제이콥스의 생각은 당대 일반적 도시계획에서의 그것과 사뭇 달랐다. 이와 관련하여 그녀는 이렇게 말한다. 곧, "기능적 질서의 복잡한 체제를 혼동이 아닌 질서로 보려면 이해가 필요하다. 가을에 나무에서 떨어지는 낙엽, 비행기 엔진 내부, 해부된 토끼의 내장, 신문사의 사회부 편집부 (…) 이 모든 것은 이해하지 않고 보면 그저 혼돈일 뿐이다. 질서의 체계로 이해할 때만 실제로 다르게 보인다"(제이콥스, 2010: 492). 이런 점에서 제이콥스가 '사회자본(social capital)'이라는 개념을 역사상 최초로 (사회과학 전공자보다 먼저) 사용한 대목은 경이롭지 않을 수 없다(제이콥스, 2010: 195). 제이콥스는 도시를 "가장 복잡하고 집약된 생명체"로 인식했다. "도시에 대해 할 수 있는 일에는 기본적으로 (…) 한계가 존재"한다고 보았기에 결코 "도시는 예술작품이 될 수 없다"

녀의 생일인 2007년 5월 4일을 '제이콥스의 날'로 지정했다. 사족이지만, 우리나라 도시계획학 분야에는 제이콥스에 대한 일종의 '숭배' 분위기가 있다. 아마도 토건 위주 도시건설 내지 도시개발에 대한 비판의식의 자연스러운 결과인 듯한데, 흥미로운 것은 정작 《미국 대도시의 죽음과 삶》이 미국에서 처음 출간된 지 무려 50년 뒤에 우리말로 옮겨졌다는 점이다. 제이콥스 숭배와 대조를 이루는 우리나라 도시계획학 분야의 또 다른 흥미로운 대목은 르코르뷔지에에 대한 '폄하' 분위기다. 아마도 톱다운 방식의 도시계획에 대한 모종의 정치적 내지 이념적 거부감의 소산이 아닌가 한다. 제이콥스 숭배든 르코르뷔지에 폄하든 우리 학계가 이들의 본래 취지나 진의(眞意)를 깊이 이해하고 있다는 생각은 들지 않는다.

는 것이 그녀의 확신이었다(제이콥스, 2010: 488). 공학적·기술적·사회과학적·통계적 접근이 대세를 이루던 당대 도시계획 분야를 향해 도시연구는 '생활과학(life science)'에 더 가깝다고 말한 대목 또한 제이콥스의 대단한 혜안이었다(제이콥스, 2010: 557-582).[61]

비판과 평가

포스트모더니즘 계획은 일종의 형용모순이라 볼 수 있다. 왜냐하면 포스트모더니즘과 공공계획은 기본적으로 양립하기 어렵기 때문이다. 포스

61 제이콥스에 대한 비판도 물론 많다. 그 가운데 하나는 현재 이웃 간 네트워크와 통합을 중시하는 제이콥스는 소수 인종이나 성적·이념적 일탈자들을 통제해야 한다거나, 논쟁적인 도서나 영화, 소수 취향의 음악이나 의복을 규제해야 한다거나, 여성의 경제적, 성적, 정치적 자유를 억압한 채 여성들을 하루 종일 동네 안에 머물게 해야 한다는 결론에 도달하기 십상이라는 것이다(Berman, 1982: 322-324). 그러한 발상은 제이콥스 자신의 의도와 달리 결과적으로 또 다른 방식의 계몽주의적 기획 혹은 도시설계를 통한 공간결정론이 될지도 모른다는 우려를 야기하기도 한다(Gans, 1993; 1994 참고). 앞서 본 것처럼 하비는 제이콥스가 모더니즘에 대한 비판에 치중한 나머지, 포스트모더니즘이 도시의 다양성과 미학적 성장에 끼친 긍정적인 측면을 충분히 이해하지 못했다고 주장했다. 도시(재)개발에 의한 사회적 폭력과 문화적 파괴를 우려하는 점에서 주킨(Zukin, 2010)은 제이콥스의 책 제목을 거의 그대로 부제로 사용할 정도로 뜻을 같이했지만 도시의 장소적 진정성(authenticity)에 관련해서는 제이콥스와 다른 견해를 가졌다. 제이콥스가 하나의 진정성 혹은 원래의 진정성에 집착했던 반면, 주킨은 진정성의 개념적 진화에 주목했다. 곧, 진정성을 "사람, 상품, 집단을 그들의 경쟁상대로부터 차별화함으로써 자신의 이익을 위해 사용할 수 있는 도덕적 우위와 아우라, 전략적 이점을 부여하는 것"으로 정의한 것이다(Zukin, 2010: xii). 그런 만큼 진정성이 반드시 전통의 고수에 있는 것은 아니라고 보았고, 건물이나 가로 및 이들의 사용 방식이 진정성을 만드는 것이라 보지도 않았다. 대신 주킨이 볼 때 진정성이란 각종 경제적, 사회적, 문화적 자본의 산물이었다, 제이콥스가 활동했던 1950-60년대 최악의 시기를 지나 1970-80년대를 보내면서 뉴욕은 황량한(gritty) 공간에서 '근사한(cool)' 공간으로 탈바꿈하고 나름 새로운 진정성을 만들어 가고 있다는 것이 주킨의 관찰이다. 말하자면 오래된 도시의 물리적 구조, 로프트 건물들과 4-6층짜리 타운하우스의 무조건 보존과 유지가 능사는 아니라는 얘기다. 이는 오늘날의 도시경험이 보행이나 대인 접촉이 아니라 위키나 블로그 등 각종 뉴미디어에 의해 이루어지는 경우가 많기 때문이기도 하다(Zukin, 2010: 17, 27-29, 31, 219, 307).

트모더니즘 계획은 모더니즘 계열의 다른 계획과 비교할 때 근대적 삶을 성찰하고 그것의 한계를 극복하는 대안적 방향성을 제시한다는 점에서 의미가 적지 않다. 그럼에도 포스트모더니즘 계획은 이론적인 실체가 있기도 하고 없기도 하다(Allmendinger, 2002: 180). 포스트모던 건축이론의 당사자 젠크스(Jencks, 1984: 5)조차 오늘날 우리들의 세계를 포스트모던이라고 정의하는 것은 여성을 그저 '비(非)남성'으로 정의하는 것처럼 (긍정적인 것이든 예측할 만한 것이든) 구체적으로 말해 주는 바가 별로 없다고 고백한다. 포스트모더니즘이 말해 주는 것은 고작 우리가 떠나온 것, 곧 근대 세계일 뿐이라는 것이다.

포스트모던 계획이론에 구체적인 내용이 별로 없다는 것은 포스트모던 개념 자체가 너무나 다양하고 이질적이라는 뜻이 되기도 한다. 사실 포스트모던 계획이론은 끊임없이 새롭게 등장하는 수많은 도시이론을 한데 담아낼 수 있다는 장점을 가진 반면, 자신만의 통일된 색깔이나 정체성을 분명히 드러내기에는 역부족이다. 포스트모던 계획이론이 이른바 '정의도시', '포용도시', '민주도시' 개념 등과 접합하고 공존하는 것은 이 때문이다. 한 걸음 더 나아가 모더니즘과 포스트모더니즘 사이의 구분과 경계에 대해서도 논란의 소지가 있다. 가령 앞에서 본 것처럼 길거리나 동네의 가치를 중시하는 제이콥스의 도시계획관은 한편으로 포스트모던적이지만, 다른 한편으로 시대착오적 모더니즘 발상으로 읽힐 여지가 있다.

실제로 포스트모더니즘은 좌우 이데올로기 양쪽으로부터 협공의 대상이다. 우선 우파 입장에서는 포스트모더니즘 계획이 허무주의와 상대주의, 냉소주의로 일관한다고 비판한다(Allmendinger, 2002: 157). 그것은 일종의 구두선과 같은 것으로, 세상을 바꾸는 데 별로 생산적이지도, 실용적이지도 않다는 반론이다. 좌파 입장에서는 포스트모더니즘이 계급 중심의 집합행동을 무력화시킨다는 비판이 제기된다. 이데올로기적 사회운동이 포스트모더니즘에 의해 분절화, 미학화됨에 따라 사회변혁 의지와 역량이 소모되고 분산된다는 의미에서다.

특히 디어(Dear, 1986)는 포스트모던 계획이 자본주의 시장경제의 지배 및 세계화, 강대국들의 국제정치 조종, 상업주의적 취향과 문화 및 패션의 지배, 전통적 사회조직 및 신뢰 체계의 붕괴, 공동체의 위축과 사회적 관계의 축소, 미디어에 의해 연출되고 조정되는 일상적 삶과 영합함으로써 '콩가루 도시(atomized city)'를 만들고 있을 뿐이라고 극언한다. 곧, 비(非)동시대적일 뿐 아니라 심미성과 기능성이 서로 조화되지 않는 모방작품들이 건조환경 세계를 가득 채우고 있다는 것이다.[62] 이른바 '포스트모던 도시'란 관료주의적 국가와 기업 중심의 시민사회가 만들어 낸 '의도적 돌연변이' 공간일 뿐이며, 이때 계획가는 국가와 자본의 수단적 존재로 전락하고 있다는 것이 디어의 진단이다. 하비 역시 포스트모더니즘은 도시에 대한 '계획'보다는 '디자인'을 말하는 경향이 강하다고 비판한다. 곧, 세상이 자본주의 시장에 의해 통합됨에 따라 건축가들은 사회적 약자나 공공의 수요 대신, 부자나 사적 소비자의 이익에 더 봉사하고 있다는 의미다(Harvey, 1989: 66, 77).

이성, 합리성, 보편성, 계몽주의 등에 근거한 모더니즘 및 근대적 계획 시대의 종식을 주장한 포스트모던 계획은 나름의 지적, 실천적 기여에도 불구하고 궁극적으로는 혼란을 자초한 측면이 크다. 또한 포스트모더니즘의 득세 이후 도시계획 이론 분야에는 일종의 '무정부 상태'가 나타났다. 이러한 현상은 결과적으로 모더니즘의 재등장 혹은 재반격을 자초하는 기회를 제공했고, 그 선봉에 선 인물이 바로 하버마스였다. 이러한 새로운 사고와 지식에 입각한 모더니즘의 재구성 시도는 의사소통적

62 디어는 포스트모더니즘이 본질적으로 카멜레온처럼 가변적이고 변덕스럽기 때문에 포스트모던 계획 역시 나름의 이론적 · 이념적 실체가 없는 '표절 수법(pastiche of practices)'에 의존할 수밖에 없다고 주장한다. 파스티슈(pastiche)란 대중음악 분야에서 흔히 '모방작품'으로 번역되는데, 널리 알려진 유명작품 속의 스타일이나 아이디어를 빌려와 새로운 작품을 만드는 방법을 말한다.

계획이론의 태동에서 비롯되었다. 계획이론의 역사에서 한 시대가 저물고 또 다른 시대가 열리기 시작한 것이다.

5. 의사소통적 계획이론

모더니즘의 해체와 재건

의사소통적 계획이론은 근대주의 혹은 모더니즘에 대한 비판에서 출발한다는 점에서 포스트모던 계획이론과 성격을 공유한다. 사실 이들의 뿌리는 68혁명 정신이라는 공통점을 가진다. 하지만 모더니즘을 어떻게 극복할 것인가에 대해서 양자의 입장이 갈린다. 포스트모더니즘은 근대주의에 대한 전면적 부정과 폐기를 주장하는 데 비해 의사소통적 계획이론은 모더니즘의 재건과 완성을 말한다. 말하자면 이성, 합리성, 계몽주의와 같은 모더니즘의 가치를 다른 방식을 통해 제대로 실천해 보자는 입장이다. 의사소통적 계획이론에서는 모더니즘 그 자체가 문제가 아니라 그것의 왜곡과 오용이 문제라고 본다.

의사소통적 계획이론은 계획이론이 과학적 합리주의로부터 해석적(interpretative) 내지 현상학적(phenomenological) 접근으로 전환하기 시작했음을 예고한다. 사람들 사이의 의사소통과 논쟁, 그리고 개인과 구조 간의 상호작용, 문화적 맥락과 제도적 기반을 강조한다는 점에서 그것은 '신제도주의(new institutionalism)'와도 밀접히 연관되어 있다. 의사소통적 계획이론은 우리나라에서 '협력적 계획(collaborative planning)'이론으로 널리 알려져 있다. 하지만 협력적 계획이론이 의사소통적 계획이론의 대명사가 되는 데는 다소 문제가 있다.[63] 서구 학계에서는 협력적 계획이론

63 협력적 계획이론은 팻치 힐리(Patsy Healey, 1940-)가 제안한 개념이다. 본인도 과거 나치 시대를 연상시키는 '협력적'이라는 표현을 사용하는 데 오랫동안 주저했다

대신 의사소통적 계획이론이라는 말을 훨씬 더 많이 쓴다.

시대적으로 볼 때 포스트모던 계획이론과 의사소통적 계획이론은 비슷한 연배다. 하지만 의사소통적 계획이론의 모태가 되는 하버마스의 사회철학이 포스트모더니즘의 모더니즘 비판에 대한 반론 혹은 반격의 성격을 가진 만큼, 의사소통적 계획이론을 포스트모던 계획이론의 다음 자리에 배치하는 것이 순서상 타당해 보인다. 의사소통 계획이론은 모더니즘 주류 계획이론에 대한 불만을 분명히 갖고 있다. 하지만 모더니즘 '이후'를 성급히 준비하는 대신 규범의 재무장과 실천방식의 재정립을 통한 모더니즘의 재구성 가능성을 적극적으로 모색한다.

의사소통 계획의 이론적 원조는 하버마스(Jürgen Habermas, 1929-)다. 물론 하버마스의 사회이론이 계획이론으로 진화하고 정립되는 데 기든스(Anthony Giddens, 1938-)의 역할을 결코 간과할 수 없다. 하지만 기본적으로 하버마스 없는 협력적 계획이론은 상상조차 하기 어렵다. 푸코가 반이성주의자라면 하버마스는 이성주의자였고, 푸코가 포스트모던 해체주의자라면 하버마스는 합리적 근대주의자였다. 하버마스가 푸코에 대해서는 날을 세운 반면, 합리적 자유주의자 롤스와는 접점을 만들었다는 점은 사뭇 흥미롭다.[64] 68혁명을 거치며 푸코가 상대주의 혹은 허무주의의 길을 선택했다면, 하버마스와 롤스는 — 비록 서로 방법은 달랐지만 — 규범적 접근을 통한 사회문제 해결 가능성을 희망적으로 성찰했다는 공통점을 갖고 있다.

하버마스와 의사소통적 합리성

하버마스는 20세기를 대표하는 철학자, 사회학자 가운데 한 사람이다.

고 한국어 번역판 서문에서 밝힌 바 있다(힐리, 2003: 16).

64 1990년대 *Journal of Philosophy*를 중심으로 진행된 이른바 '하버마스-롤스 논쟁(Habermas-Rawls Debate)'을 말한다. '숙의민주주의'를 놓고 롤스의 자유주의적 접근과 하버마스의 비판이론적 접근이 맞붙었다.

학자로서 그의 지적 여정은 독일 나치즘에 대한 반성과 성찰에서 시작되었다. 10대 중반 나치의 청소년 조직인 이른바 '히틀러유겐트(Hitlerjugend)'의 일원이기도 했던 그는 전후 독일에서 반민주적 국가주의 가치가 여전히 남아 있는 현실을 안타까워했다.[65] 말하자면 독일 사회의 정신성이 새로운 시대정신을 외면한 채 여전히 정체되어 있다고 느낀 것이다. 이 무렵 그가 만난 결정적인 지식 세계가 프랑크푸르트학파(Frankfurt School)를 중심으로 한 '비판이론(Critical Theory)'이었다.[66] 하버마스는 비판이론의 세례를 받으며 비판적, 진보적 지식인으로서 성장해 갔다.

비판이론은 '비판이 없는 사회'를 비판하고 '반대가 없는 사회'를 반대하는, 문자 그대로 비판 그 자체가 주업(主業)이자 전업(專業)인 사회이론이다.[67] 이는 역사적 경험에 비추어 볼 때 비판과 반대가 없는 사회는 결국 나치즘이나 파시즘 같은 전체주의의 길에 접어든다고 보기 때문이

---

65 대표적으로 나치에 협력한 전력이 있는 하이데거(Martin Heidegger, 1889-1976)를 수용하던 당시 사회 분위기를 들 수 있다. 하버마스는 철학박사 학위를 취득한 이후 몇 년 동안 저널리스트로 활동했는데, 이때 하이데거를 공개 비판하면서 명성을 얻기 시작했다.

66 'Critical Theory'에서 C와 T를 반드시 대문자로 표기해야 프랑크푸르트학파에서 발원한 비판이론의 의미가 성립된다. 프랑크푸르트학파는 1923년 독일의 프랑크푸르트 소재 괴테대학 사회조사연구소에서 시작되었다. 참고로, 프랑크푸르트대학의 정식 명칭은 '요한 볼프강 괴테 프랑크푸르트암마인대학(Johann Wolfgang Goethe-Universität Frankfurt am Main)'이며, '괴테대학'으로 통칭된다. 프랑크푸르트대학으로 불러도 차이가 없는 것은 독일의 '1도시, 1대학' 전통 때문이다. 한편, 프랑크푸르트학파는 아도르노(Theodor Adorno, 1903-1969), 호르크하이머(Max Horkheimer, 1895-1973), 마르쿠제(Herbert Marcuse, 1898-1979) 등을 1세대로 형성되었다가 나치즘의 확산에 따라 활동을 중단했다. 전시에 미국 뉴욕으로 본거지를 옮겼으니, 그것이 '뉴스쿨(New School for Social Research)'이다. 훗날 제이콥스와 멈퍼드가 잠깐 적을 걸었던 그 학교 말이다. 제2차 세계대전이 끝난 뒤 프랑크푸르트학파는 독일에서 재건되었는데, 하버마스는 이 무렵 아도르노의 연구조교 자격으로 합류했다.

67 비판이론 반대편에서는 정치학 분야의 체제이론, 사회학 분야의 구조기능주의 이론, 경제학 분야의 신고전경제학 등이 당대 주류 학계를 풍미했다.

다. 비판이론의 등장 배경으로는 마르크스의 예견을 배반한 자본주의의 지속적 발전, 사회주의 계급혁명의 연속적 실패, 대중적 동의에 의한 파시즘의 대두, 그리고 소련에서 드러난 현실사회주의의 일탈 등이 거론된다. 하버마스가 전후 독일의 민주주의 문제를 고민하기 시작한 것은 바로 이런 시대적 상황에서다.

68혁명을 주도한 푸코와 달리 하버마스는 폭력적 방식의 체제전복에 직접 동참하지 않았다. 비판적이긴 했지만 혁명적이지는 않았다는 말이다.[68] 하버마스는 궁극적으로 모든 형태의 지배와 억압으로부터 자유로운 인간존재에 관심이 있었다. 따라서 그는 사회이론의 임무는 윤리와 규범의 제시라 생각했고, 그런 만큼 자연과학 분야의 실증주의 방법론을 멀리했다. 사회과학의 존재 이유를 객관적이고 중립적인 분석이 아니라 인간의 자유와 해방을 지향하는 실천에서 찾은 것이다. 이런 맥락에서 그가 제시한 새로운 사회규범이 바로 '의사소통적 합리성(communicative rationality)'이다.

비판이론에 의하면 근대 이성이 추구하는 보편적 진리 및 이에 따른 계몽주의 프로젝트는 인간의 참된 자유와 사회적 해방을 기약하지 못한다. 비록 정치적 민주화라든가 물질적 풍요라는 긍정적 측면이 있긴 했지만, 세계대전의 참화라든가 홀로코스트의 비극 역시 근대 서구 합리주의의 소산이라는 판단의 결과다. 하버마스는 한편으로 이와 같은 비판이론의 문제의식을 계승하면서도, 다른 한편으로 합리성의 개념을 재정립하는 것에서 자신의 논점을 차별화했다. 그는 기존의 합리성 개념, 특히 베버의 도구적 합리성 개념과 대비되는 의사소통적 합리성을 새로 제안했다. 그는 베버식의 목적합리적 행위는 수단의 정당성과 관련된 가치문제를 질문하지 않음으로써, 기능적이고 공리적인 사고에 지배될 공산

68 이런 태도 때문에 68혁명을 전후한 독일 학생운동사에서 하버마스는 잠시 설 자리를 잃었다. 그는 한때 대학교수직을 버려야 했다.

이 크다고 보았다.

베버는 행위와 행동을 구별한 다음, 행동에 모종의 '의미'가 부여될 때 그것은 행위로 변한다고 설명한다. 이때 근대사회의 특징에 해당하는 '목적합리적' 행위는 특정한 개인이 스스로 주관적인 목표를 설정하고 그것을 성취하기 위해 노력하는 것을 말한다. 이를 하버마스는 '성공 지향적' 행위라 부르는데, 이는 다시 도구적인 것과 전략적인 것으로 구분된다. 도구적 행위는 행위 태도에 있어서는 성공 지향적이고 행위 상황에 있어서는 비(非)사회적인 반면, 전략적 행위는 성공 지향적 행위 태도이면서도 행위 상황은 사회적이다(하버마스, 2006a: 423). 하버마스의 '의사소통적' 행위 개념은 바로 이 지점에서 도출된다. 그것은 행위의 태도 측면에서 성공 지향적이 아니라 이해 지향적이며, 행위의 상황 측면에서 비사회적이 아니라 개인적이다. 다시 말해 의사소통적 행위는 "관련된 행위자들의 행위계획들이 자기중심적 계산에 의해서가 아니라 상호이해의 행위를 통해 조정되는 경우"라 볼 수 있다(하버마스, 2006a: 423-424). 하버마스는 성공 지향적 행위와 달리 의사소통적 행위야말로 인간에게 진정한 자유와 해방을 선물할 수 있는 도구적 합리성의 대안이라고 굳게 믿었다.

의사소통적 합리성에서 핵심은 언어, 곧 말을 한다는 것이다.[69] 한편으로 언어는 객관적 사실을 표상하는 수단이다. "달이 밝다"라든가 "방

69 하버마스가 말, 곧 언어의 문제에 천착한 사연에는 개인사도 연루되어 있다. 하버마스는 입천장이 갈라져 정확한 발음을 하기 어려운, 이른바 구개파열(口蓋破裂, cleft palate) 상태로 태어났다. 이를 치료하기 위해 수차례 외과수술을 받는 동안 무릇 인간은 타인에게 의존할 수밖에 없는 존재라는 생각을 깊이 하게 되었고, 특히 자신을 타인에게 표현하는 데 평생 어려움을 겪으며 살아온 터라 일찍이 의사소통에 대해 남다른 관심을 갖게 되었다는 것이다. 이는 2004년 일본 교토상(京都償) 수상 연설 〈공공영역과 정치적 공론장: 내 사상의 두 가지 모티브에 대한 개인사적 뿌리〉에서 밝힌 것이다. 참고로 이러한 아픔이 계기가 된 또 다른 사례는 앞에서 언급했던 청소년 시기 나치 협력 경력이다(하상복, 2009: 152-153 참고).

이 덥다"와 같은 말이 여기에 해당하는데, 이를 '의미론(Semantics)'이라 부른다. 그런데 언어에는 상대방으로부터 어떤 실제적 효과를 창출하는 기능도 있고, 행위자들이 서로 관계를 형성하는 목적도 있다. 언어의 실행적 차원을 강조하는 이른바 '화용론(話用論, Pragmatics)'이 이에 해당한다. 예컨대 연인 사이에 "달이 밝다"라는 표현은 "네가 좋다"라는 뜻이고,[70] "방이 덥다"라는 표현은 누군가에서 "창문을 열라"는 뜻을 담고 있다. 문제는 이와 같은 언어행위가 제대로 작동하지 않는 경우, 말하자면 주고받는 말에 의미가 자발적으로 생산되지 않는 경우가 현실에서 흔히 발생한다는 점이다. 하버마스가 볼 때 바로 이 문제가 근대사회의 합리성을 위협하는 최대 요인이다.

하버마스의 '보편화용론(universal pragmatics)'은 규범적 차원에서 의사소통의 이상적인 원칙을 제시하는 것이다. 그것은 상호이해를 지향하는 의사소통 행위가 성공할 수 있는 최소한의 조건이기도 하다. 하버마스는 이를 '타당성 주장(claims for validity)'이라 이름 붙이는데, 다음 네 가지로 구성되어 있다. 첫째는 외부 현실에 대한 진술의 '진실성(truth)', 둘째는 다른 사람과 말을 나누는 과정의 '진지함(rightness)', 셋째는 자신의 내면세계에 대한 '정직성(truthfulness)', 넷째는 언어의 '이해가능성(comprehensibility)'이다(하버마스, 2006a: 450-467). 의사소통 행위에 참가하는 당사자들은 이러한 타당성 주장을 상호검증하면서 이해와 합의에 도달할 수 있다는 것이 하버마스의 생각이다.

하버마스가 볼 때 이와 같은 의사소통적 합리성은 결코 새로운 것이 아니며, 서구 역사에서 한때 존재했다가 언제부턴가 사라진 전통이다. 하버마스는 자신의 의사소통 이론에 대한 역사적 근거와 정당성을 확보

70 '일본의 셰익스피어'라고도 불리는 근대문학가 나쓰메 소세키(夏目漱石)가 "I love you"의 의미를 일본의 문화적 맥락에서 살리기 위해 "당신을 사랑합니다" 대신 "달이 참 밝네요"라고 번역했다는 세간의 일화도 의사소통적 합리성 문제와 관련되어 있다.

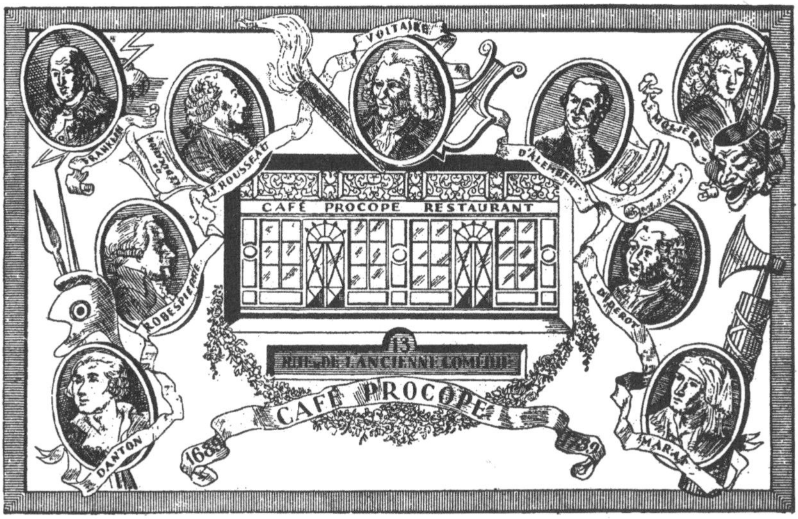

1686년 개업한 파리의 르 프로코프(Le Procope) 카페와 단골들(왼쪽 아래에서부터 시계방향으로 당통, 로베스피에르, 벤저민 프랭클린, 장 자크 루소, 볼테르, 달랑베르, 몰리에르, 디드로, 마라)

하려 하는데, 이때 그가 재발견·재인식하는 것은 17세기 말에 등장하여 18세기를 풍미한 이른바 '부르주아 공론장(bourgeoisie public sphere)'이다(하버마스, 2001). 부르주아 공론장이 탄생하기 전 유럽의 정치사회는 '과시적 공공성(representative publicity)'이 지배했다. 과시적 공공성은 봉건권력, 교회, 제후국, 귀족신분 등이 애용하던 것으로, 자신의 권위와 정당성을 과시하기 위한 목적의 각종 정치적 상징이나 연출, 용모, 거동, 수사 등을 말한다(하버마스, 2001: 66-75). 과시적 공공성은 이성적·객관적이라기보다 인격적·감성적이었고, 공개적인 경우가 더러 있기는 했지만 활발한 토론을 동반하는 일은 극히 드물었다.

무엇보다 과시적 공공성은 공적이라는 것의 의미를 통치와 행정이라는 국가 공권력에 직결시켰다. 국가의 의견을 뜻하는 국론(國論)이 곧 공론(public opinion)이자 여론으로 간주된 것이다. 이에 반해 부르주아 공론장은 합리적 토론을 통해 여론을 새로 만들어 가는 사회적 무대였다. 말하자면 통치와 행정 바깥에 있는 시민사회 영역에서 국론과 구분되는 대안적 공론의 탄생이 가능해진 것이다. 여론은 이성적이고도 공개적인 토론의 산물로서, 사견 혹은 불확실한 판단을 의미하는 '의견(opinion)'과 성격이 다르다. 부르주아 공론장은 말하자면 의사소통적 합리성이 실제로 발현된 공간이었다. 국가적 및 사회적 현안을 논의하기 위한 부르주아들의 자율적 토론공간이었던 것이다.[71]

하버마스에 따르면 부르주아 공론장은 도시의 발전에 따른 결과다(하버마스, 2001: 98-99). 일찍이 궁정·귀족 사교계에서 공적 논의의 노하우를 교육받은 중산층 부르주아의 전위(前衛)가 도시의 카페나 살롱, 클럽, 만찬회 등에서 '문예적 공론장'을 형성했으며, 이는 점차 '정치적 공론장'으로 발전해 갔다. '정치적 공론장'은 사적 개인들 간의 지속적인 토론을 조직화했는데, 그곳에서는 신분이나 서열, 지위의 차이에 따라 의사소통이 제약되는 일도 없었고, 토론 주제에 관련하여 정치적 금기나 성역이 존재하지도 않았다. 토론 능력 자체가 문화의 일부가 되어 토론의 비(非)폐쇄성을 원칙적으로 견지해 나갔던 것이다(하버마스, 2001: 107-109).

이곳에서 부르주아들은 전근대 시대 권력의 궁극적인 정당성을 질문했다. 군주들의 공권력 독점과 권력의 세습 전통에 대해 의문을 제기하면서, 국가권력의 정당성이란 이른바 '진리'에 기초해야 한다고 주장했다. 이때 진리란 다름 아닌 공적인 민심 곧 여론이다. 물론 부르주아 공론장은 사적인 이해관계와 밀접히 연관되어 있긴 하다. 하지만 하버마스는 부르주아를 가족 단위의 삶이나 자신의 경제적 이익에 무작정 매몰되

71 하지만 하버마스는 부르주아 공론장이라는 여론의 모태(母胎)를 설명했을 뿐, 실제 여론이 어떻게 정치적 힘을 얻었는지 밝히지 않았다. 사카가미 다카시(2019: 126-145)에 의하면 그 결정적 계기는 프랑스에서 왕권과 고등법원 사이에 벌어진 항쟁이었다. 곧, 양측이 서로 인민의 목소리를 더 잘 대변한다고 다투는 와중에 여론 관념이 초월적 제3의 힘으로 자리 잡았다는 것이다.

지 않는, '의식 있는' 공적 대중, 곧 공중(公衆)으로 이해했다. 무릇 부르주아란 자신의 당면한 이해관계보다는 사회 전체의 공공 이익을 먼저 고려할 줄 아는 문자 그대로의 '성숙한 시민'이었던 것이다.

문제는 이와 같은 부르주아 공론장이 19세기 후반부터 급속히 붕괴하기 시작했다는 점이다(하버마스, 2001: 245-292). 자본주의 체제의 구조적 문제를 해결하기 위해 국가는 경제 영역에 대한 개입을 크게 늘렸고, 특히 복지국가가 부르주아계급의 사적 영역인 가족의 역할을 축소시켰기 때문이다. 이로써 전반적으로 '사회의 국가화'가 진행되었다. 또한 부르주아 사회에서 합리적 논쟁과 비판적 정신을 통해 생산되고 소비되던 고품격 문화가 대중적 상품이나 산업활동의 대상으로 전락한 탓이기도 했다. '대중'문화 및 문화'산업'의 등장이 부르주아의 문예적 공론장을 삼켜버린 것이다. 여기에 덧붙여 19세기 말부터 등장한 각종 매스컴은 겉으로만 공론장일 뿐, 참된 여론 형성과는 거리가 멀었다. 하버마스는 이를 '재(再)봉건화된 부르주아 공론장'이라 불렀다(하버마스, 2001: 317). 역사의 시곗바늘이 뒤로 돌아갔다는 의미다.

그렇다면 의사소통적 합리성을 현대 사회에서 복원할 방법은 없는가? 다시 말해 18세기 전후의 부르주아 공론장 같은 개방적이고 자유로운 이성적 언어 교환행위 공간을 다시 만들어 낼 수 없는가? 이에 대해 하버마스는 길은 있고 또 반드시 있어야 한다고 주장한다. 이와 관련하여 하버마스는 '체계(system)'와 '생활세계(lifeworld)'라는 개념을 대비한다(하버마스, 2006b: 187-307). 그에 의하면 사회는 다양한 조건과 기능의 재생산을 통해 지속하며, 이를 체계 영역과 생활세계 영역이 각각 분담한다. 체계는 사회 유지에 필요한 핵심적 기능 두 가지를 수행하는데, 하나는 사회를 관리하는 '행정'이고 다른 하나는 물질을 생산하는 '경제'다. 현대 자본주의 사회에서 전자는 관료제의 몫이고 후자는 시장의 몫이다. 그리고 하버마스가 볼 때 체계는 도구적 합리성이 지배하는 영역이다.

이에 반해 생활세계는 교육과 종교, 문화 등의 일상적 기능을 담당하는 곳이다. 가족이나 이웃처럼 개인의 사회화를 담당하는 사적 영역도 있고, 교회나 학교, 매스미디어처럼 공론 형성을 담당하는 공적 영역도 있다. 하버마스에 의하면 생활세계는 의사소통적 합리성에 바탕을 둔 이해 지향적 상호행동들로 구성되어 있어, 체계의 도구적 합리성을 막아내는 일종의 방어 진지다. 하버마스는 체계와 생활세계의 분리 자체를 문제 삼지 않는다. 체계에 해당되는 영역이 도구적 합리성을 통해 경쟁, 이익, 효율성 등의 가치를 중시하는 것을 문제 삼는 것도 아니다. 그가 우려하는 것은 체계가 생활세계 영역을 침범하고 위협하는 일이다. 이를 하버마스는 체계에 의한 '생활세계의 식민지화'라 불렀다(하버마스, 2006b: 494). 오늘날 강화된 국가권력과 과학기술의 발전에 따라 생활세계가 점차 왜곡되고 위축되는 것이 문제의 본질이라는 것이다.

결국 의사소통적 합리성을 위한 핵심적 관건은 생활세계의 재기와 활성화다. 하버마스가 모더니즘의 미래에 대해 결코 희망을 버리지 않는 이유는 우리의 노력을 통해 생활세계의 의사소통적 합리성을 재기·재현할 수 있다고 믿기 때문이다. 하버마스는 후기자본주의 사회에서 '새로운 저항잠재력'을 발견한다(하버마스, 2006b: 599-604). 그것은 경제적·사회적 안전이나 치안, 안보 등의 문제에 초점을 맞추는 '구(舊)정치'에서, 삶의 질, 평등권, 개인의 자기실현, 참여와 인권의 가치를 중시하는 '신(新)정치'로의 이동을 의미한다. 반핵운동, 생태운동, 평화운동, 시민주도운동, 청년운동, 대안운동, 소수자운동 등을 포함하는 '신사회운동(new social movement)'이 의사소통적 행위의 새로운 무대로 각광받는 것이다.[72] 국가와 시장의 독주를 비판하는 동시에 계급도 초월하는 신사회운동은 요컨대 생활세계와 체계 사이의 전선(戰線)으로 자리 잡는 셈이다(윤평중, 2008: 156).

72 하버마스 이전까지는 노동운동이 곧 사회운동이었다. 신사회운동의 등장은 노동문제 외에도 사회운동이 필요하고 가능한 영역이 매우 많다는 것을 의미한다.

기든스의 구조화 이론

생활세계의 재활성화 및 신사회운동의 최종 목적은 각종 근대적 제도를 의사소통적 합리성을 통해 재구성함으로써 인간의 진정한 자유와 해방을 구가하는 데 있다. 그것은 국가든, 계급이든, 시장이든, 기존의 사회제도들을 일괄적으로 폐기하는 것이 아니라 새롭게 재편하는 것을 의미한다. '근대의 종언'을 말하는 푸코와 '근대의 완성'을 꾀하는 하버마스는 이 대목에서 서로 가는 길이 다르다. 이와 같은 하버마스의 발상은 제도주의의 후신인 신제도주의와 만난다. 신제도주의는 '협력의 통로(avenue of collaboration)'라는 점에서(DiMaggio, 1998), 궁극적으로 의사소통적 계획이론의 정립에 기여한다.

법이나 규정, 조직 등 형식적 제도의 차이에 따라 행위자들의 행태나 정책 결과도 상이하게 나타난다고 생각하는 것이 제도주의라면, 신제도주의는 사회현상을 제도와 행위 사이의 상호작용이라는 시각에서 설명한다. 이는 한편에서 제도가 행위를 규정하지만, 다른 한편에서 행위가 제도를 변화시킬 수도 있다는 의미다. 말하자면 구(舊)제도주의와 그것을 비판하며 등장한 행태주의(behavioralism)의 접점 내지 절충이라 볼 수 있다. 신제도주의에 의하면 제도에는 가시적 조직이나 형식적 규칙뿐만 아니라 보이지 않는 문화나 드러나지 않는 관행도 포함한다. 제도는 단일체라기보다 이질적 요소들로 구성된 복합체이며, 그런 만큼 제도가 지향하는 목표나 가치도 고정불변이 아니라 신축적이고 유동적이다. 제도를 만들고 바꾸는 과정도 독점의 영역이 아니라 상대적으로 개방되어 있다.

하지만 협력적 계획이론에 보다 직접적으로 영향을 준 것은 신제도주의 자체라기보다 '구조화 이론(structuration theory)'이다. 큰 틀에서 볼 때 구조화 이론은 신제도주의와 공유하는 대목이 많다. 하지만 구조화 이론의 주창자인 앤서니 기든스가 뉴라이트 계획이론을 비판하며 등장한 협력적 계획이론의 발상지인 영국의 사회학자라는 점, 그리고 신제도주의를 사회학 이론의 형태로 정교하게 체계화한 점은 아무리 강조해도 지나치지 않다. 20세기 사회학을 대표하는 영국의 기든스와 독일의 하버마스는 비록 모더니즘에 대해 비판적이긴 하지만 '성찰'과 '운동'을 통해 희망의 끈을 놓지 않는다는 점에서 포스트모더니스트 푸코와 구별된다.[73]

기든스의 구조화 이론은 우리들의 사회적 현실을 규정하는 것이 개인인지 아니면 사회적 힘인지 묻는 데서 출발한다. 그는 '구조가 먼저냐, 행위가 먼저냐?'라고 하는 사회과학 분야의 오랜 방법론 논쟁을 극복하고자 한다. 기든스에 의하면 비록 사람들이 자신의 행동을 완전히 자유롭게 선택할 수도 없고 그들의 정보나 지식 또한 제한되어 있지만, 그럼에도 그들은 사회구조를 재생산하는 주체적 행위자이며, 그들의 행위는 궁극적으로 사회변동을 위한 동력으로 작용한다고 생각한다. 이른바 '구조의 이중성(duality of structure)'이라는 개념을 통해 기든스는 구조(structure)와 행위(action)는 서로 분리될 수 없는 상호의존 관계라고 주장한다(Giddens, 1979: 53; Giddens, 1984: 25-28). 구조의 이중성이야말로 사회의 재생산 과정에서 가장 불가결한 측면이라는 것이다(Giddens, 1976: 127). 요컨대 사람들은 사회에 의해 제약되기도 하지만 사회를 만들어 가기도 한다는 논리다.

73 기든스는 푸코나 하버마스에 비해 상대적으로 '평탄한' 개인사를 갖고 있다. 영국 하급 중산층 가정에서 태어난 그는 가족 구성원 가운데 처음 대학에 진학할 정도로 '금수저' 출신은 아니었다. 68혁명에 대한 기든스의 평가 또한 부정적인 편이다. 그 당시 기든스는 미국 UCLA에서 조교수로 일했다. 1968년 이전까지 영국에서 마리화나와 히피는 접하지도, 들어 본 적도 없었다고 말하는 기든스는 "1968년의 급진주의는 일어난 속도만큼 급작스럽게 시들었다"고 평가한다. 비록 "68주의자들을 존중할 수밖에 없긴 하지만 그들이 한 일이란 우리가 당연하다고 여겨 왔던 것들에 대해 창조적 질문을 던진 것에 불과하다"고 말하며, 68혁명의 최대 성과는 사실상 그때부터 시작된 페미니스트 운동 정도라고 언급하기도 한다(Anthony Giddens, "California Dreaming — 1968: Liberty or its Illusion?" 《*Prospect*》, 2008. 5 참고). 2004년 기든스는 노동당 소속으로 상원에 진입하면서 종신 남작(life peer)에 임명되었다. 이념적으로 그는 좌우를 넘나드는 이른바 '제3의 길'을 제창했다.

기든스는 구조(structure)와 체계(system)를 구분한다(Giddens, 1979: 62-66; Giddens, 1984: 25-28). 구조는 "반복적으로 조직화된 규칙과 자원의 조합으로서 시간과 공간의 산물"이다. 반면에 "구조를 자신 속에 반복적으로 연루시키는" 체계는 "인간 행위자들에게 상황 지어진 활동들(the situated activities of human agents)"로 구성되며 이들은 시공을 초월하여 재생산된다. 한편, 구조화는 구조의 지속과 변형, 다시 말해 체계의 재생산을 관장하는 일련의 조건을 의미한다. 곧 한편으로는 구조가 행위를 제약 또는 추동하고, 다른 한편으로는 행위가 다시 구조를 지속 또는 변화시키는 과정이 곧 구조화다. 사회체계 각각의 구조적 특성은 결국 그와 같은 체계를 반복적으로 조직화하는 실천적 행위들의 매개체인 동시에 결과물이라 볼 수 있다(Giddens, 1979: 69; Giddens, 1984: 25).

기든스에게 구조는 언어와 비슷한 것이다(Giddens, 1976: 121-122). 예컨대 문법이 대변하는 언어 구조는 특정한 방식의 단어 결합을 일단 불가능하게 만든다. 하지만 그것은 새로운 언어 행위 규칙의 출현을 허용함으로써 우리가 의미 있는 문장을 새로 만들 수 있게 하기도 한다. 실제 기든스는 구조화 과정에서 언어가 차지하는 역할을 강조한다. "삶의 형태를 안다는 것은 언어를 아는 것"으로서 "해석학적 과업은 사회과학에서 필수적"이라고 본다(Giddens, 1979: 218, 251). 사회적 실천의 반복적 질서화에서 가장 중요한 것은 특별히 성찰적인 형태를 가진 인간 행위자들의 '지식능력(knowledgeability)'이라는 것이 기든스의 입장이다. 따라서 '성찰(reflexivity)'이라는 말은 '자의식'이 아니라 사회적 삶의 지속적인 진행을 모니터하는 특성으로 이해될 필요가 있다(Giddens, 1984: 2-3). 이처럼 하버마스와 기든스는 의사소통의 중요성과 관련하여 비슷한 생각을 공유한다. 다만 기든스가 볼 때 하버마스는 구조적 속성으로 현존하는 언어 대신, 그것의 이상적 형태에 더 큰 의미를 두었다고 생각하는 쪽이다(Giddens, 1976: 69).

비판적 계획이론, 협력적 계획이론

의사소통적 계획이론의 대표적 지류 가운데 하나는 비판적 계획이론(Critical Planning Theory)이다. 비판적 계획이론은 미국의 포레스터(John Forester, 1948-)에 의해 체계화되었는데, '비판적'이라는 말에서 알 수 있듯 그의 이론은 프랑크푸르트학파의 비판적 사회철학 및 의사소통적 행위 이론에 직결되어 있다. 이러한 포레스터가 기존의 모더니즘 내지 합리주의 계열의 계획이론을 비판하는 것은 당연하다. 하지만 그가 근대주의나 합리성 자체를 부정하는 것은 아니다. 그가 지향하는 것은 방식과 접근을 달리하는 근대 합리주의의 최종 완성이다. 두말할 나위도 없이 이는 하버마스의 기본 입장이다.

포레스터는 계획가의 역할을 주어진 목표에 대한 효율적 수단 제공이라고 규정하지 않는다. 대신 이해관계자들 사이에 사회적 관심을 도출하고 이들 간에 의사소통을 매개함으로써 상호작용을 조직화하는 일이라고 생각한다. 그는 기존의 합리적 계획이론이 전문지식 중심의 기술적 과정에 한정되어 계획가에 대한 공공의 불신을 자초할 뿐 아니라 민주주의적 계획 과정에도 부합하지 않는다고 본다. 따라서 자신이 추구하는 새로운 계획이론은 "경험적이고, 해석적이며, 규범적이고 실제적인" 것이라 주장한다(Forester, 1980). 중요한 것은 추상적 이론이 아니라 구체적 상황이자 사람들의 관계이며, 형식적 합리성이 아니라 실질적 합리성이라는 뜻이다. 요컨대 그는 '사람을 위한 계획'을 강조한다.

하버마스의 비판이론에 입각하여 포레스터는 오늘날을 '사람을 위한 계획'이 부재하는 시대라고 생각한다. 그 까닭은 민주주의의 작동은 불안정한 반면 자본주의의 힘은 너무나 강력하기 때문이다. 다시 말해 권력과 자원의 심각한 불균형에 따라 합리적 의사소통이 제대로 진행되고 있지 않다는 것이다. 그런 만큼 계획가는 전문적 기술 제공자가 아니라, 사람들 사이의 소통과 상호작용을 촉진하고 조정하는 정치적 기교 소유자가 되어야 한다는 입장이다. 이는 궁극적으로 계획은 정치적 행위이자 과정이며, 계획가 또한 궁극적으로 정치적 역할과 책임을 피할 수 없음을 의미한다(Forester, 1989: 3, part 1). 포레스터에 의하면 "계획가는 형식적 합리성과 실질적 합리성에 모두 관련된 존재"다(Forester, 1989: 16). 다시 말해 계획가는 배의 순항을 관리하는 항해사의 역할을 넘어 항로(航路)를 결정하는 데도 반드시 개입해야 한다고 생각한다.

이처럼 포레스터의 비판적 계획이론에는 계획의 현실적 측면 대신 당위적 가치를 중시하는 규범적 성격이 두드러진다. 따라서 포레스터는 하버마스의 '타당성 요구' 개념을 바탕으로 비판적 계획을 구체적으로 가능하게 만드는 실천적 방법론을 함께 제시한다. 연계와 접촉을 통한 네트워크 공동체 구축, 계획 과정에서 상대적으로 덜 조직화된 이익의 발견, 시민 및 공동체 조직화를 위한 교육, 기술적·정치적 정보 공급 및 그릇된 정보에 대한 대응능력, 자료와 정보에 대한 비전문가들의 접근 보장, 다른 사람과 함께 일하는 능력 개발, 갈등 협상 방법, 정치적·경제적 외부 압력에 대한 사전 대비 등이 이에 해당한다(Forester, 1989: 145-146). 포레스터에 의하면 공정하고 민주적인 계획의 요체는 "일상적 의사소통의 정치적 민주화"다(Forester, 1989: 21). 계획이 합리적이고 효율적이며 윤리적이 되기 위해서 계획가들은 비민간 공공부문의 목소리를 통제하고, 민주적 합의 형성 과정을 고무하며, 다수를 무시하는 소수의 압력에 대처해야 한다(Forester, 1989: 137). 합리적이 되기 위해서는 정치적으로 되지 않을 수 없다는 역설이다.

포레스터가 말하는 이상적 계획가는 결국 '숙의민주주의'를 실천하는 '숙의적 실무가(deliberative practitioner)'인 셈인데, 계획가가 하는 일은 물리적 공간을 만드는 것뿐만 아니라 대화 내지 토론의 무대를 만드는 것까지 포함한다(Forester, 1999: 63). 곧, 계획하는 일의 많은 부분은 계획의 목표 및 과정과 관련하여, 다양한 이해관계자들과 함께 다양한 종류의 '이야기(story)'를 만들고 공유하는 것이다. 여기서 이야기를 강조하는 것은 보편적 원칙이나 기준을 내세우기보다 '구체적 인간(the personal)'

인도네시아 파푸아주의 협력적 토지이용 계획 워크숍(출처: Mokhamad Edliadi/CIFOR, flickr.com)

및 '개별적 특성(the particular)'을 강조하기 위한 것으로, 우리는 과학적 실험보다 일상의 이야기로부터 훨씬 더 많이 배울 수 있다고 보는 것이다(Forester, 1999: 39). 결국, 포레스터의 계획이론은 보편성이나 일반론을 초월하는 사안별 '이야기 말하기(story telling)' 내지 '이야기 만들기(story making)'에 가깝다고 볼 수 있다.

한편, 힐리는 의사소통적 계획이론을 '협력적' 계획이론이라는 이름으로 체계화한 대표적인 학자다. 영국의 도시계획가이자 계획 이론가인 그녀는 도시나 지역 단위의 전략적 공간계획 실무경험도 풍부한 편이다. 협력적 계획이론이 태동한 직접적 동기는 1980년대 대처리즘 시대를 풍미한 뉴라이트 계획에 대한 반감이다. 힐리는 신자유주의가 영국에 사회적으로나 환경적으로 심각한 피해를 초래했다고 본다(Healey, 1997: 14-15). 빈곤하고 불안정한 노동자가 양산되었을 뿐 아니라 환경오염 또한 심해졌다는 것이다. 힐리는 상대적으로 강한 '계획문화' 전통이 없던 영국에서 그나마 존재하던 '구조계획(structure plan)'조차 1980년대 신자유주의 풍조에 의해 퇴조하던 분위기에도 불만을 가졌다(힐리, 2003: 8-11).[74] 그녀가 보기에 이 모든 사태는 문화적 복합성에 기반한 지방 차원의 공간계획 역량을 약화시켰다(Healey, 1997: 65-68). 대처리즘이 강한 국가를 앞세운 '하나의 영국'을 주장했다면, 힐리는 다양하게 '분절된 사회들(fragmented societies)' 각각의 '장소 성형(place shaping)'을 모색한다. 뉴라이트 계획의 핵심어가 애국심과 경제라면, 협력적 계획의 핵심어는 장소성과 문화다.

힐리는 모더니즘 계획이론의 해체가 아닌 발전적 재출발을 위해 규범적 접근을 시도한다. 이럴 때 그녀가 강조하는 내용은 다음과 같다. 첫째는 개인들을 서로 고립되어 있는 주체가 아닌 다른 사람들과 맺고 있는 복잡한 그물망 속 존재로 보자는 것이다. 이는 구조와 행위의 순환적 관계에 주목한 기든스의 구조화 이론을 수용한 결과다(Healey, 1997: 45-48). 둘째는 합리적·과학적 지식에 특권을 부여하기보다 도덕적 가치나 감정

74 구조계획은 영국 및 서호주가 갖고 있던 공간계획의 한 형태이자 도시계획 관행의 일부다. 영국의 경우 해당 지역의 기본 토지이용 및 인프라 구축, 환경 등과 관련된 계획 구성요소들을 지도, 사진, 스케치, 다이어그램 등과 함께 제시하는 전략적 수준의 발전계획 문건으로서, 1968년 도시계획법(Town and Country Planning Act)에 의해 처음 도입되었다. 작성 주체는 주로 지방의회(county council)지만, 상급 지역의회(district council)의 관리를 받는다. 대처가 집권한 1980-1990년대 들어 지방 차원의 구조계획은 준비와 채택에 필요한 소요시간의 장기화, 그것의 추상적 속성, 상급기관의 불필요한 간섭 등을 이유로 비판 대상이 되었고 2004년에 공식 폐기되었다. 당시 영국의 많은 지방정부는 이른바 '전략계획(strategic planning)'을 앞다투어 도입했다. 이는 세계화 시대를 맞이하여 지방정부의 권한과 책임이 증대하면서 생존과 발전을 위해 일종의 '기업가적 정부'로 스스로 변신했음을 의미한다. 전략계획은 공간이 아닌 조직을 대상으로 1950년대 미국의 민간기업 부문에서 수립되기 시작했으나 1980년대 이후 도시계획이나 지방행정 등 공공부문으로 크게 확산되었다. 곧 지역이 생존과 발전을 위해 기업가적 전략계획을 준비하게 된 것이다.

적 반응도 함께 중시해야 한다는 입장이다. 이는 이성적 판단 대신 언어의 힘을 통해 다른 사람 및 다른 생활에 대한 이해하는 것이 중요하다고 말한 하버마스의 의사소통 행위이론을 반영한 결과다(Healey, 1997: 44, 49-54). 셋째는 문화적 맥락에서의 추론이다. 힐리가 볼 때 근대 서구의 과학과 도구적 이성은 문화적 맥락과 상관없이 언제, 어디서나 보편적으로 통용될 수 있는 성질의 것이 아니다. 힐리는 경제 및 국가 영역에 관련된 추상적 구조나 체계 이상으로 특정 장소나 생활 터전에 뿌리내리고 있는 문화적 맥락이 중요하다고 본다. "문화는 고정적이거나 주어지는 것이 아닐 뿐 아니라 무엇보다 우리는 수동적인 피조물이 아니다. 문화는 우리 자신에 의해 의미가 생산되고 재생산되는 유동적이고도 역동적인 개념으로서, 결국에는 사회적 관계의 결과물"이라는 것이 힐리의 주장이다(Healey, 1997: 54-55, 62-65).

힐리는 계획을 신제도주의 관점에서 이해하고 접근한다(Healey, 1997: 55-62). 장소적 공간의 제도적 역량(institutional capacities)을 증진하려는 협력적 과정이야말로 계획의 본질에 해당한다고 보는 것이다. 이때 제도적 역량의 핵심은 관계적 연결망(relational network) 혹은 관계적 문화(relational culture) 축적을 통해 지적 자본(intellectual capital)을 늘리는 동시에 사회자본(social capital)을 키우는 것이다. 힐리가 볼 때 협력적 계획을 위한 최상의 제도는 거버넌스다(Healey, 1997: 242-280). 정부의 거버넌스 독점을 비판하는 힐리의 입장에서 현대 사회의 핵심 이슈는 공식적 정책 메커니즘과 제도권 정치를 어떻게 하면 일상생활과 경제활동, 환경운동 등에 걸친 다원주의적 거버넌스 활동에 포함시킬 것인가 하는 점이다(Healey, 1997: 211-219).

모더니즘 계열의 계획에 비해 협력적 계획은 목표 자체에 대한 이해와 정의가 다르다. 이는 계획에 관련하여 규범적 관점을 더 중시하기 때문이다(Healey, 1997: 68-71). 말하자면 비용 대비 성과를 따지는 효율성 관점이 아니라, 일상생활의 작은 부분에서 사회적 정의가 실현되는 일에 주목하는 도덕적 관점인 것이다. 요컨대 계획 과정에서 지적자본 및 사회자본이 얼마나 늘어났는가, 이해당사자들이 얼마나 배제와 차별 없이 포괄적으로 참여했는가 하는 것이 계획에서 보다 중요한 목표로 간주된다.

따라서 계획이란 결코 계획활동의 '행위공간(action space)'을 속에 넣고 봉인하는 '외부 상자'가 되어서는 안 된다(Healey, 1997: 86). 대신 그것은 특정한 장소의 역사와 지형을 조건으로 관심과 이해를 공유하는 다층적이며 다양한 참여자들이 자발적으로 문제를 인지하고 협력적으로 해결을 모색하는 사회적 과정이 되어야 한다. 힐리가 '장소에 기반한 제도적 역량(place-based institutional capacity)'이라는 표현을 애용하는 것도 바로 이런 맥락에서다(Healey, 1997: 85). 힐리가 계획에서 '사회적 학습과정(social learning process)'을 강조하는 것 또한 이런 배경에서다(Healey, 1997: 263-268). 지식과 가치는 외부에 존재하는 객관적 실체가 과학적으로 '발견되는' 그 무엇이 아니라, 사회적 상호작용 과정을 통해 능동적으로 '구성되는' 그 무엇이라고 보기 때문이다(Healey, 1997: 29).

힐리의 협력적 계획이론이 장소의 제도적 역량을 중시하고 계획의 규범적 차원을 부각하는 이유는 일상생활이나 지역경제, 자연환경 등에 대한 인식에서 모더니즘 계열의 계획이론과 차별성을 추구하기 때문이다. 힐리에 의하면 보통사람들이 살아가는 일상적 생활세계는 결코 인구 자료나 통계 숫자로 환원될 수 있는 것이 아니다(Healey, 1997: 99-106). 이 대목에서 협력적 계획은 인구통계학에 주로 의존하는 기존의 계획방식과 차이를 벌린다. 또한 협력적 계획은 고용창출이나 지역총생산 지표가 결코 경제의 모든 것이 아니라고 본다. 무릇 지역경제란 공간적 특성상 통상적인 기업활동뿐만 아니라 비공식적 혹은 비가시적 경제활동을 중요하게 포함하기 때문에, 경제와 장소는 기본적으로 분리될 수 없다는 입장이다(Healey, 1997: 131-163). 끝으로, 모더니즘 계획이 대체로 자연을 계획 대상으로 인식한 것에 비해 힐리는 자연세계나 자연환경도 계획 과정의 핵심적 일부로 인식되어야 한다고 주장한다. 말하자면 사회와 자연의 상호관계를 고려한 '지속가능한 개발'을 고민하자는 제안이다(Healey, 1997: 164-196).

힐리의 협력적 계획은 크게 다음과 같은 네 가지 수순으로 진행된다. 첫째는 '시작하기'다(Healey, 1997: 269-272). 발단은 항상 어떤 이슈로 말미암아 '모처에서' 누군가가 처음 일으키는 단계를 의미한다. 이들은 협력적 계획의 선도자로서 특정 사안에 이해관계를 가진 사람들이 누구인지, 토론이 어디에서 이루어질 것인지 최초로 결정하는 사람들이다. 이들에 의해 관심과 참여의 초기적 동원이 이루어지고, 이해관계로 얽힌 이들의 존재 및 소재가 드러난다. 또한 이 단계에서 관계자들이 언제, 어디서, 어떻게 토론을 진행할지, 그리고 다루어질 이슈의 영역은 어디까지인지 규정된다. 이때 중요한 것은 참여와 포용을 통한 '이해당사자 공동체(stakeholder community)' 형성이다.

둘째는 정례적 절차 및 토론방식의 정립이다(Healey, 1997: 272-275). 포괄적 토론이라고 해서 결코 모든 사람에게 공평한 발언 기회를 제공하지는 않는다. 누구나 능동적으로 토론하는 것도 아니며, 누구라도 최초의 토론에서는 편안하지 않은 법이다. 세상에는 경제적 추론이나 과학적 혹은 전문적 용어를 편리하게 사용하는 참여자들이 있는가 하면, 신념 혹은 정치적 언어에 더욱 친숙한 참여자들도 존재한다. 따라서 이들 사이에 생겨나는 토론상의 '언어' 문제는 전혀 간단한 것이 아니다. 또한 토론에 참석하지 않은 사람의 의견을 배려하기 위한 토론의 대표성 확보 및 제고 문제도 반드시 해결해야 한다. 이는 토론 참석자 숫자의 많고 적음에 의해 쉽게 판가름 날 사안이 아니다.

셋째는 '정책담론(policy discourse)' 형성이다(Healey, 1997: 275-279). 여기서 담론의 의미는 "행동전략으로 구체화됨으로써 개념이나 은유, 이야기 줄거리로 표현되는 의미체계"다. 이를 통해 참가자들은 일종의 '담론 공동체'를 형성하면서 해당 이슈에 대한 모종의 지적 소유권을 확보하게 된다. 전략적 공간계획을 위한 포용적 접근에서 담론 창출은 사실상 "가장 중요하면서도 가장 위험한 과정"이다. 왜냐하면 그것은 한편으로 문제의 본질과 올바른 해결방식 및 우선순위를 명확히 보여 줌으로써 기선을 잡는 데 효과적이지만, 동시에 쟁점 현안의 선택적 단순화와 과장에 따른 위험요소도 부담해야 하기 때문이다.

마지막은 '합의의 관철'이다(Healey, 1997: 279-281). 아무리 확고한 합의라 하더라도 균열과 불만이 생길 가능성은 열려 있으며, 수정을 위한 또 다른 압력이 부상할 가능성 또한 배제할 수 없다. 합의 형성에 '도전할 권리(right to challenge)'가 '도전할 의무(duty to challenge)'로 바뀔 수 있다는 점이 오히려 전략의 효과적 실천을 공식적으로 모니터하는 방법 가운데 하나가 되기도 한다. 합의의 공식화를 위한 기록도 필요하고 합의 이행과 관련된 기존의 정치나 법률 검토도 물론 중요하다. 하지만 무릇 전략적 정책담론이라면 스스로 '성찰적 비판(reflexive critique)'을 지속하는 것이 매우 중요하다. 왜냐하면 바로 이 점이야말로 합리적 계획과 구분되는 협력적 계획의 고유 특성이기 때문이다.

비판과 평가

최후의 계몽주의자 혹은 마지막 합리주의자로 평가받는 하버마스의 비판이론에서 출발한 의사소통 계획이론에는 공감할 대목이 적지 않다. 국가 중심적 합리적·종합 계획, 계급 중심적 좌파 정치경제학 계획, 그리고 시장 중심적 뉴라이트 계획 등 각종 모더니즘 계열의 계획이론이 일제히 한계에 봉착한 상황에서, 그리고 이를 극복하려는 포스트모더니즘 이론이 계획이론의 무정부상태를 초래한 상황에서, 의사소통 계획이론은 유력한 새로운 대안적 이론으로 한 시대를 풍미한 감이 없지 않다. 특히 2000년대 이후 우리나라에서 의사소통적 계획이론의 인기는 계획 현장과 학문 영역에서 하늘을 찌를 듯한 기세다. '협력적'이라는 말 자체가 풍기는 것처럼 협력적 계획에는 무언가 민주적이고 정의롭고 포용적이라는 어감이 깔려 있기 때문일 것이다. 마치 한때 '합리적' 계획이 누려 왔던 언어적 프리미엄을 협력적 계획도 한껏 누리고 있는 분위기다. 그리하여 의사소통적 혹은 협력적 계획이론을 계획이론 분야에서 일종의 '모범 답안'이나 '최종 정답'처럼 인식하는 경우도 많다. 하긴 계획의 핵심 자원이 사람들 사이의 '소통'이라는데 누가 이를 쉽게 비판할 수 있겠는가.[75]

하지만 의사소통적 계획이론 또한 결코 비판으로부터 자유로운 것이 아니다. 무엇보다 하버마스의 생각과 달리 의사소통적 합리성을 위한 이상적 사회환경은 결코 쉽게 마련되지 않는다. 다양한 삶의 영역 가운데 자신을 비판에 노출하고, 필요하면 논증에 적절히 참여하려는 자세가 일반화된 경우는 그리 흔치 않다. 논증이 학습 과정이 되어 실패한 시도를 수정하는 일 또한 생각보다 간단하지 않다. 물론 하버마스는 모두의 노력을 통해 사회 전체 영역이 의사소통적 합리성 기회를 제공해야 하고 또 제공할 수 있다고 본다. 하지만 하버마스 자신이 말하는 것처럼 논증이 충분히 '개방적'으로, 그리고 '장시간' 충분히 진행될 수 있는 이상적 조건은 현실적으로 '대학원 세미나' 정도에 국한될 수밖에 없다. 물론 그것도 하버마스 본인에게 익숙한 독일의 대학원이다(하버마스, 2006a: 43-92 참고; 스콧, 2020: 414 참고). 하지만 우리가 실제로 살아가는 세상은 결코 독일의 철학과 대학원 세미나실이 아니다.

이런 점에서 우선 하버마스의 학문적 숙적이었던 니클라스 루만(Niklas Luhmann)의 비판에 주목할 필요가 있다. 하버마스의 '비판이론'에 대비하여 루만은 이른바 '체계이론'을 주장했는데, 이때 체계란 개별적인 인간주체의 행위 차원을 능가하는 그 무엇이다. 루만에 따르면 인간은 상호작용을 비롯한 사회적 체계들의 주체가 아니라 그런 체계들의 자기

---

75 50년 공직생활에 대한 자전적 기록을 담은 《국정은 소통이더라》라는 책에서 고건(高建, 1938-) 전 국무총리는 "행정의 9할은 대화와 소통이다"라고 썼다. 그에 의하면 소통에는 요령과 단계가 있는데, 첫째는 경청, 둘째는 공감, 그리고 셋째는 대안과 실천이라고 한다(고건, 2013: 382-383).

생산을 위해 반드시 필요한 환경(자연환경의 의미가 아님)의 일부일 따름이다. 그리고 체계는 복잡성과 우연성으로부터 자유롭지 않은 일종의 블랙박스다. 그러므로 공론장에 대한 루만의 입장은 하버마스와 다르다. 하버마스는 공론장을 합의에 바탕을 둔 사회통합의 관점에서 접근한 반면, 루만은 네트워크를 통해 서로 연결된 커뮤니케이션으로 이해한다. 이를 두고 하버마스는 루만의 이론을 주체 없는 구조만 앞세우는 기능주의적 혹은 사회공학적 발상이라고 비판했지만, 루만은 여전히 실현되지 못할 이상들을 보전하는 하버마스가 오히려 보수적이라고 응수했다(하버마스·루만, 2018; 루만, 2014 등 참고).

또한 하버마스는 이른바 '부르주아 공론장'을 중심으로 의사소통을 논의했을 뿐, 이른바 '평민적 공론장'에 대해서는 거의 언급하지 않았다는 약점을 갖고 있다. 이는 커뮤니케이션의 이상적이고도 규범적 측면을 주로 논의한 하버마스 이론의 결정적 한계로 지적되지 않을 수 없다. 하버마스의 공론장 이론은 다분히 계층 편향적이다. 그는 프랑스혁명 직후 자코뱅 독재(1793-1794)와 영국의 차티스트 운동(1838-1848)을 평민적 공론장의 대표격으로 생각했지만, 이들 "교양이 없는 민중의" 공론장을 부르주아 공론장의 변종으로 이해하면서 "무시해도 좋다"고 말했다(하버마스, 2001: 19-20, 58-59). 하지만 스콧이 지적하듯이 피지배계급에게도 '소리 없는 공론의 장', 곧 은닉대본이 존재한다(스콧, 2020). 스콧이 보기에 역사적이고 현실적인 것은 오히려 의사소통적 합리성과 무관한 평민적 공론장이다.

이는 의사소통적 합리성에 대한 포스트모더니즘의 직격(直擊)을 유발하는 빌미가 되기도 한다. 푸코에 의하면 우리는 그렇게 이성적 존재가 아니며, 대단한 주체적 판단능력의 소유자도 아니다. 우리는 자유와 개인이라는 미명하에 근대 '규율사회'의 새로운 통치술에 알게 모르게 길들어 있을 뿐이다. 리오타르 또한 사회체제의 정당성은 토론을 통해 얻어진 합의를 통해 결코 구축될 수 없다고 생각한다. 그가 볼 때 하버마스를 좇아서 정당화 문제를 보편적 합의 추구 쪽으로 끌고 가는 것은 가능하지도 않고 신중하지도 않다. 다시 말해 계몽주의적 관점의 하버마스식 합의는 궁극적으로 또 다른 방식의 '테러'에 불과한 것이다(리오타르, 1992: 35, 159-161).

좌파 역시 하버마스식 의사소통 계획이론을 얼마든지 비판할 수 있다. 예컨대 페인스타인은 갈등과 지배를 만드는 원초적인 사회경제적 힘에 대해서는 침묵한 채 오직 대화와 토론만 강조하는 것은 문제 해결에 도움이 되지 않는다고 생각한다. 사람들이 합리적으로 변하면 사회구조적 갈등도 사라질 것처럼 인식하는 것도 순진하기는 마찬가지다. 한 걸음 더 나아가 계획 과정이 의사소통적이라고 해서 계획의 내용이나 결과가 내용면에서 반드시 더 우수하리라는 보장도 없다. 소통 과정에 투입되는 시간이나 비용이 늘어나면 더 나은 결과가 나오리라는 보증 또한 없다. 소통이 중요하다는 발상은 '계획' 그 자체를 염두에 둔 것이라기보다 '계획가' 위주의 사고에 가까우며, 이때 계획가가 사회적 이해관계로부터 초연해야 한다는 도덕적 주장은 결과적으로 합리적·종합 계획에서 내세우는 기술관료적 주장을 닮아 가는 역설적 측면도 있다.

하버마스식 참여민주주의(participatory democracy)에 대한 전통적 대의민주주의의 비판도 경청할 만한 가치가 있다(Held, 1987: 260-262). 참여 과정(participatory process)은 현실적으로 (대의민주주의에서와 마찬가지로) 시간과 권력을 더 많이 가진 집단에 의해 장악될 가능성이 높아, 의사소통적 합리성 역시 기존의 권력관계를 정당화하는 또 다른 방식에 불과할지 모른다. 또한 보통사람들이 국가적 차원의 이슈에 대해서 자기 주변 일에 대한 관심 못지않은 정도의 이해력을 확보하기란 매우 어렵다. 그런 만큼 자유민주주의의 기본 제도들(경쟁적 정당제도, 정치적 대의제, 정기적 선거)은 참여민주주의에서도 여전히 불가결한 요소라고 봐야 한다. 요컨대 소통이 물론 필요하고 중요하기는 하지만 이른바 '가성비(價性比, cost-effectiveness)'가 항상, 반드시 뛰어난 것은 아니다.

6. 반계획적 · 대안적 계획이론

아나키즘의 힘

마지막으로 다룰 계획이론은 사실 계획'이론'으로 부르기 거북한 것이다. 대신 그것은 계획을 거부하고 부정하는 다양한 주장이나 담론, 운동들의 총집합 내지 총출동에 가까운 것으로 무(無)계획이론, 비(非)계획이론, 초(超)계획이론, 탈(脫)계획이론으로 바꿔 불러도 무방할 것이다. 이 책에서 계획에 대한 비판적인 관점을 만나는 것은 이 대목이 처음은 아니다. 예컨대 무계획이론, 비계획이론, 초계획이론이라면 개념적으로 형용모순인 뉴라이트 계획이론이나 포스트모던 계획이론과 적잖이 겹친다. 의사소통적 계획이론과의 접점도 적지 않다. 하지만 여기서 다룰 반(反)계획적 계획이론은 반(反)국가나 반(反)시장, 반(反)근대를 넘어 일종의 반(反)문명적 성찰에 기반한다는 점에서 차원이 다르다. 이는 흔히 '급진적 계획이론(Radical Planning Theory)'이라는 이름으로 분류되지만, 특정 이론의 급진성 여부를 평가하는 것은 다분히 가치판단의 성격을 띤다.[76] 어떤 이론을 함부로 보수적이다, 합리적이다, 진보적이다, 급진적이다 하는 식으로 쉽게 단정할 수 없다는 말이다.

하지만 아무리 반계획이라 해도 도시에 대한 계획적 사고나 접근을 통째로 거부하는 것은 아니다. 사실상 기존 방식의 계획 과정과 계획행위에 대한 반대라고 보아야 한다. 도시와 계획은 태생적으로 분리되기 힘들기 때문이다. 이런 점에서 반계획적 계획이론은 오히려 '대안적 계

---

76 '급진계획'이라는 용어 자체는 '기성(旣成)계획(establishment planning)'에 대한 반대 의미로, 1970년대 초 미국에서 처음 등장했다(Grabow and Allen, 1973). 기득권의 이익을 반영하는 당대의 주류 거대 계획이론에 맞서 소규모의 자발적 공동체 계획을 제안하는 것이었는데, 계획이론의 하나로서 확고한 전통을 만들지는 못했지만 사회적 약자들을 위한 계획가들의 공적 대변 역할을 강조했던 이른바 데비도프류의 '옹호계획'과 관련이 깊다.

획이론(alternative planning theory)'이라 부르는 게 적절할지도 모른다. 작명을 어떻게 하든 간에 그것의 사상적 배경이자 원천은 아나키즘이다. 국가는 "아나키스트들의 불구대천의 원수"이기에(스콧, 2014: 99), 공공계획의 관념 자체가 아나키즘과 공존하기란 원천적으로 어렵다. 그럼에도 아나키즘이 계획과 관련하여 던질 수 있는 메시지가 전무한 것은 아니다. 아나키즘이 '과정'의 가치를 말하고 '실천'의 중요성을 말한다는 점에서(스콧, 2014: 12), 계획이론 분야에서 차지하는 함의는 결코 가볍지 않다. 예컨대 과연 공공성은 무엇인지, 국가가 공공을 대표할 자격이 있는지, 그렇지 않다면 누가, 어떻게 공공의 가치를 담보해야 할지 등이 계획이론의 오랜 숙제라면, 이에 대한 일련의 해답을 아나키즘에 기대해도 좋을 것이다.

국가가 항상 자유의 적은 아니다. 국가 외에도 인간의 자유를 위협하는 요소는 무궁무진하다. 따라서 문제는 현대 국민국가가 겉으로 표방하는 자유와 민주주의 속에 극심한 불평등이 실재하는 모순된 현실이다(스콧, 2014: 14-17). 그렇다고 해서 오늘날 막강한 시장의 위력 앞에 국가의 폐지가 이론적으로나 실제적으로 선택 가능한 옵션도 아니다. 따라서 남은 과제는 스콧의 말마따나 국가라는 "괴물을 길들여야 한다는 것"이다. 아나키즘이 자신의 목소리를 내세우는 것은 바로 이런 맥락에서다. 그리고 이때 아나키즘은 역사적으로 전혀 새로운 것이 아니다. 아나키즘은 새로 창조해야 할 그 무엇이 아니라, 원래 인간에게 내재된 그 무엇이라고 보기 때문이다. 아나키즘은 "미래 사회에 관한 공상적 비전 같은 것이 아니라 일상 삶에서의 인간적인 경험의 한 양식에 관한 서술"이다(Ward, 2004: 23).

아나키즘이 강조하는 인간의 호혜적 상호관계 능력은 이론적 차원에서도 확인된다는 주장이 있다. 복잡성 이론의 대가인 정치학자 액설로드(Robert Axelord, 1943-)의 협력이론은 중앙권위체(central authority)가 없는데도 불구하고 자신의 이익을 추구하는 이기주의자들 사이에 협력이 생길 수 있다는 사실을 수학적으로 증명한다(액설로드, 2009). 그에 의하면 인간이 '딱 한 번' 게임을 한다면 이른바 '공유지의 비극(Tragedy of the Commons)' 이론이나[77] '죄수의 딜레마(Prisoner's Dilemma)' 이론이[78] 맞다. 하지만 참가자들의 상호작용이 연속적으로 진행될 때는 협력이 실제로 일어날 수 있다는 것이다.

협력의 창발이 가능한 것은 두 경기자가 '다시 만날 수 있다'는 사실 때문이다(액설로드, 2009: 33, 35). 그리고 우리의 삶에는 개인이 언젠가 다시 만날 확률이 충분히 높다. 그러므로 사회 진화의 톱니바퀴에는 역회전을 방지하고 앞으로만 돌아가게 하는 미늘(ratchet)이 있다고 액설로드는 주장한다(액설로드, 2009: 43-44). 요컨대 "광범위하고 다양한 상황에서 상호협력이 상호배반보다 '양쪽 모두에게' 이득이 될 때가 더 많다"는 낙관론적 전망인 것이다(액설로드, 2009: 223).[79] 그렇기 때문에 굳이 국가와 같은 제

---

77 1968년 미국의 생태학자 개릿 하딘(Garrett Hardin)이 제안한 개념으로 지하자원, 산림, 공기, 물 등 공동체가 함께 사용해야 할 자원을 시장경제에 맡겨 놓으면 모든 사람의 이기심 때문에 위기에 봉착한다는 이론이다. 이것의 기원은 1833년 영국의 경제학자 윌리엄 로이드(William F. Lloyd)가 목초지 등 공동자원의 과잉 이용 결과에 대해 내놓은 가설적 연구 팸플릿이다.

78 두 사람의 협력적 선택이 모두에게 최선의 선택임에도 불구하고 자신의 이익만 고려한 판단으로 인해 자신뿐만 아니라 상대방에게도 나쁜 결과를 야기하는 현상이다. 1992년 미국의 수학자 앨버트 터커(Albert W. Tucker)가 게임 이론을 설명하는 자리에서 유죄 인정에 대한 협상을 벌이는 두 죄수의 상황을 '죄수의 딜레마'라고 이름 붙였다.

79 '맞대응' 혹은 '팃포탯(tit for tat)' 전략의 결과 '착한 사람이 결국 이긴다'는 논리와 비슷하다. 이와 관련하여 액설로드는 제1차 세계대전 당시 참호전 상황의 예를 든다. 생지옥과 같은 극한의 전쟁 상황에서도 아군과 적군 사이에 협력이 일어났다는 것이다. 상대가 심각하게 피해를 당할 곳에는 포를 쏘지 않으며, 포를 쏘는 방향도 대개 일정하다. 물론 간혹 상대방이 결정적인 피해를 입히면 이쪽에서도 몇 배 되갚는다. 이것은 비록 서로 약속하지는 않았지만, 참호전에서 피차 살아남을 수 있는 방법으로 자연스럽게 학습된 것이다. 이기적 개인의 이타적 행위가 자연스러운 인류의 진화 과정이라고 주장한 액설로드의 책 《협력의 진화》는 《이기적 유전자》의 저자 리처드 도킨스(Richard Dawkins, 1941-)로부터 "성경을 대체할 만한 가치가 있는 책"이라는 극찬을 받았다. 하지만 이 논리만으로 인류의 연대와 협력을 낙

3자에 의한 계획 없이도 사회는 발전할 수 있다는 논리다.

이론적 차원이 아닌 경험적 맥락에서도 자발적 협력의 가능성은 확인되고 있다. 진정한 의미에서 '공유지의 비극'은 현실적으로 발생한 적이 없다. 일찍이 엥겔스가 자본주의 이전 독일 일부 지역에서 관찰한 것처럼 경작지와 목초지의 사용은 대개 공동체의 감시와 지도하에 있었다. 미국 매사추세츠의 공동 방목지 '보스턴 커먼(Boston Common)'이 '공유지의 비극'을 웅변하는 대표 사례로 알려져 있지만, 그 지역이 폐허가 되기 전에 보스턴 시장은 그곳을 방목 금지지역으로 지정했다. 공유지의 비극 이론을 역사적 사례를 통해 반박한 이는 엘리너 오스트롬(2010)이다. 그녀는 시장 혹은 정부가 아닌 '공동체 자치'라는 제3의 대안을 제시했다. 튀르키예, 스리랑카, 스위스, 일본, 스페인, 필리핀 등에서 관련 당사자들이 지역 삼림, 목초지, 연안 어장, 관개시설, 지하수 이용 문제를 어떻게 해결해 나갔는지 실증적으로 연구한 결과다.[80] 그녀는 공동체가 최소한의 자율성과 효과적인 감시 시스템을 확보하고 있는 한, 하딘이 주장한 것처럼 자원의 공유가 반드시 비극을 초래하는 것은 아니라고 주장했다.[81]

관하기에는 아직 이르다. 액설로드 자신도 협력을 통해 이득을 취하는 데 근본적인 문제가 도사리고 있다는 점을 인정했다. 그것은 시행착오를 통한 학습 과정이 매우 느리고 고통스럽다는 사실이다(액설로드, 2009: 224). 이는 그만큼 자발적 협력이 어렵다는 사실의 방증이기도 하다.

80 조선 시대 우리나라에서도 18세기 중엽 이후 마을 및 친족의 삼림을 보호하고 이용하기 위한 자치조직으로 '송계(松契)' 혹은 '금송계(禁松契)'가 널리 결성된 바 있는데, 이 또한 공유지의 비극을 피한 사회적 지혜라고 볼 수 있다. 이들은 1917년 근대 국가 시스템하의 면제(面制)가 도입되면서 거의 사라졌으나, 아직도 남아 있는 곳이 있다.

81 오스트롬이 2009년 노벨 경제학상을 수상한 이후 '공유지의 비극' 대신 '공유지의 희극(The Comedy of the Commons)' 혹은 '공유지의 승리(The Triumph of the Commons)'라는 말이 널리 회자되고 있다. 하딘 자신도 '관리되지 않은 공유지의 비극(The Tragedy of the Unmanaged Commons)'으로 제목을 바꾸는 게 좋겠다고 말한 적이 있다. 사족 하나 추가. 최근에는 '수평선의 비극(The Tragedy of Horizon)'이라는 개념이 부상하고 있다. 이는 지구온난화나 생물 다양성 보호 등

'반계획적 계획'이라는 역설적 명제가 가능한 것은 바로 이런 맥락에서다.

생태 · 유기체적 도시계획

고드윈, 프루동, 바쿠닌, 그리고 크로포트킨으로 이어지는 근대 아나키즘은 도시계획 분야에 커다란 유산을 남겼다. 특히 생존경쟁이 아닌 상호부조가 진화의 법칙이라고 주장한 크로포트킨은 그것의 원형을 길드 조직 중심의 중세 유럽 도시에서 찾았다. 말하자면 중앙으로부터의 통제와 외부로부터의 간섭이 없는 상태에서 자유로운 시민들의 자발적 협력을 통해 도시공동체를 만들어 가는 사례가 역사적으로 실재했다는 사실을 언급한 것이다. 도시계획의 부재와 같은 의미로 읽힐 수도 있는 이른바 유기체적 도시계획이다. 크로포트킨의 아나키즘을 도시계획 이론의 한 형태로 발전시킨 대표적 인물은 스코틀랜드 출신 영국 국적의 사회학자 게데스(Patrick Geddes, 1854-1932)다.[82]

게데스는 도시를 진화하는 유기체로 보았다. 그러므로 도시계획이란 물리적 측면에 인위적으로 손을 대는 기술이 아니라, 있는 그대로

환경문제에 관련된 이슈들은 보다 장기적인 관점에서 접근할 필요가 있다는 주장을 담고 있다. 환경문제는 수평선 너머 먼 미래의 일이라는 생각이 초래하는 궁극적 비극을 의미한다. 핵심은 환경 관련 사업이나 정책의 타당성 기준을 단기간 편익 대비 비용의 관점이 아니라 장기적 리스크를 전향적으로 반영하는 방향애서 재설정하자는 것이다. 영국 중앙은행 총재 마크 카니(Mark Carney)가 제안한 개념이다(카니, 2022).

82 게데스는 '사회학자'로 불리기를 가장 좋아했지만 관심 분야는 매우 다양했다. 무엇보다 그는 사회학의 창시자 콩트의 실증적 연구에서 큰 영향을 받았다. 게데스는 생물학자, 지리학자, 박애주의자, 박물학자, 도시학자, 도시계획가, 대학설립자 등 다양하게 기억된다. 사실상 그는 제대로 된 졸업장도 갖고 있지 않았고 체계적인 저술 활동을 한 적도 없다. 스스로 제도권에 편입되는 것을 달가워하지 않았고 기성 학문체계에 구속되는 일도 불편하게 여겼다. 활동무대도 영국은 물론 프랑스, 인도, 이스라엘 등 광범위했다. 이런 점에서 그는 천상 아나키스트였다. 이론가로서 게데스는 아나키스트였지만 계획가로서의 면모는 '페이비언 사회주의자(Fabian socialist)'에 약간 가깝다.

게데스가 영국 에든버러 캐슬힐에 세운 전망탑(출처: Kim Traynor, Wikimedia Commons)

의 현실 위에서 도시 본연의 동력을 활성화하는 것이라 생각했다. 여기서 게데스 도시계획 이론의 브랜드와 마찬가지인 이른바 '보존적 수술(conservative surgery)' 개념이 나왔다(Geddes, 1998: 84-108). 이는 당대에 유행하던 야심차고도 총체적인 도시계획 방식을 거부하는 대신, 인간의 원초적 욕구를 우선적으로 고려하는 접근이었다. 말하자면 기존 사회 안에서 보존할 것은 최대한 보존하면서 삶의 질 향상에 필요한 부분만 조금씩 고쳐 나가는 점진적인 문제 해결형 방식을 말한다. 게데스는 신혼집을 에든버러(Edinburgh) 슬럼가에 마련하면서 자신이 살던 동네를 '보존적 수술' 방식으로 바꾼 일화를 갖고 있기도 하다.

무엇을 보존하고 무엇을 개량할 것인가를 판단하기 위해 가장 필요한 일은 두말할 나위도 없이 현재 상태를 최대한 실증적으로 파악하는 것이다(Geddes, 1998: 246-294, 329-338). 바로 여기서 나온 개념이 '도시조사(civic survey)'다.[83] 게데스는 도시계획에 관련하여 '처방 이전에 진단(diagnosis before treatment)'이라는 금언(金言)을 남겼다. 도시조사에는 해당 도시의 지형, 지리, 기후, 경제적 삶, 사회제도 등이 반드시 포함되었으며, 특히 그는 '직접 관찰'을 강조했다. 게데스는 '장소와 활동, 그리고 사람(place, work and folk)' 사이의 관계를 구체적이면서도 맥락적으로 이해해야 한다고 주장했다. 실제로 그는 에든버러 캐슬힐에 '전망탑(Outlook Tower)'을 세워 도시학 관련 연구소, 박물관, 도서관 등의 기능을 통합적으로 수행하기도 했다.[84]

게데스는 또한 도시계획을 전문가들의 전유물로 보지 않았다. 대신 그는 시민들의 참여를 중시했는데, 형식적인 시민참여를 넘어 도시계획에 실질적으로 동참할 수 있도록 시민들의 역량을 강화하는 것에 심혈을 기울였다(Geddes, 1998: 295-312). 그가 볼 때 도시계획은 단순한 삶터계획도 아니고 일터계획도 아니었다. 그에 의하면 도시계획은 곧 '사람계획(folk planning)'이었다. 그가 기획한 전시회, 학술교류, 여름학교와 같은 각종 '시민대회(civic pageant)'는 유럽의 중세 도시야말로 자유롭고 평등한 시민들의 자치공동체였다는 자신의 판단에서 비롯되었다. 실제로 그는 도시를 통해 과거의 문화를 계승하고 발전시킨다는 의미에서 도시 자체를 하나의 대학에 비유했다.

게데스는 도시계획을 넘어 '지역계획(regional planning)'을 처음 주창한

83 이런 점에서 콩트가 사회학의 창시자라면, 게데스는 도시학의 창시자로 자리매김되기도 한다.

84 이런 점에서 게데스를 제이콥스류 뉴어바니즘의 원조로 보기도 한다. 외부적 관점이 아니라 내부적 시각에서 현장의 미덕과 잠재력을 재발견해야 한다고 보았기 때문이다. 앞서 말한 것처럼 제이콥스는 추상적 이론이나 통계적 지식이 지배하는 도시계획을 거부하면서 도시계획학을 '생활과학'으로 인식했다.

인물이었다. 그에 의하면 도시와 농촌은 생명체와 자연의 관계처럼 서로 분리되기 어려운 것으로, 진정한 생태적 혹은 유기체적 단위는 도시와 농촌 각각이 아니라 이들을 포괄하는 '지역(region)'이라 생각했다. 그런 만큼 그는 중심도시의 확산에 따라 인접 중소도시가 합쳐져 하나의 거대 도시가 탄생하는 현상을 '도시연담화(都市連擔化, Conurbation)'로 정의하면서, 이를 매우 비판적으로 바라보았다. 도시가 부단히 진화하고 그 안에서 살아가는 사람도 함께 진화할 때 삶의 터전으로서 도시는 지속가능할 수 있다는 이유에서였다.

크로포트킨에서 시작된 아나키스트 도시계획관의 계보는 게데스를 거쳐 멈퍼드(Lewis Mumford, 1895-1990)로 이어진다. 멈퍼드는 협의의 도시계획가 혹은 도시계획 이론가가 아니다. 멈퍼드는 어떤 면에서 게데스 이상으로 르네상스형 학자였다.[85] 무엇보다 멈퍼드는 근대 기계문명 비판자로서 평생 기계적 세계에서 유기적 세계로의 문명 전환을 모색했다. 그는 이른바 '유기체적 인본주의(organic humanism)'의 소유자로서, 인간의 삶에 필수적인 유기체적 조건들(예컨대 맑은 공기와 좋은 물, 풍부하고 안전한 먹거리, 안락한 공간 등)이 제동 장치로 작용하는 한 근대사회의 기술과 진보는 결코 폭주하는 기관차가 될 수 없다고 믿었다.

멈퍼드에 의하면 도시란 "인간과 모든 물자를 끌어들이고 다시 흘러나가게 하는 문화적 자력이 작용하는 저수지"다. 그곳은 "다양성이 살아

---

85 멈퍼드는 미국 뉴욕 출신으로 뉴욕시립대학과 프랑크푸르트학파 계통인 뉴스쿨을 다녔지만 폐결핵으로 학위는 받지 못했다. 멈퍼드에게는 도시, 특히 뉴욕이 그의 새로운 대학이 되었다(박홍규, 2010: 74). 멈퍼드는 젊은 시절부터 게데스에 매료되었고 평생 그를 흠모했다. 게데스와 멈퍼드가 수십 년 동안 나눈 서신 자료는 Novak(1995) 참조. 멈퍼드는 사상가 내지 저술가로 활동했는데, 관심 영역은 미국사, 사회학, 생물학, 심리학, 기술철학, 문화사, 문학비평 등 실로 광범위했다. 건축이나 도시비평에 관련하여 30년 이상 《뉴요커》에 기사를 실었다. 전문가가 아닌 제너럴리스트를 자청한 멈퍼드는 "마지막 위대한 휴머니스트"로 평가되고 있다(멈퍼드, 2013: 588-590 참고).

숨쉬고 복합적 관계가 쉼 없이 교차하는 차이의 공간이자 통합의 공간"이다. 역사적으로 형성된 도시는 이런 측면에서 문화의 방대한 저장고다. 하지만 멈퍼드가 볼 때 오늘날의 거대도시는 축복이자 부담이다. 특히 연담화 방식의 거대도시화는 문명의 질곡이 될 것으로 예상했다. 왜냐하면 그것은 "도시가 갖는 개성적 흔적뿐만 아니라 교육과 휴양에 사용되는 인근의 경관을 잃을 것"이기 때문이다(Mumford, 1961: 631). 멈퍼드는 모든 사람이 자유롭게 오가며 소통하고 인간과 환경이 공존하는 작은 규모의 도시를 선호했다. 이상도시를 '중세 도시'에서 찾았던 멈퍼드는 따라서 오늘날의 스프롤(sprawl) 거대도시는 고대 로마처럼 자멸의 길을 걸을 것으로 전망했다(박홍규, 2010: 195-198).

아나키스트 계보를 이은 멈퍼드가 도시계획을 고민한 것은 이런 배경에서였다. 말하자면 당대에 확산되던 도시연담화를 방지하는 새로운 도시계획 전략을 찾았는데, 그것은 다름 아닌 적절한 인구를 가진 자치적 정원도시들의 연합이었다. 멈퍼드는 '분산과 유기적 연결'을 지향하는 하워드의 정원도시 운동에 적극 동참했다. 그는 하워드의 책《내일의 전원도시》서문에서 "정원도시의 핵심은 자유와 협력이라는 아나키즘 이념에 있다"고 썼다(Mumford, 1965). 또한 그는 하워드와 함께 1923년 미국 지역계획협회의(미국 도시계획학회가 아님) 결성을 주도했다. 앞에서 언급한 것처럼 이는 지역계획의 원조인 게데스의 생각을 계승하는 일이었다.

멈퍼드는 도시를 무계획적으로 방치하기보다 계획을 통해 잘 관리하고자 했다. 그는 생태적 차원의 '큰 계획'을 만들고 싶어 했다는 점에서 제이콥스와 달랐다. 제이콥스는 '도시는 예술작품이 될 수 없다'고 생각한 반면, 멈퍼드는 '도시란 의식적인 예술작품'이 되어야 한다고 주장했다. 멈퍼드는 도시 전체를 염두에 둔 디자인을 강조했다(Mumford, 1938: 484-485). 그가 생각한 도시계획의 기초 단위는 주택이나 주거단지가 아니라 도시 그 자체다. 왜냐하면 개별적 형태의 행위나 건축은 오직 도시라는 보다 복합적 사회구성이란 측면에서만 중요한 의미를 가질 수 있기 때문이다. 이는 건물과 가로, 그리고 동네를 중시한 제이콥스와 확연히 구분되는 대목이 아닐 수 없다.[86]

멈퍼드가 염두에 둔 도시계획의 목표는 산업의 효율성 증대, 병리의 감소, 문화의 전파 그 자체에 있는 것이 아니다. 대신 그것은 '공동생활의 적절한 드라마화(adequate dramatization of communal life)'를 통해 도시의 삶 전체를 예술적 차원으로 승화시키는 것이다. 멈퍼드에게 도시란 각자 재능과 각종 악기가 멋진 화음을 만들어 내는 일종의 '교향곡(symphony)'이자, 문자 그대로 "인간의 가장 위대한 예술작품"이다(Mumford, 1938: 4-5). 요컨대 그의 꿈은 서구 도시문명의 원류, 곧 고대 그리스의 폴리스나 중세 길드 도시로 되돌아가는 것이었다. 그가 "어찌하다 우리가 기술적으로는 신(god)이지만 도덕적으로는 악마(devil)가 되었고, 과학적으로는 초인(superman)이나 미학적으로는 백치(idiot)가 되었는가"라고 산업사회를 한탄한 것은 이런 맥락에서다(Mumford, 1952: 137-138).

크로포트킨, 게데스, 멈퍼드의 계보를 잇는 또 다른 도시계획 이론가는 세넷(Richard Sennett, 1943-)이다.[87] 그는 아나키스트를 자임하면서도 계획의 기능과 계획가의 역할을 적극 주문한다. 세넷은 25세 때 쓴 도시 관련 첫 저서《무질서의 효용》에서 1960년대 미국의 주류 도시계획을 비판했다. 아나키스트답게 세넷은 좋은 도시의 필요조건으로 '무질서(disorder)'를 꼽았다(세넷, 2014). 이런 생각을 갖게 된 한 가지 계기는 68혁

86 멈퍼드는 임시방편적인 도시적, 건축적 조치를 하는 데 부정적이었다. 소규모 개선보다는 접근방식상 근본적인 전환을 요청하는 그의 주장은《뉴요커》에 오랫동안 게재한 '스카이라인칼럼'을 묶어 펴낸 책의 제1부 제목이 "작은 계획을 세우지 말 것"이라는 사실이 웅변한다(멈퍼드, 2014 참고).

87 사회학자 세넷에게 도시는 그의 핵심 관심 분야 세 가지 중 하나다. 나머지 둘은 노동과 문화다. 그는 원래 첼로와 지휘를 공부하는 음악가 지망생이었다. 하지만 손을 다친 후 학문의 길로 접어들었고, 도시에 대한 관심은 하버드와 MIT의 '도시연구합동센터(Joint Center for Urban Studies)'에서 본격화되었다. 공산당원인 아버지와 노동운동가인 어머니의 영향을 많이 받았으며, 도시문제의 온상으로 알려진 시카고에서 성장했다. 좌파 도시 이론가 사스키아 사센(Saskia Sassen)이 부인이다.

명이었다. 이를 통해 세넷은 반자본주의 정서에 물들었고 사회적 인습을 따르기보다 개인의 주체적인 삶이 더 중요하다고 믿게 되었다. 또 다른 하나는 1960년대 미국 도시의 전반적인 교외화 추세였는데, 그는 다양한 이웃들끼리 작고 친밀한 관계를 맺는 공동체는 이제 불가능해졌다고 판단했다(세넷, 2014: 88).[88] 세넷은 미국사회가 중산층의 교외화와 가족주의

88 제2차 세계대전 이후 미국에서는 교외 소재 고급 단독주택가에 거주하는 것이 중산층 백인들의 꿈이 되기 시작했다. 19세기 말 이후 이민자들의 꾸준한 증가와 흑인들의 남부 노예주 이탈 등에 따라 뉴욕이나 필라델피아, 보스턴 등 오래된 미국 대도시 도심부의 생활여건이 꾸준히 나빠졌다. 20세기 초 자동차의 대중화는 이들에게 도심 탈출 기회를 제공했고, 마침 1920년대 말 뉴욕의 트라이버러 다리(Triborough Bridge, 나중에 Robert F. Kennedy Bridge로 개명)가 준공되어 맨해튼과 롱아일랜드를 자동차로 쉽게 건너다닐 수 있게 되자 교외 거주 열망은 더욱더 고조되었다. 이런 상황에서 1930년대 산업 디자이너이자 공연기획가 노먼 벨 게디스(Norman Bel Geddes)는 1939년 개최된 뉴욕박람회에서 '퓨처라마(Futurama)'라는 이름의 제너럴모터스관(館)을 지어 자동차 시대를 맞이하는 백인 전용 교외 신도시를 구상했다. 제2차 세계대전 직후 이를 실행에 옮긴 인물은 부동산 및 개발업자 윌리엄 레빗(William Levitt, 1907-1994)과 그의 아들이었다. 레빗은 롱아일랜드 등 미국 동부 지역에 조립식 주택단지를 대거 건설했고, 자신의 이름을 따서 '레빗타운(Levittown)'이라 불렀다. 레빗타운은 '평균적 가정(average family)'을 염두에 두었고, '생활적합도(livability)'를 계산했을 뿐 아니라 가사활동에 대한 '과학적 분석'을 사전에 실시할 정도로 당시로서는 대단히 현대적이고 이상적인 주택 모델이었다(Wright, 1981: 250-256). 레빗타운 등장 10년 만에 지난 150년간 세워진 집보다 더 많은 집이 건설되었다는 주장도 있다. 이와 같은 레빗타운 붐에는 참전군인 주거 지원이라는 연방정부의 국가적 관심도 일조했다. 1950-1960년대 미국에서 레빗타운 입주는 일종의 '아메리칸 드림'이었다. 당시 냉전 분위기 속에서 레빗은 "자기 집을 가진 사람은 공산주의자가 될 수 없다"고 주장하기도 했고, 1959년 소련 흐루쇼프 수상의 미국 방문 시 아이젠하워 대통령은 가장 보여 주고 싶은 것이 레빗타운이라 말하기도 했다. 이로써 미국은 적어도 유럽의 기준으로 볼 때 교외(suburb)에서의 삶이 도심에서의(urban) 삶보다 좋아지는 — 혹은 그렇게 느껴지는 — '특이한' 나라가 되어 갔다. 오늘날까지도 미국에서 urban의 의미는 빈곤, 공동화(空洞化), 저급문화 등에 가까운 반면, suburban의 의미는 부유, 고급, 공동체의 이미지로 연결되는 경향이 있다. 그런데 문제는 백인 중산층이 배타적으로 거주하는 교외 고급단독 주택가가 사실은 점차 '창살 없는 감옥'처럼 되었다는 점이다. 말하자면 삶에서 별다른 고민도 갈등도 다양성도 없는 단조로운 생활이 레빗타운류 주택단지의 속사정이었던 것이다. 세넷이 미국사회의 전반적인 교외화 추세를 비판적으로 인식한 것은 바로 이런 맥락에서다. 사실 미국에는 교외 주거단지에

의 심화라는 새로운 국면을 맞이하고 있으며, 이는 제이콥스가 이상적으로 생각한 낭만적 복고주의 도시문화의 종언을 의미한다고 생각하기도 했다(세넷, 2014: 106-112). 그는 도시가 새로운 미래를 준비할 때라고 판단했다.

세넷은 도시 교외에서 이루어지는 미국 중산층의 삶을 부정적 시각으로 바라보았다. 비록 질서정연하고 안전하고 풍요롭기는 하지만, 청소년에게 체제나 제도의 노예가 되도록 부추긴다는 이유에서였다(세넷, 2014: 21). 그가 볼 때 미국 중산층의 공동체란 '신화화된 공동체, 가짜 공동체'일 뿐이었다. 이 대목에서 그는 중산층의 교외화를 추진한 당대 합리적 도시계획의 문제점을 강하게 비판한다. "계획가들이 현실보다 계획을 더 진짜라고 생각"하는 게 화근이라는 것이다(세넷, 2014: 34). 다시 말해 도시를 "하나의 전체"로 다루거나 사회적 용도를 미리 정해 놓고 물리적 공간을 계획하는 소위 전문가들이 문제의 화근이라는 것이다(세넷, 2014: 133-134).

세넷은 일정한 종류의 무질서를 통해 인간은 완전한 성인이 된다고 믿었다(세넷, 2014: 22). 말하자면 "무질서 속에 사는 자유"가 참된 자유라는 주장이다. "사람들이 스스로 자기 미래를 기획하지 않는 한, 자신들의 사회생활을 구성하는 데 적극적으로 참여하지 않는 한, 사람들은 성숙할

서의 심심하고 외로운 삶을 다룬 TV 드라마나 영화가 많다. 디카프리오(Leonardo DiCaprio)와 케이트 윈슬릿(Kate Elizabeth Winslet)이 주연한 영화 〈레볼루셔너리 로드(Revolutionary Road)〉(2008)도 그 가운데 하나다. 이 영화는 1950년대 중반 젊은 부부가 한적하고 공허한 미국 교외 전원주택 단지에서의 삶에 지쳐 파리를 동경하다가 마침내 파경에 이르는 스토리다. 한편, 이와 같은 미국 특유의 교외화 풍경은 21세기에 들어 급변하고 있다. 이른바 '도시화 지식자본주의' 시대를 맞아 교외에 거주하던 부유층이 도심으로 대거 회귀하고 있기 때문이다. 오늘날 뉴욕을 비롯한 미국 대도시의 도심부는 과거에 교회가 주로 제공해 왔던 각종 서비스(넓은 공간, 와인 저장고, 수영장, 헬스장, 차고 등)로 충만해 있다. 물론 그 결과는 저소득, 저학력 노동자들의 도시 외곽 퇴출 및 도시 내 불평등의 심화다(플로리다, 2018 참고).

기회를 얻지 못할 것이다"라는 게 세넷의 신념이다(세넷, 2014: 147). 이런 점에서 교외로 빠져나간 미국의 중산층들은 안전이라는 관념의 노예가 되어 너무나도 소심해진 상태라고 세넷은 진단한다(세넷, 2014: 243). 그리하여 풍요 속에서 자라는 미래 세대는 부모가 만들어 준 안전한 고치 밖으로 나와야 하며, 특히 학군이나 조닝제처럼 동질성을 추구하는 기존의 도시계획 방식에서 벗어날 필요가 있다고 역설한다(세넷, 2014: 240, 249).

세넷은 다양성과 의외성을 경험하는 최적의 조건이 도시의 '아나키'라고 생각한다(세넷, 2014: 153). 왜냐하면 도시는 일탈이 가능한 곳, 일탈이 장려되는 곳일 뿐 아니라 인구구조가 본질적으로 불안정한 공간이기 때문이다(세넷, 2014: 207-209). 그는 도시에서의 아나키 상태가 폭력에 대한 욕망을 이상화하기보다 폭력의 필요성을 감소시키면서 더 문명화된 질서를 지향하게 만든다고 믿었다(세넷, 2014: 235, 248). "도시를 사전에 계획된 통제에서 해방함으로써 사람들이 스스로 더욱 통제하고, 서로를 더 잘 알게 될 것"이며, "바로 이것이 무질서의 약속이자 무질서가 필요한 이유"라고 주장한다(세넷, 2014: 265). 요컨대 좋은 계획이란 질서의 인위적 구축이 아니라 무질서의 장려라는 것이다.

《무질서의 효용》이 1960년대 말 미국 도시의 교외화와 중산층 가족주의의 심화를 배경으로 하여 출간되었다면, 세넷의 최신 저서 《짓기와 거주하기》는 21세기 초 오늘날의 시점에 도시가 처한 현실을 비판하면서 아나키즘의 도시계획적 가치를 규범적으로 다시 제시한다(세넷, 2020). 그가 볼 때 우리 시대 도시문제는 크게 두 가지로 압축된다. 첫째는 사회적 퇴행으로서의 빗장공동체(gated community)이며, 둘째는 '스마트도시'라는 유령이다.[89] 세넷에 의하면 빗장공동체와 스마트도시는 도시계획의 '윤

89 세넷은 테크노폴리스에 대해 대체로 부정적인 가운데 스마트도시를 '처방적(prescriptitve)' 스마트도시와 '조정적(coordinative)' 스마트도시로 구분한다. 전자는 시민들을 바보로 만드는 '닫힌' 도시이고, 후자는 시민 참여를 장려하는 '열린' 도시다(세넷, 2020: 215-251). 이와 관련하여 세넷은 한국의 송도 신도시를 강하게 비

세넷이 “무미건조하고 무기력한 스마트도시”라고 비판한 송도신도시(출처: José Carioca, Wikimedia Commons)

리적’ 문제를 심각히 드러낸다(세넷, 2020: 11-12). 도시계획이 지향해야 할 중요한 가치는 자유와 열림이며 도시의 가치는 명료성보다는 복잡성과 모호성, 불확실성, 모순에 있는데, 빗장공동체와 스마트도시는 이에 반한다는 것이다(세넷, 2020: 16-23).

세넷은 두 개의 도시 모델을 상정하는데, 하나는 “물리적 장소로서

판한다(세넷, 2020: 237-245). 그것은 르코르뷔지에의 “부아쟁 계획(plan Voisin)에 무성한 나무와 부드러운 곡선을 추가한 버전에 불과”하다는 이유에서다. 그는 자신의 송도 방문 경험을 이렇게 소개한다. “단조롭고 모니터링이 과도하며 중앙집중화된 송도에는 (…) 다양성이나 폴리스가 찬양하던 민주주의의 특징이 전혀 없다. (…) 이 공간은 도시계획가에게는 악몽이며, 컴퓨터 회사에는 환상이다.” 송도에 대한 그의 최종 결론은 “세계 최초의 녹색 유령도시”라는 것이다(세넷, 2020: 240-243).

의 도시", 곧 시테(cité)이며, 다른 하나는 "지각, 행동, 신념으로 편집된 정신적 도시", 곧 빌(ville)이다(세넷, 2020: 8). 이 가운데 그가 제안하는 계획가의 역할은 도시의 유연성과 복잡성을 장려함으로써 부분의 총합보다 더 큰 차원의 '빌'을 창조하는 것이다. 말하자면 빌이 시테를 이끌어야 한다는 것이다. 바로 이 대목에서 그는 멈퍼드와 제이콥스 중에서 최종적으로 멈퍼드의 손을 들어 준다.[90] 시테에 관해서는 제이콥스가 낫고 빌에 관해서는 멈퍼드가 낫다는 이유에서다(세넷, 2020: 136).

빌이 시테를 이끄는 멈퍼드식 계획 방식과 관련하여 세넷은 '씨앗계획(seed-planning)'이라는 개념을 제안한다. 이는 도시의 단순화 대신 다양성과 유연성 및 복잡성의 가치를 추구하는 계획 테크닉이다. '씨앗계획'이라고 이름 붙인 이유는 세넷이 도시계획을 농사에 비유하기 때문이다.

---

90 1950-60년대 멈퍼드와 제이콥스는 도시비평가 및 도시운동가로서 당대 뉴욕의 도시계획 총책이었던 모제스 방식의 미국 주류 도시계획에 반대한다는 점에서는 생각이 같았지만, 대안을 찾는 일에서는 서로 앙숙이자 라이벌이었다(세넷, 2020: 117-136). 세넷이 볼 때 둘 다 정치적으로 좌파였지만 멈퍼드는 게데스의 후예답게 페이비언 사회주의로 기울었고 제이콥스는 아나키즘에 가까운 일종의 이단아였다. 제이콥스는 비공식적이고 자유롭고 느슨한 방식의 도시계획을 — 그것을 도시계획이라 부를 수 있다면 — 지지한 반면, 멈퍼드는 전체를 바라보는 큰 규모의 도시계획을 선호하는 편이었다. 곧, 제이콥스는 다양한 인종과 젠더의 사람들이 복작대는 가운데 '더 열려 있어서' 비록 무질서하기는 하지만 활기 가득한 도시를, 멈퍼드는 '그보다는 닫혀 있어서' 질서 있고 예측 가능한 도시를 선호했다. 멈퍼드가 볼 때 '느리고 작은' 과정을 강조하는 제이콥스의 정치적 전략은 일차적으로 거리의 범죄, 특히 폭력 강도 문제에 사로잡혀 있었을 뿐 아니라 대형 개발업자와 건설회사를 상대하기에 역부족이었다. 또한 제이콥스는 건조환경의 품질에도 무심했고 대도시가 아닌 마당 유형의 지역단위 도시계획 스케일에 더 적합했다. 멈퍼드는 제이콥스처럼 "느린 시간에 의존하는 것, 인도하는 이미지 없이 던져지는 기회에 의존하는 것으로는 도시에서의 삶이 개선될 수 없다"고 보았다. 도시가 더 정의로워지려면 그 기초는 설계를 통해 질서가 잡혀야 한다는 것이다. 세넷 역시 제이콥스식으로 도시를 '동네의 집합'으로 보는 것으로는 문제가 해결되지 않는다는 입장이다. 도시를 조각조각 나누지 않고 하나의 전체로 보는 것, 곧 빌이 시테를 이끌기 위해서는 멈퍼드식으로 '큰 규모로 생각하는 민주적 사회주의 방식의' 도시계획이 더 낫다는 것이다. "나는 청년 시절 제인 제이콥스의 그림자 속에 살았다. 그러다가 차츰 그곳에서 빠져나왔다." 이것이 세넷의 고백이다(2020: 29).

마스터플랜 형식의 도시계획은 도시를 기능적으로 분할하고, 도시를 닫힌 시스템으로 만드는 경향이 있다. 이에 비해 도시계획을 경작 혹은 식생(植生)으로 생각하면 씨앗은 일반형 역할을 하고 그 결과물, 곧 식물의 특성은 물과 바람과 토양의 여건 및 농부의 노력 여하에 따라 달라진다. 마스터플랜이 아닌 미완성 형태의 씨앗이라야 시간의 경과와 시민의 노력에 따라 일반형을 활용한 테마와 변주 양식의 도시적 버전이 만들어진다는 기대에서다(세넷, 2020: 354-361). 이는 앞에서 언급했던 바와 같이, 멈퍼드가 말한 드라마와 같은 도시, 심포니와 같은 도시 이미지가 아닐 수 없다.

스콧의 하이모더니즘 비판

아나키즘 관점에서 공공계획 문제를 거론한 대표적 학자는 스콧(James C. Scott, 1936-)이다. 물론 국가 주도 공공계획 옹호론자가 아닌 강력한 비판자로서다. 스콧은 반계획적 계획이론의 이론적 대부라 불러도 결코 무리가 없다.[91] 스콧은 기본적으로 국가권력의 탄생과 지배관계의 등장이 인류 역사 전체를 볼 때 불행과 비극의 씨앗이었다고 생각한다(스콧, 2010: 19-21). 그는 화전민이나 유목민, 수렵·채집인, 집시, 부랑자, 무

91 스콧은 정치학자이면서 인류학에도 조예가 깊은 환경주의자다. '저항학(resistance studies)'의 비공식 창시자이기도 하다. 대학원 시절, 스콧 역시 68혁명의 영향을 많이 받은 '진보적' 지식인이었다. 그는 동남아시아의 농업문제 및 농민운동에 깊은 관심을 갖기 시작했는데, 그 무렵은 학계에서 체 게바라(Che Guevara)라든가 마오쩌둥(毛澤東)과 같은 인물을 중심으로 반제국주의 혁명에 대한 관심이 많았고, 농업사회나 농민문제와 관련된 명저도 유난히 많이 나왔다. 인간사회에서 권력만큼 본질적이고 지속적인 것은 없다고 보면서도, 그가 갖고 있는 독특한 문제의식은 '저항 없는 지배는 없다'는 명제다. 말하자면 권력은 결코 일방적인 것도, 늘 성공적인 것도, 항상 안정적인 것도 아니라는 입장이다. 이와 같은 그의 세계관은 자신의 취미생활과 무관하지 않다고 한다. 양치기를 즐기는 그는 이른바 '순한 양'이라는 관념이 오류라고 말한다. 실제로 양을 키우다 보면 양은 결코 아무 생각 없이 그저 복종만 하는 존재가 아니라는 것이다.

주택자, 뜨내기, 도주하는 노예나 농노 같은 이른바 '돌아다니는 사람들' 편을 든다. 그의 화두는 "왜 늘 국가는 '돌아다니는' 사람들의 적처럼 보일까" 하는 것이다. 그는 농업사회에서 본격화된 삶의 '정착화(定着化, sedentarization)'를 결코 호의적으로 바라보지 않는다.[92] 오히려 그는 정착화를 '영원히 반복되는' 국가적 과제로 이해하는데, 그 까닭은 그것이 성공하는 경우가 거의 없기 때문이다.

이런 입장에서 스콧은 20세기에 전성기를 구가한 국가 주도 장기·종합 공공계획 혹은 '국가처럼 보기(Seeing Like a State)'를 총체적 실패로 규정한다. 그는 국가의 눈으로 세상을 읽고 국가의 힘으로 세상을 바꾸고자 했던 세계 도처의 노력을 (대표적으로 소련의 집단농장, 탄자니아나 에티오피아 등지의 강제촌락화, 브라질리아나 찬디가르에서의 신도시건설, 미국의 산업영농) 그 의도와 충정, 그리고 희망 측면에서 완전히 백안시하지는 않는다. 과학과 산업에 의한 엄청난 변화를 보고도 근대주의자가 되지 않기란 어려울 뿐 아니라 유토피아적 열망 자체가 없는 나라나 국민은 죽은 것이나 마찬가지이기 때문이다.

---

92 스콧은 "농경은 인류의 안녕, 영양섭취, 여가생활에서의 위대한 도약을 이루었다고 생각되었으나 처음에는 정반대 결과를 가져온 것이 사실"이라고 주장한다. 한동안은 "국가 외부에서 살아가는 생활이 — '야만인'의 삶이 — 적어도 문명 내부에서 살아가는 비(非)지배계층의 생활보다 물질적으로 더 편안하고 자유로우며 건강한 경우가 많았다"는 것이다(스콧, 2019: 16-17). 그가 농업 자체의 가치를 부정하는 것은 아니다. 그가 비판하는 것은 세계사적 차원에서 벌어진 국가 주도 혹은 국가 중심의 농업혁명이다. 그에 의하면 국가권력이 등장하기 전부터 세계 곳곳에는 수렵 및 채집생활과 더불어 정착농업이 이루어지고 있었다. 하지만 인위적 발명품으로서의 국가는 권력 행사 및 유지를 위해 사회구성원 전체를 대상으로 농경생활을 위로부터 강제했다. 이에 사람들은 국가라는 테두리 안에서 길들었고, 저장 가능하고 세금징수에 용이한 밀, 보리, 쌀, 옥수수 따위의 곡물은 최고의 '정치적 작물(political grain)'이 되었다는 주장이다. 요컨대 초기 국가들은 모두 '곡물국가'였다. 많은 인구를 대상으로 하는 안정적 식량공급의 측면에서뿐만 아니라, 저장 및 운송상의 이점, 거래나 조세를 위한 계량 및 감정(鑑定)상의 편의라는 차원에서도 곡물을 능가하는 식량은 결코 없었다. 예컨대 역사상 과일국가, 야채국가, 생선국가, 감자국가 등은 존재하지 않았다(스콧, 2019: 176-185).

하지만 문제는 이와 같은 국가 주도의 사회공학이 본질적으로 권위주의적이라는 점이었다(스콧, 2010: 152). 발명과 변화를 위한 수많은 원천이 있음에도 불구하고 단 하나의 계획기구만 존재했기 때문에 사회생활의 유연성과 자율성, 다양성이 사라진 채 사회질서의 박제화(剝製化)만 초래되었다는 것이다. 스콧이 볼 때 패착 요인은 크게 네 가지다. 자연과 사회의 행정적 질서화, 하이모더니즘의 이데올로기화, 통제되지 않는 강압적 국가, 그리고 그런 국가에 대해 저항능력을 상실한 기진맥진한 시민사회다(스콧, 2010: 23-27).

국가 주도의 사회공학적 공공계획과 관련하여 스콧은 "상상력으로 무장한 지식인과 그 배후의 계획가들이 오만에 빠져 자신들이 언젠가는 죽을 수밖에 없는 존재라는 사실을 망각하고 마치 신이라도 되는 양 행동한 죄"를 묻는다. 그가 볼 때 "그러한 계획을 창시한 사람들은 실제 이상으로 자신을 똑똑하고 예측력 뛰어난 존재로 생각한 반면, 계획의 대상이 된 사람들에 대해서는 실제 이상으로 똑똑하지 않거나 무능한 존재로 간주했다"(스콧, 2010: 520-521). 스콧은 결코 계획하지 말라는 주장을 하는 것이 아니다. 대신 제대로, 잘하라는 것이다. 그가 볼 때 계획의 피동적 대상으로 여겨지는 사람들이 스스로 계획의 능동적 주체가 될 때 오히려 훨씬 더 좋은 계획이 만들어지고 더 많은 성취가 이루어진다.[93]

"아나키스트적 상호관계의 경험은 어디에나 존재한다"고 믿는 스

93 한편, 20세기 범세계적 하이모더니즘 프로젝트에 대한 스콧의 비판에는 우리나라를 위시한 동아시아 신흥공업국가들의 사례가 빠져 있다. 이른바 동아시아 발전국가들의 '성공' 사례에 대한 그의 평가는 알 수가 없다. 이 사안은 맥마이클(Philip McMichael)에 의해 일부 다뤄지고 있다. 그는 제2차 세계대전 이후 개발 프로젝트의 태동을 냉전 시대 정치적 기획의 산물로 이해한다. 그리고 이는 신자유주의의 득세와 더불어 1970년대 중반 이후 지구화 프로젝트로 이어졌다고 본다. 그는 개발을 전적으로 거부하기에는 그것이 이미 인류 보편사의 일부가 되어 버렸고, 그것을 전적으로 수용하기에는 인류의 암울한 미래가 명약관화하다는 입장이다. 따라서 그는 '개발을 다시 생각하자'고 주장하면서 오늘날 한국 등이 과거의 성공을 근거로 국제개발 프로젝트에 적극 개입하는 것을 비판한다(맥마이클, 2013 참고).

네덜란드 드라흐턴(Drachten)시에서 교통계획 부재가 도시교통의 효율성을 높이는 모습(출처: Fietsberaad, flickr.com)

콧은 '상호성(mutuality) 혹은 위계와 국가지배가 없는 상태에서의 협동'을 강조한다(스콧, 2014: 11, 23). 그에 의하면 역사적으로 대다수 하층계급은 공개적인 정치조직의 사치를 누리지 못한 대신, 바로 "그 덕에 별다른 방해를 받지 않고 아래로부터 잘 보이지 않게 서로 협동하고 공모하면서 대규모로 정치적 변화를 이뤄 올 수 있었다"(스콧, 2014: 22-23). 이는 비제도권에 속한 힘없는 자들의 "사실상 자구(自救) 행위"로서 하찮은 행위들도 수없이 쌓이고 쌓이다 보면 세상을 움직이는 하부정치의 힘이 된다는 주장이다. 스콧은 위계 없는 상호관계, 참여를 통해서 배울 수 있는 일반 시민의 능력을 신뢰하는 가운데, 농민과 장인과 노동자들을 그들 나름의 정치사상가라고 추켜세운다(스콧, 2014: 25, 186).

이런 점에서 스콧은 오늘날 '제도화된 삶'의 병리학을 거론한다. 그는 학교, 군대, 공장, 회사 등 각종 위계적 조직체에 소속되어 있는 우리

시대의 전형적 삶을 비판한다. 그것은 일상생활에서 개인적 자주권을 상실한 “대체로 비굴하게 추종하는 삶”이라는 이유에서다. 그리고 이는 민주주의에서의 시민성 자질에도 나쁜 영향을 미칠 텐데, 낮에 종일 직장에서 비굴한 추종 상태로 지낸 사람이 어떻게 갑자기 저녁에 가정에서, 혹은 마을회의 같은 데서 용기 있는 민주적 시민이 되겠는가를 묻는다(스콧, 2014: 129-134). 말하자면 산업화와 도시화 이후 우리의 생활세계는 점점 더 획일화되고 우리 자신은 “자발적인 상호관계의 능력이 결여된 수동적인 신민”으로 변화하고 있다는 주장이다(스콧, 2014: 134). 이럴 때 공공계획은 아나키스트적 협동 과정을 통해 개인의 자주성과 자율성 및 시민적 자질을 증진시킬 소중한 기회가 될 수 있다.[94]

---

94 그 사례로 스콧은 2003년 네덜란드 드라흐턴(Drachten)시의 ‘신호등 철거’ 실험을 든다(스콧, 2014: 134-137). 기존의 교통 흐름은 기본적으로 운전자나 보행자 등의 상호양보나 타협이 아닌, 교통기술자의 판단 혹은 교차로에서의 전자적 명령으로 관리되어 왔다. 하지만 어느 날 라베이플레인(Laweiplein) 사거리에서 우연히 정전이 발생하여 신호등이 꺼졌는데, 교통 흐름이 오히려 더 원활했다. 이에 교통공학자 한스 몬데르만(Hans Monderman)은 차제에 신호등은 물론 교통 표지판과 차선, 차도, 인도 등을 일제히 철거했다. 교통 관리에 이를테면 ‘공유공간’ 개념을 도입한 것으로, 그 원리는 스케이터들로 붐비는 아이스링크에서 각자 자신의 실력과 목표에 맞춰 움직이는 광경에서 착안했다. 결과적으로 신호등 철거 전 4년 동안 36건의 교통사고가 있었던 곳에서 그 후에는 단 2건의 사고만 발생했다고 한다. 이곳의 교통 규칙은 단 두 가지, 곧 과속금지와 양보뿐이었다. 스콧이 강조하는 것은 이와 같은 자발적 상호협력의 가능성이다. 신호등이나 도로 표지판이 너무 많으면 운전자들이 오히려 도로에서 눈을 뗀다고 한다. 교통법규가 많으면 많을수록 그 법규 이외의 교통예절은 깡그리 무시하는 경향 때문이다. 자신에게 당장 최대한 이익이 되는 방향으로 법규의 미로를 헤쳐 나가는, 이른바 ‘법꾸라지’가 되는 것이 인지상정이다. 미국과 독일에서, 어린이 교통사고를 줄이기 위해 길을 건널 때 차에 있는 운전자와 눈을 맞추라고 가르치는 것도 이런 이유다. ‘안전하지 않은 곳이 안전하다’는 역설이 가능한 이유는 각자 책임감 있는 운전법과 시민예절 덕분이다. 우리나라에서도 2010년 도시교통체계 선진화 정책의 일환으로 일부 지자체에서 십자 교차로가 아닌 회전 교차로 방식을 도입하고 있다. 2019년까지 전국 169곳에 설치되었는데, 행정안전부 발표에 의하면 시행 3년 전 평균과 시행 3년 후 평균 교통사고 현황을 비교해 보니 사망자 수는 63퍼센트, 교통사고 발생 건수는 35.8퍼센트 감소했다고 한다(《조선일보》, 2022. 4. 22).

프리드만의 급진적 계획이론

스콧이 정통 계획이론 분야 '외부'에서 반계획을 주창했다면 계획이론 '내부'에서는 존 프리드만(John Friedmann, 1926-2017)이 반계획이론의 중심 인물이라 할 수 있다.[95] 프리드만은 원래 합리적 도시계획 이론에서 출발했다. 그러다가 1973년에 돌연 "계획에 대해 지금까지 우리가 물려받은 관념들은 죽었다"고 선언했다(Friedmann, 1973: xiii). 그리고 이러한 자신의 지적 변신을 "완전히 자유로운 존재로서의 개인"을 주장하며 68혁명에 적극 참여한 실존주의 철학자 사르트르(Jean-Paul Sartre, 1905-1980)와 연관시켰다. 프리드만 역시 68혁명과 간접적으로 연루된 셈이다. 앞에서 살펴본 것처럼 그 무렵은 계획학 분야 안에서 정통 합리적 계획이론에 대한 내부 비판과 자기수정이 '점진주의' 이론이나 '만족화' 이론, '혼합주사' 모형 등을 중심으로 활발하게 이루어지던 때였다.

프리드만은 당시를 풍미한 합리적 계획이론들이 "100년 전의 낡은 사고방식"에 기반하고 있다고 평가했는데, 그것은 경영학 분야의 '과학적 관리(Scientific Management)'를 정조준하는 것이었다.[96] 그가 볼 때 테일러주의(Taylorism)는 성장(growth)과 발전(development)을 동일시하는 "권위주의적이고도 직접적인 계획"이었다(Friedmann, 1973: xiv). 프리드만이 볼 때 20세기 후반에 필요한 새로운 시대정신은 밑으로부터의 사회변혁이었다. 과학적 관리에서처럼 수단적 존재나 피동적 개인이 아닌, 주체적 인간들이 면대면 대화와 상호학습을 통해 자신들의 역사를 만들어 가야

---

95 프리드만은 미국 UCLA 도시계획학과의 '아버지'로 불린다(Stan Paul, "In memoriam: John Friedmann, 91, was the father of urban planning at UCLA," UCLA Newsroom, June 13, 2017). 프리드만은 제2차 세계대전 말부터 우리나라를 포함한 아시아, 유럽, 남미 여러 나라에서 장기간 미군으로 근무했다. 미국 국제개발처(U.S. Agency of International Development) 요원으로 1960년대 말 한국에서 활동한 경력도 있다(Friedmann, 1973: 135-136 참고).

96 과학적 원리를 경영관리에 적용한 이른바 '테일러리즘'을 말함. 이에 관해서는 테일러(2016) 참고.

한다는 것이다. 바로 이것이 프리드만이 제안하는 상호교류적 혹은 교환거래형 계획이론(transactive planning theory)의 기본 전제다(Friedmann, 1973: 171-193).

이때 프리드만은 '사회적 지도(social guidance)'라는 개념을 제시한다. 사회적 지도란 "사회변동에 관련된 범위, 속도, 방향 등이 조절되는 과정"을 의미하는데, 중요한 점은 그것의 중차대함을 고려할 때 결코 전문가들에게 전적으로 맡겨 둘 수 없다는 사실이다(Friedmann, 1973: xvi-xvii, 20-21, 194-218, 246). 대신 그것은 학교, 농장, 공장, 사무실, 이웃 등 일상생활에서 계획가와 주민들 사이에 일어나는 많은 소통과 학습의 결과로 이루어져야 한다. 또한 그럴 경우에는 '아는 것'과 '배운 것'이 조직화된 행동을 통해 사회변혁으로 이어질 개연성도 덩달아 높아진다고 본다. 프리드만의 '사회적 지도' 개념은 '민주적 계획(democratic planning)' 이론을 제안한 만하임(Karl Mannheim, 1893-1947)에게 크게 의존하고 있다.[97]

프리드만의 계획이론은 생각(thinking)과 행동(action)의 관계를 고찰한 만하임의 지식사회학(sociology of knowledge)을 중요하게 참조하고 있다. 지식사회학의 핵심은 생각의 관점과 형태는 사회구조 속에서 개인이 차지하는 지위에 의해 크게 좌우된다는 주장이다. 만하임은 사회변동이 어떻게 일어나고 역사가 어떻게 만들어지는지 결정하는 데는 사고방식과

---

97 만하임은 헝가리 출신으로 영국에 정착한 사회학자다. 그는 서구의 자유방임주의와 나치 전체주의의 폐해를 골고루 경험한 다음, 미래 세대의 과제는 제3의 길, 곧 '계획을 통한 사회체제 건설'이라 주장했다. 하지만 그것은 어디까지나 '민주적 계획'이어야 했다(Mannheim, 1951: 29-34). 만하임이 말하는 민주적 계획이란 '자유를 위한 계획', '번영을 위한 계획', 절대평등이 아닌 '사회정의를 위한 계획', 무계급 사회를 위한 계획이 아닌 '극단적 불평등을 방지하는 계획', 사회의 하향 평준화가 없는 '문화적 기준설정을 위한 계획', '대중사회의 위험성에 대항하는 계획', '집중화와 분권화 사이 균형을 위한 계획', '집단적 통제가 아닌 개성발현의 계기가 되는 점진적 사회변화 계획' 등이다. 이를 위해 그는 계획가들에게 전략적이고도 상호의존적인 사고를 요구했는데, 이는 국가정책이 당장의 현실 권력정치나 민주주의, 여론 등에 휘둘리지 않아야 한다는 의미에서였다.

사회적 위치의 연계 문제가 중요하다고 본다. 이때 그는 '이데올로기적 사고'와 '유토피아적 사고'를 구분하는데, 전자가 현재 관점에서 세상을 해석하면서 현상유지를 정당화하고자 하는 지배자 혹은 엘리트의 몫이라면, 후자는 예정된 미래 관점에서 세상을 해석하고 급격한 사회변동을 정당화하려는 피지배자 내지 하층민의 것이다.

당연히 이데올로기적 사고와 유토피아적 사고는 서로 충돌하기 쉬운 사회불안적 요소가 될 수밖에 없는데, 바로 이때 주목받는 존재는 지식인, 특히 어느 한쪽에도 속하지 않는 이른바 '자유롭게 부유하는 지식인(free-floating intellectuals)'이다. 만하임은 이들처럼 '전체적 조망(holistic view)'이 가능한 지식인의 역할에서 올바른 '사회적 지도'의 가능성을 찾는다. 이들 고차원적 지식인 집단은 베버식 '기능적 합리성'을 넘어 사회에 필요한 '실질적 합리성'을 지향할 줄 알기 때문이다. 만하임이 '사회적 지도'를 '계획'으로 인식하는 것은 이런 배경에서다. 이른바 '계획가-지식인(planner-intellectual)' 개념 또한 이런 맥락에서 나온 것이며, 이때 비로소 계획이 민주주의와 양립할 수 있게 된다(Friedmann, 1973: 22-48; Freidmann, 1987: 97-105).[98]

프리드만의 상호교류적 계획이론은 1980년대 후반 들어 점차 급진화되는 양상을 드러냈다. 그가 흔히 '급진적 계획이론'의 대부로 인식되는 것은 이 때문이다. 프리드만은 기존 계획이론들의 총체적 실패를 선언하면서 특히 합리적 선택 모델에 입각한 계획이론이 "가장 잘못한 부분이 많다"고 주장했다(Friedmann, 1987: 37). 그러면서 그는 이전까지의 '사회적 지도' 개념 대신 '사회적 동원(social mobilization)' 개념을 적극적으로 사용하기 시작했다. 그는 계획이론의 4대 전통을 거론하면서[99] 이 가운

98 계획과 민주주의의 양립 불가능을 주장한 하이에크를 상기하라.

99 프리드만이 언급한 계획이론의 4대 전통은 19세기 유럽에서 태동한 엘리트적 관점에서의 전문가 주도 점진적 사회개혁(social reform), 20세기 미국에서 풍미한 테크노크라트 중심의 과학·공학적 정책분석(policy analysis), 객관적 지식 및 사회법칙

데 '사회적 동원'에 바탕을 둔 이론이 "점점 더 적절한 것으로 되어 가고 있다"고 선언했다(Friedmann, 1987: 9). 말하자면 기존의 '사회적 지도' 개념으로는 더 이상 제대로 된 계획이론이 만들어질 수 없다는 취지다.

프리드만의 급진적 계획이론은 우리 시대의 '계획 위기(crisis in planning)' 상황을 지적하는 데서 출발한다(Friedmann, 1987: 311-313). 계획에 위기가 닥친 데는 몇 가지 이유가 있다. 첫째, '앎의 위기(crisis of knowing)' 때문이다. 이는 실증주의적 지식이 퇴색하는 대신 해석학적 지식이 대안으로 부상하면서 지식형성 과정 자체가 점점 더 유동적인 것으로 변하고 있다는 의미다. 둘째, 사회변동의 가속화다. 역사상 유례없이 너무나 빠른 속도로 변하는 세상을 기존 계획방식으로는 도저히 따라잡기 어렵다는 뜻이다. 셋째, 오늘날 우리가 직면하는 위기는 미증유의 새로운 도전이다. 예컨대 환경오염, 에너지 고갈, 대량 살상무기 등은 인류의 미래에 대한 전대미문의 위협이라는 것이다.

프리드만이 볼 때 이런 위기를 구원할 방법은 원칙적으로 네 가지가 있다(Friedmann, 1987: 313-315). 첫째는 무한대의 과학·기술적 진보다. 둘째는 통제되지 않는 기업이 주도하는 자유방임적 시장경제다. 셋째는 정치적 선전 선동과 물리적 억압이다. 그러나 이 세 가지는 프리드만이 볼 때 결코 해답이 될 수 없다. 마지막으로 그가 생각하는 정답은 정치권력 자체를 시민사회 정중앙에 위치시키는 일이다. 곧, 정치적 주도권을 국가에서 탈취하여 정치적 공동체를 복원하는 것이다. 요컨대 '사회적 동원으로서의 계획'이란 사회변혁을 위한 밑으로부터의 직접적이고도 집단적인 정치 행동주의를 의미한다(Friedmann, 1987: 325-327, 335-340).

프리드만의 급진적 계획은 궁극적으로 완전히 새로운 형태의 정치

의 보편성을 부정하면서 이론과 현실, 지식과 행동의 결합을 모색하는 사회적 학습(social learning), 그리고 좌파 및 아나키즘 사회이론에 기반한 사회적 동원(social mobilization)으로서의 계획이다(Friedmann, 1987: 51-308).

현상을 지향한다. 그것은 못 가진 자들 혹은 보통사람들이 할 수 있는 정치이기 때문이다. 그것은 '권력을 쟁취하여 세상을 바꾼다'는 좌파식 '대결의 정치(confrontational politics)'를 초월하고 능가하는 개념이다. 그것은 '권력 자체가 없는 세상을 만든다'는 의미에서 오히려 '이탈의 정치(politics of disengagement)'에 가깝다(Friedmann, 1987: 83-84). 네오마르크스주의 계획이론이 현실적으로 국가 철폐가 아닌 국가권력의 역이용으로 귀결되었다면, 급진 계획이론은 국가 소멸을 지향했던 원조 마르크스주의의 이상에 더 가까이 다가간 측면이 있다. 이른바 '공적인 것'은 더 이상 국가 소유나 국가 독점이 아니다. 프리드만이 자신의 급진적 계획이론을 '공공영역에서의 계획'이라 작명한 것도 이 때문이다.

프리드만에 의하면 사회적 동원으로서의 계획은 나름의 실체를 갖고 있다. 그럼에도 아직은 완전한 의미의 사회운동으로 자리 잡은 상태라고 보기 어렵다. 그것은 자신의 이름마저 제대로 갖지 못한 '진행형 혁명(revolution-in-the-making)'이자 '세계·역사적 프로젝트(world-historical project)'로서 이제 막 부상하고 있을 따름이다(Friedmann, 1987: 340-342, 355). 그것의 목표는 단순히 국가를 '포획'하는 것도, 심지어 자본주의를 '타도'하는 것도 아니다. 대신 사람들이 주인공이 되어 우리의 일상생활을 전반적으로 재구성하는 것을 목표로 한다. 이와 관련하여 프리드만은 진정한 정치공동체의 회복을 위해 다음과 같은 네 가지 실천영역을 제안한다(Friedmann, 1987: 354-386).

첫째는 근대 이후의 국민경제 관행을 버리는 대신, 가정경제(household economy) 모델을 복원하는 일이다. 말하자면 경제생활을 시장원리가 아닌 '친밀성의 울타리(circle of intimacy)'에 맡기자는 주장이다. 여기에는 삶의 탈식민화, 자립과 자주, 민주화, 자기권능화(self-empowerment), 도움주기(reaching out) 등이 대표적으로 포함된다.[100] 둘째는 직장과 가정의 지역적 연계다. 이는 직주일치 혹은 직주근접을 통해 일상생활의 스케일을 소규모로 지역화하자는 주장인데, 로컬 비즈니스 장려와 보도(步

2011년 9월 '월가를 점령하라(Occupy Wall Street)' 시위 현장

道) 이용 활성화가 여기에 포함된다. 셋째는 도시 주변부 농민들의 집단적 자립능력 강화다. 이를 위해 프리드만은 로컬푸드 운동이나 냉장고 및 항공기 이용 거부 등을 통한 세계경제 체제와의 절연을 강조한다. 끝으로, 글로벌 공동체의 참된 의미를 성찰하자는 주장이다. 프리드만에 의하면 글로벌 공동체의 가치는 '단일한 세계경제'가 아니라 '다양한 세계사회'에 있다.

---

100 이와 관련하여 '지방'이라는 말을 거부하는 움직임도 있다. '지방'은 여전히 '국가(중앙)'의 일부라는 발상에서 비롯되었다고 보기 때문이다. 예컨대 일본 농촌의 경우 근대국가 성립 전에는 '지방'이 아니라 '마을'로 존재했을 뿐이라는 논리다(우네 유타카, 2021: 118-124 참고).

사회운동형 도시계획

스콧의 반계획적 계획이나 프리드만의 급진적 계획은 한편으로 유토피아적이고 다른 한편으로 전복적인 측면이 분명히 있다. 그럼에도 이들이 결코 이론적 주장이나 사변적 담론에 그치는 것은 아니다. 어떤 계획이론의 이름으로 포장되든, 이들의 영향력 아래 작지만 의미 있는 실천이나 행동들이 도시 현장에서는 계속되어 왔고 특히 오늘날에는 가위 봇물을 이루고 있다고 해도 과언이 아니다. 이와 같은 도시운동 형태의 도시계획은 전통적인 도시계획과 결합하기도 하고 도시계획의 새로운 역사를 만들어 가기도 한다.

우선 이들은 도시계획 사각지대에 대한 정책적 관심을 환기시키는 측면이 있다. 말하자면 '비공식 도시(informal city)'에 대한 관심 제고다. 역사적으로 국가권력은 도시의 비공식 영역을 축소해 왔다. 국가는 계획의 이름으로 도시에 대한 가독성을 높여 왔고, 도시공간의 비명료성을 극복함으로써 통치의 효율성을 진작시켜 왔다. 이를테면 "계획이 수립되지 않은 채 뒤죽박죽인 도시를 대하는 그들의 태도는 삼림업자들이 미개발된 숲을 대하는 태도와 다를 바 없었다"(스콧, 2010: 99). 이런 점에서 지금까지의 도시계획은 모든 도시공간의 '공식적(formal)' 편입 과정과 다르지 않다. 그러나 무허가 정착지나 노점, 행상과 같은 비공식 부문이 완전히 사라지는 것은 아니다. 도시계획은 필요에 따라 공식적 도시공간과 비공식적 도시공간을 의도적으로 공존시키기도 한다.

도시에서의 공식적 공간이란 "차이를 제거하는 것, 다시 말해 공간적 차이를 야기하는 내부적 편차나 역사적 조건을 무시한 채 마치 본래 그것이 단일한 공간인 것처럼 보이게 만들어 그것의 정당성을 확인하려는 시도"다(Hernandez, Kellett, and Allen, 2010: 2). 하지만 비공식 공간은 비록 비합법적이기는 하지만 현실적으로 거주나 고용 측면에서 여전히 도시의 중요한 일부로 기능한다. 게다가 오늘날 같은 세계적 규모의 도시화 과정은 이런 추세를 더욱 강화하는 경향이 있다. 비공식 도시공간이 도시계획의 잔여물이 아니라 그 자체로서 존재감을 드러내는 것이다. "미래의 도시는 이전 세대 도시계획 전문가들이 상상했던 것처럼 유리와 강철로 이루어진 도시가 아니라, 손으로 찍어 낸 벽돌, 지푸라기, 재활용 플라스틱, 시멘트 덩어리, 나뭇조각 등으로 지어진 도시"라는 주장이 이를 뒷받침한다(데이비스, 2003: 33).

21세기 메트로폴리탄 공간생산에서 도시의 비공식성은 점점 더 중요한 역할을 담당할 전망이다(Roy, 2009: 826). 계획에 의해 포섭되지 않는 도시의 비공식 부문 혹은 비공식 경제는 더 이상 빈민이나 이민자 등의 전유물이 아니다. 미국 뉴욕의 상류층 역시 마약, 매춘, 도박, 미술품 암거래 등의 과정에서 공식과 비공식의 경계를 넘나드는 '떠돌이(floating)' 삶을 살고 있다(벤카테시, 2014 참고). 따라서 이른바 '지도가 없는' 지하경제의 세계가 확대되는 글로벌 시대 대도시의 삶에서는 공식적 공간을 다루는 전통적 도시계획이 아니라, 비공식적 공간을 배경으로 하는 비제도권 도시운동이 새로운 대안일지도 모른다. 왜냐하면 바로 그곳이 도시의 역동성과 다양성이 드러나는 공간이기 때문이다.

도시운동과 도시계획의 결합은 최근 '사회혁신(Social Innovation)' 개념의 인기에서도 관찰된다. "굉장히 오래된 동시에 최신 개념"이기도 한 사회혁신은 "사회적 수요를 충족시키려는 동기로 유발되고, 1차 목표가 사회적 성격을 띠고 있으며, 그런 조직들이 주도적으로 개발하고 확산시키는 혁신적인 행동과 서비스"로 정의된다(멀건, 2011: 8, 35). 도시계획 분야와 사회혁신이 태생적으로 각별한 친화력을 갖고 있는 것은 아니다.[101] 하지만 최근 도시나 지역계획 분야에서 사회혁신에 대한 관심이 크게 늘

101 사회혁신은 비영리 공공부문뿐 아니라 정부, 기업, 시장, 교육, 디자인, 신기술 등 거의 모든 영역에 걸친 개념이자 운동이다. 실제 '세계를 변화시킨 10대 사회혁신'을 보면 개방대학, 공정무역, 그린피스(Green Peace), 옥스팜(Oxfarm), 앰네스티 인터내셔널, 리눅스 소프트웨어 등이 포함되어 있다(멀건, 2011: 161-163). 이는 개념 자체는 도시와 별로 상관이 없었음을 의미한다.

어나고 있는 것은 그것이 '공동체 중심의 계획(community-centered planning)'이라는 성격을 갖고 있기 때문이다. 다시 말해 공동체 구성원들이 지역 내 자산 및 역사적 지식을 활용하여 지역적 현안을 구체적으로 해결하는 방식인 것이다.

사회혁신이 중시하는 것은 멀리 있는 추상적인 그 무엇이 아니라 "바로 작동하는 새로운 아이디어들(new ideas that works)"이다. 혁신은 결코 유토피아를 말하는 것이 아니다. 대신 그것은 '네오토피아(Neotopia)', 곧 "성장하고 적응해 갈 준비가 된, 미래의 맹아로서의 새로운 장소" 개념이다(멀건, 2018: 186). 이런 점에서 혁신은 점진적인 '개선(improvement)'과 구분되고, 실용성이 담보되지 않는 '창안(invention)'과도 구별된다(멀건, 2011: 34). 사회혁신에서 중요한 것은 이미 있는 것들을 새롭게 결합하고, 조직과 부문 혹은 학문 간 경계를 허물어 아이디어, 자금, 권력 등을 다른 사람과 잇는 '연결자(connectors)' 혹은 '배달원(carrier)'들의 역할이다(멀건, 2011: 59, 124). 사회혁신은 굳이 계획가라는 명칭이 필요하지 않다.

도시계획 분야에 던지는 사회혁신의 메시지는 이런 점에서 함축적이다. 도시계획은 너무 세세한 데까지 완벽할수록 오히려 성공하지 못할 가능성이 크다는 점이다. "불완전한 계획이 가장 잘 작동한다"는 말은 그만큼 도시계획에서 시민들이 스스로 채워 가는 여지나 역량이 필요하고 중요하다는 의미다(멀건, 2018: 186). 자신들이 하고 있는 공동체 중심의 계획이 지향하는 이데올로기적 함의, 곧 체제 친화적인가 아니면 체계 전복적인가 하는 질문은 사회혁신에서 절실하지 않다. 중요한 것은 당장 주변 세상을 우리 자신의 노력으로 조금이라도 낫게 만드는 일일 뿐이고, 여기서의 목표는 보통사람들의 민원 해결이고 민생 향상이다.

비판과 평가

태생적으로 반국가, 반계획에서 출발한 아나키즘은 본래 정신에 투철하기보다 현실적으로 계획의 새로운 목표, 새로운 주역, 새로운 방법을 제안하는 것으로 진행되고 있다. 이에 따라 한편으로는 모더니즘 계열의 기존 계획이론들(합리적 계획이론, 좌파 계획이론, 뉴라이트 계획이론 등)에 대한 대안적 성격을 분명히 드러내고 있다. 하지만 다른 한편으로는 포스트모던 계획이론이나 의사소통적 계획이론과의 친화성이 두드러져 아나키즘 계획 특유의 차별성이 점차 감소하고 있음을 부인할 수 없다. 거대이론에서 미시실천으로의 이동, 계획가와 일반 시민의 구분 약화, 공공영역과 민간부문의 경계 소멸, 도시계획과 시민운동의 접점 확대 등을 그 예로 들 수 있다. 이로써 오늘날은 하나의 이름으로 부르기 어려운 다양한 계획이론이 서로 경쟁하고 협력하는 일종의 백가쟁명(百家爭鳴) 시대로 읽힌다.

하지만 흥미로운 것은, 아나키즘에서 시작한 것으로 보이는 작금의 대안적 도시계획 이론에서 황당하게도 그토록 비판적으로 극복하고자 했던 모더니즘류의 계획이론을 다시 만나는 측면이 나타나고 있다는 점이다. 이는 자율성과 자발성을 강조하는 아나키스트 도시계획 담론의 결과론적 허구와 위선이다. 이른바 '공동체를 통한 통치(government through community)'는 신자유주의 시대를 맞이한 국가 혹은 지방정부의 새로운 통치전략일 수도 있다는 의심이 가능하다(Rose, 1996). 푸코식으로 말하자면 '국가의 통치화(governmentalization of state)'가 더욱 강화되는 장면이다(푸코, 2011: 164). 그동안 '비공식적 부문'으로 가려져 있거나 '사회적 영역'으로 뿌옇게 남아 있던 지역 내부가 '공동체 중심의 계획'이라는 명분으로 보다 계산 가능하고(calculable), 보다 통치 가능한(governable) 영역으로 변모할 가능성이 높기 때문이다.

이런 점에서 2000년대 우리나라의 '마을 만들기' 사업은 공동체를 앞세운 도시계획의 변형, 은폐 혹은 위장으로 해석될 소지가 없지 않다. 곧 과거의 도시계획이 비난받는 상황에서 시장을 앞세우지도 않고 공공부문이 뒤로 물러나는 척하면서, 사실은 이웃과 동네를 정치적으로 호출하고 호명하는 방식이 다름 아닌 마을만들기 방식의 공동체 중심 계획일지도 모른다는 말이다. 두말할 나위 없이 이는 아나키즘이 지향하는 지역단위 '해방공간'이나 '해방정치'에 필적하지 않는다. 이런 식이라면 공동체는 그 자체로서 주체적 성격을 갖는 것이 아니라 통치 '도구화'의 길을 걸을 뿐이다.[102]

102 이와 관련하여 서울시의 '마을만들기' 사업에 대한 비판은 박주형(2013) 참고. 그는 서울시 마을만들기 사업의 주역 박원순 시장이 시민활동가 출신이자 자칭 '사회설계자(social designer)'라는 점에 주목한다. 사회를 강조하고 지역에 밀착된 운동가였던 만큼 그가 추진한 마을만들기 사업은 '하이모더니즘'보다 더욱더 치밀하고 은밀하고 촘촘한 통치기술이었다는 평가다. 말하자면 자치공동체의 형식적 확대 이면에서 전개되는 자치공동체의 실질적 소멸이다.

6 나가며: 도시계획의 사회학적 새 출발

이 장에서는 도시계획 및 도시계획학의 미래를 생각하면서 우리나라의 도시계획이 앞으로 어떤 목표와 방향을 선택해야 할지, 또한 향후 우리나라 도시계획학은 어떤 모습을 지향해야 할지에 대해 주로 규범적 차원에서 논의하고자 한다.

의미 있다고 해서 모두 셀 수는 없으며,
셀 수 있다고 해서 모두 의미 있지는 않다.

알베르트 아인슈타인의 연구실 벽에 적혀 있었다는 글귀,
사너 블라우, 노태복(옮김), 《위험한 숫자들》, 더퀘스트, 2022

1. 도시계획의 재인식

보기에 따라 도시는 인류문명의 주역이기도 하고 악역이기도 하다. 어느 쪽이든 상관없이 21세기는 역사상 '최초로 맞이하는 도시의 세기(The First Urban Century)'로, 도시 인구가 지구 전체 인구의 절반을 넘어선 것이다. 그리고 이러한 추세는 반전될 기미가 거의 없다. '근대화의 세계화'는 도시화를 일차적 수단으로 삼기 때문이다. 도시화는 단순히 양적 차원에서만 벌어지는 일이 아니다. 사회변동의 질적 측면에서도 도시의 비중은 획기적으로 증가하고 있다. 지난 수 세기가 '국가의 시대'였다면 지금은 '도시의 시대'로 이동 중이다. 중세 유럽을 방불케 할 정도로 오늘날 우리는 도시를 중심으로 살아가는 '도시 르네상스(The Urban Renaissance)'를 경험하고 있다.

싫든 좋든 도시 문명이 인류의 운명처럼 되어 버렸지만 도시에서의 삶은 결코 녹록하거나 만만치 않다. 도시의 미래 또한 별로 장밋빛이 아니다. 도시문제는 종식의 조짐을 보이기보다 날이 갈수록 새로운 모습으로 변신 내지 악화 중이다. 물론 도시위기론에서 완전히 자유로운 시대는 지금까지 한 번도 없었다. 도시와 도시문제는 영원한 동반자라고 보아야 한다. 하지만 역사적으로 도시는 항상 스스로 해결사이기도 했다. 플로리다의 말처럼 "우리의 위기가 도시에서 비롯되었다면 그 해결책도 도시다"(플로리다, 2018: 289). 도시계획은 도시문제의 해결책으로 탄생했고, 앞으로도 도시문제의 해결사로 남아 있을 것이다.

도시의 역사는 곧 도시계획의 역사다. 도시와 도시계획의 관계는 말하자면 '바늘과 실'의 관계다. 도시를 배경으로 세계적 문명을 이루어 낸 서구의 경우, 도시문제 해결과 도시계획 역량에서 나름대로 경험도 많고 저력도 쌓여 있다. 그러한 원인 가운데 하나는 도시와 도시계획에 관련된 인문사회학 분야의 탄탄한 지식과 담론이다. 또 다른 하나는 도시에 살면서 도시를 생각하고 도시를 만들어 가는 성숙한 시민들의 존재다. 따라서 정작 불안하고 걱정스러운 것은 도시계획의 진정한 가치에 눈을 뜬 역사가 일천한 우리의 현실이다. 지금과 같은 방식과 내용으로 과연 우리나라가 '도시의 세기'를 제대로 영위하고 '도시 르네상스'를 온전히 구가할 수 있을까?

물론 우리가 도시계획이 부족한 나라는 아니다. 보기에 따라 우리나라처럼 도시계획이 차고 넘치는 나라도 드물다. 급속한 경제성장 과정에서 공간문제를 다루는 도시계획은 국가의 필수과제 가운데 하나가 되었다. 도시개발, 신도시건설, 도시재생사업, 도시재생 뉴딜사업, 마을만들기, 뉴타운사업, 도시혁신, 유비쿼터스도시, 스마트도시 등 역대 정부가 내건 도시계획 관련 간판 정책은 일일이 열거하기도 힘들 정도다. 우리나라 도시계획의 특징 가운데 하나는 바로 이처럼 시류에 따라 '끌리고, 쏠리고, 몰리는' 관행이다. 부처마다 유사한 사업을 경쟁적으로 벌이는 것만으로 모자라, 미래를 고려하지 않는 국정운영 및 적대적 정권교체 관행은 도시계획 관련 정책의 수명을 초단기로 몰아가고 있다. 그럼에도 도시계획 이해당사자들은 눈먼 국가 예산이 쏟아지고 흘러가는 '기회의 땅'을 찾아 이리 달려가고 저리 헤맨다. 여기에는 중앙과 지방, 공공과 민간, 그리고 업계와 학계가 모두 같은 통속이다.

"그들은 엉뚱하게도 계획을 내세웠다. 그러나 우리에게 필요한 것은 계획이 아니었다. 많은 사람들이 이미 많은 계획을 내놓았다. 그런데도 달라진 것은 없었다. 설혹 무엇을 이룬다고 해도 그것은 우리와는 상관없는 것이었을 것이다. 우리가 필요로 하는 것은 우리의 고통을 알아 주고 그 고통을 함께 져 줄 사람이었다.” 이는 조세희의 단편소설 〈난장이가 쏘아올린 작은 공〉에 나오는 이야기다.[1] 여기서 읽을 수 있는 메시지는 우리 사회에 범람하는 너무나 많은 단발성 계획과 너무나 많은 일과성 사업이다. 이는 “손에 든 게 망치밖에 없으면 모든 것이 못으로 보인다”는 ‘도구의 법칙(rule of instrument)’ 혹은 ‘망치를 든 사람 신드롬(man-with-a-hammer syndrome)’을 떠올리게 만든다.[2] 이처럼 한편으로는 ‘계획강박증’이, 다른 한편으로는 ‘계획피로감’이 교차하는 것이 현재 우리나라가 직면한 도시계획의 단면이 아닌가 한다.

도시계획의 또 다른 당사자는 시민이다. 도시계획의 역사가 오래된 나라에서 도시계획이란 공공과 시민들이 함께 만들어 가는 것이다. 우리처럼 마스터플랜의 급조와 폐기가 소모적으로 반복되는 것이 아니라, 시민들의 참여를 기반으로 계획을 만들고 결과에 대한 책임 또한 시민이 공유한다. 좋은 시민이 좋은 계획을 만들고, 좋은 계획이 다시 좋은 시민을 만드는 일종의 선순환구조다. 말하자면 기원전부터 시작된 폴리스(polis) 습속이자, 중세 시대에 꽃을 피운 자치도시 전통이다. 서구에서는 도시계획이 삶의 일부이고 일상의 연장이라면, 우리에게는 그것이 정치 이벤트나 선거 캠페인 혹은 이권 쟁탈전에 가깝다. 따라서 도시계획의 미래는 명실상부한 ‘시민 만들기’와 병행되어야 한다.

도시에 산다고 곧 시민인 것은 아니다. 시민이 되는 것에도 일정한 요건과 자격이 있다. 정치적 자유, 경제적 자립, 사회적 책임, 문화적 교

---

1 조세희, 2009, 《난장이가 쏘아올린 작은 공》, 이성과힘, p. 90.

2 ‘도구의 법칙’을 제시한 미국 철학자 캐플런(Abraham Kaplan)은 “어린아이에게 망치를 주면 두드릴 수 있는 모든 것을 찾아다닐 것이다”라고 말했다. 심리학자 매슬로우(Abraham Maslow)는 ‘망치의 법칙’ 또는 ‘매슬로의 황금 망치’를 말했는데 목수가 가진 도구가 망치밖에 없으면 세상의 모든 것이 못으로 보인다는 것이다.

양 등으로 충만한 시민의식이 바로 그것이다. 물리적 측면의 도시는 하루아침에 바뀔 수 있지만 도시인의 정신적 차원은 결코 쉽게 바뀌는 것이 아니다. 도시의 힘이란 인구로 표현되는 숫자 그 이상이다. 도시의 힘이란 건물의 높이나 가로의 넓이로 표현되는 위세 그 이상이다. 도시의 태생적 존재가치는 시민의 자유와 활력, 개방성과 다양성과 같은 무형적 요소에 있다. 오늘날 중국이 급속한 도시화에도 불구하고 글로벌 문명을 선도하지 못하는 것은 시민이 도시의 주인이 아니기 때문이다. 자유도시가 아니라는 말이다. 오늘날 남북한의 국력과 국부 및 국격에 격차가 생긴 이유 역시 서울에는 시민이 사는 반면, 평양에는 신민(臣民)이 살기 때문이다.

진정한 '시민의 탄생'과 관련하여 우리나라는 아직 갈 길이 멀고 마음도 급하다. 우리는 지난 역사에서 국민이나 민족의 일원이 아닌 시민의 자격으로 살아 본 경험이 거의 없다시피 하기에, 결코 쉽지 않은 과제일지 모른다. 그렇다고 해서 시민단체가 시민을 대체하려는, 혹은 대체할 수 있다는 성급한 유혹에 빠져서는 곤란하다. 이른바 민관협치라는 미명하에 활동 중인 많은 시민단체가 과연 시민의 도시를 지향하는지에 대해서는 신중한 판단이 필요해 보인다.[3] 시민단체와 시민의 동일시 현상이야말로 지극히 한국적인 도시정치 풍경이 아닐까 한다. 도시계획과 관련된 다분히 한국적인 장면은 또 있다. 도시계획에 대한 시민참여를 말하면서도 '제사보다 젯밥에 관심이 더 많은' 작금의 세태다. 도시계획 과정에 동참하는 시민 가운데 많은 숫자가 경제적으로 '이해당사자'인 경우도 부인할 수 없는 현실이다. 게다가 최근에는 생뚱맞게도 '공인중개사' 열풍이 분다. 과연 시민은 무엇으로 존재하는지 묻지 않을 수 없

3 2021년 9월 오세훈 서울시장은 서울시의 "비정상적 시민단체 지원을 바로잡겠다"는 기자회견을 했는데 그는 이를 박원순 전임시장의 "시민단체 보호 대못"이라 규정했다(《조선일보》, 2021. 9. 17). 물론 '관변' 시민단체 측은 이에 반발하고 있다.

는 색다른 풍경이다.[4]

2. 도시계획학의 재정립

도시계획이 아무리 도시의 물리적 측면을 넘어 도시적 삶 전반을 대상으로 삼고, 도시계획이 아무리 일반 시민들의 역량과 동참을 요구한다 해도, 도시계획 분야 고유의 전문성을 부정할 수는 없다. 다시 말해 도시계획 범주의 포괄성과 도시계획 기반의 대중성을 언급하는 것과 별개로, 도시계획은 독자적인 프로페셔널리즘을 갖고 있고 도시계획학 또한 독자적인 스칼러십을 갖고 있다. 도시계획학은 결코 '도시계획기사'나 '도시계획기술사'를 양성하는 실무교육 수준이 아니고 그렇게 되어서도 안 된다.

우리나라의 도시계획학은 바로 이 대목에서 가장 문제가 많은데, 이를 지적하는 것이 이 책의 궁극적인 목표다. 이런 점에서 본서의 결론은 다음과 같다. 도시계획학은 궁극적으로 인문학이고 사회학이며 적어도 도시계획학의 절반은 인문·사회과학이 차지해야 한다. 현재 우리의 도시계획학은 공학·기술 분야에 편중되어 있다. 학문의 도구적 실용성이나 직업적 연계성이 중시되면서 최근에는 부동산학이 도시계획학의 신

4 2021년 공인중개사 시험 응시자는 역대 최다인 40만 명이었다고 한다. 시험에 학력, 나이 제한이 없어 2020년에는 10대가 300여 명, 90대도 1명 응시했다. 성별도 남녀 거의 반반이다. 먹고살기 힘든 시대에 '자격증 하나라도 따 두자'는 생각에 공인중개사 시험이 '제2의 수능', '어른들 수능'이 됐다는 평가다(강경희, "어른들의 수능, 공인중개사", 《조선일보》, 2021. 11. 1). 사실 시민만이 아니라 공공부문에서 활동하는 이른바 시민의 대표들도 마찬가지다. 예컨대 제8대 서울시 25개 자치구 기초의원들의 부동산 재산 평균은 약 14억 원으로서 일반 가구 평균의 약 4배에 달했다. 이를 통해 부동산을 많이 소유한 구의원들이 구정(區政)을 자신과 이해관계에 맞춰 결정할 소지가 높을 것으로 추론할 수 있다(《조선일보》, 2022. 3. 22).

주류로 약진하고 있는 상황이다. 결코 이들이 중요하지 않다는 말이 아니다. 다만 균형을 찾고 분수를 지켜야 한다는 말이다. 도시계획학의 존재 이유를 도면을 쳐다보는 공간 설계자(designer)나 계획가(planner)가 아니라 도시 전반을 미래 지향적으로 조망하는 진정한 어바니스트(urbanist)의 육성에서 찾아야 하는 것이다.

시오노 나나미(塩野七生)는 도시계획과 관련하여 로마사에서 배운 역사적 교훈을 다음과 같이 전한다. "도시를 건설하는 조건도 물이나 기후 같은 자연조건 외에 민족과 시대에 따라 달라질 수 있을 것이다. 도시 건설에 나타난 사고방식의 차이가 이 세 민족의 이후의 운명을 좌우했다고 생각할 수도 있다. 방어에는 완벽하지만, 발전을 저해받기 쉬운 언덕을 좋아한 에트루리아인. 방어가 불완전한 곳에 도시를 건설한 덕분에 결과적으로 밖을 향해 발전하게 된 로마인. 통상에는 편리하지만, 자칫하면 적의 존재를 잊게 만드는 바닷가에 도시를 세운 남부 이탈리아의 그리스인. 공과대학의 도시공학과에 다니는 사람이라면, 무엇보다도 우선 철학이나 역사 같은 인문학을 배우는 것이 좋다. 도시를 어디에 세우느냐에 따라 주민의 장래가 결정될지도 모르기 때문이다"(시오노 나나미, 1995: 31).

우리나라 도시계획 관련 분야 및 유관 학계의 허약한 인문·사회학적 토대는 긴 호흡과 넓은 안목을 통한 도시철학이나 계획사상의 부재로 이어지고 있다. 그 결과, '영혼 없는' 관학협력과 시류에 따른 마스터플랜의 부침이 반복될 따름이다.[5] 최근에 나타나고 있는 대표적인 사례 가운

5 '영혼 없는' 관학협력이라는 표현은 우리나라 학계 일반, 특히 도시계획학 분야에서 R&D의 본래 의미, 곧 '연구개발(Research and Development)'이 크게 왜곡되어 있다는 점을 강조하기 위해서다. 현재 우리나라에서 R&D는 'Recommend and Disappear'에 실로 더 가깝다. 정권의 향배에 따라 연구자들이 정부에 정책을 제안하고 사라진다는 이른바 '먹튀'의 의미다. 참고할 만한 사례는 2007년 "파리를 친환경적이고 경쟁력 있는 글로벌 도시로 거듭나게 하자"는 사르코지 대통령의 제안에 따라 시작된 '그랑 파리(Grand Paris)' 계획이다. 그랑 파리 계획은 오스만의 파리 대개조사업의 맥을 잇는 것으로 그 사이에는 드골 대통령이 '새로운 오스만'이라 명

데 하나는 '스마트도시'로 일제히 달려가는 분위기다. 수많은 장점에도 불구하고 지능정보사회의 스마트도시 담론이 드리우는 어두운 그림자는 결코 무시할 수준이 아니다. 인간 활동 및 동선의 완벽하고도 정밀한 처방, 기록, 계산, 평가, 예측, 관리, 배열, 조절, 감시, 그리고 처벌이라는 스마트도시의 기본 작동원리는 '규율사회'를 지향했던 푸코식 근대 도시계획의 데자뷔(deja-vu)를 느끼게 한다. 스마트도시란 어쩌면 소위 4차 산업혁명 시대가 꿈꾸는 푸코식의 또 다른 '인간축적' 방식일지도 모른다는 의심과 불안이 유독 국내 주류 도시계획학 분야만 비켜 가는 느낌이다(전상인, 2019).

얼마 전부터는 스마트도시를 넘어 AI 도시 담론이 급부상하고 있다. 바로 이때야말로 과학·기술의 일방적 독주에 대해 본능적으로 경계심을 드러내는 사회학의 가치를 아무리 강조해도 지나치지 않다. 예컨대 콜린스(2014: 7, 244)는 다음과 같이 말한다. "인간이 지닌 추론 능력의 기초는 비합리적이며, 인간사회를 유지해 주는 것은 합리적인 합의가 아니라 더 심층에 자리 잡은 감정이다. (…) 사회적 유대를 만들기 위해서는 (…) 공통의 감성과 이상을 만들어 내는 비합리적인 메커니즘이 필요하다. (…) 만약 진정한 인공지능이 만들어진다면 사회학자들이 반드시 중요한 역할을 맡아야 할 것이라고 말하고 싶다. 현재까지 만들어진 컴퓨터 모델의 한계는 지능을 독립적이고 개별적인 것으로 본 데서 기인했다. 하지만 인간의 사고는 기본적으로 사회적이다."

우리나라 도시계획학의 공학·기술 분야 편향은 계량분석 중심의 연

명한 폴 들루브리에의 파리 '신도시개발'과 미테랑 대통령의 '파리 리브 고슈'(센강 좌안) 개발이 있었다. 파리의 도시계획은 마치 1,000년을 사는 한 사람이 지휘하는 것처럼 정당과 상관없이 선임자의 계획을 '서서히 부드럽게' 이어가는 것이다. 또한 주목할 것은 '그랑 파리' 계획에 사회학자, 철학자, 기상학자 등이 대거 동참하고 있다는 점이다(《조선일보》, 2009. 3. 20; 《동아일보》, 2009. 5. 1; 심은록, "프랑스 '그랑 파리' 프로젝트 1년", 《월간중앙》 2010년 5월호).

구 경향과 밀접한 관계가 있다. 도시계획학 분야가 가시적 정보와 수량화된 지식을 선호하는 현상은 학문 자체의 관변화 내지 용역화 추세와 무관하지 않다. 말하자면 스스로 질문을 던지기보다 누구의 질문에 대답하는 것을 업(業)으로 여기는 결과다. 유관 학회의 "학자들의 공동체라기보다 (…) 프로젝트를 하는 이익집단의 성격이 강하다"는 주장(이상헌, 2013: 68), "학회 논문은 학계에서 살아남기 위한 방편이라는 의미를 빼면 그 존립 근거가 의심스럽다"는 내부고발(이종건, 2013: 10-11)은 우리를 한없이 부끄럽게 만든다. '작은 질문'에 대한 '뻔한 대답'이 우리나라 도시계획학 분야의 일반적인 연구 풍조다.

우리나라 도시계획학이 통찰력과 직관, 상상력을 높이려면 '보이지 않는 도시'에 대한 이해를 늘려야 한다. 본래 중요한 것은 눈에 보이지 않는 법이다.[6] 이탈리아 문학의 거장 이탈로 칼비노(Italo Calvino)는 마르코 폴로(Marco Polo)가 중국의 쿠빌라이 황제에게 자신이 방문했던 도시들의 이야기를 들려주는 방식을 통해, 보이는 도시가 도시의 모든 것이 아니라는 점을 역설한다. 가령 자이라에 관하여 이렇게 말한다. "이 도시에 계단식으로 만들어진 길들의 계단 수가 얼마나 많은지, 주랑의 아치들이 어떤 모양인지, 지붕은 어떤 양철판으로 덮여 있는지 폐하께 말씀드릴 수 있을 겁니다. 그러나 이런 것들을 말씀드리는 게 아무것도 말씀드리지 않는 것과 다를 게 없다는 것을 저는 이미 알고 있습니다. 도시는 이런 것들로 이루어지는 것이 아니라, 도시 공간의 크기와 과거 사건들 사이의 관계로 이루어지기 때문입니다"(칼비노, 2007: 17-18). 베네치아에 관하여 구체적으로 말해 보라는 쿠빌라이의 요청에 대해서도 그렇게 답한다. "기억 속의 이미지들은 한번 말로 고정되고 나면 지워지고 맙니

---

6 생텍쥐페리(Saint Exupery)의 《어린 왕자》에 나오는 말. "지금 우리가 보고 있는 것은 단지 껍데기에 불과하다. 중요한 것은 눈에 보이지 않는다. 사람이 어떤 것을 정확하게 볼 수 있는 건 오직 마음으로 볼 때다."

다. 저는 어쩌면, 베네치아에 대해 말을 함으로써 영원히 그 도시를 잃어버릴까 봐 두려웠는지도 모릅니다. 아니면 다른 도시들을 말하면서 이미 조금씩 잃어버렸는지도 모릅니다”(칼비노, 2007: 112-113).

이런 식으로 ‘보이지 않는 도시’를 강조하는 목소리는 우리나라의 경우에도 일부 비제도권 학계를 중심으로 서서히 커지고 있다. 도시를 이해하는 데 개인적이고, 주변적이고, 사소한, 그래서 눈치채지 못하고 주목받지 못하는 삶에 귀를 기울이자는 주장이다. 예컨대 다음과 같은 언급이다. “계획가들은 도시를 이해할 수 있다고 믿는다. 기록을 뒤지고 그것을 분석하면 대상을 이해할 수 있고 그 정확한 이해를 바탕으로 옳은 계획이 가능하다고 믿는다. 하지만 기록할 수 없거나 기록할 가치가 없다고 여겨져 순간만 존재하는 수많은 행위들은 어떻게 기록하고 연구할 수 있을까. 그 기록되지 않은 행위가 가진 성질을 누가 무의미로 단정할 수 있을까. 그 순간의 가치를 담지 못한 데이터는, 그것의 분석은, 그로 인한 계획은 과연 옳은 것일까”(정이삭, 2016: 21). 요컨대 “메가시티에 존재하는 수많은 마이크로시티”에 관심을 보이자는 문제제기인 셈이다(심소미, 2016: 150, 164).[7]

도시계획 연구에서 사회학의 힘은 바로 이러한 ‘보이지 않는 도시’

---

7 보이는 것을 중심으로 하는 계량적 통계분석이 금과옥조처럼 여기는 언명은 “측정 가능해야 관리할 수 있다(What gets measured gets managed)”라는 현대 경영학의 창시자 피터 드러커(Peter F. Drucker)의 말이다. 하지만 드러커의 진의에 대해서는 의견이 분분하다. 그가 실제 말하고자 한 바는 경영진이 쉽게 측정할 수 있는 것만 관리하는 것에 대한 우려로, 측정할 수 없다는 이유로 정말 중요하거나 유용한 정보들을 빠뜨리는 경우를 경계하고자 했다는 것이다. 실제로 기업경영에 관련된 대부분의 정보들은 인과관계가 직접적이지도 않고 숫자처럼 확실하게 측정할 수 없는 경우가 많다. 그럼에도 경영진이 측정 활동에 집착하는 것은 마치 길가의 전등불 밑에서 잃어버린 자동차 키를 찾는 것과 유사하다는 것이다. 오로지 전등불 밑이 밝다는 이유만으로 그곳만 열심히 찾는다는 의미다. Benjamin Gilad, “Companies Collect Competitive Intelligence, But Don't Use It,” *Harvard Business Review*, July 2015.

를 드러내고, 읽고, 해석하는 데 있다. 우리나라 도시계획학이 다른 학문의 반사체가 아닌 스스로 발광체가 되려면, 다시 말해 자체동력을 가진 스칼러십을 확보하려면, 사회학적 재무장을 통해 자신의 뿌리를 찾고 가지를 늘이고 잎을 키워야 한다. 도시를 '공산품'이 아닌 '공예품'으로 만들려면 인문·사회과학과의 연대와 교류 외에는 방법이 없다. 이는 한국의 도시계획학이 '수입 학문'이라는 지금까지의 한계를 벗어나, 독자적인 토착화를 모색하는 데도 위대한 첫걸음이 될 수 있다. 우리나라 도시계획학은 좀 더 당당하고 확실하게 주류 학문의 위상을 차지할 필요가 있다. 도시의 미래는 도시계획에 있고, 도시계획학의 미래는 사회학에 있다. 사람을 빼면 도시는 아무것도 아니기 때문이다.

참고문헌

강명구, 2021, 《도시의 자격》, 서울연구원.

강준호, 2019, 《제러미 벤담과 현대: 공리주의 설계자가 꿈꾼 자유와 정의 그리고 행복》, 성균관대출판부.

고건, 2013, 《국정은 소통이더라》, 동방의빛.

고병권, 2012, 《점거, 새로운 거번먼트: 월스트리트 점거운동 르포르타주》, 그린비.

권오영 외, 2021, 《도시를 보호하라: 위생과 방역으로 세워진 근대 도시 이야기》, 역사비평사.

권원용, 1985, "도시계획가의 7가지 환상", 《국토계획》 20(1).

권원용, 2005, "계획활동과 미래예측의 내재적 관련성에 관한 연구", 《국토계획》 40(2).

권원용, 2020, 《도시계획가》, 커뮤니케이션북스.

권태준, 1998, "서구 19세기 국가 합리화 과정: 공공계획의 절충주의적 한계", 권태준 외, 《도시·환경과 계획》, 한울아카데미.

김성기 편, 1994, 《모더니티란 무엇인가》, 민음사.

김승욱, 2015, 《제도의 힘》, 프리이코노미스쿨.

김영진, 1980, 《부동산학총론》, 경영문화원.

김용규, 2020, 《생각의 시대: 인류문명을 만든 5가지 생각의 도구를 만나다》, 김영사.

김응종, 2007, "서양 중세도시의 자유와 자치: 역사인가 신화인가", 《백제연구》 46.

김정은·서정임·정이삭 엮음, 2016, 《The Seoul, 예술이 말하는 도시 미시사》, 이안북스.

노경수, 1998, "지역제의 변천에 관한 비교사적 연구(1)", 《국토계획》 33(3).

대한국토·도시계획학회 편, 2004, 《서양도시계획사》, 보성각.

대한국토·도시계획학회 편, 2009, 《도시계획론》, 5정판 수정본, 보성각.

모종린, 2017, 《골목길 자본론: 사람과 돈이 모이는 도시는 어떻게 디자인되는가》, 다산북스.

문종만, 2016, 《루이스 멈퍼드》, 커뮤니케이션북스.

민경국, 2007, "롤스의 사회민주주의 이념의 허와 실", 《자유주의의 지혜》, 아카넷.

민유기, 2005, "고댕의 파밀리스테르 이상적 공동체: 유토피아 사회주의와 사회경제학의 결합", 《프랑스사연구》 12.

민유기, 2009, "산업혁명 이후 서양 도시계획에 대한 인문학적 성찰", 《도시인문학연구》 1(2).

박경옥, 2013, 《아하! 서양사, 1 & 2》, 휴머니스트.

박성현, 2011, 《개인이라 불리는 기적》, 들녘.

박양식, 1986, "Robert Owen의 〈새로운 사회〉", 《서양사론》 27.

박종현, 2008, 《케인즈 & 하이에크: 시장경제를 위한 진실게임》, 김영사.

박주형, 2013, "도구화되는 '공동체': 서울시 〈마을공동체 만들기 사업〉에 대한 비판적 고찰",

《공간과 사회》 23(1).
박지향, 2012, 《대처 스타일: 누구도 사랑하지 않았지만 모두가 존경했던 철의 여인》, 김영사.
박지향, 2017, 《근대로의 길: 유럽의 교훈》, 세창출판사.
박진빈, 2005, "정원도시와 도시계획의 미국적 전개", 《서양사론》 84.
박진빈, 2006, 《백색국가 건설사》, 앨피.
박진빈, 2016, 《도시로 보는 미국사: 아메리칸 시티, 혁신과 투쟁의 연대기》, 책세상.
박홍규, 2010, 《메트로폴리탄 게릴라: 루이스 멈퍼드》, 텍스트.
박홍규, 2011, "욕망의 해방과 공생의 연대: 지금 왜 푸리에인가", 《석당논총》 49.
박홍규, 2021, 《표트르 크로포트킨 평전: 모든 권력에 반대한 창조인 아나키스트》, 틈새의시간.
변기찬, 2000, "푸리에의 '문명' 비판", 《프랑스사연구》 3.
서호철, 2022, "융희연간의 통계체계 구축과 농업통계", 《사회와 역사》 134.
설혜심, 2007, 《지도 만드는 사람: 근대 초 영국의 국토, 역사, 정체성》, 도서출판 길.
소득주도성장특별위원회 엮음, 2022. 《소득주도성장, 끝나지 않은 여정》, 메디치미디어.
신승철, 2020, 《르코르뷔지에: 건축을 시로 만든 예술가》, 아르테.
심소미, 2016, "메가시티에서의 마이크로 도시 개입", 김정은·서정임·정이삭 엮음, 《The Seoul, 예술이 말하는 도시미시사》, IANN.
안대회 외, 2014, 《18세기의 맛》, 문학동네.
안주영, 2013, "시간에 대한 인류학적 연구 고찰: 전통적 시간과 근대적 시간의 대조를 중심으로", 《비교문화연구》 19(1).
윤평중, 2008, 《푸코와 하버마스를 넘어서: 합리성과 사회비판》, 교보문고.
이문수, 2009, "통치성의 관점에서 본 관방학에 대한 새로운 이해: 푸코의 주장을 중심으로", 《정부학연구》 15(3).
이상헌, 2013, 《대한민국에 건축은 없다》, 효형출판.
이승수, 2010, "도시문화의 모세혈관, 골목길의 발견", 《고전문학연구》 38.
이영림·주경철·최갑수, 2011, 《근대 유럽의 형성 16-18세기》, 까치.
이영석, 2005, "근대 유럽에서 수도의 발전: 런던, 파리, 베를린의 사례", 《대구사학》 81.
이종건, 2013, 《건축 없는 국가》, 가향 미디어랩 & 커뮤니티.
이중원, 2020, 《건축으로 본 시카고 이야기: 현대 건축의 시작, 시카고에 가다》, 사람의무늬.
이진경, 1997, 《근대적 시공간의 탄생》, 푸른숲.
임길진, 2001, 《21세기의 도전: 계획과 전략》, 나남.
임종철, 2019, "산업혁명인가, 공업혁명인가?", 《경제논집》 58(2).
전상인, 2017, 《공간으로 세상 읽기: 집·터·길의 인문사회학》, 세창출판사.
전상인, 2019, "스마트도시의 인문사회학", 《호모 쿨투랄리스》, 한양대학교 평화연구소.
전상인·김미영, 2021, "제3의 장소 카페와 근대의 마음", 《도시인문학연구》 13(1).
정이삭, 2016, "없어진 집", 김정은·서정임·정이삭 엮음, 《The Seoul, 예술이 말하는 도시미시사》, 이안북스.
조재성, 2004, 《미국의 도시계획: 도시계획의 탄생에서 성장관리전략까지》, 한울아카데미.
조홍식, 2020, 《자본주의 문명의 정치경제》, 서강대학교출판부.
주동률, 2008, "가장 합당한 자유주의를 위하여: 롤즈 정의론의 배경, 내용, 특징과 논점들",

《철학과 현실》 여름.
최병선, 2023, 《규제 vs 시장》, 가갸날.
최정운, 1992, 《지식국가론: 영국, 프랑스, 미국에서의 노동통계 발달의 정치적 의미》, 삼성출판사.
최호순, 2022, "어반 모더니즘의 원형과 변형: 파리 대개조 사업과 서울 대건설 사업 비교", 서울대 환경대학원 박사학위 논문.
하상복, 2009, 《푸코 & 하버마스: 광기의 시대, 소통의 이성》, 김영사.
하승우, 2006, 《세계를 뒤흔든 상호부조론》, 그린비.
하승우, 2008, 《아나키즘》, 책세상.
홍기현, 2022, "경제학의 전문화와 한계혁명", 《경제논집》 61(1).
홍대선, 2018, 《어떻게 휘둘리지 않는 개인이 되는가》, 푸른숲.
홍익희, 2014, 《세 종교 이야기: 유대교 기독교 이슬람교, 믿음과 분쟁의 역사》, 행성B.

가시마 시게루, 정선태 옮김, 2019, 《괴제(怪帝) 나폴레옹 3세: 현대 프랑스를 설계한 막후 실력자》, 글항아리.
가와하라 아쓰시·호리코시 고이치, 남지연 옮김, 2017, 《중세 유럽의 생활》, AK Trivia Book.
가이하쓰샤, 김진희 옮김, 2019, 《중세 유럽의 성채도시》, AK Trivia Book.
군나르 뮈르달, 최광렬 옮김, 1976, 《아시아의 드라마》, 현암사.
나카가와 요시타카, 임해성 옮김, 2019, 《빵과 서커스: 2000년을 견뎌낸 로마 유산의 증언》, 예담아카이브.
노르베르트 엘리아스, 박여성 옮김, 2003, 《궁정사회》, 한길사.
니콜로 마키아벨리, 박상섭 옮김, 2011, 《군주론》, 서울대학교출판문화원.
니클라스 루만, 장춘익 옮김, 2014, 《사회의 사회 1·2》, 새물결.
니콜라스 시라디, 강경이 옮김, 2009, 《운명의 날: 유럽의 근대화를 꽃피운 1755년 리스본 대지진》, 에코의서재.
다나카 아키히코, 이웅현 옮김, 2000, 《새로운 중세: 21세기의 세계시스템》, 지정.
다니엘 S. 밀로, 양영란 옮김, 2017, 《미래중독자: 오늘을 버리고 내일만 사는 별종, 사피엔스》, 추수밭.
대런 애쓰모글루·제임스 A. 로빈슨, 최완규 옮김, 2012, 《국가는 왜 실패하는가》, 시공사.
더글러스 러시코프, 오준호 옮김, 2009, 《보이지 않는 주인: 인간을 위한 경제는 어떻게 파괴되었는가》, 웅진지식하우스.
데이비드 그레이버, 2012, "월스트리트 점거운동의 아나키스트적 뿌리", 고병권, 《점거, 새로운 거번먼트》, 그린비.
데이비드 하비, 최병두 옮김, 1983, 《사회정의와 도시》, 종로서적.
데이비드 하비, 최병두 옮김, 1995, 《자본의 한계》, 한울아카데미.
데이비드 하비, 김병화 옮김, 2005, 《모더니티의 수도, 파리》, 생각의나무.
데이비드 하비, 최병두 옮김, 2017, 《데이비드 하비의 세계를 보는 눈》, 창비.
데이비스 J. 스미스, 황세림 옮김, 2015, 《지구의 역사가 1년이라면》, 푸른숲주니어.
디디에 에리봉, 박정자 옮김, 2012, 《미셸 푸코, 1926-1984》, 그린비.

라인하르트 코젤렉, 한철 옮김, 1998, 《지나간 미래》, 문학동네.
래리 시덴톱, 정명진 옮김, 2016, 《개인의 탄생》, 부글북스.
랜들 콜린스, 김승욱 옮김, 2014, 《사회학 본능》, 알마.
레이몽 아롱·장루이 미시카·도미니크 볼통, 박정자 옮김, 2021, 《자유주의자 레이몽 아롱: 장루이 미시카, 도미니크 볼통과의 대담》, 기파랑.
로버트 벤츄리·데니스 스콧 브라운, 이상원·스티븐 송·박효영 옮김, 2017, 《라스베이거스의 교훈》, 청하.
로버트 액설로드, 이경식 옮김, 2009, 《협력의 진화: 이기적 개인의 팃포탯 전략》, 시스테마.
로버트 오언, 하승우 옮김, 2012, 《사회에 대한 새로운 의견》, 지식을만드는지식.
로리 윙클리스, 이재경 옮김, 2017, 《사이언스 앤 더 시티: 과학은 어떻게 도시를 작동시키는가》, 반니.
루이스 멈퍼드, 김진욱 옮김, 1983, 《개성과 역사》, 종로서적.
루이스 멈퍼드, 김영기 옮김, 1990, 《역사 속의 도시》, 명보문화사.
루이스 멈퍼드, 문종만 옮김, 2013, 《기술과 문명》, 책세상.
루이스 멈퍼드, 서정일 옮김, 2014, 《루이스 멈퍼드 건축비평선: 「뉴요커」 스카이라인 칼럼 1947-1956》, 한길사.
르코르뷔지에, 장성수 옮김, 1977, 《새로운 건축을 향하여》, 태림문화사.
르코르뷔지에, 정성현 옮김, 2003, 《도시계획》, 동녘.
리처드 도킨스, 과학세대 옮김, 1994, 《눈먼 시계공》, 민음사.
리처드 세넷, 유강은 옮김, 2014, 《무질서의 효용: 개인의 정체성과 도시생활》, 다시봄.
리처드 세넷, 김병화 옮김, 2020, 《짓기와 거주하기: 도시를 위한 윤리》, 김영사.
리처드 플로리다, 안종희 옮김, 2018, 《도시는 왜 불평등한가》, 매경출판.
마르틴 바른케, 노성두 옮김, 1997, 《정치적 풍경》, 일빛.
마이크 데이비스, 김정아 옮김, 2003, 《슬럼, 지구를 뒤덮다: 신자유주의 이후 세계 도시의 빈곤화》, 돌베개.
마이클 폴라니, 김정래 옮김, 2015, 《암묵적 영역》, 박영사.
마크 기로워드, 민유기 옮김, 2009, 《도시와 인간: 중세부터 현대까지 서양도시문화사》, 책과함께.
마크 카니, 이경식 옮김, 2022, 《초(超)가치: 돈으로 살 수 없는 미래》, 월북.
마키 유스케, 최정옥 외 옮김, 2004, 《시간의 비교사회학》, 소명출판.
마틴 래디, 박수철 옮김, 2020, 《합스부르크 세계를 지배하다》, 까치.
마틴 셀리그먼 외, 김경일·김태훈 옮김, 2021, 《전망하는 인간, 호모 프로스펙투스》, 웅진지식하우스.
마하트마 간디, 김태언 옮김, 2011, 《마을이 세계를 구한다》, 녹색평론.
막스 베버, 전성우 옮김, 2002, 《막스 베버 사상 선집 I - '탈주술화' 과정과 근대: 학문, 종교, 정치》, 나남.
막스 베버, 전성우 옮김, 2017, 《막스 베버의 고대 중세 연구: 고대 문명 몰락의 사회적 원인들, 도시》, 나남.
막스 베버, 박문재 옮김, 2018, 《프로테스탄트 윤리와 자본주의 정신》, 현대지성.

미셸 푸코, 오생근 옮김, 1994, 《감시와 처벌: 감옥의 역사》, 나남.
미셸 푸코, 홍성민 옮김, 2006, 《임상의학의 탄생》, 이매진.
미셸 푸코, 오트르망 옮김, 2011, 《안전, 영토, 인구: 콜레주드프랑스 강의 1978-79년》, 난장.
베르너 좀바르트, 이상률 옮김, 2017, 《사치와 자본주의》, 문예출판사.
벤 윌슨, 박수철 옮김, 2021, 《메트로폴리스: 인간의 가장 위대한 발명품, 도시의 역사로 보는 인류문명사》, 매일경제신문사.
보이벤투라 드 소우자 산투스, 안태환 옮김, 2022, 《사회해방과 국가의 재발명: 볼리비아의 탈식민적 복수국민국가 변혁과 대중대학운동》, 갈무리.
볼프강 J. 몸젠, 최호근 옮김, 2007, 《원치 않은 혁명, 1848: 1830년부터 1849년까지 유럽의 혁명운동》, 푸른역사.
브라이언 헤어·버네사 우즈, 이민아 옮김, 2022, 《다정한 것이 살아남는다》, 디플롯.
사카가미 다카시, 오하나 옮김, 2019, 《인구·여론·가족: 근대적 통치의 탄생》, 그린비.
샤를 푸리에, 변기찬 옮김, 2007, 《사랑이 넘치는 신세계 외》, 책세상.
성 아우구스티누스, 조호연·김종흡 옮김, 1992, 《하나님의 도성 I-V》, 크리스천다이제스트.
수디르 벤카테시, 문희경 옮김, 2014, 《플로팅시티: 괴짜 사회학자, 뉴욕 지하경제를 탐사하다》, 어크로스.
스튜어트 홀, 임영호 옮김, 2007, 《대처리즘의 문화정치》, 한나래.
스티븐 컨, 박성관 옮김, 2004, 《시간과 공간의 문화사: 1880-1918》, 휴머니스트.
스피로 코스토프, 양윤재 옮김, 2009, 《역사로 본 도시의 모습》, 공간사.
시오노 나나미, 김석희 옮김, 1995, 《로마인 이야기 1: 로마는 하루아침에 만들어지지 않았다》, 한길사.
아돌프 로스, 이미선 옮김, 2021, 《장식과 범죄》, 민음사.
아르놀트 하우저, 백낙청·염무웅 옮김, 1999, 《문학과 예술의 사회사: 자연주의와 인상주의·영화의 시대》, 창작과비평사.
아베 긴야, 오정환 옮김, 2007, 《중세를 여행하는 사람들》, 한길사.
악셀 호네트, 강병호 옮김, 2021, 《인정: 하나의 유럽 사상사》, 나남.
알베르토 안젤라, 주효숙 옮김, 2012, 《고대 로마인의 24시간》, 까치.
앙리 르페브르, 양영란 옮김, 2011, 《공간의 생산》, 에코리브르.
애미티 슐래스, 위선주 옮김, 2010, 《잊혀진 사람: 다시 쓰는 경제위기의 역사》, 리더스북.
앤소니 킹, 이무용 옮김, 1999, 《도시문화와 세계체제: 문화, 공간, 역사로 읽는 세계도시체제》, 시각과언어.
에드워드 글레이저, 이진원 옮김, 2011, 《도시의 승리: 도시는 어떻게 인간을 더 풍요롭고 더 행복하게 만들었나》, 해냄.
에드워드 기번, 이종호 옮김, 2011, 《로마제국 쇠망사》, 지식을만드는지식.
에드워드 홀, 최효선 옮김, 2002, 《숨겨진 차원: 공간의 인류학》, 한길사.
에벤에저 하워드, 조재성·권원용 옮김, 2006, 《내일의 전원도시》, 한울아카데미.
엘리너 오스트롬, 윤홍근·안도경 옮김, 2010, 《공유의 비극을 넘어: 공유자원 관리를 위한 제도의 진화》, 알에이치코리아.
엠마뉘엘 르루아 라뒤리, 유희수 옮김, 2006, 《몽타이유: 중세말 남프랑스 어느 마을 사람들의 삶》, 도서출판 길.
오노레 드 발자크, 류재화 옮김, 2020,《공무원 생리학》, 페이퍼로드.
오치 도시유키, 서수지 옮김, 2020,《세계사를 바꾼 37가지 물고기 이야기》, 사람과나무사이.
요시미즈 츠네오, 오근영 옮김, 2002,《로마 문화 왕국, 신라》, 씨앗을뿌리는사람.
우네 유타카, 김형수 옮김, 2021,《농본주의를 말한다》, 녹색평론사.
위르겐 하버마스, 서도식 옮김, 1994, "근대의 시간 의식과 자기 확신 욕구", 김성기 외,《모더니티란 무엇인가》, 민음사.
위르겐 하버마스, 한승완 옮김, 2001,《공론장의 구조변동: 부르주아 사회의 한 범주에 관한 연구》, 나남.
위르겐 하버마스, 장춘익 옮김, 2006a,《의사소통행위이론 1: 행위합리성과 사회합리화》, 나남.
위르겐 하버마스, 장춘익 옮김, 2006b,《의사소통행위이론 2: 기능주의적 이성 비판을 위하여》, 나남.
위르겐 하버마스·니클라스 루만, 이철 옮김, 2018,《사회이론인가, 사회공학인가? 체계이론은 무엇을 수행하는가》, 이론출판.
윌리엄 셰익스피어, 김종환 옮김, 2019,《코리올라누스》, 지만지드라마.
유발 하라리, 김명주 옮김, 2017,《호모데우스: 미래의 역사》, 김영사.
E. H. 카, 박순식 옮김, 1989,《반역아 미하일 바쿠닌》, 종로서적.
이마무라 히토시(今村仁司), 이수정 옮김, 1999,《근대성의 구조》, 민음사.
이와사부로 코소, 김향수 옮김, 2010,《뉴욕열전(烈傳)》, 갈무리.
이저벨 윌커슨, 이경남 옮김, 2022,《카스트: 가장 민주적인 나라의 위선적 신분제》, 알에이치코리아.
이졸데 카림, 이승희 옮김, 2019,《나와 타자들: 우리는 어떻게 타자를 혐오하면서 변화를 거부하는가》, 민음사.
이탈로 칼비노, 이현경 옮김, 2007,《보이지 않는 도시들》, 민음사.
잉그리트 길혀홀타이, 정대성 옮김, 2009,《68혁명 세계를 뒤흔든 상상력: 1968 시간여행》, 창비.
장 보드리야르, 하태환 옮김, 2001,《시뮬라시옹》, 민음사.
장 프랑수아 리오타르, 유정완·이삼출·민승기 옮김, 1992,《포스트모던의 조건》, 민음사.
장하준, 김희정·안세민 옮김, 2010,《그들이 말하지 않는 23가지》, 부키.
재레드 다이아몬드, 김진준 옮김, 2005,《총, 균, 쇠: 무기·병균·금속은 인류의 운명을 어떻게 바꿨는가》, 문학사상사.
제이 그리피스, 박은주 옮김, 2002,《시계 밖의 시간》, 당대.
제인 제이콥스, 유강은 옮김, 2010,《미국 대도시의 죽음과 삶》, 그린비.
제임스 C. 스콧, 전상인 옮김, 2010,《국가처럼 보기: 왜 국가는 계획에 실패하는가》, 에코리브르.
제임스 C. 스콧, 김훈 옮김, 2014,《우리는 모두 아나키스트다》, 여름언덕.
제임스 C. 스콧, 전경훈 옮김, 2019,《농경의 배신: 길들이기, 정착생활, 국가의 기원에 관한 대항서사》, 책과함께.

제임스 C. 스콧, 전상인 옮김, 2020, 《지배, 그리고 저항의 예술: 은닉대본》, 후마니타스.
제프 멀건, 김영수 옮김, 2011, 《사회혁신이란 무엇이며, 왜 필요하며, 어떻게 추진하는가》, 시대의창.
제프 멀건, 김승진 옮김, 2018, 《메뚜기와 꿀벌: 약탈과 창조, 자본주의의 두 얼굴》, 세종서적.
제프리 웨스트, 이한음 옮김, 2018, 《스케일: 생물·도시·기업의 성장과 죽음에 관한 보편 법칙》, 김영사.
조엘 코트킨, 윤철희 옮김, 2013, 《도시, 역사를 바꾸다》, 을유문화사.
존 그라운트, 윤기중 옮김, 2008, 《사망표의 제(諸)관찰: 역병과 환경의 경제성 분석》, 법문사.
존 레비, 서충원·변창흠 옮김, 2004, 《현대도시계획의 이해》, 한울아카데미.
존 리더, 김명남 옮김, 2006, 《도시, 인류 최후의 고향》, 지호.
존 맥밀런, 이진후 옮김, 2007, 《시장의 탄생》, 민음사.
존 토피, 이충훈 등 옮김, 2012, 《여권의 발명》, 후마니타스.
찰스 젠크스·네이선 실버, 김정혜·이재희 옮김, 2016, 《애드호키즘: 임시변통과 즉석제작의 미학》, 현실문화.
카를 군나르 페르손·폴 샤프, 박이택 옮김, 2016, 《유럽경제사》, 해남.
칼 쇼르스케, 김병화 옮김, 2006, 《세기말 비엔나》, 구운몽.
칼 슈미트, 김남시 옮김, 2016, 《땅과 바다》, 꾸리에.
칼 폴라니, 박현수 옮김, 1991, 《거대한 변환: 우리 시대의 정치적·경제적 기원》, 민음사.
케네스 포메란츠, 김규태·이남희·심은경 옮김, 2016, 《대분기: 중국과 유럽, 그리고 근대 세계경제의 형성》, 에코리브르.
클래런스 페리, 이용근 옮김, 2013, 《근린주구론: 도시는 어떻게 오늘의 도시가 되었나》, 커뮤니케이션북스.
토머스 페인, 박홍규 옮김, 2004, 《상식, 인권》, 필맥.
통차이 위니짜꾼, 이상국 옮김, 2019, 《지도에서 태어난 태국: 국가의 지리체 역사》, 진인진.
T. S. 애슈턴, 김택현 옮김, 2020, 《산업혁명, 1760-1830》, 삼천리.
팻치 힐리, 권원용·서순탁 옮김, 2003, 《협력적 계획: 분절된 사회의 협력과 거버넌스》, 한울아카데미.
페르낭 브로델, 주경철 옮김, 1995, 《물질문명과 자본주의 I-2 일상생활의 구조(하)》, 까치.
폴 골드버거, 윤길순 옮김, 2011, 《건축은 왜 중요한가》, 미메시스.
폴 크루그먼, 김진원 옮김, 2022, 《폴 크루그먼, 좀비와 싸우다: 나쁜 신념과 정책은 왜 이토록 끈질기게 살아남는가》, 부키.
표트르 크로포트킨, 이상률 옮김, 2016, 《빵의 쟁취》, 이책.
프레더릭 테일러, 조일형 옮김, 2016, 《프레더릭 테일러, 과학적 관리법》, 모디북스.
프리드리히 A. 하이에크, 민경국 옮김, 1997, 《법·입법 그리고 자유》, 자유기업센터.
프리드리히 A. 하이에크, 김영청 옮김, 1999, 《노예의 길》, 자유기업센터.
피에르 조제프 프루동, 이용재 옮김, 2003, 《소유란 무엇인가》, 아카넷.
P. A. 크로포트킨, 김영범 옮김, 2005, 《만물은 서로 돕는다》, 르네상스.
피터 손더스, 김찬호·이경춘·이소영 옮김, 1998, 《도시와 사회이론》, 한울아카데미.
피터 홀, 임창호 옮김, 2000, 《내일의 도시》, 한울아카데미.

필립 맥마이클, 조효제 옮김, 2013, 《거대한 역설: 왜 개발할수록 불평등해지는가》, 교양인.
하야미 아키라, 조성원·정안기 옮김, 2006, 《근세 일본의 경제발전과 근면혁명: 역사인구학으로 본 산업혁명 vs. 근면혁명》, 혜안.
해롤드 제임스, 안세민 옮김, 2022, 《당신이 지금껏 오해한, 세상을 지배한 단어들》, 앤의서재.
헤라르도 뭉크·리처드 스나이더 인터뷰, 정치학 강독 모임 옮김, 2012, 《그들은 어떻게 최고의 정치학자가 되었나 2: 정치학자 15인의 꿈과 열정, 그리고 모험》, 후마니타스.
헨리 조지, 이종인 옮김, 2019, 《진보와 빈곤: 산업불황의 원인과, 빈부격차에 대한 탐구와 해결책》, 현대지성.
Hiroo Fuzita, 이정형 옮김, 1995, 《도시의 논리》, 도서출판국제.

Adam, B., 1990, *Time and Social Theory*, Polity Press.
Allen, Judith, 1996, "Our Town: Foucault and Knowledge-based Politics in London," Seymour J. Mandelbaum, Luigi Mazza, and Robert W. Burchell (eds.), *Explorations in Planning Theory,* Center for Urban Policy Research, Rutgers, The State Univ. of New Jersey.
Allmendinger, Philip, 2002, *Planning Theory*, Palgrave.
Ambrose, Peter, 2013, *Whatever Happened to Planning*?, Taylor & Francis Group.
Amin, Ash and Nigel Thrift, 2017, *Seeing Like a City*, Polity.
Aristotle, 1984. *Politics*, translated by Carnes Lord, Univ. of Chicago Press.
Ashworth, G. J., 1991, *War and the City*, Routledge.
Barbara, Adam, 1998, *Timescapes of Modernity*, Routledge.
Beauregard, R., 1996, "Between Modernity and Postmodernity: The Ambiguous Position of US Planning," S. Campbell and S. Feinstein (eds.), *Readings in Planning Theory*, Oxford Univ. Press.
Benevolo, Leonardo, 1967, *The Origins of Modern Town Planning*, translated by Judith Landry, The MIT Press.
Benevolo, Leonardo, 1993, *The European City*, translated by Carl Ipsen, Blackwell.
Berman, Marshall, 1982, *All That Is Solid Melts Into Air: The Experience of Modernity*, Penguin Books.
Best, Steven and Douglass Kellner, 1991, *Postmodern Theory: Critical Interrogations*, The Guilford Press.
Blakely, Edward J. and Mary Gail Snyder, 1999, *Fortress America: Gated Communities in the United States*, Brookings Institution Press.
Blom, Philipp, 2019, *Nature's Mutiny: How the Little Ice Age of the Long Seventeenth Century Transformed the West and Shaped the Present*, Liveright Publishing Co.
Brady, James, 1983, "Arson, Urban Economy, and Organized Crime: The Case of Boston," *Social Problems* 31(1).
Burnham, Daniel H., 2018, *Plan of Chicago*, Franklin Classics Trade Press.
Carvounas, D. and C. Ireland, 2008, "Precariousness, the Secure Present and the

Sustainability of the Future: Learning from Koselleck and Extrapolating from Elias," *Time & Society* 17(2/3).

Chang, Ha-Joon, 2002, *Kicking Away the Ladder: Development Strategy in Historical Perspective, Anthem Press The Developmental State*, Cornell Univ. Press.

Choay, Françoise, 1969, *The Modern City: Planning in the 19th Century*, translated by Maguerite Hugo and George R. Collins, George Braziller.

Cobb, Richard C., 1970, *The Police and the People: French Popular Protest 1789-1820*, Oxford Univ. Press.

Collins, Randall, 1994, *Four Sociological Traditions*, Oxford Univ. Press.

Connell, David J., 2009, "Planning and its Orientation to the Future," *International Planning Studies* 14(1).

Connell, David J., 2010, "Schools of Planning Thought: Exploring Difference through Similarities," *International Planning Studies* 15(4).

Cumings, Bruce, 1990, *The Origins of the Korean War Vol. II*, Princeton Univ. Press.

Davidoff, Paul, 1965, "Advocacy and Pluralism in Planning," *Journal of the American Institute of Plannners,* 31(4).

Davies, Pearl J., 1958, *Real Estates in American History*, Generic.

Dear, M. J., 1986, "Postmodernism and Planning," *Environment and Planning D: Society and Space* 4.

Descartes, 1968, *Discourse on Method and the Meditations*, translated by F. E. Sutcliffe, Penguin Books.

de Vris, Jan, 1994, "The Industrial Revolution and the Industrious Revolution," *Journal of Economic History* 54(2).

DiMaggio, Paul, 1998, "The New Institutionalism: Avenues of Collaboration," *Journal of Institutional and Theoretical Economics* 154(4).

Etzioni, Amitai, 1968, *The Active Society: A Theory of Societal and Political Processes*, Free Press.

Evans, Peter B., Dietrich Rueschemeyer, and Theda Skocpol (eds.), 1985, *Bringing the State Back In*, Cambridge Univ. Press.

Evans, Peter B., 1995, *Embedded Autonomy: States & Industrial Transformation*, Princeton Univ. Press.

Fainstein, Norman I. and Susan D. Fainstein, 1982. "New Debates in Urban Planning: the Impact of Marxit Theory within the United States," Chris Paris (ed.), *Critical Readings in Planning Theory*, Pergamon Press.

Faludi, Andreas, 1973, *Planning Theory*, Pergamon Press.

Ferraro, Giovanni, 1996, "Planning as Creative Interpretation," Seymour J. Mandelbaum, Luigi Mazza, and Robert W. Burchell (eds.), *Explorations in Planning Theory,* Center for Urban Policy Research, Rutgers, The State Univ. of New Jersey.

Flyvbjerg, Bent, 1996, "The Dark Side of Planning: Rationality and 'Realrationalitat',"

Seymour J. Mandelbaum, Luigi Mazza, and Robert W. Burchell (eds.), *Explorations in Planning Theory,* Center for Urban Policy Research, Rutgers, The State Univ. of New Jersey.
Flyvbjerg, Bent, 1998, *Rationality and Power: Democracy in Practice*, translated by Steven Sampson, Univ. of Chicago Press.
Forester, John, 1980, "Critical Theory and Planning Practice," *JAPA* 46(3).
Forester, John, 1989, *Planning in the Face of Power*, Univ. of California Press.
Forester, John, 1999, *The Deliberative Practitioner*, The MIT Press.
Foucault, Michel, 1980, "Questions on Geography," Colin Gordon (ed.), C. Gordon et al. (trans.), *Power/Knowledge: Selected Interviews and Other Writings 1972-1977*, Pantheon Books.
Foucault, Michel, 1986, "Of Other Spaces," *Diacritics* 16(1).
Frantz, Roger, 2019, *The Beginnings of Behavioral Economics: Katona, Simon, and Leibenstein's X-Efficiency Theory*, Academic Press.
Friedmann, John, 1973, *Retracking America: A Theory of Transactive Planning*, Anchor Books.
Friedmann, John, 1987, *Planning in the Public Domain: From Knowledge to Action*, Princeton Univ. Press.
Friedmann, John, 2011, *Insurgencies*. Routledge.
Gans, Herbert J., 1968, *People and Plans: Essays on Urban Problems and Solutions*, Basic Books.
Gans, Herbert J., 1993, *People, Plans, and Policies: Essays on Poverty, Racism, and Other National Urban Problems*, Columbia Univ. Press.
Geddes, Patrick, 1998, *Cities in Evolution*, Routledge.
Gerschenkron, Alexander, 1966, *Economic Backwardness in Historical Perspective*, The Belknap Press of Harvard Univ. Press.
Giddens, Anthony, 1976, *New Rules of Sociological Method*, Basic Books.
Giddens, Anthony, 1979, *Central Problems in Social Theory*, The Macmillan Press.
Giddens, Anthony, 1984, *The Constitution of Society: Outline of the Theory of Structuration*, Polity Press.
Grabow, Stephen and Heskin Allen, 1973, "Foundations for a Radical Concept of Planning," *Journal of the American Institute of Planners* 39(2).
Gramsci, Antonio, 1971, *Selections from the Prison Notebooks*, International Publishers.
Gurevich, Aaron, 1995, *The Origins of European Individualism*, translated by Katherine Judelson, Blackwell.
Hall, Peter, 1998, *Cities in Civilization: Culture, Innovation and Urban Order*, Phoenix Giant.
Hall, Peter, 2002, *Cities of Tomorrow: An Intellectual History of Urban Planning and Design in the Twentieth Century*, Wiley-Blackwell.

Hartz, Louis, 1955, *The Liberal Tradition in America*, Harcourt, Brace and World.
Harvey, David, 1985, *The Urbanization of Capital*, Basil Blackwell.
Harvey, David, 1989, *The Condition of Postmodernity: An Enquiry into the Origins of Cultural Change*, Basil Blackwell.
Hayden, Dolores, 1994, "Who Plans the U.S.A.? A Comment on 'Advocacy and Pluralism in Planning'," *Journal of the American Planning Association* 60(2).
Healey, Patsy, 1997, *Collaborative Planning: Shaping Places in Fragmented Societies*, Palgrave.
Held, David, 1987, *Models of Democracy*, Stanford Univ. Press.
Hernandez, Felipe, Peter Kellett, and Lea K. Allen (eds.), 2010, *Rethinking the Informal City: Critical Perspectives from Latin America*, Berghahn Books.
Hirschman, Albert O., 1958, *The Strategy of Economic Development*, Yale Univ. Press.
Hohenberg, Paul M. and Lynn H. Lees, 1985, *The Making Urban Europe, 1000-1994*, Harvard Univ. Press.
Home, Robert, 1997, *Of Planting and Planning*, Routledge.
Jencks, Charles, 1984, *The Language of Post-Modern Architecture*, Rizzoli.
Johnson, Chalmers, 1982, *MITI and the Japanese Miracle: The Growth of Industrial Policy, 1925-1975*, Stanford Univ. Press.
Kaplan, Abraham, 1964, *The Conduct of Inquiry: Methodology for Behavioral Science*, Chandler Pub. Co.
Klauser, Henriette Anne, 2001, *Write It Down, Make It Happen*, Touchstone Books.
Klosterman, Richard E., 1985, "Arguments for and against Planning," *Town Planning Review* 56(1).
Koselleck, Reinhard, 2004, *Futures Past: On the Semantics of Historical Time*, Columbia Univ. Press.
Leccardi, C., 2003, "Resisting 'Acceleration Society'," *Constellation* 10(1).
Le Corbusier, 1964, *The Radiant City: Elements of a Doctrine of Urbanism to be Used as the Basis of Our Machine-Age Civilization*, Orion Press.
Lindblom, Charles E., 1959, "The Science of 'Muddling Through'," *Public Administration Review* 19(2).
Lindblom, Charles E., 1979, "Still Muddling, Not Yet Through," *Public Administration Review* 39(6).
Lipset, Seymour Martin, 2007, *The First New Nation: United States in Historical and Comparative Perspective*, Lightning Source Inc.
Lowenthal, David, 1992, "The Death of Future," Sandra Wallman (ed.), *Contemporary Futures: Perspectives from Social Anthropology*, Routldge.
Mann, Charles C., 2005, *1491: New Revelations of the Americas before Columbus*, Alfred A. Knopf.
Mannheim, Karl, Hans Gerth, and Ernest K. Bramtedt (eds.), 1951, *Freedom, Power &*

Democratic Planning, Routledge & Kegan Paul.
Merton, Robert K., 1936, "The Unanticipated Consequences of Purposive Social Action," *American Sociological Review* 1(6).
Meyerson, Martin, 1956, "Building the Middle-range Bridge for Comprehensive Planning," *Journal of the American Institute of Planners* 22(2).
Meyerson, Martin and Edward C. Banfield, 1955, *Politics, Planning and the Public Interest: The Case of Public Housing in Chicago*, The Free Press.
Morris, A. E. J., 1994, *History of Urban Form: Before the Industrial Revolution*, Longman.
Mumford, Lewis, 1938, *The Culture of Cities*, Harcourt, Brace and Co.
Mumford, Lewis, 1952, *Arts and Technics*, Columbia Univ. Press.
Mumford, Lewis, 1961, *The City in History: Its Origins, Its Transformations, and Its Prospects*, Penguin Books.
Mumford, Lewis, 1965, "The Garden City Idea and Modern Planning," Ebenezer Howard, *Garden Cities of To-morrow*, The MIT Press.
Nettl, J. P., 1968, "The State as a Conceptual Variable," *World Politics* 20.
North, Douglass C., 1981, *Structure and Change in Economic History*, W. W. Norton & Co.
Novak, Frank G., Jr. (ed. and intro.), 1995, *Lewis Mumford and Patrick Geddes: The Correspondence*, Routledge.
Nozick, Robert, 1974, *Anarchy, State, and Utopia*, Basic Books.
Olmstead, Frederick Law, 2005, "Selected Writings on Central Park," Olmstead, Frederick Law, Kenneth Jackson, and David Dunbar (eds.), *Empire City: New York City Through the Centuries*, Columbia Univ. Press.
Pinkney, David H., 1958, *Napoleon III and the Rebuilding of Paris*, Princeton Univ. Press.
Rawls, John, 1971, *A Theory of Justice*, The Belknap Press of Harvard Univ. Press.
Richardson, Benjamin W., 1876, *Hygeia, A City of Health*, Project Gutenberg.
Ring, Alfred A. and Jerome Dasso, 1977, *Real Estate Principles and Practices*, 8th ed., Prentice-Hall.
Rockland, Michael Aaron, 1996, "Two Visions of the American City: Jane Jacobs' *The Death and Life of Great American Cities* and Robert Venturi's *Learning from Las Vegas*," *Revista de Estudios Norteamericans* 4.
Rose, Nicholas, 1996, "The Death of the Social? Re-figuring the Territory of Governance," *Economy and Society* 25(3).
Rosenau, Pauline Marie, 1992, *Post-Modernism and the Social Sciences: Insight, Inroads, and Intrusions*, Princeton Univ. Press.
Rothstein, Richard, 2017, *The Color of Law: A Forgotten History How Our Government Segregated America*, Liveright Pub. Co.
Roy, Ananya, 2009, "The 21st-century Metropolis: New Geographies of Theory," *Regional Studies* 43(6).
Rueschemeyer, Dietrich, 1986, *Power and the Division of Labor*, Stanford Univ. Press.

Rueschemeyer, Dietrich and Evans, Peter B., 1985, "The State and Economic Transformation: Toward an Analysis of the Condition Underlying Effective Intervention," Dietrich Rueschemeyer and Theda Skocpol (eds.), *Bringing the State Back In*, Cambridge Univ. Press.

Sandercock, L., 1998, *Towards Cosmopolis*, Chichester.

Saunders, Peter, 1981, *Social Theory and the Urban Question*, Hutchinson.

Schaffer, Kristen, Daniel H. Burnham, and Edward H. Bennett, 1993, "Fabric of City Life: The Social Agenda in Burnham's Draft of the Plan of Chicago," Charles Moore (ed.), *Plan of Chicago*, Princeton Architectural Press.

Scott, James C., 1987, *Weapon of the Weak*, Yale Univ. Press.

Simon, Herbert, 1966, *Administrative behavior: A Study of Decision-Making Processes in Administrative Organization*, Macmillan.

Skocpol, Theda, 1979, *States and Social Revolutions: A Comparative Analysis of France, Russia and China*, Cambridge Univ. Press.

Smith, Carl, 2006, *The Plan of Chicago: Daniel Burnham and the Remaking of the American City*, Univ. of Chicago Press.

So, Richard Jean, 2020, *Redlining Culture: A Data History of Racial Inequality and Postwar Fiction*, Columbia Univ. Press.

Soja, Edward, 1997, "Planning in/for Postmodernity," G. Benko and U. Strohmayer (eds.), *Space and Social Theory in Interpreting Modernity and Postmodernity*, Blackwell.

Sonne, Wolfgang, 2003, *Representing the State: Capital City Planning in the Early Twentieth Century*, Prestel.

Taylor, Michael, 1982, *Community, Anarchy & Liberty*, Cambridge Univ. Press.

Taylor, Nigel, 1980, "Planning Theory and the Philosophy of Planning," *Urban Studies* 17.

Teaford, Jon C., 1994, *Cities of the Heartland: The Rise and Fall of the Industrial Midwest*, Indiana Univ. Press.

Therborn, Göran, 1977, "The Rule of Capital and the Rise of Democracy," *New Left Review* 103.

Thornley, Andy, 1991, *Urban Planning under Thatcherism: The Challenge of the Market*, Taylor & Francis Group.

Tilly, Chalres and Wim P. Blockmans (eds.), 1994, *Cities & The Rise of States in Europe, A.D. 1000 to 1800*, Westview Press.

Tilly, Charles, 1975, "Reflections on the History of European State-Making," Charles Tilly (ed.), *The Formation of National States in Western Europe*, Princeton Univ. Press.

Tucker, Robert C. (ed.), 1978, *The Marx-Engels Reader*, W.W. Norton & Co.

Tugwell, Rexford G., 1932, "The Principle of Planning and the Institution of Laissez Faire," *American Economic Review* 22(1).

Ward, Colin, 2004, *Anarchism: A Very Short Introduction*, Oxford Univ. Press.

Weber, Max, Guenther Roth, and Claus Wittch (eds.), 1978, *Economy and Society 1·2*,

California Univ. Press.
Wilkerson, Isabel, 2020, *Caste: The Origins of Out Discontent*, Random House.
Williams, Raymond, 1983a, "Bourgeois," *Keywords: A Vocabulary of Culture and Society*, Oxford Univ. Press.
Williams, Raymond, 1983b, "City," *Keywords: A Vocabulary of Culture and Society*, Oxford Univ. Press.
Williams, Raymond, 1983c, "Revolution," *Keywords: A Vocabulary of Culture and Society*, Oxford Univ. Press.
Wilson, William H., 1989, *The City Beautiful Movement*, The Johns Hopkins Univ. Press.
Woo-Cumings, Meredith, 1999, "The Economic Theory of the Development State," Woo-Cumings (ed.), *The Developmental State*, Cornell Univ. Press.
Wright, Gwendolyn, 1981, *Building the Dream: A Social History of Housing in America*, The MIT Press.
Zukin, Sharon, 2010, *Naked City: The Death and Life of Authentic Urban Places*, Oxford Univ. Press.

찾아보기